Lange Gerichtsverfahren – Entschädigungsansprüche

DR. DR. HENRY DUDEK

Lange Gerichtsverfahren - Entschädigungsansprüche

staatliche Entschädigungspflicht
gem. § 198 ff GVG, § 839 Abs 2 Satz
2 BGB, Art 6 EMRK iVm Art 13 EMRK
für langsame Arbeit des Staates

unter Berücksichtigung der Rechtsprechung des Bundesverfassungsgerichts,
des Europäischen Gerichtshofs für Menschenrechte, der Darstellung und
Kommentierung der zahlreichen in der Rechtspraxis bestehenden Mängel
sowie des staatlichen Unterlaufens der Verzögerungsentschädigungen

Bibliografische Information der Deutschen Nationalbibliothek
Die Deutsche Nationalbibliothek verzeichnet diese Publikation
in der Deutschen Nationalbibliografie; detaillierte bibliografische
Daten sind im Internet über http://dnb.d-nb.de abrufbar.

Coverbild: Photo by Tingey Injury Law Firm on Unsplash.com
Umschlagdesign, Satz, Herstellung und Verlag:
BoD – Books on Demand, Norderstedt
ISBN 978-3-7526-7809-3

Inhalt

Vorwort zur ersten Auflage

Die als penetrant langsam empfundene Arbeit mancher Behörden und Gerichte in einigen Bundesländern – z.B. in Niedersachsen – behindert den Alltag der Bürger durch nervenaufreibende Wirkungen und der wegen des damit verbundenen Stresses verbundenen psychischen Belastungen (=immateriellen Schäden). Das wäre bei korrekter Arbeit vermeidbar gewesen. Nicht selten werden sogar materielle Schäden verursacht. Jährlich ärgern sich in Deutschland Hunderttausende über die sie durch pomadige-schläfrige Arbeit belastendenden und schädigenden unter den Behörden und Gerichten.

Manche Staatsdiener führen ihre Amtsgeschäfte so, als ob verzögerungsbedingte immaterielle und materielle Schäden als unabänderliche schicksalhafte Ereignisse von den ihnen »untergeordneten« Bürgern klaglos – quasi als »gottgegeben« – hinzunehmen seien; denn es gehört in Deutschland seit jeher zu einem eingeschliffenen rechtswidrigen Amtsverständnis, sich stets in nicht gerade rechtstaatlicher Art und Weise um Verpflichtungen gegenüber den Bürgern und Entschädigungen aller Art möglichst herumzudrücken. So ist eben das über die Hitler-Diktatur bis in die heutige Zeit weitergeschleppte ursprünglich preußische Untertanenverständnis, das den Bürgern ohne eigenes Nachdenken blinden Kadavergehorsam abfordert.

Als guter Bürger gilt auch im heutigen Deutschland immer noch, wer den Anweisungen von Jedem folgt, der die »übergeordnete« Staatsmacht durch das Tragen einer Dienstmütze oder Robe darstellt.

Bezüglich der Entschädigung für Verzögerungen hat der Europäische Gerichtshofs für Menschenrechte (»EGMR«) ein Machtwort gesprochen und Deutschland verpflichtet, solche Belastungen genau so auszugleichen, wie es der EGMR tut. Das gilt auch, wenn der verzögert bearbeitete Antrag oder die verschleppte Klage am Ende keinen Erfolg hatten; denn es kommt allein auf die Dauer der Sache an, nicht auf den Erfolg. Angemessene Bearbeitungszeiten sind ein Menschenrecht; keine Petitesse. Was »angemessen« ist, hat der EGMR deutschen Gerichten konkret vorgegeben und diese verpflichtet, das Verzögerungsrecht genauso anzuwenden wie der EGMR.

Soweit die Theorie.

Die deutsche Rechtswirklichkeit ist oft eine andere.

Die Rechtswirklichkeit bilden immer noch viele Beamte und Richter, die die Gesamtsystematik des Rechtsschutzes des EGMR gegen Verzögerungen gar nicht begreifen und nur kleine bruchstückhafte Ausschnitte aus diesem Gesamtsystem intellektuell erfassen können – so wie eine Ameise, die sich in einem großen Wald befindet, und – weil sie nur wenige Meter davon überblicken kann – glaubt, sie sehe Alles.

Zudem ist staatliches »um – Ansprüche – Herumdrücken« üblich; so wie ein Zechpreller oder Betrüger, der seine Schulden nicht bezahlen will. Von etlichen behördenwillfährigen Kommentatoren, die dem Staat »nach dem Munde reden« wird behauptet, dass Verzögerungen »nicht so schlimm« seien, besonders dann, wenn die jahrelang dauernde Klage oder Berufung (manchmal sogar wegen der Dauer) keinen Erfolg hatte.

Die Auffassung ist falsch und täuscht die Bürger. Das ist auch der Zweck, um weiterhin ungestört herumtrödeln zu können. Ebenso drücken sich etliche Landesregierungen um ihre Pflicht zur Einhaltung der allgemeinen Völkerrechtsnormen der Vereinten Nationen und der Vorgaben des Europäischen Gerichtshofs für Menschenrechte (EGMR) herum, indem sie die Menschenrechte nicht praktisch und wirksam, sondern bloß scheinbar und theoretisch anwenden.

Vorliegend werden die Möglichkeiten der Rechtswahrnehmung nach dem praktischen und wirksamen Verständnis des EGMR nebst in der Praxis zu erwarteter Schwierigkeiten der oft die Verzögerungen schönredenden Behörden und Gerichte so konkret wie möglich an Beispielen aus der Praxis dargestellt. Beispiele pflegt man – damit sie eingängig sind – so auszuwählen, dass sie sich an extremen Fällen orientieren. Am extremsten und dreistesten werden die Menschenrechte m.W. in Niedersachsen (»Nds«) missachtet, und hier durch die Sozialgerichtsbarkeit (»SGb«). Darum entstammen die meisten der Beispielsfälle der niedersächsischen Sozialgerichtsbarkeit und den Kundgaben der Nds Landesregierung.

Wer Missstände und Menschenrechtsverletzungen still erduldet, tut sich, den Mitbürgern und dem Rechtsstaat keinen Gefallen. Passivität ermöglicht, den Rechtsstaat auszuhöhlen. Aktiver Einsatz gegen den Schlendrian dient dem Durchsetzen der Menschenrechte und verbessert das Sozial- und Rechtssystem. Ob ein System etwas taugt, ergibt sich nie in der Theorie, immer erst in der Realität.

Weil durch »fake – news« (siehe auch das o.g. Ameisen-Beispiel) erstaunlich viele Halb- und Unwahrheiten im Umlauf sind, sollte man sich nie kritiklos auf das verlassen, was Beamte und Richter sagen. Wie frei manche Staatsdiener von jeglicher Sachkunde sind, sieht man täglich:

Die hochbezahlte Bundesregierung verwendet jährlich ca. eine halbe Milliarde Euro Steuergelder zum Aufbessern ihres Wissens durch externe Berater. Das hat aber nicht geholfen, die seit ca. 40 Jahren den Generationenkontrakt bedrohenden Sozial- und Umweltprobleme (z.B. Dudek, Rechnungstheoretische Untersuchungen zur Sozialrechnungslegung, Diss FU Berlin 1984) zu begreifen. Erst der 2019 von der schwedischen Schülerin Greta Thunberg aufgebaute öffentliche Druck hat die Bundesregierung aufgeweckt und erstmals Nachdenken erzwungen; denn ohne öffentlichen Druck »geht Nichts«.

Vor ca. 20 Jahren ignorierte eine dem hippokratischen Eid des »nihil nocere« verpflichtete Ärztin als Niedersächsische Gesundheitsministerin (CDU) meinen Hinweis, dass die Zahl der ca. 80.000 jährlichen (bisher 1,6 Mio) Thrombosetoten zu reduzieren ist, wenn Notärzten übliche Thrombolytika mitgegeben werden.

Bei Herzinfarkten und Lungenembolien können dadurch tödliche Verstopfungen der Blutbahn mit frischen Gerinnseln rückgängig gemacht werden. Diese rescue – Lyse vor Ort kann die Zahl der Toten wegen frischer Thromben drastisch reduzieren. Weil kein öffentlicher Handlungsdruck bestand, interessierte das Thema die Ministerin nicht. Es geschah Nichts. Anders bei der Corona – Pandemie, in der es gewaltigen öffentlichen Druck gab. Obwohl wegen der Corona Pandemie in Deutschland vermutlich wesentlich weniger Menschen versterben als die jährlich evtl. zehntausende unnötig an frischen Thromben Verstorbenen, wird das Corona-Thema – wegen des öffentlichen Drucks – beachtet. Der öffentliche Druck hat bewirkt, dass die jetzt in der EU tätige frühere Ministerin sich um das Corona-Problem kümmert.

Selbst Richter bekunden verblüffend offen die menschenrechtswidrige Unverlässlichkeit des Staates. Man dürfe nicht einmal aus spezifischen Gründen des Vertrauensschutzes gegebenen staatlichen Auskünften vertrauen. So hat der Richter Möhwald am SG Hannover darstellt, ausdrücklich aus spezifischen Gründen des Vertrauensschutzes gegebenen Weisungen einer ministeriellen Aufsichtsanordnung hätte man nie vertrauen dürfen (S 35 KA 9/16 – Möhwald).

Solche Staatsdiener determinieren unser Leben – in der oft zutreffenden Gewissheit, dass die Öffentlichkeit von staatlichem Murks Nichts erfährt. Es gelten die Dummheit bezeugenden Beamtenregeln: »Nichts anrühren – das macht nur Arbeit« und: »Eine Krähe hackt der anderen kein Auge aus« sowie: »Ein Richter macht keine Fehler« – oder »Richter brauchen keine Belehrung zur Verfahrensgestaltung« (so: Dt Bundestag, Drs 17/3802, S 21 Sp 1) Wegen dieser Mentalität stehen allgemeines Völkerrecht, die Grundrechte (GG) und die Menschenrechte der Europäischen Menschenrechtskonvention (EMRK) oft bloß auf dem Papier, obwohl jeder Staatsdiener die Amtspflicht hat, diese Rechte zu garantieren. Manchmal werden die Grund- und Menschenrechte sogar noch massiv behindert. Wer in Deutschland sein Grund- und Menschenrecht auf effektiven Rechtsschutz beansprucht, der muss es durchsetzen – oft mit hartem Ellenbogen. So hat sich der Verfassungsgeber die Rechtswirklichkeit gewiss nicht vorgestellt.

Solche Missstände, m.W. insbesondere im Bereich der Sozialgerichtsbarkeit (SGb), schreien nach Öffentlichkeit und deskriptiver Transparenz; denn ein Einzelner ist gegen den Staat machtlos. Nur die Öffentlichkeit kann als Kontrollinstanz des Staates etwas bewirken. Da trifft es sich gut, dass der Gesetzgeber wegen der Lehren aus der Vergangenheit jede Art von Geheimjustiz ablehnt. Er will Transparenz und damit Öffentlichkeit darüber, was sich bei Behörden und Gerichten abspielt. Der EGMR setzt ebenfalls auf eine öffentliche Kontrolle staatlicher Behörden und Gerichte: »The Court has consistently recognised that the public has a right to receive information of general interest.« (EGMR v 4.4.2009, 37374/05, § 26 – Tarsasag a Szabadsagjogokert/Ungarn) Nach dem Verständnis des EGMR erfüllt dieses Recht eine »watch-dog-Funktion«. Das Nichtöffentlichmachen von Gerichtsentscheidungen ist sogar menschenrechtswidrig. (EGMR v 17.12.2013, 20688/04, § 86 – Nikolova und Vandova/Bulgarien) Deshalb gehört zur Deskription der vorliegenden Schrift das Nennen konkreter Beispiele mit Namen. Jeder muss verantworten, was er tut und ist für sein amtliches Verhalten öffentlich rechenschaftspflichtig. Geordnete Rechtssysteme funktionieren nur, wenn rechtswidriges Verhalten bei Behörden und Gerichten nachprüfbar ist, also bloße Verallgemeinerungen und Pauschalierungen vermieden werden und die konkreten Methoden des Missbrauchs und die sie anwendenden Personen bekannt sind. Nur dann können die aufgedeckten Missstände in die behördlichen und richterlichen Karrierepläne einfließen, um unhaltbar-enthemmte Zustände nicht durch Beförderungen zu verschlimmern.

Betroffene werden gebeten, Urteile zu der vorliegenden Thematik zur Verfügung zu stellen, damit diese in weiteren Auflagen der vorliegenden Schrift berücksichtigt werden können.

Trotz der sorgfältig die Rechtsprechung (RSpr) zur Verfassung und Konvention berücksichtigenden Ausführungen wird – auch wegen nicht selten grotesker Auffassungen etlicher Gerichte – für die Ausführungen keine Garantie übernommen. Das Vorgehen muss stets mit einem Rechtsanwalt abgesprochen werden.

Personenbezogene Begriffe sind selbstverständlich geschlechtsneutral zu verstehen, also m/w/g.

Lohne (Südoldenburg), August 2020
Der Verfasser

1 gesetzliche Regelungen

Gesetze entwickeln sich nicht immer aus Sitten, Bräuchen und Gewohnheiten der Gesellschaft.

Der beste Beweis dafür sind die §§ 198 ff GVG, die gegen den in manchen Bundesländern und deren Gerichtsbarkeiten eingeschliffenen Brauch langer Gerichtsverfahren durch eine gewollte Anordnung des Europäischen Gerichtshofs für Menschenrechte (EGMR) zustande gekommen sind, um ebendiese eingeschliffenen menschenrechtswidrigen Angewohnheiten zum Vorteil der Bürger zu ändern. »Dies gibt Zeugnis für den …Satz, dass die Menschen niemals etwas Gutes tun, wenn sie nicht dazu gezwungen sind …« (Machiavelli, Vom Staate, 37).

Weil aber die §§ 198 ff GVG auf einer übergangslos geschaffenen Anordnung des EGMR beruhen, tun sich etliche deutschen Behörden und Gerichte schwer damit, ihr jahrzehntelang gepflegtes Verhalten zu ändern. Deutsche Gerichte müssen das Recht so anwenden, wie es der Rechtsprechung (RSpr) des EGMR entspricht; sie sind ausdrücklich vom EGMR dazu verpflichtet worden. (EGMR, U v 29.5.2010, 53126/07, § 39 – Taron/Deutschland)

Das geschieht aber fast durchgängig in Deutschland nicht. Deutschland und die deutschen Gerichte verstoßen in selten dreister Weise gegen die Europäische Menschenrechtskonvention (EMRK) in der ihnen verpflichtend vorgegebenen Auslegung durch den EGMR.

Dafür gibt es mehrere Gründe:

Etliche an verzögernde Arbeit gewohnte Staatsdiener haben immer noch nicht begriffen, dass verzögerungslose staatliche Tätigkeit ein aus dem allgemeinen Völkerrecht entspringendes Menschenrecht ist und dass nationale Gesetze niemals die Grundlage für die Nichteinhaltung des Völkerrechts oder Völkervertragsrechts sein können. (siehe auch: Wiener Übereinkommen über das Recht der Verträge v 23.5.1969, Art 26, Art 27) Art 26 des Wiener Übereinkommens der Vereinten Nationen drückt den auch im allgemeinen Völkerrecht und Völkervertragsrecht geltenden Grundsatz des »pacta sunt servanda« aus, wonach ein völkerrechtlicher Vertrag (hier: die EMRK) die Vertragsparteien bindet und von ihnen nach Treu und Glauben zu erfüllen ist.

Art 27 des Wiener Übereinkommens lautet: »Eine Vertragspartei kann sich

<u>nicht</u> auf ihr innerstaatliches Recht berufen, um die Nichterfüllung eines Vertrages zu rechtfertigen.«

Gleichwohl tut eine große Zahl von Beamten und Richtern in Deutschland – fernab jeden völkerrechtlichen Gedankens und jenseits jeder völkervertraglichen Verpflichtung Deutschlands – immer noch so und sind zu Teilen vermutlich sogar davon überzeugt, dass es keine völkervertagsrechtliche Pflicht aus der EMRK, sondern ein weltweit seltenes Gnadengeschenk des deutschen Staates an seine Bürger sei, wenn er ihnen (jedenfalls auf dem Papier) zusichert, dass in fairer Weise und in angemessener Zeit über Ansprüche der Bürger oder gegen die Bürger erhobene Beschuldigungen entschieden werde, denn es bestehe ja ein »natürliches« Über/Unterordnungsverhältnis zwischen dem Staat und seinen Bürgern.

Das ist aber in einem modernen Rechtsstaat nicht so.

Die mit dem Ende der Hitler-Diktatur aufkeimende Einstellung, dass der Staat kein Selbstzweck ist, sondern seinen Bürgern zu dienen hat und es in einem modernen Rechtsaat nicht mehr die in Diktaturen übliche staatliche Aufgabe ist, Bürger durch »Überordnung« zu drangsalieren, lehnen manche Landesregierungen mehr als 75 Jahre nach dem Ende der braunen Diktatur immer noch ab. Manche Behörden dieser Bundesländer befolgen – dem braungetünchten gestrigen und heute nur noch in Diktaturen wie z.B. Nordkorea vorfindbaren Gedankengut der Überordnung des Staates über die Bürger entsprechend – nicht einmal rechtskräftige (rkr) Gerichtsentscheidungen, aufgrund welcher sie zur Leistung gegenüber Bürgern verpflichtet sind. Das ist z.B. in Niedersachsen so und wird trotz jahrelang verschleppter »Prüfung« bemerkenswerterweise weder von der Landesregierung, noch vom Nds Landtag (01317/11/18 v 2.7.2020), geschweige denn den zuständigen Abgeordneten (z.B. Axel Brammer, SPD) beanstandet. Wer wollte angesichts solcher staatlichen Vertuschung von Missständen ernsthaft von Fairness und fairen Verfahren gem. Art 6 EMRK in manchen Bundesländern sprechen?

Die Zusicherung fairer Verfahren in angemessener Zeit ist (abgesehen davon, dass sie oft nicht eingehalten wird), nach der EMRK keine besondere »Vergünstigung« Deutschlands an seine Bürger. Es ist ein mit modernem Denken nicht zu vereinbarendes verqueres Staatsverständnis, dass der Staat als »Stärkerer« mit seinen Bürgern nach freiem Belieben so verfahren könne, wie es ein normannischer Stammesfürst einst formuliert haben soll: »Es ist der Vorzug, den die Natur dem Stärkeren über den Schwächeren gegeben hat, dass dieser ihm gehorchen soll.«

Die §§ 198 GVG sind – für sich betrachtet – ein bloß aus der Systematik der menschenrechtlichen Regelungen der Art 6 und 13 EMRK herausgerissenes Fragment des allgemeinen Völkerrechtsstandards. Fragmente lassen keine auf verhältnismäßigen, gleichheits- und vertrauensschutzkonformen Prinzipien beruhendes Denken oder eine sonstige Systematik erkennen. Das ist natürlich auch bei der – wegen Nichtbeachtung des allgemeinen Völkerrechtsstandards und der EMRK- falschen Anwendung der §§ 198 ff GVG so, die ein sich auf die Anordnung des EGMR berufendes Vollzugsgesetz sind, das ohne die Berücksichtigung des dahinterstehenden allgemeinen Völkerrechtsstandards und der EMRK kaum Sinn macht und zur Falschanwendung führt.

Viele Staatsdiener wenden die §§ 198 ff GVG deshalb auch falsch, nämlich fragmentartig und ohne völkerrechtliche und menschenrechtliche Bezüge an, indem sie naiverweise – ohne jede Beachtung der Systematik des Art 6 EMRK und der umfangreichen RSpr dazu – aus den §§ 198 ff GVG einfach ihnen geeignet erscheinende Bruchstücke entnehmen, um die Überordnung des Staates über den Bürger sicherzustellen. Sie haben dabei nicht begriffen, dass die §§ 198 ff GVG so angewendet werden müssen, wie es der EGMR in seiner umfangreichen Rechtsprechung (»RSpr«) tut. Das ist aufgrund der völkerrechtlichen und menschenrechtlichen Bedeutung eine bei vielen Juristen unbekannte Selbstverständlichkeit. Außerdem hat der EGMR ausdrücklich angeordnet, dass die innerstaatlichen Gerichte die Verzögerungsrechtsprechung so anwenden müssen wie es der EGMR tut – also gar keine »Spielräume« für irgendwelche für vom case – law des EGMR abweichenden Entscheidungen bestehen. (EGMR v 29.5.2010, 53126/07, § 39 – Taron/Deutschland sowie Grabenwarter, EMRK, 118)

Schließlich haben viele Staatsdiener bis heute immer noch begriffen, dass der Anspruch auf eine unverzögerte Entscheidung über Ansprüche oder über erhobene Anklagen nicht nur einen menschenrechtlichen Anspruch aus der EMRK, sondern zugleich einen von den Vereinten Nationen niedergeschriebenen allgemeinen völkerrechtlichen Standard »billiger« Verfahrensführung verkörpert, der wegen seiner Selbstverständlichkeit eigentlich gar keiner schriftlichen Fixierung bedurft hätte.

Art 6 EMRK artikuliert also gar kein neues Recht, sondern schreibt den von den Vereinten Nationen festgestellten Standard des allgemeinen Völkerrechts nur in die Konvention hinein. Die Vereinten Nationen haben nämlich bereits 1966 im von ca. 170 Staaten ratifizierten Internationalen Pakt über bürgerliche und politische Rechte (IPbürg), den auch Deutschland ratifiziert hat (BGBl, 1973 II,

1553), den Standard des allgemeinen Völkerrechts – u.a. auf billige Verfahren – als verbindliche Menschenrechte zusammenfassend dargestellt.

Der Anspruch auf faire Verfahren in angemessener Zeit fließt also aus den allgemein anerkannten Regeln des Völkerrechts und des Völkervertragsrechts, die gem. Art 25 GG über deutschem Bundesrecht stehen und Bundesrecht verdrängen.

In Teil II, Artikel 2 Absatz 2 dieses wichtigsten Menschenrechtsinstruments auf universeller Ebene verpflichtet sich jeder der dieser Völkerrechtsvereinbarung der Vereinten Nationen beigetretenen Staaten zur Einhaltung menschenrechtlicher Standards hinsichtlich seines Rechtssystems; nämlich dazu, dass Jeder, der in seinen in diesem Pakt anerkannten Rechten oder Freiheiten verletzt worden ist, das Recht hat, eine wirksame Beschwerde einzulegen.

Diese Regelung des IPbürg entspricht Artikel 13 der Europäischen Menschenrechtskonvention (»EMRK«), einem regionalen Menschenrechtssystem, das wegen der weitaus geringeren Zahl der Ratifikationsstaaten eine geringere Heterogenität aufweist und daher von größerer Effektivität ist. Wegen der Ratifizierung durch Deutschland steht die EMRK gem. Art 59 GG mindestens im Range eines deutschen Bundesgesetzes. Hinsichtlich des Art 13 EMRK ist das aber anders; denn Art 13 EMRK ist inhaltsidentisch mit dem im Internationalen Pakt der Vereinten Nationen festgeschriebenen allgemeines Völkerrecht und genießt daher m.E. als ius cogens aufgrund von Art 25 GG den Vorrang vor Bundesgesetzen. Nationale Gesetze können keine Grundlage für die Nichteinhaltung des Völkerrechts oder Völkervertragsrechts sein. (siehe auch: Art 27 des Wiener Abkommens über das Recht der Verträge vom 23.5.1969)

Das heißt, dass nicht nur die EMRK zu beachten ist und die Völkerrechtsnormen des Pakts der Vereinten Nationen »nicht so wichtig« sind oder umgekehrt. Folglich ist es deutschen Behörden und Gerichten verwehrt, der EMRK oder dem IPbürg zu widersprechen, diese Normen unbeachtet zu lassen oder sie nur am Rande zu beachten.

EMRK und IPBürg haben in jeder Verzögerungssache eine zentrale Rolle.

Hinsichtlich des Normenranges dürfte gelten: Wer Art 13 EMRK verletzt, der verletzt nicht nur das gem. Art 59 GG im Range eines Bundesgesetzes stehende europäische Völkervertragsrecht, sondern zugleich den gem. Art 25 GG über deutschem Recht stehenden allgemein anerkannten Standard des Völkerrechts.

Deutsche Behörden und Gerichte haben die Amtspflicht, neben dem im Pakt der Vereinten Nationen niedergelegten allgemein anerkannten Standard des Völkerrechts aufgrund Art 1 EMRK auch die mit dem IPbürg wesens- und inhaltsgleichen Rechte aus Art 13 EMRK zu gewährleisten. Art 13 EMRK garantiert Jedem das Recht einer wirksamen Beschwerde gegen Konventionsverletzungen.

Gem. Art 14 des Internationalen Pakts der Vereinten Nationen hat Jeder einen Anspruch darauf, dass über seine zivilrechtlichen Ansprüche und eine gegen ihn erhobene strafrechtliche Anklage in billiger Weise verhandelt wird, was eine Erledigung in angemessener Zeit einschließt.

Diese Regelung entspricht Art 6 der EMRK, wonach ebenfalls Jeder ein Recht auf ein faires Verfahren in angemessener Zeit hat, was allerdings hinsichtlich der Fairness und auch hinsichtlich der Dauer in Deutschland immer noch nicht durchgängig gewährleistet wird. Nach meinen Erfahrungen sind es oft dieselben Richter, die Verfahren unangemessen verzögern und deren Verfahren nicht fair sind.

Die Menschenrechte aus Teil II, Art 2 Abs 2 des Pakts der Vereinten Nationen und des Art 6 der Europäischen Menschenrechtskonvention werden von etlichen Behörden und Gerichten, aber auch von manchen Landesregierungen nicht als »ernstzunehmende richtige Menschenrechte«, sondern als Lappalien und Petitessen angesehen, die man nicht beachten muss: New York, Genf und Straßburg sind ja weit entfernt. Diese »Petitessen« müsse man nicht so ernst nehmen und deren Verletzung sei nicht so schlimm. Das ist aber nicht so.

Die deutschen Gerichte verstoßen gegen den Standard des allgemeinen Völkerrechts, gegen die Europäische Menschenrechtskonvention und gegen die deutsche Verfassung, wenn sie eine abschließende Entscheidung über ein strittiges Rechtsverhältnis oder einen Strafvorwurf nicht in angemessener Zeit zu Stande bringen.

Möglicherweise kennen viele Behörden und Gerichte sowie Landesregierungen nicht einmal den allgemeinen Standard des Völkerrechts und die völkerrechtlichen Verträge, die sie einzuhalten verpflichtet sind. Sie können diese wegen Unkenntnis dann auch nicht einhalten. Dabei ist es übrigens nicht selten so, dass diejenigen Gerichte, die angemessene Verfahrensdauern nicht einhalten, auch das Fairnessgebot nicht ernstnehmen und man manchmal den Eindruck hat, dass sie ihre Entscheidungen durch »Flaschendrehen« finden.

1.1 vom Europäischen Gerichtshof für Menschenrechte angeordnete Regelung einer verschuldensunabhängigen Entschädigung

Nicht nur der völkerrechtliche Vertrag der Vereinten Nationen (Pakt über bürgerliche und politische Rechte = IPbürg) , sondern auch das deutsche Grundgesetz (GG), und auch die von Deutschland ratifizierte und gem. Art 59 GG im Range eines Bundesgesetzes stehende Europäische Menschenrechtskonvention (EMRK), zu deren Einhaltung in Deutschland sich die Bundesregierung gem. Art 1 EMRK verpflichtet hat, sind ausnahmslos von allen staatlichen Institutionen einzuhalten. Aus dem GG und der EMRK ergab und ergibt sich der Anspruch auf einen wirksamen Rechtsschutz gegen die Verletzung von Konventionsrechten; u.a. auf angemessene Verfahrensdauern. Dieser Anspruch konnte und kann bei deutschen Instanzen unmittelbar geltend gemacht werden (zur Unmittelbarkeit der Geltendmachung z.B.: Kirchhoff, Die Auswirkungen der EMRK ...in ZVR online, 21/2012 mwN)

Da Rechtsuchende in Deutschland häufig nicht – wie das Wort impliziert – als Personen angesehen werden, die ihr Recht suchen, sondern als die Behörden – und Gerichtsruhe bloß störende Querulanten, die sich dem Staat und insbesondere den Staatsdienern bedingungslos unterzuordnen haben und die sich intellektuell überschätzenden unter den deutschen Richtern die Regelungen der EMRK oft nicht einmal kennen, blieb dieses Recht in Deutschland fast durchgängig unbeachtet und deutsche Gerichte wandten und wenden die geschriebenen Regelungen der EMRK nicht an.

Hinsichtlich der Möglichkeit, sich gegen überlange Verfahrensdauern zu wenden, gab es bis 2011 nicht einmal ein den Bürgern zugängliches geschriebenes Rechtsmittel des deutschen Gesetzgebers, sondern nur den außerordentlichen und daher den Konventionsgarantien nicht genügenden Rechtsbehelf der Untätigkeitsbeschwerde.

Das verwundert angesichts der Tatsache nicht, dass Deutschland (anders als andere Länder, wie z.B. China) bis heute immer noch kein einheitliches und verständliches Staatshaftungsgesetz hat, sondern völlig diffuse Rechtsregelungen bestehen, die sich teilweise sogar im Sinne einer gewohnheitsrechtlichen Übung auf Rechtsvorschriften aus dem Jahre 1794 (die §§ 74 und 75 der Einleitung des Allgemeinen Preußischen Landrechts, welche Aufopferungsansprüche regeln) stützen:

»Dem geltenden Staatshaftungsgesetz liegt kein abgerundetes und inhaltlich abgestimmtes System zugrunde … Haftungsgrundlagen und Haftungstatbestände sind teils anachronistische , teils antiquierte, aber bis in die Gegenwart fortgeschleppte Ablagerungen.« (Ossenbühl, Staatshaftungsrecht, S 438)

Auf Regelungen aus dem Jahre 1794 zurückgreifende außerordentliche Rechtsmittel erfüllen jedoch im Europa des 21. Jahrhunderts nicht die Anforderungen des Art 13 EMRK. Das gilt auch für Rechtsmittel gegen zu lange Bearbeitungszeiten durch staatliche Einrichtungen, was sogar das BVerfG erkannte; allerdings erst, nachdem der EGMR dies im Falle Sürmeli/Deutschland festgestellt hatte:

»Zum Zweck der Schließung tatsächlicher oder vermeintlicher Lücken im bisherigen Rechtssystem geschaffene außerordentliche Rechtsbehelfe außerhalb des geschriebenen Rechts verstoßen gegen die verfassungsrechtlichen Anforderungen der Rechtsmittelklarheit.« (BVerfG v 16.1.2007, 1 BvR 2803/06)

»Außerhalb des geschriebenen Rechts stehende Rechtsmittel genügen den Anforderungen an die Rechtsmittelklarheit nicht. Rechtsbehelfe müssen im geschriebenen Recht geregelt und für den Bürger erkennbar sein.« (BVerfG, 1 PbuV 1/02 <63>)

»Für den Bürger muss eine gewisse Vorhersehbarkeit staatlicher Entscheidungen gegeben sein.« (BVerfG, 1 BvR 571/07 <28>)

Auch der Gesetzgeber (BTDrs 17/3802, S 1) hat aufgrund der Entscheidungen des EGMR erkannt, dass das Recht auf eine wirksame Beschwerde an ein geschriebenes Rechtsmittel gebunden ist und sogar das Bundesverfassungsgericht betont inzwischen, dass dies ein Verfassungsanspruch der Bürger ist. (BVerfG, 1 BvR 2736/08 <42>)

Der EGMR setzt im Ergebnis die Schriftlichkeit von Rechtsmitteln als konventionserforderlich voraus, die an die Kriterien der Erreichbarkeit, Genauigkeit und Vorhersehbarkeit geknüpft ist:

»The principle of lawfulness also presupposes that the provisions of domestic law must be sufficiently acessible, precise and foreseeable.« (EGMR v 5.1.2000, 33202/96, § 106, 109 – Beyeler/Italien) bzw »perfectly clear, precise and directly applicable« (EGMR v 16.4.2002, § 47 – Dangeville/Frankreich)

oder »easily acessible, foreseeable and consistent«. (EGMR v 25.11.2014, 44019/11, § 41 – Mraz u.a./Slowakei)

Manche Behörden und Gerichte sehen das trotzdem immer noch anders. (z.B. KZVN – Schneider, LSG Nds, L 3 KA 97/16 – Pilz, Dr. Blöcher, Hörner) Die Bekanntmachungspflicht wird aus dem Rechtsstaatsgebot des Art 20 Abs 3 GG und der Garantie des effektiven Rechtsschutzes gem. Art 19 Abs 4 GG hergeleitet (so: BVerwG, 5 CN 1.03), so dass die Grundrechte verletzt sind, wenn unklar ist, wie Rechtsschutz gegen atypische Bearbeitungsdauern gesucht werden kann (dazu: BVerfG, 1 BvR 2298/09 <17>) oder nicht vorhergesehen werden kann, in welchen Fällen und mit welcher Tendenz von einer Regelung Gebrauch gemacht wird und welchen Inhalt die Norm haben könnte (stRSpr z.B.: BVerfG, 2 BvR 871/04 <38>; BVerfG, 2 BvR 414/08 <38 u.a.) und die EMRK auch verletzt ist, wenn Art und Weise der Normanwendung nicht mit hinreichender Genauigkeit geregelt sind (EGMR v 15.11.96, Slg 1996 – V, S 1800, § 33 – Domenichini/Italien), wie dies auf ungeschriebene Normen zutrifft. Außerdem ist es unzulässig, Rechtsuchenden tatsächliche oder rechtliche Auslegungsschwierigkeiten aufzubürden (so: OVG NRW, 13 A 2483/15 <10>), was stets der Fall ist, wenn Jemand mit einer ungeschriebenen und ihm nicht bekanntgegebenen Norm konfrontiert wird.

Das Alles interessiert die offensichtlich dem gestrigen Überordnungsgedanken des Staates über den Bürger anhängende nds SGb herzlich wenig, die es für rechtmäßig ansieht, dass Rechtssuchenden keine schriftlichen Normen mitgeteilt werden und sie keine Möglichkeit erhalten müssen, ihre Rechte nachzulesen. (LSG Nds, L 3 KA 2/19 – Pilz, Dr. Blöcher, Hörner)

Aus allen diesen Gründen war jedem Einsichtigen klar, dass es in Deutschland kein wirksames Rechtsmittel gegen überlange Verfahren gab. Das hat der EGMR – wie bereits angedeutet – in einer aufgrund der Verfahrensdauer in Niedersachsen beim EGMR entschiedenen Sache bereits im Jahre 2006 als »lack of an effective remedy in German law« festgestellt. (EGMR v 8.6.2006, 75529/09, § 136 – Sürmeli/Deutschland)

Bereits in dieser Entscheidung hatte der EGMR ausdrücklich auf das Fehlen einer wirksamen Beschwerde hingewiesen. Deutschland wurde aufgrund dieses (natürlich aus Niedersachsen stammenden) Verzögerungsfalles wegen der Verletzung von Art 13 (Fehlen einer wirksamen Beschwerde) und Art 6 Abs 1 EMRK (überlange Verfahrensdauer) zur Zahlung einer Entschädigung an den Beschwerdeführer Sürmeli von 10.000 Euro und den Kosten (insgesamt ca. 15.000 Euro) verurteilt.

Die Feststellung des EGMR, dass in Deutschland kein wirksames Rechtsmittel gegen überlange Gerichtsverfahren angewendet wird, interessierte jedoch weder den deutschen Gesetzgeber nachhaltig, noch die deutschen Gerichte, die weiterhin die Rechte der Bürger aus der Verfassung und der EMRK ignorierten. Sogar das BVerfG forderte noch 2007 in Kenntnis der EGMR – Entscheidung Sürmeli ausdrücklich in schikanöser Weise bloß weiterverzögernde und nutzlose Untätigkeitsbeschwerden. (BVerfG, 1 BvR 762/07 – Papier, Steiner, Gaier)

Deshalb stellte der EGMR immer wieder fest, dass Deutschland hinter europäischen Menschenrechtsstandards hinterherhinkt und es in Deutschland kein wirksames Mittel i.S. des Art 13 EMRK gegen das überlange Befassen des Staates mit den Rechtsanliegen der Bürger gibt:

»Der Gerichtshof hat bereits festgestellt, dass das deutsche Rechtssystem keinen wirksamen Rechtsbehelf vorsieht, der geeignet ist, Abhilfe für die unangemessene Dauer zivilrechtlicher Verfahren zu schaffen.« (EGMR v 24.6.2010, 39444/08, §68 – Afflerbach/Deutschland)

»Der Gerichtshof weist erneut auf seine neuere Rechtsprechung hin, wonach das deutsche Recht keinen wirksamen Rechtsbehelf vorsieht ...« (EGMR v 30.3.2010, 54188/07, § 48 – Volkmer/Deutschland)
   »Der Gerichtshof hat bereits festgestellt, dass es in Deutschland keinen Rechtsbehelf im Sinne des Art 13 EMRK gibt.« (EGMR v 30.3.2010, 32338/07, § 45 – Ritter Coulais/Deutschland)

»Der Gerichtshof hat bereits festgestellt, dass es in Deutschland keine Instanz für Beschwerden bezüglich der überlangen Dauer von Verfahren gäbe.«(EGMR v 24.6.2010, 25756/09, § 30 – Perschke/Deutschland)

Diese und Dutzende weiterer solcher Urteile konnten die Bundesregierung, die sich in Art 1 EMRK zur Gewährleistung der Konventionsgarantien verpflichtet hatte, immer noch nicht bewegen, umgehend ihrer in Art 1 EMRK übernommenen völkervertraglichen Pflicht zur Bereitstellung eines geeigneten Rechtsbehelfs nachzukommen. Die deutsche Regierung ließ sich weiterhin lieber vom EGMR in einer Vielzahl von Verfahren zu Entschädigungen in Millionenhöhe an die Verzögerungsopfer verurteilen. Die Urteile des EGMR wurden von der deutschen Regierung bezahlt, fanden aber weiterhin keinerlei innerstaatliches Interesse; im Gegenteil: Trotz der Feststellung, dass eine Untätigkeitsbeschwerde kein wirksames Rechtsmittel ist, befasste sich die deutsche Regierung nicht mit dem erforderlichen Nachdruck mit dem vom EGMR aufgezeigten Problem langer Verfahrensdauern und auch das zum Schutz der Grund- und Menschenrechte berufene BVerfG trug zur Beseitigung langer Verfahrensdauern Nichts bei, sondern verlangte mit erstaunlicher Dickfelligkeit und Dreistigkeit von unter langen Verfahrensdauern leidenden Personen ausdrücklich das Einlegen der vom EGMR als »unwirksam« benannten Untätigkeitsbeschwerden. (siehe oben: BVerfG, 1 BvR 762/07 – Papier, Gaier, Steiner) Diese vom Präsidenten des BVerfG, Papier und den Verfassungsrichtern Gaier und Steiner rechtsmissbräuchlich verlangten und bloß grundrechts- und konventionswidrig schikanös weiterverzögernden Untätigkeitsbeschwerden wurden dann natürlich erwartungsgemäß von den insoweit hinsichtlich der Konventionsrechtsprechung kundigen Fachgerichten als unzulässig abgewiesen, weil sie kein wirksames Rechtsmittel waren. Im Ergebnis hat das BVerfG durch seinen Präsidenten Papier und seine Richter Gaier und Steiner bereits verzögerte Verfahren auf diese Weise missbräuchlich und menschenrechtswidrig noch weiter verzögert, nur um sich mit der Verzögerungsproblematik nicht befassen zu müssen. – Eine Beanstandung durch das BVerfG hätte ja den verzögernden Gerichten »weh tun« können, und damit dem Korpsgeist oder Seilschaftsgedanken des »eine Krähe hackt der anderen kein Auge aus« widersprochen.

Aufgrund der sich wegen der Nichtbeanstandung durch das BVerfG beim EGMR weiterhin häufenden Individualbeschwerden wegen zu lange dauernder Gerichtsverfahren machte der EGMR nun kurzen Prozess. Der EGMR nahm – nachdem er Deutschland in einer Vielzahl von Verfahren zu Entschädigungen in Millionenhöhe an die Verzögerungsopfer verurteilt hatte sowie über vier Jahre lang dabei zugesehen und dies in etlichen Urteilen kritisiert hatte, dass in Deutschland überhaupt Nichts geschehen war, um konventionskonforme Verhältnisse zu schaffen – die Sache Rumpf zum Anlass, um ein Piloturteil gegen Deutschland zu erlassen. Piloturteile werden erlassen, wenn die Staaten nicht wissen, wie sie ihren Konventionspflichten nachkommen sollen. Im Piloturteil Rumpf wurde Deutschland nun vom EGMR machtvoll dazu verpflichtet, die konventionskonforme Möglichkeit einer wirksamen Beschwerde bei einer innerstaatlichen

24

Instanz gegen lange Gerichtsverfahren innerhalb eines Jahres zu verwirklichen. (EGMR v 2.9.2010, 46344/06 § 73 – Rumpf/Deutschland)

Außerdem wurde Deutschland zu einer an den Beschwerdeführer Rumpf zu zahlenden Entschädigung von 10.000 Euro und zu den Verfahrenskosten (insgesamt ca. 14.000 Euro) verurteilt. Der EGMR wies ausdrücklich darauf hin, dass seine Anordnung, dass Deutschland innerhalb eines Jahres einen Rechtsbehelf gegen Verzögerungen zu schaffen habe, eine »Verpflichtung« darstellt (EGMR Rumpf/Deutschland, a.a.O. § 73) und der innerhalb eines Jahres zu schaffende Rechtsschutz nicht »irgendwie« gestaltet werden darf, sondern

»in der Theorie als auch in der Praxis den vom Gerichtshof genannten Schlüsselkriterien entsprechen« muss. (EGMR, Rumpf/Deutschland a.a.O., § 73)

Daran, dass diese Forderung des EGMR in Deutschland tatsächlich in effektiver und wirksamer Weise korrekt verwirklicht wurde und wird, dürften angesichts der praktischen Anwendung des daraufhin beschlossenen »Rechtsschutzgesetzes« (§§ 198 ff GVG) durch die inzwischen ergangenen deutschen Urteile zur beanstandeten Dauer von Verfahren berechtigte Zweifel angebracht sein.

Das Rechtsschutzgesetz »erweist sich bisher in der Praxis als ein reines Alibigesetz, um die Forderungen des Europäischen Gerichtshofs zu erfüllen.« (Wagner, Gerichtsverfahren in Deutschland dauern zu lange) Damit genügt Deutschland den Ansprüchen an die RSpr des EGMR nicht einmal ansatzweise; denn die deutschen Gerichte müssen das Recht so anzuwenden, wie es der EGMR tut (EGMR v 29.5.2010, 53126/07, § 39 – Taron/Deutschland). Das heißt, dass die Konventionsgarantien so wie der EGMR es tut, also nicht theoretisch und scheinbar, sondern praktisch und wirksam angewendet werden müssen.

Statt Rechtsschutz in angemessener Zeit zu gewährleisten, nutzten und nutzen die Gerichte – weil damals in Deutschland hunderttausende – geschätzt eine halbe Million – Gerichtsverfahren verzögert waren (so: Bundesrat, 875. Sitzung)- die gem. § 198 GVG gerichtskostenpflichtig eingereichten Verzögerungsklagen nahezu ausnahmslos als willkommene zusätzliche Einnahmequelle des Staates für Gerichtskosten. Sie wiesen die Verzögerungsklagen haufenweise – man kann sagen: nahezu vollständig – ab, um die wegen der abgewiesenen Klagen von den Verzögerungsopfern abgegriffenen Gerichtskosten einzukassieren. Die §§ 198 GVG wurden praktisch als zusätzliche Einnahmequelle des Staates missbraucht.

Dass das den Sinn des Piloturteils Rumpf pervertierte, war und ist augenscheinlich.

Kurz nach Inkrafttreten der durch die deutsche RSpr zu einem zusätzlichen Gerichtskostengeschäft verkommenen §§ 198 GVG gab es deshalb von den die konventionswidrige Haltung deutscher Behörden und Gerichten realistisch einschätzenden Bürgern erneute Beanstandungen beim EGMR, dass wirksamer Rechtsschutz gegen überlange Gerichtsverfahren in Deutschland von den Gerichten weiterhin nicht gewährt wird. Deutschland verweigerte und verweigert praktisch die Anwendung korrekten Rechts; »justice delayed is justice denied«. (=verzögertes Recht ist verweigertes Recht) 83% der Bürger halten die Dauern deutscher Gerichtsverfahren immer noch als entschieden zu lang. (so: Allensbach in Wagner, Gerichtsverfahren in Deutschland dauern zu lange)

Wegen der damals noch kurzen Anwendungsdauer der §§ 198 GVG behielt sich der EGMR eine Beobachtungszeit vor und ging gutgläubig von zukünftig konventionskonformer RSpr in Deutschland aus, nämlich von der Erwartung, dass die deutschen Gerichte bei ihren Entscheidungen über Entschädigungsansprüche »die Konventionsrechte so beachten, wie es der Rechtsprechung des Gerichtshofs entspricht.« (EGMR v 29.5.2012, 53126/07, § 39 – Taron/Deutschland)

Diese optimistische Hoffnung war – sieht man sich die inzwischen verwirklichte Rechtssprechungspraxis an – offensichtlich verfehlt. Auch der EGMR hat selber insoweit inzwischen Zweifel an der korrekten Umsetzung seiner Vorgabe durch Deutschland bekommen. Der EGMR hat der deutschen Regierung deshalb in einer Verfahrensdauersache die Frage gestellt:

»Did the applicant have at this disposal an effective domestic remedy for his complaint under Article 6 § 1 of the Convention, as required by Article 13 of the Convention? In particular, did Section 198 of the Courts act, in light of the Federal Court of Justice›s reasoning, constitute a remedy capable of dealing with the substance of the applicant›s complaint under Article 6 § 1 of the Convention that the length of the proceedings was excessive, and of granting appropiate relief? (EGMR communicated on 10 May 2017, Zacharias/Germany, lodged on 16 August 2016)

Die Zielrichtung dieser Fragen ist recht eindeutig. Realistischerweise ist davon auszugehen, dass es aufgrund der deutschen Gerichtspraxis über kurz oder lang zu einem neuen Piloturteil gegen Deutschland kommen wird.

1.2 Umsetzungsversuch der verschuldensunabhängigen Entschädigungsregelung

In Deutschland gibt es aufgrund der oben dargestellten Anordnung des EGMR seit 2011 bezüglich langer Dauer staatlichen Handelns die folgende gesetzliche Regelung:

»Wer infolge unangemessener Dauer eines Gerichtsverfahrens als Verfahrensbeteiligter einen Nachteil erleidet, wird entschädigt. Die Angemessenheit der Verfahrensdauer richtet sich nach den Umständen des Einzelfalles, insbesondere nach der Schwierigkeit und Bedeutung des Verfahrens und nach dem Verhalten der Verfahrensbeteiligten und Dritter.« (§ 198 Abs 1 des Gerichtsverfassungsgesetzes – GVG)

»Ein Nachteil, der nicht Vermögensnachteil ist, wird vermutet, wenn ein Gerichtsverfahren unangemessen lange gedauert hat.(…)« (§ 198 Abs 2 GVG)

Die Durchführung und (oft falsche, weil der RSpr des EGMR nicht entsprechende und somit konventionswidrige) Auslegung dieser gesetzlichen Regelung durch eine ganze Reihe deutscher Behörden und Gerichte verifiziert die Auffassung: »Nie kann man einen Übelstand vermeiden, ohne dass daraus ein anderer entstünde.« (Machiavelli, Vom Staate, 45)

1.3 Wirksamkeit der verschuldensunabhängigen Entschädigungsregelung

Zweck der §§ 198 ff GVG ist nach dem Willen des Gesetzgebers ein u.a. den Anforderungen des Art 13 EMRK genügender Rechtsbehelf. Dieser war auch dringend erforderlich, um auf einen Standard zu gelangen, der in anderen europäischen Ländern längst gang und gäbe ist. Art 13 EMRK verlangt einen Rechtsbehelf (Möglichkeit wirksamer Beschwerde) der bei innerstaatlichen Instanzen, also nicht nur bei Gerichten, sondern auch bei Behörden wegen überlanger Gerichtsverfahren geltend gemacht werden kann.

»Wirksam« ist der in Deutschland gem. Art 1 EMRK konventionsrechtlich verpflichtend zu gewährleistende Rechtsbehelf nur, wenn

mit ihm entweder die Rechtsverletzung verhindert werden kann, d.h. gar keine Verzögerung eintritt,

oder

eine bereits geschehene Rechtsverletzung entschädigt wird.

§ 198 GVG genügt seinem eigenen Ziel der Gewährleistung einer »wirksamen Beschwerde gem. Art 13 EMRK« schon deshalb nicht, weil mit ihm – auch in der RSpr – die unangemessene Dauer von behördlichen Verfahren ausklammert wird, obwohl Art 13 EMRK ausdrücklich die wirksame (also in angemessener Zeit abgeschlossene) Beschwerde nicht nur bei Gerichten, sondern bei allen innerstaatlichen Instanzen, also auch bei Behörden gewährt und die Erledigung eines Rechtsschutzbegehrens durch Gewährleistung eines fairen Verfahrens in angemessener Zeit keine isolierbaren – bloß scheinbaren und theoretischen – Rechte darstellt, sondern eine praktische und wirksame Gesamtgarantie ist. Weder reicht es aus, Rechtsschutz durch ein faires Verfahren in unangemessener Zeit zu gewähren, noch erfüllt ein unfaires Verfahren in angemessener Zeit den aus Art 6 EMRK fließenden Anspruch.

Hinzu kommt, dass Jeder einen – übrigens auch in der deutschen Verfassungstheorie gewährleisteten – Anspruch auf eine abschließende, also alle Instanzen umfassende abschließende Entscheidung in angemessener Zeit hat. Dazu zählt – sofern gesetzlich vorgesehen – auch eine Entscheidung im behördlichen Verfahren und einer Berufungs- oder sogar Revisionsinstanz. Die Entscheidungen von Rechtsanliegen (nicht bloß von Teilaspekten dieser Rechtsanliegen wie primärer Rechtsschutz) haben verfassungstheoretisch in angemessener Zeit zu erfolgen und sind nicht nur auf eine angemessene Dauer einer einzigen Gerichtsinstanz beschränkt, wie es § 198 GVG vorsieht; denn:

»Strittige Rechtsverhältnisse sind in angemessener Zeit zu klären.« (so: BVerfG, 1 BvR 232/11)

»Strittige Rechtsverhältnisse« heißt nicht: »Teilaspekte«, wie z.B. »Untätigkeitsklagen«, »Zwischenverfahren«, »primärrechtliche Verfahren« u.ä.

Untätigkeitsklagen wegen des behördlichen Nichtbefassens mit einem strittigen Rechtsverhältnis klären das eigentlich strittige Rechtsverhältnis in keiner

Weise. Zwischenverfahren und primärrechtliche Verfahren klären die strittigen Rechtsverhältnisse ebenfalls nicht. Des Weiteren sind strittige Rechtsverhältnisse auch nicht »instanzenbegrenzt«. Eine Instanz reicht oft nicht aus, ein strittiges Rechtsverhältnis zu klären.

In der Nichtbeachtung oder verzerrten Auslegung dieses Gebots scheint einer der zahlreichen Grundmängel in der Anwendung des § 198 GVG zu liegen.

Die Probleme werden durch die RSpr der Gerichte oft noch erheblich verstärkt. § 198 GVG bietet ausreichend viele Ansatzpunkte, die sich als »findig« haltende Richter fleißig nutzen, um das Ziel der gesetzlichen Regelung wegen der in ihr enthaltenen unbestimmten Rechtsbegriffe zu verbiegen (»Ein ›guter‹ Jurist kann auch die verrückteste Entscheidung ›vernünftig‹ begründen«), so dass sich die Frage nach der wirksamen Anwendung der §§ 198 ff GVG stellt und vom EGMR auch schon gestellt worden ist (siehe EGMR – Zacharias/Deutschland, a.a.O.)

Schließlich enthält das Gesetz die Rechtswahrnehmung erschwerende und unterlaufende Regelungen und werden bestimmte Verfahrensregelungen (Verzögerungsrüge pp.) von deutschen Gerichten regelmäßig missbraucht, um Verzögerungsentschädigungen zu vereiteln.

Hier muss man sich darüber im Klaren sein, dass mit dem Erschöpfen des deutschen Rechtsweges »das Ende der Fahnenstange« noch nicht erreicht ist, sondern die letzte Entscheidung beim Europäischen Gerichtshof für Menschenrechte liegt, dessen auf Effektivität und Wirksamkeit gerichtete Rechtsprechung klar und übersichtlich ist. Jeder, der sich in seinem Recht auf Entscheidungen in angemessener Zeit verletzt fühlt, denen innerstaatliche Instanzen nicht mit dem erforderlichen Nachdruck nachgehen, kann unter Berücksichtigung der Zulässigkeitsvoraussetzungen (www. hudoc com) beim Europäischen Gerichtshof für Menschenrechte im Straßburg (EGMR) auf einem im Internet ausdruckbaren oder vom EGMR zugeschickten Formular eine Individualbeschwerde wegen der Verletzung seiner Konventionsrechte in deutscher Sprache einreichen. Er/Sie sollte das unbedingt auch tun; denn je mehr Individualbeschwerden beim EGMR zu einem Problem eingehen, umso eher nimmt sich der EGMR des nationalen Missstands an.

Erklärt der EGMR eine Individualbeschwerde für zulässig, stellt der EGMR in der Regel eine Verletzung der Konventionsgarantien fest. Er setzt dann fast immer eine vom betreffenden Staat an den in seinen Konventionsrechten Verletzten zu bezahlende Geldentschädigung fest. Deutschland muss dann einen Entschädigungsbetrag innerhalb eines halben Jahres an den Betroffenen bezahlen. Außerdem veröffentlicht der EGMR die Entscheidung in seiner Datenbank

(Human Documents – »www. hudoc com«) und überprüft das Ministerkomitee des Europarats, ob der verurteilte Staat die Auflagen des Urteils erfüllt hat.

Elektronische Einreichung oder Fax-Zusendung des Individualbeschwerde – Formulars reicht nicht aus. Die Individualbeschwerde muss 6 Monate nach Abschluss der letzten innerstaatlichen Instanz eingelegt werden, wobei der EGMR die Verfassungsbeschwerde zum BVerfG als auszuschöpfendes Rechtsmittel ansieht.

Nach – zwar nicht nachvollziehbarer, aber gleichwohl vorsichtshalber zu beachtender – Auffassung des Thüringer Oberverwaltungsgerichts (Thür OVG, U v 22.10.2011, 2 SO 182/12, S 19) sei für alle Individualbeschwerden der Rechtsweg zum BVerfG auszuschöpfen – jedoch nicht für die Individualbeschwerden, die Verfahrensverzögerungen gem. Art 6 Abs 1 S 1 EMRK betreffen. Verzögerungssachen stellen angeblich eine Ausnahme dar. Vorsichtshalber sollte man rechtzeitig klären – ggf. durch eine Vorabauskunft des EGMR – ob diese Rechtsansicht zutrifft, oder falsch ist; denn wenn diese Ansicht falsch ist und deshalb der Rechtsweg zum BVerfG nicht ausgeschöpft wird, unterliegt die Individualbeschwerde wegen nicht erschöpften Rechtsweges der Abweisung. Ist die Ansicht hingegen richtig, und wird die Entscheidung des BVerfG abgewartet, ist die Individualbeschwerde verfristet.

Die Anschrift des EGMR lautet: European Court of Human Rights; Cour Europeenne des Droits de lʾHomme, F 67075 Strasbourg – Cedex, France.

Da sich Deutschland in Art 2 des Internationalen Pakt über bürgerliche und politische Rechte zur Achtung und Gewährleistung der im Pakt garantierten Rechte verpflichtet hat, ist es – wenn zu lange Verfahrensdauern in Deutschland unbeachtet bleiben – auch durchaus möglich, sich über zu lange Verfahrensdauern bei den Vereinten Nationen zu beschweren, die der Sache dann nachgehen. Die Vereinten Nationen setzen aber keine an den Betroffenen zu bezahlende Entschädigung fest, sondern beschränken sich auf die öffentliche Feststellung, dass Deutschland das Völkerrecht verletzt hat. Die Beschwerde (Individual Complaint) wird beim Menschenrechtsrat eingereicht.

Die Adresse lautet: High Commissioner for Human Rights in New York (CH CHR – NY), UN Headquarters, New York, NY 10017, USA.

1.4 verschuldensabhängige Schadensersatzregelung

Interessant ist neben den vorgenannten Regelungen auch die weitgehend unbeachtete und teilweise, selbst bei – manchmal erstaunlich rechtsunkundigen-Richtern völlig unbekannte, mit verzögertem Handeln des Staates im Zusammenhang stehende Haftungsregelung im § 839 Abs 2 S 2 des Bürgerlichen Gesetzbuches (BGB).

Daraus ist ersichtlich, dass sich verzögernde Staatsdiener, also Angestellte, Beamte und Richter, wegen schuldhafter Verzögerung der ihnen obliegenden Amtsgeschäfte haftpflichtig machen können; und zwar nicht nur Angestellte und Beamte, sondern ausdrücklich auch Richter.

Ein Beamter oder Richter haftet außerhalb der Verweigerung oder Verzögerung der Ausübung seines Amtes nur für strafbare Amtspflichtverletzungen bei einem Urteil. Wie die Rechtsrealität zeigt, sind zwar Amtspflichtverletzungen von Beamten oder Richtern ›bei einem Urteil‹ gar nicht so selten; auch solche die die Kriterien der Strafbarkeit erfüllen. Dennoch ist es eine Illusion zu glauben, dass jemals die Strafbarkeit einer richterlichen Amtspflichtverletzung ›bei einem Urteil‹ festgestellt wurde oder festgestellt werden wird. Dass jemals eine Rechtsbeugung festgestellt wird, entspricht aufgrund des vorherrschenden Korpsgeistes nicht der deutschen Rechtspraxis.

Praktisch alle Berufskarrieren derjenigen Richter belegen das ohne Ausnahme, die im Dritten Reich dazu beigetragen haben, den früheren Ruf Deutschlands als »das Land der Dichter und Denker« in den Ruf des Landes »der Richter und Henker« zu diskreditieren, was keiner weiteren Erläuterung bedarf.

M.W ist kein einziger dieser Richter anschließend zur Rechenschaft gezogen worden. Im Gegenteil: Viele wurden in den Staatsdienst übernommen und bekleideten dort wichtige und hoch alimentierte Positionen. Im Ergebnis heißt das, dass ein deutscher Richter in der Rechtspraxis regelmäßig auch durch strafbare Amtspflichtverletzungen »bei einem Urteil« de facto in der Rechtspraxis nicht haftpflichtig wird. Ein solcher Fall ist m.W. jedenfalls noch nie bekanntgeworden.

Bei Verzögerungen könnte das aber – jedenfalls rechtstheoretisch – anders sein. Der Gesetzgeber hat ausdrücklich entschieden, dass Verzögerungen nicht ›bei einem Urteil‹, geschehen. Hier kommt es nicht auf die Strafbarkeit an; denn »auf eine pflichtwidrige Verweigerung oder Verzögerung der Ausübung des Amtes findet diese Vorschrift keine Anwendung.« (§ 839 Abs 2 Satz 2 des Bürgerlichen Gesetzbuchs – BGB)

Für schlampig und schludrig mit der Verfahrensdauer umgehende, selig schlafende und die Verfahrenstermine (z.B. die Zeitvorgaben für die Erstellung von Sachverständigengutachten) nachlässig behandelnde Richter kann § 839 Abs 2 S 2 BGB zum Prüfstein mit für sie fatalen Folgen werden, der sich ggf. bis zum EGMR verfolgen ließe. Das weiß aber eben kaum Jemand.

1.5 Verhältnis von Entschädigungs- und Schadensersatzregelung

Die §§ 198 GVG und 839 Abs 2, S 2 BGB stehen nebeneinander. Das heißt, es gibt keine Subsidiarität, wie in anderen Teilen des staatlichen Haftungsrechts. Beide Anspruchsgrundlagen bestehen unabhängig voneinander und schließen sich nicht gegenseitig aus. Der Gesetzgeber hat bezüglich der Anwendung der §§ 198 ff GVG ausdrücklich festgestellt:

»Andere mögliche Ansprüche, insbesondere aus Amtshaftung bleiben unberührt; sie stehen mit dem Entschädigungsanspruch in Anspruchskonkurrenz, die allerdings nicht zu einer Überkompensation führen darf.« (Dt. Bundestag. BTDrs 17/3802, S 19, Sp 2 oben)

Das heißt z.B., dass Richter, deren schuldhaft verzögernde Verfahrensführung zu immateriellen und materiellen Anspruchsverlusten führen, dafür – wie alle im normalen Berufsleben tätigen Bürger – haften, ohne dass sie sich auf die Voraussetzung eines (in Deutschland gegen Richter durch Richter entschiedenen und daher aufgrund der Seilschaftsregel realitätsfernen) rechtskräftigen Strafurteils berufen können. Dieses Einredeprivileg eines nicht vorhandenen Strafurteils (ein solches hat es m.W. noch nie gegeben) entfällt bei Verzögerungen.

Vor der Inanspruchnahme wegen der Haftung für die verzögerter Wahrnehmung der Amtsgeschäfte sind Richter also – entgegen allgemeiner, auch bei zahlreichen Richtern bestehender Auffassung (z.B. Beyer, Präsidentin des SG Hannover; Dr. Castendiek, LSG, L 3431 – 002/18 v 30.5.2018) – nicht durch das Spruchrichterprivileg der Unabhängigkeit und nicht durch die Einrede eines fehlenden Strafurteils des § 839 Abs 2 S1 BGB geschützt. Verweigerungen oder Verzögerungen der Ausübung des Amtes haben gem. § 839 Abs 2 S 2 BGB mit dem Spruchrichterprivileg und einem Strafurteil überhaupt nichts zu tun.

Verzögerungen sind als nicht ordentlich geführte Amtsgeschäfte von Vorgesetzten dienstrechtlich vorzuhalten. Die Präsidentin des SG Hannover, Frau Beyer vertritt die davon abweichende, offensichtlich amtspflichtwidrige Ansicht, sie müsse statistisch nicht überlasteten und keine Überlastung anzeigenden, aber trotzdem verzögernden Richtern (z.B. S 35 KA 34/11; S 35 KA 46/11 u.a.) deren verzögernde Verfahrensführung nicht dienstrechtlich vorhalten, für die das Land Niedersachsen Verzögerungsentschädigungen aus Steuermitteln bezahlen muss. Die Präsidentin Frau Beyer verletzt dadurch offensichtlich selber pflichtwidrig ihre Amtspflicht aus § 839 Abs 2 S 2 BGB.

Merke:

Dass strittige Rechtsverhältnisse oder staatliche Beschuldigungen in angemessener Zeit abschließend geklärt werden, ist keine Besonderheit des deutschen Rechts, sondern eine Selbstverständlichkeit des gem. Art 25 Abs 2 GG über deutschem Recht stehenden allgemeinen Völkerrechts, das von den Vereinten Nationen im von ca. 170 Ländern anerkannten Internationalen Pakt für bürgerliche und politische Rechte niedergeschrieben und in die Europäische Menschenrechtskonvention inhaltlich übernommen wurde.

Es gibt in Deutschland zwei Rechtsgrundlagen, aus denen Rechtsansprüche der Schäden, die wegen langer Verfahren entstanden sind, hergeleitet werden können.

Eine Rechtsgrundlage ist relativ neu und erst auf ausdrückliche Anweisung des Europäischen Gerichtshofs für Menschenrechte (EGMR) im Jahre 2010 in Deutschland zustande gekommen. Sie besteht in den §§ 198 ff GVG, die nicht von Art 6 EMRK und der RSpr des EGMR abweichend angewendet werden dürfen. Man kann sich also direkt an die umfassende RSpr des EGMR halten.

Die andere Rechtsgrundlage besteht seit langer Zeit im § 839 Abs 2 Satz 2 BGB.

Die §§ 198 ff GVG regeln Verzögerungsschäden ohne Rücksicht darauf, ob sie auf Verschulden oder Rechtswidrigkeit beruhen.

Ob die Anwendung der §§ 198 ff GVG durch deutsche Gerichte so geschieht, wie es der EMRK entspricht und sich das der EGMR vorgestellt und angeordnet hat, dürfte zu bezweifeln sein.

Wengleich auch § 839 Abs 2 Satz 2 BGB keine (durch ein Strafurteil festgestellte) Rechtswidrigkeit voraussetzt, dürften Verzögerungen stets auf rechtswidriger Amtsführung beruhen; denn die unverzögerte Sachbehandlung ist eine Amtspflicht, und die Nichteinhaltung von Amtspflichten ist stets rechtswidrig. Das heißt, dass jede unangemessene Verfahrensdauer rechtswidrig sein dürfte.

Kurz: Ansprüche können unabhängig voneinander auf die §§ 198 ff GVG

und den § 839 Abs 2 Satz 2 BGB gestützt und parallel rechtshängig geltend gemacht werden. Eine Überkompensation des Schadens darf nicht stattfinden.

2. Grenzen der Auslegung

2.1 Pflicht zu strikt EGMR-konformer Rechtsanwendung

Der von ca. 170 Staaten ratifizierte Internationale Pakt der bürgerlichen und politischen Rechte der Vereinten Nationen (IPbürg – siehe BGBl 1973 II, 1553) fasst das zusammen, was die Weltgemeinschaft als allgemeinen Standard des Völkerrechts ansieht, der in Deutschland gem. Art 25 GG über dem Bundesrecht steht. Das im allgemeinen Völkerrecht enthaltene – als von Kant »Weltbürgerrecht« genannte Abkehr von der »Rohigkeit, Ungeschliffenheit und viehischen Abwürdigung der Menschlichkeit« der »gesetzlosen Freiheit der Wilden«, einem »verworfenen Zustand« – sich ständig weiter ausformende allgemeine Menschenrecht ist »keine phantastische und überspannte Vorstellungsart des Rechts, sondern eine notwendige Ergänzung des ungeschriebenen Kodex …und des Staatsrechts.« (Kant, Vom Völkerrecht) Deutsche Behörden und Gerichte sind verfassungsrechtlich verpflichtet, den allgemeinen Völkerrechtsstandard zu garantieren. Nationale Gesetze können keine Grundlage für die Nichteinhaltung des Völkerrechts oder Völkervertragsrechts sein. (siehe auch: Art 27 des Wiener Übereinkommens über das Recht der Verträge vom 23.5.1969) Erst Recht kann die Rechtsprechung nicht völkerrechtswidrig ausgestaltet werden.

Aufgrund des Völkerrechts hat Jeder u.a. die Möglichkeit einer wirksamen Beschwerde (Art 2 Abs 3 IPbürg) und des Weiteren hat Jedermann einen Anspruch darauf, dass über eine strafrechtliche Anklage oder zivilrechtliche Ansprüche und Verpflichtungen in billiger Weise verhandelt wird. In »billiger Weise« heißt auch in angemessener Zeit.

Dieser Völkerrechtsstandard (IPbürg und inhaltsgleiche EMRK) geht Bundesrecht (§ 198 ff GVG) vor:

»Die allgemeinen Regeln des Völkerrechts …gehen den Gesetzen vor und erzeugen Rechte und Pflichten unmittelbar für die Bewohner des Bundesgebiets.« (Art 25 Satz 2 Grundgesetz – GG)

Der Europarat hat den von den Vereinten Nationen im IPbürg niedergeschriebenen allgemeinen Völkerrechtsstandard (hier: auf »billige« Verfahren sowie eine Beschwerdemöglichkeit) in Art 13 der Europäischen Menschenrechtskonvention – EMRK (wirksame Beschwerde) und Art 6 EMRK (Recht auf ein faires Verfahren in angemessener Zeit) inhaltlich übernommen. Die Art 13 EMRK und Art 6 EMRK verkörpern damit einen allgemeinen Völkerrechtsstandard, der gem. Art 25 Satz 2 dem Bundesrecht vorgeht. Für andere Artikel der EMRK mag anderes gelten, nämlich, dass sie gem. Art 59 GG im Range von Bundesgesetzen stehen, sofern sie kein allgemeines Völkerrecht verkörpern. Verkörpern sie hingegen allgemeines Völkerrecht, gilt Art 25 Abs 2 GG.

Die den allgemeinen Völkerrechtsstandard verkörpernden Art 6 und 13 EMRK stehen damit – wegen ihres völkerrechtlichen Gehalts – im Normenrange über dem Bundesrecht, was deutsche Gerichte gem. Art 25 Satz 2 GG strikt zu beachten verpflichtet sind. Dabei ist auch zu beachten, dass zu den Völkerrechtsnormen verkörpernden Art 13 EMRK und Art 6 EMRK eine umfangreiche rechtskräftige Rechtsprechung des Europäischen Gerichtshofs für Menschenrechte (EGMR) vorliegt, die folglich nicht unbeachtet bleiben kann und gegen welche keine deutschen Urteile ergehen können (Art 27 des Wiener Übereinkommens …a.a.O.), sondern die von deutschen Behörden und Gerichten zu beachten und anzuwenden ist.

Die Existenz eines allgemeinen Prinzips, das den richterlichen Willen beeinflusst, heißt Gebot. Die Formel des Gebots ist der Imperativ. Das hat auch der EGMR ausdrücklich festgestellt

»Deutsche Gerichte müssen bei ihren Entscheidungen über Entschädigungsansprüche das Recht so anwenden, wie es der Rechtsprechung des Europäischen Gerichtshofs für Menschenrechte entspricht.« (EGMR v 29.5.2012, 53126/07, § 39 – Taron/Deutschland)

Das heißt klipp und klar: deutsche Gerichte sind nicht frei, wie sie entscheiden wollen, sondern der EGMR hat Deutschland expressis verbis vorgeschrieben, dass die deutschen Gerichte die §§ 198 GVG so anwenden müssen, <u>wie es der RSpr des EGMR entspricht</u>. Damit bestehen wegen der inzwischen mehrere zehntausend Urteile zu Art 6 EMRK umfassenden RSpr des EGMR praktisch kaum noch Auslegungsspielräume; jedenfalls nicht in der Vielzahl der vom EGMR entschiedenen Punkte. Die konventionswidrige Auffassung eines der höchsten deutschen Gerichte:

»Bei den Entschädigungsregelungen des § 198 GVG handelt es sich um einen <u>autonomen Teil des Bundesrechts</u>, der unabhängig neben den menschen- und grundrechtlichen Garantien steht. Die einfachgesetzlichen Vorschriften sind daher …auszulegen« (BSG U v 10.7.2014, B 10 ÜG 8/13 R, II, 3,b))

ist daher völlig unverständlich und hochgradig abwegig. Offensichtlich wollen manche Gerichte und Landesregierungen sich weiterhin um die Verpflichtung herumdrücken, das Entschädigungsrecht so anzuwenden, wie es der EGMR tut (siehe: Taron/Deutschland, a.a.O. § 39), indem sie die EMRK anders »auslegen« (besser gesagt: »unterlaufen«), als der EGMR dies in seinem quasi erschöpfenden case-law getan hat. In Wahrheit müsste man lange suchen, weil es fast Nichts gibt, was der EGMR noch nicht entschieden hätte. Es sind alle wesentlichen Punkte geklärt und es gibt überhaupt keine grundsätzlichen Auslegungsfragen mehr; es existieren allenfalls noch zu höchst speziellen Einzelsachverhalten seltene marginale Einzelfragen, die auszulegen sein könnten. Alles Wesentliche ist bereits vom EGMR geklärt, wie die fachkundigen unter den Gerichten auch richtig erkannt haben; denn:

»Die gesetzliche Regelung des § 198 GVG nimmt praktisch die schon jahrelang bestehende Rechtsprechung des Europäischen Gerichtshofs für Menschenrechte auf. Mit anderen Worten, bei der Prüfung, der Angemessenheit der Verfahrensdauer sind gerade keine schwierigen Rechtsfragen zu lösen, sondern vielmehr die ständige und gefestigte Rechtsprechung des Europäischen Gerichtshofs für Menschenrechte anzuwenden.« (LSG Baden-Württemberg, Beschl. v 22.1.2012, 23 SchH 3/13 <9>)

Dass trotz dieser ebenso einfachen wie klaren und richtigen Aussage die oben zitierte Falschauffassung des BSG von manchen Landesgerichten blind nachgebetet wird:

»Dem kann der Kläger nicht die von ihm zutreffend zitierte Rechtsprechung des Europäischen Gerichtshofs für Menschenrechte entgegenhalten. (…) Das deutsche Recht hat indessen mit § 198 GVG eine eigenständige, von § 198 GVG unabhängige Regelung getroffen.« (LSG Nds, U v 10.11.2016, L 10 SF 38/14 EK KA – Thommes, Dürre, Dr. Dietrich)

drückt eine eindeutig völkerrechts- menschenrechts- und grundrechtswidrige Haltung aus und verwundert jedenfalls bei solchen Gerichten und Landesregierungen nicht, die offensichtlich bemüht sind, durch konventionswidrige »Auslegungen« die Regelungen des Art 6 EMRK in der für deutsche Gerichte maßgeblichen Auslegung des EGMR zu unterlaufen. Solche Auffassungen deutscher Gerichte missachten durch ihre Behauptung, es handele sich um autonomes Recht nicht nur ausdrücklich um die Pflicht, bei den Entscheidungen über Entschädigungsansprüche <u>das Recht so anzuwenden, wie es der RSpr des EGMR entspricht</u>, sondern verkennen auch noch in grober Weise die Tatsache, dass es nicht um autonomes Recht, sondern um (von ca. 170 Ländern im Internationalen Pakt bürgerlicher und politischer Rechte der Vereinten Nationen anerkanntes) allgemeines Völkerrecht geht, das lediglich in die EMRK übernommen wurde und das in Deutschland im Normenrange über deutschem Bundesrecht steht.

(Art 25 Abs 2 GG) Solche Richter wissen schlicht und einfach nicht, dass nationale Gesetze niemals die Grundlage für die Nichteinhaltung von Völkerrecht oder von Völkervertragsrecht sein können. (siehe auch: Art 27 des Wiener Übereinkommens über das Recht der Verträge vom 23.5.1969)

Kommt es trotz des umfangreichen case-law des EGMR dennoch in äußerst wenigen möglicherweise verbliebenden unwesentlichen Fallkonstellationen zu Fragen, zu denen sich der EGMR noch nicht geäußert hat, so muss eine Auslegung im Sinne des EGMR erfolgen. Die Auslegung darf – und zwar nur dann, wenn überhaupt auslegungsbedürftige Lücken bestehen – nicht EGMR-widrig sein; das wäre eine rechtswidrige Auslegung »contra legem«. Sie muss stattdessen im Sinne des EGMR so erfolgen, dass sie keine theoretischen oder scheinbaren, sondern praktische und wirksame Rechte gewährt.

»In this connection it should reiterated that the Convention is intended to guarantee not theoretical or illusory rights, but rights that are practical and effective. (EGMR,42527/95, § 45 – Prinz Hans Adam von Liechtenstein/Deutschland)« EGMR, GK v 29.3.2006, 62361/00, § 82 – Riccardi Pizzati/Italien)

Die Auslegung hat – wenn sie denn überhaupt erforderlich ist, weil hierzu keinerlei case-law des EGMR existiert; nur dann (!) – sich des Weiteren am (konventionsrechtlich ausgelegten) Grundsatz des effektiven Rechtsschutzes und der wirksamen Beschwerde unter Beachtung der auch im Konventionsrecht geltenden Grundsätze der Verhältnismäßigkeit, Gleichmäßigkeit und des Vertrauensschutzes zu orientieren. Wenn trotz der umfangreichen Rechtsprechung des EGMR, die deutsche Gerichte so anzuwenden verpflichtet sind, wie es der EGMR tut, in einem sehr seltenen Ausnahmefall überhaupt noch Auslegungsprobleme entstehen sollten, ist zu beachten:

Grundsätzlich muss die Auslegung von Normen – hier der §§ 198 GVG – »nach objektiven Kriterien erfolgen und dabei vor Allem den Wortlaut, den Zweck und die systematische Stellung berücksichtigen. (vgl. nur: Hüffer, AktG 13. Aufl. § 23 RN 39).« (LG München I, Beschl. v 27.2.2017, 5 HK O 14748/16 <15>)

Zweck der §§ 198 ff GVG ist es, unter Beachtung höherrangigen Rechts der Verfassung und der Konvention die Anweisung im Piloturteil des EGMR zu befolgen. Dabei bestehen – wie nicht oft genug wiederholt werden kann – kaum Auslegungsspielräume; denn die deutschen Gerichte müssen – wie ausgeführt – das Recht so zu befolgen, wie es der Auslegung des EGMR entspricht. Es handelt sich dabei um »gebundene Entscheidungen« der Gerichte. Auslegungen kommen deshalb überhaupt nur noch in Betracht, wenn Freiräume, bestehen, über die noch keine Entscheidungen des EGMR vorliegen.

Die Auslegung der §§ 198 ff GVG hat also immer anhand der RSpr des EGMR zu Art 6 EMRK zu erfolgen. Lassen Art 6 EMRK und die RSpr des EGMR dann noch Lücken offen, ist zu fragen, wie diese unter den Gesichtspunkten des effektiven Rechtsschutzes und der wirksamen Beschwerde nach den aufgrund der Verfassung – und der Konvention jedes staatliche – auch gerichtliche – Handeln bindenden Regeln der Verhältnismäßigkeit, Gleichheit und des Vertrauensschutzes geschlossen werden können.

2.2 Märchen vom Richterprivileg und verfahrensdauerabhängiger Urteilsqualität

Die langsam und oft auch in der Sache unkorrekt arbeitenden unter den Richtern pflegen gegen den Vorhalt zu langsamer Arbeit nicht selten einzuwenden, dass die Arbeitsgeschwindigkeit Niemanden etwas angehe, weil diese angeblich zum Spruchrichterprivileg gehöre und der Richter deshalb so lange Zeit beanspruchen könne, wie er wolle.

Dieser von Richtern gern hervorgekramte formelhafte Pauschaleinwand beruht aber – wie sollte es bei auch sonst unkorrekt arbeitenden Richtern schon anders sein – auf einer grundsätzlichen Verkennung der richterlichen Pflichten. Zutreffend ist hingegen, dass auch Richter an die oben genannten völkerrechtlichen Grundsätze zur »billigen« Erledigung von Verfahren, d.h. zu fairen Verfahren in angemessener Zeit gebunden sind und dabei das Recht so anwenden müssen, wie es der EGMR tut. Das bundesgesetzliche Spruchrichterprivileg geht den allgemeinen Grundsätzen des Völkerrechts nicht vor. Das Spruchrichterprivileg befreit die Richter keinesfalls von der Pflicht, strikt das Völker- und Völkervertragsrecht zu beachten.

Dass ein Richter zügig arbeitet, hat im Übrigen überhaupt Nichts mit seiner Unabhängigkeit zu tun.

Dieser Auffassung sind auch der Gesetzgeber und die Bundesregierung, die kundgetan haben, dass Hinweise eines Beschwerdegerichts über verfahrensfördernde Maßnahmen nicht in die richterliche Unabhängigkeit eingreifen. (BTDrs 16/7655, S 3 Pkt 8) Es ist also keineswegs ein Eingriff in die richterliche Unabhängigkeit, einem Richter dessen langsame Arbeit vorzuhalten. Wer langsam arbeitet, arbeitet nicht gründlicher, sondern ist unsicher, hat keine ausreichenden Fachkenntnisse und arbeitet unsorgfältig.

Dieselbe Auffassung vertritt auch der vom wissenschaftlichen Dienst des Dt.

Bundestages zitierte EGMR. Danach weist bereits die überlange Dauer darauf hin, dass nicht davon ausgegangen werden könne, dass die Gerichte den verzögerten Fall mit gebotener Sorgfalt behandelt hätten. (Dt. Bundestag, Wiss Dienste, WD 2 – 3000 – 190/07, S 24 zum Fall EGMR 66491/01 – Grässer/Deutschland)

»Gründlich und schnell muss kein Widerspruch sein.« (Jens Martin Zeppernick, Präsidialrichter am OLG Karlsruhe vor dem BGH im Fall des unterdurchschnittlich langsam arbeitenden Richters Schulte-Kellinghaus; zit in: LTO, Legal Tribune Online)

Das drückt auch § 839 Abs 2 Satz 2 BGB aus, wonach Richter für die Nichtausübung oder die verzögerte Ausübung ihres Amtes haften. Würde ihnen aufgrund der richterlichen Unabhängigkeit bezüglich der Verfahrensdauer freie Hand gegeben sein, wäre diese Haftung illusorisch.

Manchmal »verfeinern« die leistungsunfähigen unter den Richtern und Landesregierungen den Hinweis auf das Richterprivileg auch dahingehend, dass ja schließlich die Dauer eines Verfahrens zu einer Verbesserung der Qualität des Urteils führe, nach dem Satz »gut Ding will Weile haben«:

Die Verfahrensdauer stehe »in einem gewissen Spannungsverhältnis zur Unabhängigkeit der Richter (Art 97 Abs 1 GG) und auch zu dem Ziel einer inhaltlichen Richtigkeit der Entscheidungen.« (Land Nds, v 1.9.2014 zu L 15 SF 6/14 EK (KA) – OStA Dr. Elster)

Bei dieser offensichtlich aus dem Urteil des Thüringer Oberverwaltungsgerichts v 22.1.2011, 2 SO 182/12, S 26 ohne eigenes Nachdenken bloß abgeschriebenen Kundgabe des OStA Dr. Elster (wodurch belegt ist, dass manche Staatsdiener für ihre Arbeitsleistung keine Mühe aufwenden) handelt es sich um wirklichkeitsfremde Plattitüden. Richtig ist wohl eher, dass die richterliche Unabhängigkeit durch überlange Verfahrensdauern »überspannt« wird. Die richterliche Unabhängigkeit geht – wie gesagt – dem Rechtsstaatsgebot nicht vor, sondern dient ihm. Deshalb ist die richterliche Unabhängigkeit nicht mehr geschützt, wenn sie dazu benutzt wird, das in die EMRK hineingenommene allgemeine Völkerrecht sowie rechtsstaatliche Grundwerte und das ausführliche case-law des EGMR zum Recht auf faire Verfahren in angemessener Zeit, aber auch zu anderen Werten, wie das Recht auf Gehör u.a. zu unterlaufen. Das Spruchrichterprivileg ist kein Privileg, das in die EMRK übernommene allgemeine Völkerrecht auf billige Verfahren zu unterlaufen und die Pflicht zur Anwendung des Entschädigungsrechts, so wie es der EGMR tut (EGMR, Taron/Deutschland, a.a.O., § 39) zu verletzen. Richter stehen weder über dem allgemeinen Völkerrecht, noch über der RSpr des EGMR. Sie dienen diesem Recht; nicht umgekehrt.

Wäre es im Übrigen richtig, dass lange Verfahrensdauern zu inhaltlich richtigen Urteilen führen und kurze Verfahrensdauern nicht, müssten alle Amtsgerichtsurteile, die im Jahre 2013 nur durchschnittlich 4,8 Monate dauerten (Durchschnitt bedeutet, dass einige Urteile sogar noch weniger Zeit benötigten!) von schlechterer Qualität sein, als die auf teilweise exzessiv langen Verfahrensdauern beruhenden Urteile – z.B. die jahre – oder mehrere jahrzehntelangen Rechtsfindungsverfahren z.B. bei der nds SGb. (LSG Nds, L 3 KA 9/18 – 16 Jahre u.a.)

Jeder weiß, dass das »Qualitätsargument« eine die Wirklichkeit verkleisternde unredliche Argumentation übergroße Bequemlichkeit liebender Richter ist und dass gerade die Richter, die längere Zeit benötigen oft diejenigen sind, über deren Urteile man nur den Kopf schütteln kann.

Das ist kein Pauschalargument, sondern an konkreten Fällen beweisbar: So wurde z.B. nach sieben Jahren im Jahre 2019 über einen Antrag aus dem Jahre 2012 entschieden (SG Hannover, S 35 KA 32/17 – Möhwald), nachdem der Richter Möhwald zuvor eine simple Untätigkeitsklage jahrelang weiterverzögernd ausgesessen hatte. Die Sache hatte also sieben Jahre gedauert, so dass man nach der Regel »gut Ding will Weile haben« von einem gut fundierten Urteil ausgehen sollte. Das Gegenteil ist der Fall. Der Richter Möhwald hat sogar »übersehen«, dass aufgrund behördlich nicht zugelassenen Widerspruchs« die Prozessvoraussetzung des unabdingbar erforderlichen Vorverfahrens vollständig fehlt; es fehlt ein eingelegter Widerspruch gegen einen Bescheid. Dieser war in der Rechtsmittelbelehrung nicht zugelassen. Des Weiteren ist die auf das Jahr 1999 zurückgehende sekundärrechtliche Sache S 35 KA 46/11 bzw. S 35 KA 1/16 bis heute beim SG Hannover rechtshängig, weil der Richter Möhwald den fraglichen Bescheid trotz eindringlicher Hinweise in einer von ihm neu angelegten Sache (S 35 KA 33/17) rechtshängig gemacht und entschieden hat.

In etlichen Sachen hat der Richter Möhwald nach über einem halben Jahr (!) seine eigene Beurkundung von Wortprotokollen geändert. Änderungsvoraussetzung ist, dass sich der Beurkundende sicher ist, dass das Wortprotokoll falsch beurkundet wurde. Möhwald war sich also noch nach über einem halben Jahr noch sicher, dass er in etlichen Verfahren wörtliche Zitate in den Niederschriften falsch beurkundet – gefälscht – hat. Anders gesagt: Er wusste, dass er falsch beurkundet hatte oder noch deutlicher: er hatte bewusst falsch beurkundet. Weil er auch nach einem halben Jahr noch sicher wusste, dass er – bewußt – falsch beurkundet hatte (was man wohl kriminell nennt), änderte er die wortwörtlichen Zitate dann in fast einem Dutzend der Fälle nach über einem halben Jahr. (S 35 KA 32 – 40/17 – Möhwald)

Das heißt, wie die obigen Beispiel belegen: lange Verfahrensdauern sind oft mit Urteilsmurks verbunden, also nicht selten ein erster und entscheidender Indikator für richterliche Inkompetenz und manchmal auch für offenbar kriminelle Verhaltensweisen. Hinzu kommt, dass die schwache Leistung des Richters (hier: Möhwald) oft nicht einmal auf Zeitknappheit beruht. Im konkreten Beispielsfall hatte der Richter Möhwald nicht nur m.E. qualitativ mangelhafte Leistungen, sondern im Vergleich zu anderen Richtern nicht einmal die halbe Leistungsmenge erbracht. Er war – trotz der m.E. schlechten Arbeitsqualität keinesfalls über – sondern zu 50% (berechnet Pebb§y) ganz erheblich unterbelastet. Praktisch arbeitete er als ganztägig beschäftigter und bezahlter Richter quantitativ so viel, wie ein Halbtagskraft, also unangemessen wenig – nur eben qualitativ schlechter: Nach Feststellungen des Nds Just Min gingen bei seinen Kollegen am SG 26 Verfahren ein; bei ihm nur 17, was ca. 64% iger Belastung im Vergleich zu seinen Kollegen betrifft und betrug der Durchschnitts Pebb§y des Jahres 2017 an allen Gerichten 1,13 (Nds Landtag, Drs 18/3497, S 2). Der Pebb§y betrug am SG Hannover aber nach den Feststellungen des Nds Just Min mit 0,88 nur 77% von der Gesamtbelastung. (Nds Just Min, Nds Landtag, 02756/11/17, S 4) Für den Richter Möhwald ergibt das eine Belastung von nur ca. 49% (64 x77).

Dieser konkrete Fall wirft nicht nur die Frage nach der sinnvollen Verwendung unserer Steuergelder auf, mit denen gegenwärtig halbtägige Leistungen erbringende Richter als ganztägig alimentiert werden, sondern er belegt zugleich, dass langsames Arbeitstempo nicht zu besserer Arbeitsqualität führt. Qualität und Arbeitstempo hängen von der Fachkompetenz ab. Langsames Arbeitstempo verhindert keinen einzigen »Richter Chaos«. (siehe oben)

2.3 Auslegungsregel »effektiver Rechtsschutz«

Die erst im Jahre 2010 eingeführte Regelung des § 198 GVG, die einen bis dahin ungeregelten Rechtszustand in Deutschland beseitigen sollte, hat nach dem Willen des Gesetzgebers das Ziel, das Recht auf effektiven Rechtsschutz und das Recht auf wirksame Beschwerde zu gewährleisten.

Der Staat gewährleistet effektiven Rechtsschutz, weil das aufgrund des sog. »Sozialkontrakts« erforderlich ist, wonach das Chaos des Faustrechts und des Rechts des Stärkeren auf Durchsetzung seiner Interessen durch das einen wesentlichen Pfeiler moderner gesellschaftlicher Ordnung sichernde Gewaltmonopol des Staates abgelöst ist und durch das Leistungsgrundrecht des Art 19 Abs 4 S 1 GG garantiert wird – auch gegen den Staat.

»Den Grundrechten kommt insoweit eine Vergewisserungsfunktion zu, die geeignet ist, Untertanengeist und obrigkeitsstaatliche Attitüde zu überwinden. Hierzu gehört, dass der Bürger sich auf seine Grundrechte beruft – auf sie ›pocht‹ und nicht der einzelne hat darzulegen, dass er zum Handeln berechtigt (befugt, ermächtigt) ist; der Staat muss umgekehrt seine Maßnahmen am Maßstab der Grundrechte rechtfertigen.« (Ipsen, Staatsrecht II, 13. Aufl. RN 71 und 79)

Zum staatlicherseits zu erfüllenden Justizgewährungsanspruch gehört auch »das Recht auf die Verfahrensdurchführung in angemessener Zeit.« (Redeker, Verfahrensgrundrechte und Justizgewährungsanspruch, NJW 2003, Heft 41, S 2958)

Überlange Verfahrensdauern stellen ein nicht vertretbares Vorenthalten des Rechtsschutzes und damit eine Verletzung der Grund- und Menschenrechte dar. (siehe: BVerfG v 2.9.2009, 1 BvR 3171/08)

Soweit die Theorie.

Danach gilt, dass Jedem, der durch die öffentliche Gewalt in seinen Rechten verletzt wird, der Rechtsweg offensteht. Dieser effektiven Rechtsschutz gewährleistende Grundsatz

»wird … durch Art 34 S 3 GG ergänzt sowie durch den ungeschriebenen umfassenden allgemeinen Justizgewährleistungsanspruch garantiert, wodurch die ›Selbstherrlichkeit‹ der vollziehenden Gewalt im Verhältnis zum Bürger beseitigt« werden soll. (BVerfGE 10,264 <267>)

In die Pflicht zur Gewährleistung effektiven Rechtsschutzes sind auch Behörden und deren Bescheide sowie die exekutive Normsetzung einbezogen. (BVerfGE 115, 81 <92>)

Art 19 Abs 4 GG sowie dem Justizgewährleistungsanspruch ist gemeinsam, dass sie der gesetzlichen Ausgestaltung bedürfen, bei der Mindeststandards nicht unterschritten werden (Remmert, Die Rechtsschutzgarantie des Art 19 IV 1 GG, Jurist Ausbildung 2014(9), S 906) und die angefochtenen Akte vom Gericht tatsächlich und rechtlich vollständig überprüft werden müssen. (siehe: BVerfGE 15,275 <282>; stRSpr) Das Gericht soll den Beteiligten im Verfahren den richtigen Weg weisen, wie sie ihr Ziel am besten und zweckmäßigsten erreichen können. (BVerwG 16, 94, 98)

Ein verzögerter Weg oder ein vom Gericht nicht gewiesener Weg oder falsch gewiesener Weg ist – was keiner Erläuterung bedarf – nicht der richtige Weg. Das Recht auf angemessene Verfahrensdauern ist für das Zivilrecht auch in Art 2 GG verankert:

»Für den Bereich des Zivilprozesses gewährleistet Art 2 Abs 1 GG in Verbindung mit dem Rechtsstaatsprinzip (Art 20 Abs 3 GG) einen wirkungsvollen Rechtsschutz. (vgl. BVerfGE 93, 99 <107>) Daraus ergibt sich die Verpflichtung der Fachgerichte, Gerichtsverfahren in angemessener Zeit zu einem Abschluss zu bringen. (vgl. BVerfGE 55, 349 <369>; 60, 253 <269>; 93, 1 <13>)« – BVerfG 1 BvR 2965/10 <17>

Effektiver Rechtsschutz ist nur dann gewährleistet, wenn er

- falls ein behördlicher Antrag erforderlich ist – <u>vom Tage der Antragstellung</u>
- falls direkt Klage möglich ist – <u>ab Klageerhebung</u>

bis zur Vollstreckung des Urteils eine angemessene Zeitdauer hat. Alles andere wäre nur die Illusion eines tatsächlich nicht effektiven Rechtsschutzes.

Den Gedanken, dass Rechtsschutz nicht scheinbar und theoretisch, sondern wirksam anwendbar sein muss, vertritt der EGMR stets in allen seinen – bisher immerhin zehntausenden – Urteilen; z.B.:

»It should be reiterated that an applicant must have made normal use of domestic remedies, which are likely to be effective and sufficient ...« (EGMR v 19.2.2009, 2334/03, § 40 – Kozacioglu/Türkei)

Jeder hat also – jedenfalls theoretisch – die aus Art 19 Abs 4 GG oder aus Art 2 Abs 1 GG iVm Art 20 Abs 3 GG und Art 6, 13 EMRK fließende Möglichkeit, die Gerichte gegen Akte der Behörden anzurufen, und eine wirksame gerichtliche Kontrolle zu beanspruchen, wobei die Gerichte die betreffenden Rechte nicht nur formell und theoretisch, sondern praktisch und wirksam gewährleisten müssen (BVerfGE 84,34 <49>; BVerfGE 107,395 <401>; stRSpr); denn

»Art 19 Abs 4 Satz 1 GG gewährt nicht nur das formelle Recht, die Gerichte gegen Handlungen der öffentlichen Gewalt anzurufen, sondern auch die Effektivität des Rechtsschutzes.« (BVerfG, 1 BvR 1098/11 <16>)

Zur Garantie des effektiven Rechtsschutzes gehört wiederum die Pflicht der Gerichte zu vollständiger tatsächlicher und rechtlicher Prüfung (so: BVerfG, 1 BvR 857/07 <68>; BVerfG, 2 BvR 2236/04 <103>) unter »Auslegung und Anwendung der Bestimmungen, die für die Eröffnung eines Rechtsweges und die Beschreitung des Instanzenzuges von Bedeutung sind« (BVerfG, 1 BvR 1012/11 <14>), wozu der Rechtsweg durch eine Erledigung eines Rechtsanliegens in einem angemessenem Zeitraum abschließend beschritten worden sein muss. Das Erfordernis des unverzögerten Durchschreitens des Instanzenzuges ergibt sich aus Art 19 Abs 4 GG in Verbindung mit dem Gebot der Zeitgerechtigkeit des Rechtsschutzes:

»Strittige Rechtsverhältnisse sind in angemessener Zeit zu klären.« (so: BVerfG, 1 BvR 232/11),

was im Übrigen auch Art 6 EMRK verlangt:

»Jede Person hat ein Recht darauf, dass über Streitigkeiten ...oder über eine gegen sie erhobene Anklage ...innerhalb angemessener Frist verhandelt wird.« (Art 6, Abs 1 Satz 1 EMRK)

Alle deutschen Gerichte sind aufgrund des – allerdings bei vielen Juristen unbekannten – Anwendungsbefehls des Art 59 GG nicht nur verpflichtet, so Recht zu sprechen, dass die EMRK nicht verletzt wird; mehr noch: sie müssen das Recht der EMRK so anwenden, wie es der EGMR tut. (EGMR v 29.5.2010, 53126/07, § 39 – Taron/Deutschland) Das ist auch im seriösen Schrifttum unbestritten. (siehe z.B.: Grabenwarter, EMRK, 118 u.a.)

Etlichen Kommentaren der Menschen über das »Aussortieren« von Verfassungsbeschwerden – wonach es ausreicht, dass angeblich eine Unterlage fehlt, eine Formulierung vermeintlich unverständlich ist, der Inhalt einer Beschwerde bestritten wird (AR 8343/15) oder der Rechtsweg nicht erschöpft sei usw., lässt sich entnehmen, dass die Öffentlichkeit selbst dem BVerfG ein grundlegendes Unverständnis darüber unterstellt, dass der Justizgewährleistungsanspruch zu den fundamentalen Grund- und Menschenrechten gehört, die staatlicherseits im Gegenzuge zur Abschaffung des Faustrechts und der Selbstjustiz zu gewährleisten sind, um die staatlich organisierte Gesellschaft zusammenzuhalten.

Manchmal trägt das BVerfG sogar aktiv zur Verzögerung rechtlicher Anliegen bei, indem es Rechtsuchende anweist, einen bloß verzögernden und in Wahrheit unwirksamen Rechtsweg zu beschreiten und ihnen willkürlich und schikanös eine falsche Zuständigkeit vorgaukelt. (z.B. BVerfG, 1 BvR 762/07 – Papier, Steiner, Gaier) Kurz: Das BVerfG verhält sich zu Lasten des Einzelnen – offenbar aufgrund der Seilschaftsregel – lieber verfassungs- und konventionswidrig, als verfassungswidriges Handeln des Staates festzustellen. Papier, Steiner und Gaier nahmen Verfassungsbeschwerden wegen der eindeutig verfassungs- und konventionswidrigen Verfahrensdauer nicht einmal an und verlangten – offensichtlich bewusst – in Wahrheit unzulässige und bloß weiterverzögernde Beschwerden beim Fachgericht. – Dies obwohl bereits seit geraumer Zeit aufgrund von Entscheidungen des EGMR sowie etlicher Fachgerichte die Unzulässigkeit der vom BVerfG verlangten Beschwerde feststand. Folgerichtig wies das auf Anweisung des BVerfG angerufene Fachgericht die von vornherein unzulässige Untätigkeitsbeschwerde ab, die das BVerfG vorher ausdrücklich verlangt hatte. Die wegen der Abweisung der als unzulässig abgelehnten Untätigkeitsbeschwerde eingereichte

Verfassungsbeschwerde 1 BvR 403/08, in der dem BVerfG der Spiegel seiner – offenbar bewusst verfahrensverzögernden und Rechtsuchende täuschenden – Falschauskunft und – entscheidung vorgehalten wurde, nahm das BVerfG dann wohlweislich nicht an, um nicht seine eigene Inkompetenz feststellen zu müssen.

Zu diesem menschenrechtswidrigen Kasperletheater der Richter Papier, Gaier und Steiner kann das BVerfG auf seine eigene Auffassung verwiesen werden: »Eine Rechtsordnung, die sich nicht ernstnimmt, ...untergräbt damit die Voraussetzungen ihrer eigenen Wirksamkeit.« (BVerfG, 2 BvR 669/01 <63>)

Ebenso verhielt es sich auch mit anderen Sachen; z.B. der Sache 1 BvQ 24/07. In dieser Sache belehrte das BVerfG, dass das SG zuständig sei, das die Richtigkeit dieser Weisung des BVerfG dann aber bestritt. Die gegen die Entscheidung des SG eingelegte Verfassungsbeschwerde 1 BvR 2137/08 nahm das BVerfG dann wohlweislich ebenfalls nicht an.

Der Justizgewährleistungsanspruch wird also auch beim BVerfG massiv durch »abwimmelnde« Falschinformation der Rechtsuchenden unterlaufen (BVerfG, 1 BvR 762/07; 1 BvQ 24/07 u.a.) Die Anrufung des BVerfG wegen des Erschwerens des Zugangs zum Rechtsmittelgericht durch 6-monatiges Nichtanfertigen der Niederschrift und des Urteils hat das BVerfG sogar als »Missbrauch« verunglimpft (BVerfG, 1 BvR 916/08; 1 BvR 917/ 08; 1 BvR 918/08) was sich beim EGMR als grob menschenrechtswidrige Entscheidung des BVerfG erwies. (EGMR 16129/ 09 u.a.) Auch in etlichen vom BVerfG nicht beanstandeten Sachen stellte der EGMR hinterher reihenweise menschenrechtsverletzende Verfahrensverzögerungen fest, die beim BVerfG gerügt worden waren, aber dort unbeachtet blieben (über ein Dutzend Entscheidungen des EGMR an einem Tag – 16.12.2010).

Insgesamt besteht dadurch der Eindruck, dass das BVerfG von effektivem Rechtsschutz in angemessener Zeit nicht viel hält und das BVerfG »nicht richtig funktioniert«, der EGMR also die bessere Instanz zum Schutz der Menschenrechte ist, so dass man in Deutschland problemlos auf das BVerfG verzichten kann – was im Rahmen sich global fortentwickelnder Gesellschaften sicherlich einer ernsthaften Überlegung wert ist.

2.4 Auslegungsregel »wirksame Beschwerdemöglichkeit«

2.4.1 Regelung des Art. 13 EMRK

Entscheidungen der Gerichte, die z.B. auf einer grundsätzlich unrichtigen Auffassung eines Grundrechts, insbesondere seines Schutzbereichs – auch im Rahmen von Verzögerungsentscheidungen – beruhen, können – jedenfalls theoretisch – beim Bundesverfassungsgericht angefochten werden. Allerdings ist der fehlende praktische »Erfolg« in der Rechtswirklichkeit im vorigen Punkt dargestellt worden. Eine Entscheidung beruht auf einer grundsätzlich unrichtigen Auffassung über ein Grundrecht, wenn sie die Normauslegung die Tragweite der Grundrechte nicht ausreichend berücksichtigt, oder eine unverhältnismäßige Beschränkung (eine Verletzung der Schranken-Schranke auch hinsichtlich der Verfahrensdauer) belässt. (BVerfGE 18, 85 <92f>, BVerfGE 110, 226 <270>; stRSpr) Gleiches gilt für Art 3 GG überschreitende Schranken-Schranken- Verletzungen durch Verzögerungen.

Das deutsche Recht ist jedoch insoweit relativ unklar und bietet rechtsstaatlich bedenklich unübersichtliche Auslegungsspielräume, die Ansatzpunkte für missbräuchliche Rechtsanwendung bieten. Das wird nicht selten ausgenutzt.

Eine weitaus klarere Regelung ist das von 170 Ländern anerkannte und von den Vereinten Nationen in dem Internationalen Pakt für bürgerliche und politische Rechte niedergeschriebene allgemeine Völkerrecht, das in der EMRK ihren Niederschlag gefunden hat und praktisch bloß übernommen wurde:

»Jede Person, die in ihren in dieser Konvention anerkannten Rechten oder Freiheiten verletzt worden ist, hat das Recht, bei einer innerstaatlichen Instanz eine wirksame Beschwerde zu erheben, auch wenn die Verletzung von Personen begangen worden ist, die in amtlicher Eigenschaft gehandelt haben.« (Art 13 EMRK)

Der eine »wirksame Beschwerde« garantierende Art 13 ist also keine neue Schöpfung der EMRK, sondern ein fundamentaler Grundsatz des allgemeinen Völkerrechts, der im IPbürg sowie gleichlautend in Art 13 EMRK niedergeschrieben worden ist, aber dadurch, dass er in Art 13 niedergeschrieben ist, seinen allgemeinen völkerrechtlichen Charakter nicht aufgegeben hat. Allgemeine Regeln des Völkerrechts – wie hier das Recht auf wirksame Beschwerde – gehen den Gesetzen vor und erzeugen Rechte und Pflichten unmittelbar für die Bewohner des Bundesgebiets. (Art 25 Abs 2 GG) Nach dem Völkerrecht der Vereinten

Nationen können nationale Gesetze keine Grundlage für die Nichteinhaltung von Völkerrecht oder Völkervertragsrecht sein. (siehe auch: Art 27 des Wiener Übereinkommens über das Recht der Verträge vom 23.5.1969)

»Wirksam« im Sinne der Konvention ist die Beschwerde nur, wenn mit ihr entweder die Konventionsverletzung verhindert werden kann oder eine bereits geschehene Konventionsverletzung durch eine kompensatorische Entschädigung neutralisierend ausgeglichen wird:
   »Remedies available to a litigant at domestic level for raising a complaint about the length of proceedings are effective‹ within the meaning of Article 13 of the Convention if they prevent the alleged violation or its continuation, or provide adequate redress for any violation that has alredy occured.« (EGMR v 8.6.2006, 75529/01, § 99 – Sürmeli/Deutschland)

Zu diesen konkret beschriebenen Konventionsrechten, deren Durchsetzung Art 13 EMRK dient, gehört das Recht auf ein unverzögertes Verfahren:

»Jede Person hat ein Recht darauf, dass in Bezug auf ihre zivilrechtlichen Ansprüche und Verpflichtungen oder über eine gegen sie erhobene strafrechtliche Anklage von einem unabhängigen und unparteiischen auf Gesetz beruhenden Gericht in einem fairen Verfahren, öffentlich und innerhalb angemessener Frist verhandelt wird.« (Art 6 Abs 1 S 1 EMRK)

2.4.2   Anwendungsbefehl der EMRK

Deutsche Behörden und Gerichte müssen zwingend die im Normenrange von Bundesgesetzen stehende Europäische Menschenrechtskonvention (EMRK) beachten, nach der es eine dem deutschen Justizgewährleistungsanspruch entsprechende Garantie auf eine unmittelbar bei deutschen Instanzen geltend machbare wirksame Beschwerde gibt, denn:

»Die EMRK ist also unmittelbar anwendbar und kann auch vor deutschen Gerichten geltend gemacht werden.« (Meyer-Ladewig, EMRK, Einleitung, S 29)

»Die EMRK ist unmittelbar geltendes nationales Recht ...« (BGH Beschl. v 17.1.2008, GSSt 1/07 Leitsatz 4)

»Zur Bindung an Recht und Gesetz (Art 20 Abs 3 GG) gehört die Berücksichtigung der Gewährleistungen der EMRK ...« (BVerfG, 2 BvR 1481/04, Leitsatz 1)

Teilweise wird die Ansicht vertreten, dass der EMRK

»übergesetzlicher Rang, wenn nicht sogar Verfassungsrang oder Überverfassungsrang« zukomme. (siehe dazu: Deutscher Bundestag, Wissenschaftlicher Dienst, WD 2 – 3000 – 104/16, S. 13)

Der Überverfassungsrang dürfte denklogisch denjenigen Konventionsartikeln zukommen, die das über der Verfassung stehende allgemeine Völkerrecht nur in der EMRK niedergeschrieben haben. (siehe: Art 25 Abs 2 GG) In jedem Falle gilt:

Die Pflicht zur Gewährleistung der EMRK »reicht bereits in die institutionelle Gliederung der Staatlichkeit hinab...« (BVerfG, 2 BvR 1481/04 <46>),

der sich auch Behörden und Gerichte nicht entziehen können, weil »alle Träger der staatlichen Gewalt an die EMRK gebunden sind« (BVerfG, a.a.O., <46>), so dass die EMRK »wie Gesetzesrecht des Bundes« angewendet werden muss. (Meyer-Ladewig, EMRK, Art 1, RN 3a)

Das bedeutet klipp und klar, dass auch deutsche Gerichte innerstaatliches Recht im Geiste der Konvention anzuwenden verpflichtet sind.

»Wenn dies nicht geschieht, kann sich eine Verletzung des fraglichen Artikels der Konvention ergeben, die dem Staat anzulasten ist. Insofern weist der Gerichtshof erneut darauf hin, dass mit der Konvention nicht Rechte theoretischer oder illusorischer Natur, sondern praktische und wirksame Rechte gewährleistet werden.« (EGMR v 16.6.2005, 61603/00, § 93 – Storck/Deutschland)

Hiervon weicht die deutsche Rechtswirklichkeit erheblich ab. Ursache ist offenbar eine eklatante Schwäche des Staates; denn »schwache Republiken sind unentschlossen und wissen sich nicht zu raten; fassen sie jemals einen Entschluss, so geschieht es mehr aus Not als aus Wahl.« (Machiavelli, Vom Staate 117)
    Die Bundesregierung ist offensichtlich Ihrer Pflicht nicht nachgekommen, die Behörden und Gerichte ausreichend auf die Pflicht zur Befolgung der EMRK hinzuweisen. Die Pflicht zur Gewährleistung der EMRK in der Auslegung des

EGMR ist zahlreichen Behörden, aber auch Gerichten bis heute immer noch nicht bekannt, z.b. dem LSG Nds, wo der im Normenrange deutschen Bundesrechts stehende Art 13 EMRK nicht als eigenständiges Rechtsmittel auf nationaler Ebene anerkannt wird. (z.b. LSG Nds – Bremen, L 3 KA 45/11 ZVW, Beschl. v 14.6. 2012 – Pilz).

Deutsche Behörden und Gerichte müssen zwingend die RSpr des EGMR beachten und sich mit dieser auseinandersetzen, weil die fehlende Auseinandersetzung mit der RSpr des EGMR und deren Nichtberücksichtigung gegen das alle Behörden und Gerichte bindende Rechtsstaatsprinzip verstößt (BVerfG, 2 BvR 1481/04 Leitsätze 1 und 2). Die Beachtung der Konvention und deren Auslegung durch den EGMR ist deutschen Gerichten nicht freigestellt, sondern:

»Deutsche Gerichte trifft die Pflicht, der konventionskonformen Auslegung den Vorrang zu geben.« (BVerfG, 1 BvR 1481/04 <62>

2.4.3 in Deutschland übliche Verletzung des Anwendungsbefehls

Angesichts des Anwendungsbefehls und weil Art 13 EMRK im Range eines Bundesgesetzes steht, braucht man die Regelungen der §§ 198 ff GVG eigentlich gar nicht, sondern könnte seine Ansprüche direkt auf Art. 6 Abs 1 EMRK stützen. Der deutsche Gesetzgeber hätte Art 6 EMRK – was jegliche Irritationen vermieden hätte – wortwörtlich abschreiben und als §§ 198 ff GVG deklarieren können. Das ist nicht geschehen, weil die Gewährleistungen des Art 6 EMRK unterlaufen werden sollten, so dass es den Art 6 EMRK und die §§ 198 ff GVG gibt, welche wiederum zwingend so angewendet werden müssen, wie der EGMR Art 6 EMRK anwendet. (EGMR v 29.5.2010, 53126/07, § 39 – Taron/Deutschland; Grabenwarter, EMRK 118 u.a.)

Das dabei bestehende Problem ist jedoch, dass das Konventionsrecht und die zu beachtende RSpr des EGMR von deutschen Gerichten (und hier besonders von niedersächsischen Gerichten und Behörden) – aus Gründen profunder Unkenntnis und aufgrund des Willens, den »unterworfenen« Bürgern deren Rechte vorzuenthalten– praktisch niemals gewährleistet werden, wie (ehemalige) Richter am Bundesverfassungsgericht aus ihrer beruflichen Tätigkeit berichten:

»Bei Juristen …ist das lediglich am deutschen sowie am EU – Recht und kaum an den Menschenrechten orientierte Studium eine der Ursachen für eine häufig anzutreffende Unkenntnis der EMRK – Regelungen. Diese wird dadurch verstärkt, dass in der Praxis oft die Auffassung vertreten wird, man werde schon nicht gegen die EMRK verstoßen, wenn man sich an das deutsche Recht halte. Warum sollte man sich dann mit der EMRK beschäftigen? Dabei hat die EMRK eine nicht zu unterschätzende Bedeutung; denn: ein rechtmäßiges Handeln ist in einigen Bereichen ohne Kenntnis der EMRK nicht möglich.« (Kirchhoff, Die Auswirkungen der EMRK ...in ZVR online, 21/2012)

Einer dieser Bereiche, in denen rechtmäßiges Handeln ohne Kenntnis der EMRK und des verpflichtend parallel anzuwendenden case-law des EGMR (zu dieser Pflicht: EGMR, Taron/Deutschland, a.a.O., § 39) nicht möglich ist, ist der Bereich des Rechtsschutzes gegen überlange Behörden- und Gerichtsverfahren. In diesem Bereich bestehen die von Kirchhoff beschriebenen erschreckenden realen Mißstände, die ständig im Alltag beobachtbar sind.

Hinzu kommt bei etlichen Beamten und Richtern, die ja gerade in den Staatsdienst eingetreten sind, weil sie Sicherheit gegen jedwede Veränderung suchen, ein tief verwurzelter Widerstand gegen den Prozess des Wandels und jedwede Veränderung und Neuerung. Man kann durchaus den Eindruck haben, dass sich das verfestigende Erstarren in Deutschland behördlich und gerichtlich institutionalisiert hat und weitgehend im jede Änderung ablehnenden staatlichen Arbeitsverhalten widerspiegelt.

Manche Behörden (z.B.: KZVN v 20.4. 2012, in BSG B 6 KA 6/12 u.a.), aber auch Gerichte behaupten sogar, mit der EMRK Nichts zu tun zu haben:

»Die Bestimmungen der EMRK sind hier ohne Bedeutung, weil sie nur die Mitgliedsstaaten binden, nicht aber die innerstaatlichen Behörden und Gerichte. (...) Rodenhausen« (KZV Niedersachsen v 18.7.2013, Az.: Rod-pa – Rodenhausen zu S 35 KA 46/11 beim SG Hannover)

sowie:

»Der Urteilsspruch des EGMR bindet nur die Bundesrepublik als Völkerrechtssubjekt, nicht dagegen deren Organe, Behörden und die nach Art 97 Abs 1 GG unabhängigen Organe der Rechtsprechung.« (so: OLG Naumburg Beschl. v 30.6.2004, 14 WF 64/04)

Der Zweite Senat des BVerfG hat das OLG Naumburg deshalb in der Entscheidung BVerfG, 2 BvR 1481/04 <17ff> »abgewatscht«

Richtig ist nämlich, dass allen deutschen Behörden und Gerichten über Art 59 GG ein Anwendungsbefehl der EMRK erteilt ist und die EMRK aufgrund des Zustimmungsgesetzes mindestens im Range eines deutschen Bundesgesetzes steht, dessen Anwendung deutsche Behörden und Gerichte nicht verweigern dürfen. Trotzdem verweigern manche Behörden (siehe oben) die Anwendung der EMRK – aus tiefer Unkenntnis des Rechts, das sie anzuwenden verpflichtet sind. Sie wenden Recht an bzw. nicht an, das sie nicht kennen bzw. weil sie es nicht kennen.

Wie bereits oben zitiert, kennen aber auch etliche deutsche, offenbar noch auf dem Kenntnisstand des 18. Jahrhunderts lebende Gerichte (sogar Gerichte, die für Staatshaftungssachen zuständig ist!) die EMRK nicht. Manche besonders rechtsstaatfeindlichen und gestrigen Richter halten es sogar für einen »Missbrauch«, wenn Betroffene die tägliche »Gerichtsruhe« dadurch stören, dass sie sich auf ihre in der EMRK garantierten Rechte berufen:

»Der Kläger muss sich daher vorhalten lassen, dass seine zahlreichen Verfahrensrügen in den hier anhängigen Berufungsverfahren insbesondere dazu dienen, angebliche Konventionsverstöße zu behaupten und daran anknüpfende Ersatzforderungen gegenüber der Bundesrepublik Deutschland (scheinbar) begründen zu können. Insofern verfolgt er mit seinen Anträgen einen verfahrensfremden Zweck. (…) Pilz, Weddig, Dr. Blöcher.« (LSG Nds – Bremen v 12.5.2010, L 3 KA 280/04, S 8 u.a.; sämtlich – Pilz, Weddig, Dr. Blöcher)

Abgesehen davon, dass bereits die Benennung von Ansprüchen wegen Konventionsverletzungen falsch als Ersatzforderungen statt als Entschädigungsforderungen benannt werden (im juristischen Sprachgebrauch ist Ersatz und Schadensersatz etwas anderes als Entschädigung), was die von Kirchhoff beobachtete Unkenntnis der Richter und Verwaltungsjuristen von der EMRK bestätigt, verurteilte der EGMR die Bundesrepublik Deutschland bereits ein halbes Jahr nach seiner das Menschenrecht auf eine Individualbeschwerde als Missbrauch verunglimpfenden Rechthaberei (des LSG Nds – Pilz, Dr. Blöcher, Weddig) am 16.12.2010 dann nicht wegen einer einzigen, sondern gleich wegen elf (!) Konventionsverletzungen dieses besserwissenden Gerichts, deren Richter ihre eigenen Konventionsverstöße vorher als bloß »scheinbare« und »angebliche« Konventionsverstöße schöngeredet hatten, um durch behördenwillfähriges Verächtlichmachen der tatsächlich bestehenden Ansprüche den unzutreffenden Eindruck eigener Korrektheit vorzuspiegeln.

Korrekterweise muss man die kirchhoffschen Beobachtungen wiederholen, dass Richter und Gerichte in Deutschland keine Ausnahme, sondern nahezu ausnahmslos die konventionswidrige Regel sind, die sich wie das obengenannte LSG (Pilz, Dr. Blöcher, Weddig) völlig offen empört in ihren Urteilen gegen die Gewährleistung der Konventionsrechte verwahren und Anstoß an der durch Art 1 EMRK garantierten Rüge geschehener Konventionsverletzungen nehmen, statt Konventionsverletzungen von vornherein zu vermeiden, damit keine gerügt werden können. Ebenso muss man sich über die wohl ebenfalls auf profunder Unkenntnis beruhende Gleichgültigkeit der Justizministerien wundern, die Richterstellen mit Personen besetzen, welche vom Recht der EMRK keinerlei Ahnung haben und die sich auch nicht im Geringsten bemühen, ihre mangelnden Kenntnisse vom EMRK-Recht aufzubessern.

Statt den einfachsten und einzig legitimen Weg zu beschreiten, nämlich zur Vermeidung der Rügen von Konventionsverletzungen einfach die Konventionsgarantien zu gewährleisten, tun deutsche Behörden und Gerichte häufig so, als gäbe es gar keine Konventionsgarantien und müssten sie die EMRK nicht wie ein deutsches Bundesgesetz anwenden. Es wird beharrlich weggehört, wenn ausdrücklich auf die EMRK hingewiesen wird. Mir ist kein Justizministerium in Deutschland bekannt, das das Ignorieren der EMRK durch die von ihm bestellten Richter jemals beanstandet hätte – wohl weil das ebenfalls auf profunder Unkenntnis der Ministerien über das Recht der EMRK beruht.

Um sich nicht mit der EMRK befassen zu müssen, wird von solchen – keineswegs wenigen – fachinkompetenten deutschen Ministerien und Gerichten beispielsweise auch behauptet, sie dürften nicht über Ansprüche unmittelbar aus der im Normenrange deutscher Bundesgesetze stehenden EMRK entscheiden:

»Über (Anm.: menschenrechtliche) Ansprüche darf nicht unmittelbar aufgrund deutscher Bundesgesetze entschieden werden.« (LG Oldenburg, Beschl. v 30.1.2012, S 1 zu 5 O 3385/11 – Kramarz)

Kramarz, Vorsitzender Richter eines Staatshaftungssenats (!!!) weiß offensichtlich nicht, dass die in der EMRK kodifizierten Menschenrechte gem. Art 59 GG im Range von Bundesgesetzen stehen, menschenrechtliche Ansprüche aus der EMRK also aufgrund deutscher Bundesgesetze (EMRK) entschieden werden.

Damit ist bereits viel darüber ausgesagt, was Bürger in Deutschland erwartet, die den Staat wegen ihnen zugefügter Schäden in Anspruch nehmen wollen.

Oder es wird dargestellt, die Geltendmachung der im bundesgesetzlichen Range stehenden Konventionsgarantien sei »unstatthaft«.

»Die auf Kompensation …der Schäden …gerichtete ›wirksame Beschwerde‹ erweist sich als unstatthaft …« (LSG Nds – Bremen, L 3 KA 36/12, S 6 – Pilz)

Da die EMRK gem. Art 59 GG im Range eines Bundesgesetzes steht, heißt das, dass die Geltendmachung von Rechten aus Bundesgesetzen »unstatthaft« ist. Solche die kirchhoffschen Beobachtungen bestätigenden richterlichen Bekundungen lassen sich – wie man unschwer erkennen kann – nicht mit der Tatsache vereinbaren, dass die Konventionsgarantien im Range von Bundesgesetzen stehen und es selbstverständlich statthaft ist, die Gewährleistung von in Bundesgesetzen gegebenen Garantien unmittelbar bei den Gerichten geltend zu machen.

Aufgrund Art 13 EMRK geltend gemachte Ansprüche werden durch deutsche Richter manchmal sogar wort- und begründungslos übergangen. (LG Hannover, L 14 O 316/11)

Auch etliche OLGe sind konventionsrechtlich auf vorgestrigem Stand und wissen immer noch nicht, dass die EMRK wie ein Bundesgesetz bei deutschen Behörden und Gerichten unmittelbar geltend gemacht werden kann.

»Mit Recht weist die Beklagte darauf hin, dass die Art 6, 13 EMRK dem Kläger unmittelbar keinen Anspruch …gewähren.« (OLG Celle, 16 U 67/12, S 4)

Der Vogel wird aber mit der völlig ernstgemeinten richterlichen Auffassung abgeschossen, dass die im Normenrange eines bundesdeutschen Gesetzes stehende EMRK »der Systematik des geltenden Rechts völlig fremd« sei und es sich bei dem wegen seines bundesgesetzlichen Normenranges unmittelbar bei allen deutschen Behörden und Gerichten geltend zu machenden Art 13 EMRK bloß um eine wirklichkeitsfremde »Spinnerei« (Chimäre) handele.

»Soweit eine ›wirksame Beschwerde‹ gemäß Art 13 EMRK, die das Landgericht zu garantieren habe (geltend gemacht wird), …handelt es sich dabei schlicht um eine Chimäre. Die Vorstellungen …sind der Systematik des geltenden Rechts völlig fremd. (…) Kramarz.« (LG Oldenburg, 5 O 3385/11, S 8 – Kramarz)

Neben solchen sprachlos machenden und die kirchhoffschen Beobachtungen bestätigenden »Erkenntnissen« stellen die richterlichen »Fachexperten« am Staatshaftungssenat (!) dieses Gerichts gegen geltendes Konventionsrecht verquerer Weise dar, dass ein Amtshaftungsanspruch den Anforderungen des Art 13 EMRK voll entspräche. (LG Oldenburg, 5 O 3385/11, S 5 – Kramarz)

In Wirklichkeit sind die Art 13 EMRK und § 839 BGB inkongruent, was Jedem, der sich jemals mit der Rechtsprechung des EGMR auch nur etwas befasst hat, auch seit Jahren bekannt ist.

»Eine Klage auf Schadensersatz nach § 839 BGB, Art 34 GG genügt den Anforderungen des Art 13 EMRK nicht.« (EMRK, Große Kammer v 8.6.2006, 75529/01, § 7 – Sürmeli/Deutschland)

Dies ist – was ein Richter, insbesondere wenn er mit Staatshaftungssachen befasst ist, wie der zur Rede stehende Vorsitzende Richter (Kramarz) – eigentlich wissen sollte, aber erschreckenderweise nicht weiß – bereits deshalb der Fall weil sich § 839 BGB auf schuldhaftes Handeln beschränkt (BTDrs 17/3802 S 2) und keinen Ersatz von Nichtvermögensschaden gewährt. (siehe auch: EGMR Sürmeli/Deutschland)

Auch das sich für rechtskundig haltende OLG Celle hat noch nicht bemerkt, dass die EMRK nicht auf Verschulden abstellt, außerdem immaterielle Schäden kompensiert und die Kompensation nicht Schadensersatz, sondern Entschädigung genannt wird und setzt die EMRK mit § 839 BGB gleich.

Aus »Art 6 EMRK …ergäbe sich…kein unmittelbarer Anspruch …ein solcher Anspruch (könnte) allein aus § 839 BGB …hergeleitet werden …(…) Auch aus Art 13 EMRK ergibt sich nichts Anderes.« (OLG Celle, 16 U 67/12, S 4)
Man mag angesichts der Fachkunde solcher Richter, aufgrund welcher sich deren Urteile erklären, erschrecken.

Solches Gleichsetzen von verschuldensunabhängiger Entschädigung mit verschuldensabhängigem Schadensersatz durch etliche Vorsitzende Richter deutscher Landesgerichte, die die Urteile von Vorinstanzen überprüfen sollen (aber das offenbar gar nicht können), ist nur peinlich. Diese Vorsitzenden Richter bekunden, ein verschuldensunabhängiger Anspruch auf Entschädigung könne aus dem ein Verschulden voraussetzenden § 839 Abs 1 BGB hergeleitet werden – was ersichtlich eine völlig wirre Kundgabe ist. Entgegen der Tatsache, die jedem halbwegs mittelmäßigen Juristen bekannt sein sollte, dass alle deutschen Behörden und Gerichte bezüglich der EMRK einen »Rechtsanwendungsbefehl« zu befolgen haben (BVerfG, 2 BvR 1481/02 <31>), also deshalb sämtliche Konventionsgewährleistungen (Art 2 – 19 EMRK) wie Bundesgesetze unmittelbar bei allen deutschen Behörden und Gerichten geltend gemacht werden können und alle deutschen Behörden und Gerichte außerdem zu völkerrechtsfreundlichen Entscheidungen verpflichtet sind (BVerfG, 2 BvR 955/00 <93>), vertreten bezeichnenderweise nicht nur die rechtsunkundigen unter den Behörden, sondern auch etliche ebenfalls offensichtlich rechtsunkundigen Gerichte völlig ungeniert konventionsleugnende Auffassungen, was offensichtlich verfassungs- und konventionswidrig ist, denn:

»Nach Art 1 EMRK obliegt die Anwendung und Gewährleistung der garantierten Rechte und Freiheiten in erster Linie den nationalen Behörden. Das Instrumentarium der Beschwerde zum EGMR ist folglich den nationalen Systemen zum Schutz der Menschenrechte nachgeordnet. Diese Subsidiarität kommt in den Art 13 und 35 Abs 1 EMRK zum Ausdruck.« (EGMR v 22.1.2009, 45749/06 und 51115/05, § 77 – Kaemena und Thöneböhn/Deutschland)

Dennoch wird von etlichen Gerichten zum Zwecke der Verweigerung von Konventionsgarantien beharrlich immer weiter behauptet, dass Rechte aus Art 13 EMRK nicht in Deutschland geltend gemacht werden können:

»Art 13 EMRK …begründet nicht unmittelbar ein eigenständiges Rechtsmittel auf nationaler Ebene.« (LSG Nds – Bremen, Beschl. v 14.6.2012, L 3 KA 45/11 ZVW, S 3)

Hierin spiegelt sich die von Kirchhoff beschriebene konventionsrechtliche Unkenntnis dieser Gerichte wider. In Wahrheit müssen Behörden und Gerichte die EMRK in der Auslegung der RSpr des EGMR beachten:

»Die Konventionsstaaten müssen die EMRK so anwenden, wie es der EGMR tut.« (Grabenwarter, EMRK, 118)

Die korrekte Beachtung der EMRK zählt zu den Amtspflichten aller Behördenmitarbeiter und Richter.

»Diese Verpflichtung wird über Art 20 Abs 3 GG ein Teil der Amtspflicht des Beamten.« (Dörr, Verletzung der EMRK und Staatshaftung, S 25, RN 69)

Das ist der Fall, weil die Konvention in Deutschland unmittelbar anzuwendendes Recht darstellt; denn:

»Die EMRK …begründet unmittelbar die Verpflichtung, den der Jurisdiktion der Vertragsstaaten unterstehenden Personen die Konventionsrechte zu sichern. (Art 1 EMRK) Diese Rechte werden unmittelbar durch das Völkerrecht geschaffen.« Meyer – Ladewig, EMRK, 2. Aufl., S 26 RN 28)

»Die EMRK hat den Rang eines innerstaatlichen Gesetzes, ist also unmittelbar anwendbar und kann auch vor den deutschen Gerichten geltend gemacht werden.« (Meyer – Ladewig, a.a.O., S 27, RN 29)

Die EMRK ist »wie Gesetzesrecht des Bundes anzuwenden.« (Meyer – Ladewig, a.a.O. S 42 RN 3a)

»Mit der Ratifizierung der EMRK werden deren Vorschriften in das innerstaatliche Recht inkorporiert …mit der Folge, dass sie staatliche Behörden und Gerichte unmittelbar binden und von Einzelpersonen geltend gemacht werden können.« (Meyer – Ladewig, a.a.O., Art 13 RN 8)

Erschreckenderweise kennen aber – wie dargestellt – selbst für Staatshaftungssachen (!) zuständige Senate (z.B. des LG Oldenburg), von denen man Sachkunde erwarten können sollte, weder die EMRK, noch die Verfassungsrechtsprechung, und verletzen mit ihren Entscheidungen beharrlich und gegen alle Hinweise das Recht der Bürger auf unmittelbare Bindung der Gerichte an die im Range eines Bundesgesetzes stehenden EMRK.

»Über Ansprüche aus der EMRK hat ausschließlich der Europäische Gerichtshof für Menschenrechte zu befinden, nicht jedoch ein Gericht der Mitgliedsstaaten.« (LG Oldenburg, Beschl. v 10.11.2011, 5 O 3385/11)

Trotz ausdrücklicher Hinweise auf das geltende Recht und die Anwendungspflicht der EMRK wie Bundesgesetze werden solche verfassungs- und konventionswidrigen Rechtsauffassungen mit großer Rigidität sogar noch beharrlich wiederholt, so dass man sich in einem Irrenhause wähnt:

»Des Weiteren ist der Hinweis aus dem Beschluss v 10.11.2011 zu wiederholen. Über Ansprüche unmittelbar aus der EMRK hat ausschließlich der EGMR zu befinden, nicht jedoch ein Gericht der Mitgliedsstaaten.« (LG Oldenburg, Beschl. v 30.1.2012, 5 O 3385/11 mit Verweis auf zum damaligen Zeitpunkt 14 Jahre alte, vor der Reform der EMRK/EGMR liegende, nicht einschlägige und zeitlich längst überholte RSpr)

Einen unter Zusendung eines EGMR-Urteils gegebenen Hinweis auf das, was nach Auffassung des case-law ein »erheblicher Nachteil« sei, nennt das LSG Nds »unbeachtliche« Einwände (LSG Nds v 12.5.2020 zu L 5650 I 180/20 – Hoffmann; L 7 SF 16/20 E (KA) – Dr. Claus), d.h., die von deutschen Behörden und Gerichten zu beachtende RSpr des EGMR sei »unbeachtlich«, womit über das Völkerrechtsverständnis an diesem Gericht alles gesagt ist.

Obwohl »die Behörden und Gerichte der Bundesrepublik Deutschland...verpflichtet (sind), ...die Europäische Menschenrechtskonvention in der Auslegung durch den Gerichtshof bei ihrer Entscheidung zu berücksichtigen« (BVerfG, 2 BvR 1481/04 <29>), ließe sich die Liste der Gerichte, bei denen Durchführungsdefizite der EMRK trotz des gesetzlichen »Anwendungsbefehls« (so: BVerfG, 2 BvR 1481/02 <31>) bestehen oder bestanden, noch lange fortführen. (z.B. OLG Naumburg, 14 WF 64/04; OLG Nürnberg 1 Ws 304/09; OLG Köln 2 WS 120/10 usw.)

Wie der Gesetzgeber angesichts solcher Missstände bei deutschen Gerichten und solcher unübersehbar gravierenden Kenntnismängel einer Vielzahl deutscher Richter zu der davor die Augen verschließenden Auffassung gelangt »Richter brauchen keine Belehrung zur Verfahrensgestaltung,...« (BTDrs 17/3802, S 21 Sp 1) ist ein Rätsel, das sich wohl nur dadurch erklären lässt, dass der Gesetzgeber zunehmend in einer der Wirklichkeit entrückten, idealisierten Traumwelt aus öffentlichen Mitteln des Staates Alimentierter lebt.

Des Weiteren scheinen etliche Gerichte, bzw. deren (bezogen auf ihre geringen Geistesleistung offensichtlich viel zu hoch dotierte) Richter nicht begreifen zu können, was das BVerfG mit seiner Auffassung »ein Beschwerdeführer kann insofern vor dem Bundesverfassungsgericht nicht unmittelbar die Verletzung eines der in der Europäischen Menschenrechtskonvention enthaltenen Menschenrechte mit einer Verfassungsbeschwerde rügen« (BVerfG, 2 BvR 1481/04 <32>) gemeint hat. Es können – da die EMRK in der deutschen Rechtsordnung keinen Verfassungsrang besitzt, sondern unter der Verfassung steht und den Rang eines Bundesgesetzes einnimmt (so: BVerfG, 2 BvR 1481/ 04 <30>) – Verletzungen der EMRK nicht unmittelbar beim Bundesverfassungsgericht geltend gemacht werden, weil das BVerfG sich nicht mit einfachen Bundesgesetzen befasst, sondern ausschließlich mit Verfassungsrecht. Die Verletzung der EMRK und deren völkerrechtswidrige Auslegung kann – da sie nach Auffassung des BVerfG als im Range von Bundesgesetzen stehendes einfaches Recht darstellt – nur bei den ordentlichen – und Fachgerichten sowie beim BVerfG nur unter Berufung auf ein Grundrecht oder im Zusammenhang mit dem Rechtsstaatsgrundsatz des Art 20 Abs 3 GG geltend gemacht werden. Das BVerfG ist für die Entscheidung, ob eine innerstaatliche Entscheidung oder Norm mit der im Range einer innerstaatlichen Norm stehenden EMRK vereinbar ist, nicht zuständig. (BVerfG, 2 BvF 2/03 <149>)

Nur wenn ein deutsches Grundrecht tangiert ist, kann man sich beim BVerfG auf die EMRK berufen. (BVerfG, 1 BvR 1481/04 <46>) Man muss also die Konventionsverletzung in Verbindung mit dem Rechtsstaatsprinzip des Art 20 Abs 3 GG geltend machen. Das hatte aber m.W. noch nie Erfolg, sondern ist wohl nur ein Lippenbekenntnis des BVerfG.

Bei Gerichten der deutschen Zivil- oder Fachgerichtsbarkeit kann die EMRK hingegen aufgrund ihrer Rangzuweisung wie ein deutsches Gesetz unmittelbar geltend gemacht werden (siehe: BVerfG, 2 BvR 1481/04 <32>); denn Zivil- und Fachgerichte sind bekanntlich nicht zur Entscheidung über Verfassungsrecht berufen, wohl aber zu Entscheidungen über einfachgesetzliches Recht, deren Bestandteil die EMRK ist:

»Deutsche Gerichte trifft die Pflicht, der konventionsrechtlichen Auslegung den Vorrang zu geben.« (BVerfG, 2 BvR 1481/04 <62>)

Das verlangt auch der EGMR ausdrücklich:

»Der Staat ist verpflichtet, die Konventionsrechte im Geiste der Konvention auszulegen.« (EGMR v 16.6.2005, 62603/00, § 89,93 – Storck/Deutschland)

»Die deutschen Gerichte müssen bei ihrer Entscheidung über Entschädigungs-ansprüche die Konventionsrechte so beachten, <u>wie es der Rechtsprechung des Europäischen Gerichtshofs für Menschenrechte entspricht</u>.« (EGMR v 29.5.2010, 53126/07, § 39 – Taron/Deutschland)

Das ist offensichtlich auch der Wille des Gesetzgebers gewesen:

»Es gibt keinen Hinweis, dass der Gesetzgeber mit der Schaffung der §§ 198 ff GVG im Laufe des Gesetzgebungsverfahrens <u>von der ihm bekannten RSpr des EGMR</u> abweichen wollte.« (LSG Sachsen-Anhalt, L 10 SF 5/12 ÜG)

Soweit wieder die Rechtstheorie. In der Wirklichkeit der RSpr deutscher Ge-richte wird die Rechtstheorie aber kaum verwirklicht; das ist – wie dargestellt – praktisch nie der Fall. Im Gegenteil: Der 10. Senat des BSG hat ausdrücklich dargestellt, dass er es

für »unproblematisch« halte, wenn er »zu von der Rechtsprechung des EGMR zu Artikel 6 EMRK abweichenden Ergebnissen« gelangt. »Zwar handelt es sich dabei um in der Bundesrepublik Deutschland unmittelbar geltendes Recht; es steht aber ›nur‹ im Rang eines einfachen Bundesgesetzes. (...) Dadurch kann es zu einer Verdrängung durch spätere Bundesgesetze kommen.(...) Bei den Entschä-digungsregelungen des § 198 ff GVG handelt es sich um einen autonomen Teil des Bundesrechts, der unabhängig neben den menschen- und grundrechtlichen Garantien steht. Die einfachgesetzlichen Vorschriften sind daher ... auszulegen.« (BSG B 10 ÜG 8/13 R, II, 3, b)

Diese abenteuerliche, den Grundsatz der völkerrechtsfreundlichen Auslegung und die Pflicht deutscher Gerichte, das Entschädigungsrecht so anzuwenden, wie es der EGMR tut (siehe: Taron/Deutschland, a.a.O., § 39) sowie den Art 27 des Wiener Übereinkommens über das Recht der Verträge vom 23.5.1969 grob verletzende Auffassung des BSG, dass das »spätere Bundesgesetz« (gemeint sind die §§ 198 ff GVG) die Auffassung des EGMR (die den §§ 198 ff GVG nach dem Willen des Gesetzgebers zugrunde liegt) durch andere Auffassungen verdrängen könne und die deutschen Gerichte die Entschädigungsrechte nicht so beachten müssen, wie es der Rechtsprechung des EGMR sowie Art 27 des oben genannten Wiener Abkommens der Vereinten Nationen entspricht, ist offensichtlich konventions- und völkerrechtswidrig. Die Auffassung des BSG verstößt gegen den fundamentalen Grundsatz, dass nationale Gesetze keine Grundlage für die Nichteinhaltung von Völkerrecht oder Völkervertragsrecht sein können. (siehe: Art 27 des Wiener Übereinkommens über das Recht der Verträge vom 23.5.1969)

Art 6 EMRK enthält zudem – was jeder Richter, erst recht Richter an den höchsten deutschen Gerichten wissen sollten – allgemeines Völkerrecht, das die Völkergemeinschaft von ca. 170 Staaten im Internationalen Pakt für bürgerliche und politische Rechte der Vereinten Nationen anerkannt hat und daher gem. Art 25 GG über dem Bundesrecht steht. Deutsche Gerichte haben nicht die Möglichkeit, sich das Entschädigungsrecht nach Gutdünken durch Auslegung so zurechtzubiegen, wie es ihnen passt, sondern sie haben die Pflicht, das Recht genauso anzuwenden, wie es der EGMR tut. (siehe EGMR v 29.5.2010, 53126/07, § 39 – Taron/Deutschland; Grabenwarter, EMRK, 118 u.a.)

Allerdings wurden solche konventionswidrigen und auch dem Willen des Gesetzgebers (»Der Entwurf soll …dem Art 13 EMRK in der Auslegung durch den … EGMR Rechnung tragen« – BTDrs 17/3802, S 15 Sp 1) widersprechenden Auffassungen vom BVerfG noch nie beanstandet. Es besteht offenbar ein Konsens der Rechtsprechung, die EMRK zu »ächten«. Dieser Konsens hält so lange, bis der EGMR ihn bemerkt und es zu weiteren Piloturteilen (wie im Falle Rumpf) gegen Deutschland kommt. Bereits im Urteil Rumpf hat der EGMR ausdrücklich angeordnet, dass die deutsche RSpr den Schlüsselkriterien des EGMR »in Theorie und auch in der Praxis entsprechen muss.« (EGMR v 2.9.2010, 46344/06, § 73 – Rumpf/Deutschland) Geschieht das weiterhin nicht, werden Deutschland dann vom EGMR wieder Fristen gesetzt werden, innerhalb derer die Konventionsgarantien umzusetzen sind.

Auch das Bundesverfassungsgericht hat erhebliche Schwierigkeiten mit dem Verständnis der auch von ihm selber wegen der Völkerrechtsfreundlichkeit Deutschlands zu berücksichtigenden Konvention.

So stellt das BVerfG zwar dar, dass alle Träger staatlicher Gewalt – also auch das BVerfG selber – die EMRK gewährleisten müssen:

»Des Weiteren haben die Vertragsparteien die wirksame Anwendung der Bestimmungen der Europäischen Menschenrechtskonvention in ihrem innerstaatlichen Recht zu gewährleisten, was in einem durch den Grundsatz der Gewaltenteilung beherrschten Rechtsstaat nur möglich ist, wenn alle Träger der hoheitlichen Gewalt an die Gewährleistungen der Konvention gebunden werden.« (BVerfG, 2 BvR 1481/04 <46>)

Das BVerfG nimmt diese von ihm postulierte Pflicht aber selber nicht ernst. So hat der EGMR in der Sache 43336/08 pp eine Verletzung der menschenrechtlichen Grundrechte festgestellt und wegen dieser und weiterer Grundrechtsverletzungen eine mehrere zehntausend Euro hohe Entschädigung zugesprochen. Demgegenüber hatte das BVerfG mit seiner vorangegangenen Entscheidung 1 BvR 917/08 nicht nur zum Ausdruck gebracht, dass gar keine Grundrechtsverletzung vorläge, sondern auch noch behauptet, die Geltendmachung des Grundrechts sei missbräuchlich und zur Krönung eine prohibitive Missbrauchsgebühr von 1.000 Euro festgesetzt, weil die Geltendmachung des Grundrechts angeblich völlig abwegig sei. Auf diese angebliche »Missbrauchsgebühr« (in Wirklichkeit eine prohibitive Gebühr, die von der Wahrnehmung der Grundrechte abschrecken soll) hat das BVerfG auch nicht verzichtet und sich nicht entschuldigt, wie dies unter zivilisierten Menschen üblich ist, als es auf das eine Menschenrechtsverletzung feststellende Urteil des EGMR hingewiesen wurde. Das BVerfG hat auf diese Weise dokumentiert, sich an die Wertungen des EGMR nicht halten zu müssen.

Man kann danach sagen, dass das BVerfG auf dem menschenrechtlichen Auge – auf dem es besonders gut sehen können sollte – blind war und ist. Das ist kein Einzelfall, den man einem Versehen zuordnen könnte. Statt dessen verhält es sich so auch in etlichen anderen Sachen. Nachdem das BVerfG in der Sache 1 BvR 918/08 eine prohibitiv wirkende »Missbrauchsgebühr« wegen der Wahrnehmung eines Grundrechts festgesetzt hatte, stellte der EGMR in der Sache 27529/09 eine Menschenrechtsverletzung fest und sprach einige tausend Euro Entschädigung zu – die Deutschland zu bezahlen hatte. Auch in dieser Sache hat das BVerfG sich weder für seine konventionswidrige Entscheidung entschuldigt, noch die als offensichtlich unberechtigt erwiesene Missbrauchsgebühr zurückgezahlt.

Schließlich verhält es sich ebenso in den Sachen BVerfG, 1 BvR 916/08 und EGMR 27533/09 und wer weiß wie vielen anderen Sachen.

Selbst Verstöße der Gerichte gegen die Rechtsprechung des BVerfG beanstandet das BVerfG nicht. Zwar vertritt das BVerfG in stRSpr die Auffassung, dass Verfahrenskosten nach dem Grundsatz der Billigkeit von demjenigen zu tragen seien, der im Laufe des Verfahrens das Klagebegehren erfüllt (1 BvR 2322/14 <10>; 2 BvR 239/14 <1>; 1 BvR 367/12 <2>). Beachten Fachgerichte diese Vorgabe des BVerfG nicht, nimmt das BVerfG dagegen eingereichte Verfassungsbeschwerden aber trotzdem nicht an. (1 BvR 2319/18; 1 BvR 2320/18; 1 BvR 37/18 – alles: Harbarth, Britz, Radtke) Im Bereich der SGb nimmt das BVerfG auch – stets ohne Angabe der Gründe der Nichtannahme – Verfassungsbeschwerden, die das Recht auf Zugang zum Gericht (Art 19 Abs 4 GG) betreffen dann nicht an, wenn ein Rechtsmittelgericht ein gerichtlich eröffnetes Rechtsmittel nicht annimmt (BVerfG, 1 BvR 2715/18 – Harbarth, Britz, Radtke), oder wenn das Recht auf den gesetzlichen Richter gem. Art 101 GG unterlaufen wird, indem das Gericht eine Sachentscheidung trifft, nachdem es selber erklärt hat, sachunzuständig zu sein (BVerfG, 1 BvR 2317/18 – Harbarth, Britz, Radtke) oder gegen das Selbstbestimmungsrecht aus Art 2 GG Entscheidungen über von den Betroffenen gar nicht gestellte Anträge getroffen werden. (BVerfG, 1 BvR 396/19 – Harbarth, Britz, Radtke)

Man kann den sich geradezu aufdrängenden Eindruck haben, dass das BVerfG nur nach persönlichen Präferenzen oder nach Zufallsprinzip entscheidet und insbesondere bemüht ist, staatliches Fehlverhalten aus völlig falsch verstandener Staatsräson, dem Seilschaftsgedanken folgend, zum Nachteil der Bürger zu schützen. Jedenfalls befasst sich das BVerfG so gut wie nie mit staatlicher Verletzung der Menschenrechte wie z.B. Beschwerden darüber, dass Behörden/Gerichte Tatbestände bewusst falsch (BVerfG, 1 BvR 1026/20 – Harbarth,Britz,Radtke) oder bewusst unvollständig darstellen (BVerfG, 1 BvR 795/20 – Harbarth,Britz,Radtke) bzw. sogar bewusst verschweigen (BVerfG, 1 BvR 840/20 – Harbarth,Britz,Radtke), um zu vorgefassten Entscheidungen zu gelangen.

Das BVerfG schweigt auch duldend, wenn Behörden/Gerichte Bescheide falsch zitieren (BVerfG, 1 BvR 1026/20 – Harbarth,Britz,Radtke), Rechtsauffassungen als Tatbestände verfälschen (BVerfG, 1 BvR 1026/20 – Harbarth,Britz,Radtke), Beteiligten wahrheitswidrig Kundgaben in den Mund legen (BVerfG, a.a.O. – Harbarth,Britz,Radtke) und falsche Äußerungen unterschieben (BVerfG, 1 BvR 795/20 – Harbarth,Britz,Radtke), Wortprotokolle falsch beurkundet werden, Zahlen- und Datumsangaben falsch beurkundet werden (BVerfG, 1 BvR 795/20 – Harbarth,Britz,Radtke), zur Unübersichtlichkeit führende immer neue Anträge erforderlich gemacht werden (BVerfG, 1 BvR 1025/20 – Harbarth,Britz,Radtke), fiktive Rechtsnormen zugrunde gelegt werden (BVerfG, 1 BvR 1329/17), die im geschriebenen Recht gar nicht existent sind (BVerfG, 1 BvR 1025/20 – Harbarth,Britz,Radtke) oder bestehende Gesetze beugen (BVerfG, a.a.O. – Harbarth,Britz,Radtke) sowie Behörden dabei unterstützen, deren Satzungsnormen geheim zu halten (1 BvR 2856/18 – Harbarth,Britz,Radtke), um die Rechtswahrnehmung in Unkenntnis Gehaltener zu erschweren. Das gilt auch, wenn ankündigungslos gerichtliche Vorgaben geändert werden (BVerfG, 1 BvR 1943/18 – Kirchhof,Ott,Christ), wenn erzwungen wird, in anwaltsfreien Verfahren Rechtsrat einzuholen (BVerfG, 1 BvR 36/19 – Harbarth,Britz,Radtke), den vom behördlichen Fehlverhalten Betroffenen die Hälfte der Kosten auferlegt werden oder sogar, wenn der Europäische Gerichtshof für Menschenrechte durch staatliche Instanzen zum konventionswidrigen Nachteil der Bürger belogen wird (BVerfG, 1 BvR 36/19 – Harbarth,Britz,Radtke) oder Rechtsanliegen trotz der Feststellung des EGMR, dass konventionswidrige Verzögerungen vorliegen (BVerfG, 1 BvR 725/15 – Gaier,Schluckebier,Paulus) weiterhin jahrelang nicht bearbeitet werden und Vieles mehr.

Dass sich menschenrechtswidrig verhaltende Behörden und Gerichte ermutigt fühlen, ihr Fehlverhalten fortzuführen, wenn es selbst das BVerfG nicht beanstandet, liegt auf der Hand.

Hier besteht offensichtlich ein massiver Systemdefekt. Mit Rechtsstaatlichkeit hat dieses indifferente Verhalten des BVerfG m.E. Nichts zu tun.

Offenbar versteht sich das BVerfG nicht als Einrichtung zum Schutz der Grund- und Menschenrechte, sondern als eine den Behörden dienende Art Schutzeinrichtung gegen die Menschenrechtsansprüche der Bürger, wohl weil es das Beibehalten behördlicher Verhaltensweisen als vermeintlich der staatlichen Ordnung dienend ansieht und über die Menschenrechte stellt oder aus anderen Gründen. Dabei stören die EMRK und die in ihr verbürgten Menschenrechte nur. Das BVerfG sieht im EGMR offenbar eine Konkurrenz – sonst würde es der EMRK und der durchdachten Rechtsprechung des EGMR statt völlig unangebrachter Arroganz mehr Respekt entgegenbringen.

Aus alledem ergibt sich, dass die sich in Art 1 EMRK dazu verpflichtende deutsche Regierung schlicht und einfach ihrer Umsetzungspflicht der EMRK nicht nachkommt, jedes Hindernis, auch die behördliche und durchgängig in allen Instanzen der Gerichtsbarkeit einschließlich des BVerfG anzutreffende Unkenntnis, dass die EMRK in der Auslegung des EGMR wie deutsches Recht unmittelbar anzuwenden ist (siehe: 1 BvR 762/07), zu beseitigen. (siehe: EGMR v 7.2.2004, 39748/98, § 47 – Maestri/Italien) Gerade weil das Recht auf »billige« Verfahren, das die zeitliche Angemessenheit bis zur endgültigen Entscheidung über ein strittiges Rechtsanliegen einschließt, im Kern ein allgemeines Völkerrecht ist, das gem. Art 25 Abs 2 GG dem Bundesrecht vorgeht, ist zu beachten, dass die

Bundesregierung nicht nur ihre in Art 1 EMRK eingegangene Verpflichtung, sondern auch ihre strikte Pflicht zur Wahrung allgemeinen Völkerrechts dadurch schleifen lässt, dass sie den Anwendungsbefehl der EMRK und des IPbürg bei Behörden und Gerichten nicht durchsetzt.

Die deutsche Regierung hat bis heute die von ihr in Art 1 EMRK eingegangen Pflicht, die Einhaltung aller Konventionsgarantien durch alle Einrichtungen des Staates zu gewährleisten, weder ernstgenommen noch erfüllt. Im Gegenteil: staatliche Einrichtungen kommen praktisch durchgängig und völlig unbeanstandet ihrer Pflicht nicht nach, die Menschenrechte der EMRK zu gewährleisten. Offenbar ist die Bundesregierung der Auffassung, das Unterschreiben einer Verpflichtungserklärung stelle bereits die Erfüllung der Pflicht dar und man müsse sich anschließend nicht mehr darum kümmern, was man unterschrieben hat – eine unfassbar leichtfertige Auffassung zur Sorgfalt verpflichteter Regierungsverantwortlicher.

Nur am Rande sei erwähnt, dass ein Staat, der sein eigenes Recht nicht achtet, natürlich nicht ernsthaft von seinen Bürgern verlangen kann, dass diese das Recht achten.

Das gilt auch für das den Staat bindende Völkerrecht. Die Erfahrung aus der Vergangenheit lehrt, dass sich die Nichtbeachtung völkerrechtlicher Grundsätze durch staatliche Einrichtungen regelmäßig auf Einzelne oder einzelne Gruppierungen überträgt. Dort kann die staatlich induzierte Indifferenz gegenüber dem Völkerrecht z.B. auch zum Brandbeschleuniger der in neuerer Zeit aktualisierten Zusammenhänge zwischen der Fremdenfeindlichkeit Einzelner oder einzelner Gruppen und dem innerstaatlich ignorierten Völkerrecht geworden sein; denn auch das Fremdenrecht ist Teil des Völkerrechts. Zum »Recht eines Fremdlings« gehöre, »seiner Ankunft auf dem Boden eines anderen wegen von diesem nicht feindselig behandelt zu werden.« (Kant, Vom Völkerrecht)

Verkürzt gesagt, muss sich ein Staat fragen lassen, ob er an von ihm beklagten völkerrechtswidrigen Tendenzen aufgrund seiner eigenen Indifferenz gegenüber dem Völkerrecht nicht selber eine erhebliche Mitverantwortung trägt. Wer seine eigene Pflicht zur Anwendung des Völkerrechts missachtet und den Befehl des Grundgesetzes zur Anwendung von Völkerrecht und Völkervertragsrecht nicht überwacht, sowie keine konventionskonformen Zustände bei Behörden und Gerichten durchsetzt – entweder indem er dafür sorgt, dass seine Beamten und Richter das Völkerrecht nachhaltig und ohne Ausnahme konsequent beachten oder sich weigernde Staatsdiener aus solchen Positionen entfernt, in denen sie das Völkerrecht missachten können – muss sich nicht wundern, wenn Völkerrecht und Völkervertragsrecht von deutschen Behörden und Gerichten und schließlich auch von den Bürgern nicht umgesetzt und nicht ernstgenommen werden.

Angesichts der o.g. von der Bundesregierung nicht beseitigten weltfremden und haarsträubend – völkerrechtswidrigen Einstellungen wegen mangelhafter Rechtskenntnisse vieler Richter, für die die EMRK immer noch »ein Buch mit sieben Siegeln« ist, kann nicht oft und deutlich genug darauf hingewiesen werden:

»Die deutschen Staatsorgane sind gem. Art 20 Abs 3 GG an das Völkerrecht gebunden, das als Völkervertragsrecht nach Art 59 Abs 2 S 1 GG innerstaatliche Geltung beansprucht.« (BVerfG, 2 BvR 955/00 <90>)

Es ist deutschen Staatsorganen also gerade nicht anheimgestellt, ob sie die Rechte der EMRK gewährleisten wollen oder nicht; sie sind auch nicht »ein bisschen« an die EMRK gebunden, sondern sie müssen die EMRK aufgrund ihrer Bindung an diese pedantisch genauso anwenden, so wie es der RSpr des EGMR entspricht. (zur innerstaatlichen Anwendungspflicht der RSpr des EGMR siehe z.B.: EGMR v 29.5.2010, 53126/07, § 39 – Taron/Deutschland; Grabenwarter, EMRK, 118 u.a.)

»Zur Bindung an Recht und Gesetz (Art 20 Abs 3 GG) gehört die Berücksichtigung der Gewährleistungen der Konvention zum Schutze der Menschenrechte und Grundfreiheiten und der Entscheidungen des Europäischen Gerichtshofs für Menschenrechte im Rahmen methodisch vertretbarer Gesetzesauslegung.« (BVerfG, 2 BvR 1481/04, Leitsatz 1)

»Alle deutschen Behörden und Gerichte haben die EMRK daher wie jedes andere deutsche Gesetz unmittelbar zu beachten. (Art 20, Abs 3 GG)« (Kirchhoff, Die Auswirkungen der EMRK...in ZVR online, 21/2012 mwN)

oder kürzer:

»Der Staat ist verpflichtet, die Konventionsrechte im Geiste der Konvention auszulegen.« (EGMR v 16.6.2005, 61603/00, § 89,93 – Storck/Deutschland)

»Die Berücksichtigung der EMRK ist nicht nur objektiv-rechtliche Pflicht der deutschen öffentlichen Gewalt, auf sie besteht ein subjektiv-rechtlicher Anspruch, der prozessual durchsetzbar ist.« (Pieroth-Schlink Grundrechte, Staatsrecht § 3 RN 59)

Damit vertragen sich die Auffassungen mancher Gerichte und Landesregierungen nicht:

»Bei den …Entschädigungsregelungen des § 198 GVG handelt es sich um einen autonomen Teil des Bundesrechts , der unabhängig neben den menschen – und grundrechtlichen Garantien steht.« (BSG v 10.7.2014, B 10 ÜG 8/13 R)

und

dass der EGMR Deutschland nicht verpflichtet habe, Verzögerungen in vollständiger Übernahme der RSpr des EGMR zu entschädigen (Land Nds, 2 Fis 64/14 v 13.10.2014 iS L 10 SF 38/14, EK KA OStA Dr. Schreiber)

Wie sich aus den obigen Zitaten ergibt, sind diese Auffassungen völlig falsch. Sie sind völkerrechts- und konventionswidrig. Tatsächlich ist die EMRK als im Range von Bundesrecht stehende Norm unmittelbar bei den Gerichten geltend zu machen und die Gerichte müssen die EMRK ausweislich des obigen Zitats des EGMR genauso anwenden, wie es der EGMR tut (siehe; EGMR v 29.10.2010, 53126/07, § 39 – Taron/Deutschland, wörtl. Zitat oben) , was seit Langem in Deutschland bekannt ist und auch das BVerfG betont:

»Der Gerichtshof weist in seiner neueren Rechtsprechung im Zusammenhang mit Art 41 EMRK allerdings darauf hin, dass sich die Vertragsstaaten mit der Ratifikation verpflichtet haben sicherzustellen, dass ihre innerstaatliche Rechtsordnung mit der Konvention übereinstimmt.« (BVerfG 2 BvR 1481/04 <43>)

Der von deutschen Behörden und Gerichten zu beachtende und m.E. besonders oft in Niedersachsen mit Füssen getretene Art 6 EMRK lautet:

»Jede Person hat ein Recht darauf, dass über Streitigkeiten in Bezug auf ihre zivilrechtlichen Ansprüche und Verpflichtungen oder über eine gegen sie erhobene strafrechtliche Anklage von einem unabhängigen und unparteiischen, auf

Gesetz beruhenden Gericht in einem fairen Verfahren öffentlich und innerhalb angemessener Frist verhandelt wird.«

»Art 6 ist die Vorschrift mit der größten praktischen Bedeutung. Von den 695 Urteilen, die der EGMR im Jahre 2000 erlassen hat, betreffen 591 Art 6, also 85%.« (Meyer-Ladewig, EMRK, Art 6, Rn1)

«Der geltend gemachte Anspruch muss nicht begründet sein, denn das soll ja im Verfahren erst geklärt werden.« (so: Meyer-Ladewig, EMRK, Art 6, RN 4, 8 und 6)

Das in Art 6 EMRK verbürgte Recht auf Zugang zu einem Gericht beinhaltet – ebenso wie der verfassungsrechtliche Justizgewährleistungsanspruch – das Recht auf eine endgültige Entscheidung über den geltend gemachten Anspruch in angemessener Zeit.

Weil der EGMR die Konventionsgewährleistungen nicht theoretisch und scheinbar, sondern wirksam und praktisch auslegt und anwendet, bedeutet Art 6 EMRK, dass über den im Verfahren geltend gemachten Anspruch innerhalb angemessener Frist nicht nur irgendeine Entscheidung zu irgendeinem beliebigen Zeitpunkt herbeizuführen ist, sondern dass eine endgültige Entscheidung über die geltend gemachten Ansprüche auf faire Weise zustande gekommen sein muss und innerhalb angemessener Frist herbeizuführen ist.

Es kommt also nicht auf irgendeine das rechtliche Kernanliegen nicht endgültig abschließende Entscheidung – z.B. eine Zwischenentscheidung, eine bloß primäre Entscheidung o.ä. – sondern auf eine endgültige Entscheidung über den gesamten geltend gemachten Anspruch an.

Die davon abweichende Regierungsauffassung (z.B. Land Nds in: LSG Nds, L 18 SF 8/15 EK KA u.a.), dass es auf eine endgültige Entscheidung über den konkreten Anspruch nicht ankomme, sondern der EGMR ruhiggestellt werden könne, wenn irgendeine, die Sache bloß an die Vorinstanz oder die Behörde zurückverweisende und damit weiterverzögernde Entscheidung über den Anspruch getroffen wird, entspricht in keiner Weise Art 6 EMRK.

2.5 Auslegungsregeln »Verhältnismäßigkeit«, »Gleichheit« und »Vertrauensschutz«

Jeder dieser drei Grundsätze bindet – sowohl nach deutschem Recht sowie nach dem Recht der EMRK – alle Staatsgewalten. Das Verhältnismäßigkeitsprinzip ist nicht nur eine Grenze der Ermessensausübung (so: BVerwG, 8 C 1.12, III, 2), sondern eine Grenze jeden staatlichen Handelns.

Es ist verfassungs- und konventionswidrig, Gesetze – hier die §§ 198 ff GVG – so auszulegen, dass dadurch atypische (unverhältnismäßige, gleichheitswidrige bzw vertrauensschutzverletzende =konventionswidrige) Zustände entstehen, oder wenn sie bereits entstanden sind, solche Zustände aufrechterhalten bleiben. Das Gegenteil trifft zu:

Aus Art 20 Abs 3 GG leitet sich die Pflicht ab, aufgrund von Unverhältnismäßigkeiten oder Ungleichheiten verfassungs- und menschenrechtswidrig gewordene Folgen behördlicher
Handlungen rückgängig zu machen. (siehe z.B.: Maurer, Allg. Verwaltungsrecht, § 30 RN 6; Martini, Verwaltungsrecht, S 145 u.a.)

Dieser Grundsatz verfassungskonformer Auslegung verbietet es Behörden und Gerichten, die sämtlich ohne jede Ausnahme bei der Erfüllung ihrer Aufgaben an Gesetz und Recht gebunden sind, Handlungs- bzw. Entscheidungsspielräume so zu nutzen, dass dadurch
atypische Wirkungen verbleiben oder entstehen.

Behörden wie Gerichte haben überhaupt kein Ermessen, und nicht den geringsten Auslegungsspielraum darüber, ob sie höheres Recht beachten wollen oder nicht – es ist ihre Amtspflicht, höheres Recht nicht zu verletzen und zu respektieren.

Wäre das anders, bestünden Rechtsschutzlücken.

Rechtsschutzlücken duldet das deutsche Recht nicht (BVerfGE 54, 277 <291>; BVerfGE 107, 295 <407f>); denn das widerspräche dem Gebot effektiven Rechtsschutzes gem. Art 19 Abs 4 GG und dem Recht auf eine wirksame Beschwerde gem. Art 13 EMRK iVm dem Rechtsstaatsgebot des Art 20 Abs 3 GG.

Behörden und Gerichte müssen darum atypische Verfahrensdauern durch einen Ausgleich neutralisieren und dabei ebenso strikt wie kommentarlos die RSpr des EGMR beachten. Erst wenn die RSpr des EGMR schweigt und eine ausfüllungsbedürftige Lücke aufweist, die nicht nach den Grundsätzen des effektiven Rechtsschutzes und der wirksamen Beschwerde geschlossen werden kann, sind zur Auslegung verfassungs- und konventionsrechtlich bedeutsame Grundsätze heranzuziehen, nämlich

- der im Verfassungsrange stehende Grundsatz der Verhältnismäßigkeit,
- der Gleichheitsgrundsatz aus Art 3 GG und
- der Grundsatz des Vertrauensschutzes

Diese Grundsätze sind zwingend zu beachten. Der Verwirklichungspflicht dieser Grundsätze muss jede Behörde und jedes Gericht – auch im Rahmen von Entscheidungen über Entschädigungs- oder Schadensersatzansprüche – genügen. Ist das nicht der Fall, sind solche Entscheidungen verfassungs- und konventionswidrig – was in Deutschland keineswegs eine seltene Ausnahme ist. Insbesondere haben atypische Situationen keinen Bestand, weil z.B. der Vertrauensschutz (angeblich) nicht verletzt ist. Wenn der Staat unverhältnismäßige und gleichheitswidrige Zustände geschaffen hat, muss er diese zwingend durch einen Ausgleich kompensieren, um die Konformität seiner eigenen Verfassung zu wahren. Atypische Zustände können nicht wegen angeblich nicht geschützten Vertrauens bestehen bleiben. (anders: SG Hannover, S 35 KA 9/16, S 6 – Möhwald, wonach unverhältnismäßige und gleichheitswidrige Wirkungen nicht mehr berücksichtigt werden müssen bzw. bestehen bleiben können). Das ist ein sog. »möhwaldscher Denkfehler«. Ein Urteil über eine Verzögerungsentschädigung erweist sich danach stets als verfassungs- und konventionswidrig, wenn es unverhältnismäßige oder gleichheitswidrige oder vertrauensschutzverletzende Wirkungen bestehen lässt oder schafft.

Man kann sagen, dass die an der RSpr des EGMR orientierte Wiederherstellung der durch die nicht mehr rückgängig machbare Verfahrensverzögerung gestörte Verhältnismäßigkeit und Zumutbarkeit, die Neutralisierung von Gleichheitswidrigkeiten und die Kompensation von Vertrauensschäden im Zentrum des Ausgleichsanspruchs stehen und diesen ausmachen. Die Verfassungskonformität (Ossenbühl, Staatshaftungsrecht, S 270) und die Konventionskonformität wird dann durch einen neutralisierenden Ausgleich hergestellt.

Der 3. Senat des BVerwG sieht die aus Art 20 Abs 3 GG fließende Pflicht, atypische Wirkungen zu beseitigen als Rechtsgrundlage an, der 4. Senat geht von einem aus den Freiheitsgrundrechten fließenden Folgenbeseitigungsanspruch aus und der 7. Senat zitiert beide Rechtsgrundlagen. Zuletzt hat der 4. Senat dargestellt, dass es »unumstritten« sei, dass unverhältnismäßige Wirkungen staatlichen Handelns vom Staat wieder zu beseitigen sind. Der Ausgleich staatlich bewirkter

Nachteile fließe aus dem Lastenausgleichsprinzip, das über Art 3 GG auf die Verfassungsebene gezogen werde. (siehe: Ossenbühl, a.a.O., S 296)

2.5.1   unverhältnismäßige Verfahrensdauern

Der Grundsatz der Verhältnismäßigkeit überformt jedes staatliche Handeln und steht im Verfassungsrange. (BVerfG 2 BvR 660/09 <18>; BVerfGE 7, 377, 405 f u.a. – stRSpr)

Er »spielt eine zentrale Rolle bei der Betrachtung des Rechtsstaatsprinzips.« Hofmann, Verfassungsrecht I, § 14)

Die Verhältnismäßigkeit (=Erheblichkeit / Übermäßigkeit, Proportionalität / Angemessenheit, Zumutbarkeit) hat außerdem völkerrechtliche Bedeutung, die auch im Völkervertragsrecht vom EGMR hervorgehobene Bedeutung hat:

»The Court finds that the disproportionate and excessive burden was imposed on the applicants. It follows, that the Maltese State failed to strike the requisite fair balance between the general interests of the community and the protection of the applicants right …« (EGMR v 30.1.2018, 50570/13, § 61 – Cassar/Malta)

Nach deutsche Gerichte bindender Auffassung des Europäischen Gerichtshofs ist eine unverhältnismäßige Entscheidung zugleich immer eine rechtswidrige Ermessensüberschreitung (EuGH, U v 2.3.2020, C – 135/08 – NVwZ 2010, 509) Der Verhältnismäßigkeitsgrundsatz steht nicht unter einem Nützlichkeits- oder Funktionsvorbehalt (siehe: BVerfG, 1 BvR 699/06 <48>) oder sonstigen Vorbehalten. Er ist vorbehaltlos und vollständig (VGH München, U v 28.1.2015, 21 BV 1499 <35>) zu beachten.

Aus der Verletzung des Verhältnismäßigkeitsgrundsatzes lässt sich die Entschädigungspflicht ableiten. (siehe: Dirk Ehlers, Europäische Grundrechte und Grundfreiheiten, S 139, RN 30) Unverhältnismäßige, unzumutbare bzw. erhebliche Eingriffe sind stets durch einen kompensatorischen Ausgleich zu neutralisieren (BVerfG, 1 BvR 1161/03 <24>) um die unverhältnismäßige Situation rückwirkend umzugestalten (BVerfG, 2 BvL 1/11 <4>), es sei denn, die unverhältnismäßigen Wirkungen können durch Untersagung (hier: der

Verzögerung) beendet werden (prophylaktische Wirkung des Art 13 EMRK). Sonst gilt der Grundsatz, dass wesentliche Beeinträchtigungen – hier lange Verfahrensdauern – zur Entschädigung führen (OVG Koblenz, NJW 86, 953; BGH , NJW 84, 1876), was der kompensatorischen Wirkung des Art 13 EMRK entspricht.

Da die empirisch validierten Pebb§y – Erhebungen (zu den konkreten Zeitangaben der Bearbeitung einzelner Verfahrenstypen siehe: pwc, Price, Waterhouse, Cooper, Auswertungen, dort die einzelnen Untersuchungsbereiche, auch nach Bundesländern geordnet) ergeben haben, dass Berufungsverfahren grundsätzlich eine signifikant geringere Bearbeitungszeit benötigen als Erstverfahren und sogar bestimmte Zeitverhältnisse festgestellt worden sind, kann man von Unverhältnismäßigkeiten ausgehen und auf den ersten Blick grundsätzlich vermuten,
    dass die erstinstanzliche Verfahrensdauer prima facie unverhältnismäßig verzögert ist, wenn die Dauer das Verhältnis zur Dauer des Berufungsverfahrens erheblich übersteigt, die Schere zwischen der Dauer des Erst- und des Berufungsverfahrens also wesentlich größer ist, als es den Pebb§y – Werten entspricht oder dass die Dauer des Berufungsverfahrens prima facie unverhältnismäßig verzögert ist, wenn die Dauer des Berufungsverfahrens sich der Dauer des erstinstanzlichen Verfahrens erheblich annähert, der Dauer der Erstinstanz entspricht oder gar länger ist als die Dauer der ersten Instanz.

Dabei handelt es sich nicht um definitve Feststellungen der konkreten Verzögerungen, sondern – wie oben gesagt – um in Zweifelsfällen weiterhelfende Vermutungen, die in keinem Falle die RSpr des EGMR verdrängen dürfen.

2.5.2   gleichheitswidrige Verfahrensdauern

Der Gleichheitssatz des Art 3 Abs 1 GG ist ein »allgemeines rechtsstaatliches Prinzip. (BVerfG v 21.7.2010 – 1 BvL 8/07; BVerfGE 126, 331, 359f)« so: VGH München, Urteil v 28.1.2015, 21 BV 14999 <35>) Er gebietet nach stRSpr des BVerfG, wesentlich Gleiches gleich und wesentlich Ungleiches ungleich zu behandeln. Für die Anforderungen an die Rechtfertigungsgründe im Rahmen gesetzlicher Differenzierungen kommt es auf die Wirkungen der Ungleichbehandlung an. (siehe z.B. BVerfGE 112, 164 <174>; 122, 210 <230> u.a.)
    Ein auf Gleichheitswidrigkeit beruhendes Sonderopfer ist entschädigungs-

pflichtig. Die Entschädigung dient also dem Ausgleich der als »Sonderopfer« verstandenen gleichheitswidrigen Wirkungen von Verfahrensverzögerungen (z.B.: BVerfG, 1 BvR 2232/10 <39>).

2.5.3 vertrauensschutzverletzende Verfahrensdauern

Rechtssicherheit und Vertrauensschutz hängen zusammen. Sie »gewährleisten im Zusammenwirken mit den Grundrechten die Verlässlichkeit der Rechtsordnung als wesentliche Voraussetzung für die Selbstbestimmung über den eigenen Lebensentwurf und seinen Vollzug. (BVerfGE 60, 253 <267f>; 63, 343 <387>; 132, 302 <137>; 133, 143 <156 RN 41>)«, BVerfG, 1 BvR 3092/15 <6>

Es besteht ein berechtigtes Vertrauen darauf, dass der Staat von ihm geschaffene unverhältnismäßige oder gleichheitswidrige Zustände (hier: Verfahrensdauern) nicht belässt, sondern in verfassungs- und konventionskonforme Situationen umformt, also Verzögerungen durch prophylaktische Beendigung der zu langsamen Arbeit verhindert oder durch einen kompensatorischen Ausgleich neutralisiert. Hierauf kann sich in einem Rechtsstaat Jeder verlassen; hierauf besteht ein berechtigtes Vertrauen.

Dieses Vertrauen ist allerdings offensichtlich unberechtigt. Es ist nicht nur allgemein bekannt, dass die Bundesregierung völkervertraglich eingegangene Verpflichtungen keinesfalls als selbstverständlich erfüllt (so z.B. den zwar vertraglich zugesagten, aber bisher noch nie erfüllten Nato – Beitrag), sondern auch, dass manche der Landesregierungen, auf die sich die Bundesregierung beim Vollzug der in Art 1 EMRK eingegangenen Verpflichtungen blind verlässt, unzuverlässig sind und in sie gesetztes Vertrauen grob zu enttäuschen pflegen. Das ist z.B. in Niedersachsen der Fall. Der Nds Landesregierung unterstehende Gerichte bekunden unbeanstandet und unwidersprochen, dass die Nds Landesregierung nicht vertrauenswürdig sei. (z.B. SG Hannover, S 35 KA 9/16 – Möhwald) Der Richter Möhwald hat dargestellt, dass die Bürger die sich auf Verhaltensanweisungen, die die Landesregierung ihren Bürgern in besonderen Situationen aus spezifischen Vertrauensschutzgründen gegebenen hat, damit die Bürger sich danach richten, nicht befolgen dürfen. Wer sich nach den Verhaltensanweisungen der Nds Landesregierung richtet, sich also so verhält, wie es die Nds Landesregierung anrät, sei selber schuld und müsse für im Falle der Unrichtigkeit der Anweisung entstehende Schäden selber aufkommen. Was die Nds Landesregierung angeht, müsse man sich aufklärungs<u>widrig</u> verhalten. Die Auskünfte und Anweisungen der Nds Landesregierung berechtigen zu keinerlei geschützten Vertrauen; sie seien potentiell gelogen und unwahr.

Kommentare zu dieser richterlichen Kundgabe erübrigen sich.

Merke:

Was der EGMR beschlossen hat, ist für deutsche Behörden und Gerichte bindend und entzieht sich jeder Auslegung durch deutsche Staatsorgane. Wie die §§ 198 ff GVG im Einzelnen anzuwenden sind, schreibt der EGMR in seinem umfangreichen case – law detailliert vor.

Bestehen dennoch in seltenen Einzelfällen durch Auslegung auszufüllende Regelungslücken, so sind diese nach den Grundsätzen des effektiven Rechtsschutzes und der wirksamen Beschwerde unter Beachtung der konventionsrechtlichen Grundsätze der Verhältnismäßigkeit, der Gleichheit und des Vertrauensschutzes so zu schließen, wie es der RSpr des EGMR entspräche. Insoweit besteht allerdings die Schwierigkeit, dass die EMRK und die RSpr des EGMR bei deutschen Behörden und Richtern oft ein »Buch mit sieben Siegeln« ist, weil die Bundesregierung offensichtlich ihrer Pflicht aus Art 1 EMRK nicht mit dem erforderlichen Nachdruck genügt, dafür zu sorgen, dass alle deutschen Behörden und Gerichte den Rechtsanwendungsbefehl aus Art 59 GG bezüglich der EMRK und derer Zusatzprotokolle beachten. Der Rechtsanwendungsbefehl des Gesetzgebers wird von etlichen Richtern nicht nur missachtet, sondern von manchen teilweise regelrecht verspottet. (»Chimäre«) Es besteht in Deutschland ein massives Defizit bei der Beachtung der EMRK, die hierzulande offensichtlich oft lediglich wirkungslos auf dem Papier steht und keinerlei praktische Wirkung hat, sondern in konventionswidriger Weise bloß theoretische und scheinbare Rechte gewährleistet. Dasselbe gilt für die in Deutschland unbeachtete RSpr des EGMR.

3 tatsächliche Zustände

3.1 staatliche Tendenz zum Beibehalten von Missständen

Die Garantie gem. Art 19 Abs 4 GG sowie Art 6 EMRK auf einen menschenrechtlichen Anspruch zur Erledigung von Entscheidungen in angemessener Zeit war in Deutschland jahrzehntelang eine leere Worthülse ohne jede praktische Auswirkung.

Obwohl auch nach der Auffassung des BVerfG das Recht gegen den Staat auf Klärung strittiger Rechtsverhältnisse in angemessener Zeit aus der Verfassung herzuleiten ist:

« …die Gewährung effektiven Rechtsschutzes, zu der auch die Entscheidung in angemessener Zeit gehört …« (BVerfG, 1 BvR 165/01 <5>)

gab es noch nie eine verlässliche nationale Rechtsgrundlage.

Dass in Deutschland nie eine verlässliche Rechtsgrundlage zur Geltendmachung des Anspruchs auf abschließende Entscheidungen strittiger Rechtsverhältnisse in angemessener Zeit vorhanden war, hatte natürlich bei den Staatsdienern entsprechende Verhaltensfolgen:

Vom Reichskammergericht wird erzählt, dass dort die Akten mit Bindfäden an die Decke gehängt wurden und erst bearbeitet worden seien, wenn der Bindfaden der jeweiligen Akte sich auflöste und die betreffende Akte herunterfiel. (so: Bender, Das Schweigen der Ämter, DGB Bamberg) Die »Bearbeitungs«dauer (=Liegezeit) hing danach von dem Material und der Stärke des Bindfadens und der das Gewicht bestimmenden Dicke der Akte ab. Aber auch in jüngerer Zeit konnten Behörden und Gerichte das Grund- und Menschenrecht auf Entscheidungen in angemessener Zeit jahrzehntelang ohne jede Konsequenz verletzen, was auch weidlich geschah und noch weiter geschieht, ohne dass es ein wirklich wirksames Rechtsmittel gab und gibt, mit dem Betroffene ihr Grund- und Menschenrecht in Deutschland durchsetzen konnten und können.

Dieser Missstand ist auch bekannt; ihm wurde und wird aber nicht abgeholfen:

»Es muss leider davon ausgegangen werden, dass eine Verringerung der Bearbeitungszeiten …kaum möglich ist.« (Nds Just Min v 22.2.2005, 3230 SG Hannover 104.2/04)

Es ist ja auch bequemer, wenn Alles so bleibt, wie es ist.

Wenn man etwas ändert, müsste man umdenken und entsteht möglicherweise Arbeit.

Die Grundeinstellung des »Beibehaltens« trennt auch die als freiberufliche Juristen tätigen Anwälte von den staatlich alimentierten Richtern. Überlegungen, einen Rechtsbehelf einzuführen, der dazu dienen sollte, ein untätiges Gericht zur Arbeit zu veranlassen (sog. »Tu was Rechtsbehelf«) wurde dieser Grundhaltung entsprechend von der Anwaltschaft befürwortet, aber von der Richterschaft abgelehnt. (so: BTDrs 17/7655, S 2, Pkt 2)

Das verdeutlicht die divergierend unterschiedlichen Grundeinstellungen von freiberuflich arbeitenden und beamteten Juristen.

Obwohl der EGMR bereits im Jahre 2006 in deutlichen Worten darauf hingewiesen und ausführlich erläutert hatte, dass und warum in Deutschland ein Rechtsmittel gegen die überlange Entscheidung über Rechtsanliegen fehlt (EGMR, Urteil v 8.6.2006, 75529/01 – Sürmeli/Deutschland) stellte das BVerfG, um den liebgewonnenen status quo des staatlichen Schlendrians nicht ändern zu müssen, bezüglich des unwirksamen »Rechtsmittels« der Untätigkeitsbeschwerde sogar unwahr dar, dass es ja »neben der Untätigkeitsbeschwerde ›weitere Möglichkeiten‹« gäbe, um auf »ein pflichtgetreues Verhalten der Justiz hinzuwirken« (BVerfG, 2 BvR 1610/03, Pressemitteilung v 29.3.2005), freilich ohne diese angeblich wirksamen weiteren Möglichkeiten zu nennen. Möglicherweise war die »Möglichkeit« der Aufsichtsbeschwerde gemeint, deren tatsächlichen 3 – f Effekt (f f f) in Deutschland Jeder kennt. Diese für Aufsichtsbeschwerden geltenden 3 Buchstaben bedeuten: formlos, fristlos, fruchtlos. Oder anders: Aufsichtsbeschwerden bleiben stets wirkungslos – was Jeder bestätigen kann, der einmal eine Aufsichtsbeschwerde eingelegt hat und wodurch bewiesen ist, dass im deutschen Staatsdienst ein Korpsgeist und Seilschaftsverständnis des »Eine Krähe hackt der anderen kein Auge aus« herrscht, der anstelle korrekter Behandlung der Bürger steht.

Offensichtlich auf der Grundlage dieses Korpsgeistes verlangte auch das BVerfG trotz des Hinweises des EGMR, dass Untätigkeitsbeschwerden kein wirksames

Rechtsmittel sind, in Deutschland sogar weiterhin die Einlegung von unwirksamen Untätigkeitsbeschwerden. (siehe: BVerfG, 1 BvR 762/07 – Papier, Gaier, Steiner) Tatsächlich war die Untätigkeitsbeschwerde kein wirksames Rechtsmittel. (siehe oben, Sürmeli/Deutschland) Aus der aufgrund der aufklärungsrichtig eingelegten Untätigkeitsbeschwerde ergangenen fachgerichtlichen Entscheidung ergibt sich, dass das BVerfG durch bewusste Falschinformation aktiv weiterverzögert hat, statt menschenrechtskonform für Beschleunigung zu sorgen.

Auch die deutsche Bundesregierung, die sich in Art 1 EMRK dazu verpflichtet hat, dafür zu sorgen, dass alle Konventionsrechte, also auch das Recht auf faire Verfahren in angemessener Zeit ohne Einschränkungen von allen deutschen Behörden und Gerichten gewährt werden, macht es sich entschieden zu leicht, wenn sie kundtut, mit Verfahrensverzögerungen Nichts zu tun zu haben und angemessene Verfahrensdauern nicht gewährleisten zu müssen, weil dies Ländersache sei (BTDrs 16/7655, S 2 Pkt 1) und sie nicht einmal Erkenntnisse über die Ursachen zu langer Verfahrensdauern eingeholt habe. (BTDrs 16/7655, S 2 Pkt 1) Das von der Bundesregierung übernommene behördenübliche »ich weiss Nichts« und »ich bin nicht zuständig« – Abwimmeln wichtiger menschenrechtlicher Fragen steht im krassen Widerspruch zu der in Art 1 EMRK übernommenen Verpflichtung der Bundesregierung, in Deutschland ohne »Wenn und Aber« für menschenrechtskonforme Verhältnisse zu sorgen.

3.2 Ausklammerung der für effektiven Rechtsschutz unabdingbaren behördlichen Vorverfahren

Als sich die Individualbeschwerden wegen der Verletzung des Art 6 EMRK gegen Deutschland beim EGMR häuften, erließ der EGMR ein »Piloturteil« gegen Deutschland. Der EGMR stellte fest, dass die Untätigkeitsbeschwerde und ›weitere Möglichkeiten‹ keinen Rechtsschutz im Sinne des Art 13 EMRK gewährleisten und ordnete an, dass Deutschland deshalb binnen eines Jahres ein der RSpr des EGMR entsprechendes Rechtsmittel zu schaffen habe.

Um »angemessene Verfahrensdauern« scheinbar zu erreichen, wenden die deutschen Gerichte die daraufhin geschaffenen §§ 198 ff GVG so an, dass die Substanz des Art 6 EMRK ausgehöhlt wird. Es werden z.B. die für den Zugang zum Gericht (der Teil des effektiven und damit fairen Rechtsschutzes ist) unabdingbar erforderlichen behördlichen Vorverfahren in die Dauer strittiger Rechtsverhältnisse nicht einbezogen, und es besteht die Tendenz, die Dauer jeder Instanz für sich zu betrachten. Ist also ein Gesamtverfahren überlang, haben aber die einzelnen Instanzen – auch der Untätigkeitsklagen – durch Nichtanwendung der EGMR-Grundsätze jeweils eine Verfahrensdauer, die bei großzügigster Beurteilung gerade noch an der äußersten Grenze der Angemessenheit liegt, so wird stets davon ausgegangen, dass das gesamte rechtliche Begehren in angemessener Zeit erledigt wurde.

Als zur Gewährleistung der Grund- und Menschenrechte – auch des effektiven Rechtsschutzes – in angemessener Zeit verpflichtete »öffentliche Gewalt« sind nicht nur die Gerichte, sondern auch die öffentliche Verwaltung anzusehen. Gem. Art 13 EMRK hat Jeder das Recht bei einer innerstaatlichen Instanz eine wirksame Beschwerde zu erheben. Die EMRK spricht ausdrücklich nicht von »Gerichten«, sondern schließt Behörden in die Pflicht zur Gewährleistung einer wirksamen Beschwerde ein, indem sie von »innerstaatlichen Instanzen« spricht, sich also nicht auf Gerichte beschränkt:

»Jede Person, die in ihren in dieser Konvention anerkannten Rechten und Freiheiten verletzt worden ist, hat das Recht, bei einer innerstaatlichen Instanz eine wirksame Beschwerde zu erheben, auch wenn die Verletzung von Personen begangen worden ist, die in amtlicher Eigenschaft gehandelt haben.« (Art 13 EMRK)

»Wirksam« ist diese bei einer innerstaatlichen Instanz – also auch bei einer Behörde – erhobene Beschwerde nach der stRSpr des EGMR nur, wenn über diese unverzögert entschieden wird oder – wenn die Entscheidung schon verzögert ist oder verzögert wird – damit eine Entschädigung verbunden ist.
Das heißt, dass auch die Behörden das Beschleunigungsgebot einzuhalten verpflichtet sind, wobei ihnen z.B. in § 75 VwGO, § 88 SGG konkrete Fristen für abschließende Bearbeitung von drei bzw. sechs Monaten vom innerstaatlichen Gesetzgeber gesetzt sind. Das heißt weiter, dass dann, wenn die Behörde nicht innerhalb dieser gesetzlich vorgegebenen Fristen von drei bzw. sechs Monaten entscheidet, ohne dies zureichend begründen zu können, eine Verzögerung des rechtlichen Anliegens vorliegt.
Verletzt eine Behörden diese Fristen, dann ist das in Deutschland »eben so« und muss klaglos von den untergeordneten Bürgern hingenommen werden. Es gibt gegen die Verletzung der gesetzlichen Fristen weiterhin keine »wirksame Beschwerde« gem. Art. 13 EMRK; denn die Verletzung der gesetzlich vorgege-

benen Frist von 3 bzw. 6 Monaten kann nicht mehr verhindert werden, weil sie schon geschehen ist und ein Rechtsmittel, das eine Entschädigung für behördliche Fristverletzungen gewährt, ist nicht vorhanden; denn die §§ 198 ff GVG gelten nach deutscher RSpr nur für Gerichte. Mit anderen Worten: Da es weder eine Prophylaxe, noch eine Kompensation gibt, fehlt es an einer Beschwerde, die »wirksam« im Sinne des Art 13 EMRK ist.

Weil behördliche Vorverfahren gesetzlich unabdingbar vorgeschrieben sind (§ 68 VwGO, § 78 SGG) kann bei Verweigerung des behördlichen Verwaltungsverfahrens sowie des Vorverfahrens auch keine Klage eingelegt werden und der Rechtsweg bzw. das Recht auf Zugang zum Gericht gem. Art 19 Abs 4 GG ist so lange blockiert, bis die zwingend vorgehenden behördlichen Verfahren abgeschlossen sind. Damit werden grundrechtliche Garantien verletzt; denn:

Das Grundrecht auf effektiven Rechtsschutz aus Art 19 Abs 4 GG und Art 6 EMRK verlangt abschließende Entscheidungen über geltend gemachte Ansprüche in angemessener Zeit. (so: BVerfG, 1 BvR 2597/05 <12>)

Da eine wirksame Beschwerde gem. Art 13 EMRK wegen überlanger (die gesetzlichen Fristen überschreitender) behördlicher Verfahren, die Voraussetzung für eine Klageerhebung sind, nicht existiert, ist der Zugang zum Gericht versperrt, ohne dass dagegen ein innerstaatliches Rechtsmittel vorhanden ist. »Effektivität« ist jedoch im konventionsrechtlichen Sprachgebrauch keine leere Worthülse, sondern der EGMR versteht »Effektivität« nicht nur im rechtlichen, sondern auch im tatsächlichen Sinne. (EGMR v 4.3.2008, 17949/03 – Wesolowska/Polen. Wenn effektiver Rechtsschutz durch die Verzögerung des Zugangs zum Gericht beeinträchtigt wird, ist zugleich ein faires Verfahren in angemessener Zeit gem. Art 6 EMRK nicht gewährleistet; denn die Fairness des Verfahrens und die Verzögerungslosigkeit durch unbehinderten Zugang zum Gericht sind als Einheit miteinander verbunden. Die Verletzung gesetzlicher Fristen durch Behörden verletzt also die Konventionsgewährleistung des Art 6 EMRK.

3.3 geschäftsmäßiger Missbrauch überlanger Verfahren zur staatlichen Einnahmeerzielung

Sieht man sich die – gemessen an der Zahl der überlangen Verfahren (der Bundesrat spricht von einer halben Million Verfahren, die länger als vier Jahre dauern – 875. Sitzung) – verschwindend kleine Zahl der Verfahren an, in denen deutsche Gerichte seit 2011 (also seit es die §§ 198 ff GVG gibt) Verzögerungen festgestellt haben, kann man den Eindruck haben, dass Deutschland seine noch im Herbst 2010 drängenden Verzögerungsprobleme überraschend schnell – innerhalb eines halben Jahres – gelöst hat oder dass sich die Deutschen mit der Verletzung der Konventionsgarantien abgefunden haben.

Dass Deutschland seine Verfahrensdauerprobleme gelöst hat, ist allerdings eine krasse Fehleinschätzung. Im Herbst 2010 lagen bei deutschen Gerichten hunderttausende Verfahren »auf Halde«, die eine Verfahrensdauer von mehr als vier Jahren hatten, allein in Niedersachsen waren es ca. 50.000 Verfahren, die die Gerichte länger als vier Jahre nicht erledigt hatten. (so: Bundesrat 875. Sitzung) Diese Verfahren haben sich nicht in einem halben Jahr in Luft aufgelöst.

Es ist vielmehr so, dass die meisten Deutschen angesichts der allgemein bekannten Neigung des Staates, Ansprüche »abzuwimmeln« keinerlei Vertrauen in die bloß auf dem
Papier stehende Möglichkeit haben, ihre Konventionsgarantien einzuklagen. Deshalb wurden wegen der ca. 500.000 überlangen Verfahren, die vier Jahre dauerten auch nur eine sich im Promillebereich der Fälle liegende kleine Zahl von Verzögerungsklagen eingelegt.

In diesen Klagen einer verschwindend geringen Anzahl erwies sich die Annahme fast aller Deutschen als richtig, dass der Staat Ansprüche gegen sich auch weiterhin »abwimmelt«: Fast alle berechtigten Klagen wegen überlanger Verfahrensdauer wurden auf Kosten der Kläger abgewiesen und den durch die Verfahrensüberlänge Benachteiligten auch noch die Gerichtskosten dieser missbräuchlich abgewiesenen Verfahren abgeknöpft. Der Staat hat seine eigene Fehlsamkeit überlanger Verfahren zu Geld gemacht und eine neue Einnahmequelle erschlossen. Die Verzögerungen des Rechtsschutzes wurden zum einträglichen Geschäftsmodell umfunktioniert. Mehr nicht. Von angemessenen Verfahrensdauern kann dabei immer noch überhaupt keine Rede sein. Die Gerichte haben lediglich ihr Rechtsprechungsmonopol dazu missbraucht, objektiv überlange Verfahrensdauern in angemessene Verfahrensdauern umzuetikettieren und haben dabei auch noch gierig die Hand aufgehalten. Verfahrensdauergeschädigte wurden doppelt geschädigt: zum einen durch die Überlänge ihrer Verfahren und zum anderen dadurch, dass sie für das Vorenthalten ihrer Grund- und Menschenrechte auch noch Geld (Gerichtskosten) bezahlen mussten, statt eine Entschädigung zu erhalten.

Die Verzögerungen sind umso gewichtiger, wenn auch die Verfahrensdauer bei solchen Behörden betroffen ist, die oft Anträge nicht bearbeiten sondern in Untätigkeitsklagen und in immer wieder in neue Verwaltungs- oder/und Gerichtsverfahren verschieben. Solche die Möglichkeit der Klageeinlegung missbräuchlich verzögernden Verhaltensweisen durch Behörden müssen bei effektiver und wirksamer Gesetzesanwendung in die Verfahrensdauer einbezogen werden; bei bloß theoretischer und scheinbarer Gewährleistung angemessener Verfahrensdauern hingegen nicht. Kann ein rechtliches Anliegen erst dann durch ein Gericht geprüft werden, wenn die behördliche Blockade eines behördlichen Vorverfahrens – z.B. durch eine Untätigkeitsklage – beseitigt worden ist, so dass der Zugang zum Gericht dadurch während der Dauer der Untätigkeitsklage verzögert wurde, dann ist das kein faires Verfahren in angemessener Zeit. Ein solches Verhalten missachtet in eklatanter Weise die staatliche Pflicht, angemessene Verfahrensdauern nicht nur bei Gerichten, sondern auch bei Behörden zu gewährleisten und

»sich mit zunehmender Dauer nachhaltig um eine Beschleunigung des Verfahrens zu bemühen«. (BVerfG, 2 BvR 289/10 <9>)

»Im Rechtsstaat hat jede Behörde die Amtspflicht, Anträge mit der gebotenen Beschleunigung zu bearbeiten und, sobald ihre Prüfung abgeschlossen ist, ungesäumt zu bescheiden. (Senatsurteil BGHZ 30, 19, 26 …MünchKomm / Papier, BGB 4. Aufl. § 839 RN 27, so auch für das Verwaltungsverfahren § 10 Satz 3 VwVfG; siehe ferner § 839 Abs 2 Satz 2 BGB)« aus: BGH U v 11.10.2007, III ZR 302/05 <17>. Dazu spiegelbildlich haben Antragsteller einen Anspruch auf Beachtung dieser Amtspflicht auf unverzögerte Entscheidung, den sie bei korrekt entscheidenden Gerichten durchsetzen können. Das kann theoretisch auch durch eine Untätigkeitsklage geschehen.

»Der durch § 88 abgesicherte Bescheidungsanspruch ist kein Selbstzweck. Vielmehr dient er letztlich dem Schutz des Klägers davor, durch die Untätigkeit der Verwaltung gerade in seinen materiellen Rechten verletzt zu werden. (…) Dabei ist aber zu berücksichtigen, dass die Frage, ob eine Betroffenheit und Verletzung des materiellen Rechts vorliegt, gerade der gerichtlichen Beurteilung unterliegen muss, die die entsprechenden Verwaltungsakte darauf überprüft. Diesen Anspruch sichert die Untätigkeitsklage. Der betroffene Bürger hat daher zunächst einen grundsätzlichen Anspruch auf Bescheiderteilung, um diese gerichtliche Kontrolle zu eröffnen.« (LSG Baden-Württemberg, U v 18.11.2010, L 7 SO 2708/10 <20>)

Die unverzögerte Durchsetzung eines von der Behörde verweigerten Verfahrens mithilfe einer Untätigkeitsklage erfolgt jedoch nach innerdeutscher Praxis nie so, dass die Verzögerung durch Einhaltung der gesetzlichen Fristen unterbleibt; denn das Gericht benötigt selber eine gewisse, die gesetzlichen Fristen aus § 88 SGG noch weiter überschreitende Zeit, um die Behörde zur Tätigkeit zu verurteilen.

Selbst wenn die Behörde zur den Zugang zum Gericht ermöglichenden Bescheidung verurteilt worden ist, ist immer noch nicht sichergestellt, dass die Behörde die Bescheidung, zu der sie verurteilt wurde auch ohne weitere Verzögerungen durchführt. Oft ist es bei solchen Behörden so, dass erneute Untätigkeitsklagen erforderlich werden, die weitere Verzögerungen des Zugangs zum Gericht darstellen. (z.B. SG Hannover, S 35 KA 46/11; S 35 KA 35/13 und etliche andere)
  Manchmal erfolgen die Bescheidungen nicht einmal dann, sondern es müssen noch weitere Verfahren eingeleitet werden, in denen die Androhung von Zwangsgeldern gegen die sich weigernde Behörde beantragt werden müssen. (SG Hannover, S 35 KA 18/13)

Im praktischen Ergebnis sichert eine Untätigkeitsklage also kein Unterlassen der Verzögerung. Des Weiteren nutzen manche Behörden die Möglichkeiten der vorn beschriebenen behördlichen Weiterverzögerungen durch das an die abgeschlossene Untätigkeitsklage anschließende erneute Erforderlichmachen immer neuer Untätigkeitsklagen und/oder weiterverzögernder Zwangsgeldverfahren. Diese behördlichen Verzögerungen des Zugangs zum Gericht bleiben im innerstaatlichen Recht völlig unkompensiert. Es ist – wie dargestellt – nicht möglich, Untätigkeitsklagen so durchzusetzen, dass der Zugang zum Gericht unverzögert gewährleistet oder ohne Rücksicht auf Verschulden kompensiert wird.

Das heißt, es existiert – jedenfalls in den Sachen, in denen ein behördliches Vorverfahren (das wiederum ein vorgelagertes unverzögertes Verwaltungsverfahren erfordert) zwingend vorgeschrieben ist – immer noch keine Möglichkeit einer wirksamen Beschwerde, die den Anforderungen des Art 13 EMRK entspricht, denn Verzögerungsklagen ändern die bezüglich der Verfahrensdauer bestehenden Missstände nicht, sondern sind wegen der Gerichtskostenpflicht lediglich willkommene Einnahmequellen des Staates in den fast durchgängig abgewiesenen Verzögerungsverfahren.

Der Staat kassiert Geld für das Aufrechterhalten seiner eigenen Mängel; er macht sein eigenes Fehlverhalten gegenüber seinen Bürgern noch »zu Geld«. Je länger Deutschland das Konventionsrecht auf faire Verfahren in angemessener Zeit vorenthält, umso abgestumpfter werden die meisten Menschen hinsichtlich der Menschenrechte und umso mehr Geld kassiert Deutschland von den Wenigen, die noch an die Menschenrechte glauben und diese (gem §§ 198 ff GVG) bei deutschen Gerichten einfordern.

Die staatliche Einnahmegier gegenüber denen, die Rechtsschutz gegen überlange Verfahren suchen, ist manchmal so groß, dass Rechtsuchende sogar bewusst übervorteilt werden. So hat die niedersächsische Landesregierung/das Land Niedersachsen in etlichen Verzögerungsverfahren (z.B.: L 15 SF 21/13 EK KA, L 15 SF 22/13 EK KA, L 15 SF 23/13 EK KA, L 15 SF 10/13 EK KA, L 15 SF 9/13 EK KA, L 15 SF 8/13 EK KA, L 15 SF 7/13 EK KA, L 15 SF 6/13 EK KA, L 15 SF 5/13 EK KA, L 15 SF 4/13 EK KA) beim LSG Bremen sogar Aufwendungen geltend gemacht, die in Wirklichkeit gar nicht angefallen, sondern nur vorgetäuscht waren.(siehe: LSG Bremen, L 15 SF 26/17 EK KA v 29.1.2018) Das Vortäuschen von Aufwendungen, die in Wahrheit gar nicht aufgewendet wurden und das Verlangen von Forderungen, von denen der sie geltend Machende weiß, dass sie in Wahrheit gar nicht bestehen, nennt man umgangssprachlich »Betrug«. Ein Bürger, der bewusst eine in Wahrheit nicht bestehende Forderung gerichtlich geltend macht, muss mit einer Anklage wegen Betruges gem. § 266 StGB rechnen. Dieses umgangssprachlich als »Betrug« zu benennende Übervorteilungsverhalten ist von einer im Auftrage der niedersächsischen Landesregierung handelnden niedersächsischen Behörde verwirklicht worden, von der man eigentlich äußerste Korrektheit jenseits strafrechtlich fragwürdiger Übervorteilungsmethoden erwarten sollte: von der Generalstaatsanwaltschaft Celle, die das Land Niedersachsen in Verzögerungssachen vertritt. Man kann sich über die von der GStA Celle gezeigte Gier, sich rechtswidrig Einnahmen zu verschaffen, nur wundern. Eine strafrechtliche Aufarbeitung ihrer eigenen windigen Übervorteilungsmasche hat bei dieser Strafverfolgungsbehörde natürlich nicht stattgefunden; denn es gilt ja die Seilschaftsregel: »Eine Krähe hackt der anderen kein Auge aus«.

Man darf wohl annehmen, dass solche Beamte in ihrem Beruf verkehrt sind; denn Beamte haben nicht die Pflicht, Gesuchstellern nach Kräften die Taschen leer zu machen, sondern sie

»belehrend aufzuklären oder in anderer Weise helfend tätig zu werden …Diese … Pflicht ergibt sich aus dem Grundsatz, dass der Beamte nicht zum Vollstrecker staatlichen Willens, nicht zum Diener des Staates, sondern …›Helfer des Bürgers‹ sein soll.« (BGH, U v 5.5.1994, III ZR 78/93, NJW 1994, 2415, 2417 mwN)« BGH, U v 9.10.2003, III ZR 414/02 <23>

3.4 menschenrechtliches Verständnis des Rechtsschutzbedürfnisses

Während sich das Rechtsschutzbedürfnis nach den bei deutschen Gerichten bestehenden Vorstellungen im Allgemeinen mit dem Ende des Verfahrens erledigt, trifft dies gem. Art 6 EMRK auf Verfahren, in denen gem. § 198 GVG die Verzögerung gerügt wurde, grundsätzlich hinsichtlich des eine überlange Verfahrensdauer betreffenden Rechtsschutzbedürfnisses nicht ohne Weiteres zu. Zwar ist das BVerfG der Auffassung, dass das Rechtsschutzbedürfnis nur fortbestehe, wenn der Grundrechtseingriff besonders schwer wiegt, wenn die gegenstandslos gewordene Maßnahme den Beschwerdeführer weiter beeinträchtigt oder wenn die Gefahr einer Wiederholung des Grundrechtseingriffs besteht (BVerfG, 1 BvR 2965/10 <13>).

Die RSpr des EGMR lässt solche Einschränkungen wegen der zwischenzeitlichen Erledigung der Sache aber nicht erkennen. Nach der RSpr des EGMR bleibt eine Verfahrensverzögerung immer eine zu beachtende Schädigung, auch wenn das Verfahren inzwischen abgeschlossen ist. Ist eine Verzögerung des Verfahrens nicht verhindert worden (Prophylaxe), so sind nach endgültigem Abschluss des Verfahrens in jedem Fall als zu unterstellende immaterielle Schäden irreversibel eingetreten (widerlegbare Vermutung) und daher auszugleichen (Kompensation), um eine menschenrechtskonforme Situation herzustellen. Das menschenrechtliche Rechtsschutzbedürfnis verlangt, dass entweder Verzögerungen – bevor sie einen Schaden angerichtet haben – umgehend abgestellt werden (Prophylaxe) oder – wenn das nicht geschehen ist und die Verzögerung verwirklicht wurde – eine den Verzögerungsschaden ausgleichende Entschädigung erfolgt (Kompensation).

Gerade in Verfahren des Rechtsschutzes, in denen der primärrechtliche Rechtsschutz über alle Instanzen, sogar des behördlichen Vorverfahrens erschöpft sein muss, ehe der sekundäre Entschädigungsrechtsschutz zulässig wird, werden häufig angemessene Fristen nicht eingehalten. Manche Behörden tragen durch Untätigkeit gezielt zu Verzögerungen bei, um Rechtsuchende zu »ermüden« und »weichzukochen«. Die Bemühungen Betroffener um eine Entscheidung über strittige Rechtsverhältnisse werden dann u.U. jahrzehntelang in die Länge gezogen.

Auf diese Weise entstehen regelmäßig unverhältnismäßige Belastungen des Privatlebens (Einschränkung von Gestaltungsmöglichkeiten des Lebens pp.) und der Gesundheit (Dauerstress pp.) Betroffener, welche Art 6 EMRK grundsätzlich als immateriellen Schaden ansieht. Das heißt: für jedes unangemessen lange dauernde Verfahren unterstellt der EGMR regelmäßig einen immateriellen Schaden, für den grundsätzlich eine Zahlung an den Betroffenen geleistet werden muss. Ein vom Staat zu führender voller Beweis, dass kein immaterieller Schaden eingetreten ist, ist zwar zulässig, wird aber vom Staat praktisch nicht zu führen sein.

In allen mir bekannten derartigen Verzögerungsurteilen beschränken sich die den Willen Deutschlands zum »Abwimmeln« von Ansprüchen verwirklichenden Gerichte auf die bloße Behauptung, dass ein Schaden nicht eingetreten sei. Der konventionserforderliche Vollbeweis ist noch nie geführt worden.

Das Rechtsschutzinteresse am Ausgleich solcher erlittenen immateriellen Schäden hat sich nicht mit dem Abschluss eines Verfahrens erledigt, ebenso wenig wie ein Schmerzensgeld nicht mehr verlangt werden kann, weil die Verletzung des Opfers einer Gewalttat verheilt ist.

Durch eine überlange Verfahrensdauer können aber auch materielle Schäden entstehen. So können z.B. die Gerichts- und Anwaltskosten durch eine zwischenzeitliche Änderung der Kosten- und Gebührenordnungen erhöht worden sein. Das sind dann materielle Verzögerungsschäden, die der für die Verzögerung verantwortliche Staat dem Betroffenen unabhängig von dessen Obsiegen oder Verlieren des Prozesses ersetzen muss. Des Weiteren verschlechtert sich im Laufe extrem langer Verfahren naturgemäß die Beweislage: Urkunden gehen verloren, die Erinnerung verblasst, Zeugen sind unerreichbar ins Ausland umgezogen oder verstorben. Nicht selten versuchen Behörden dies missbräuchlich für sich auszunutzen. Sie verlangen dann – in der Gewissheit , dabei von behördenwillfährigen Gerichten der SGb (z.B. LSG Nds, L 3 KA 106/16 – Pilz, Dr. Blöcher, Hörner) unterstützt zu werden – nach Jahrzehnten Unterlagen, von denen anzunehmen ist, dass sie üblicherweise wegen des Überschreitens der Aufbewahrungsfristen nicht mehr vorliegen und mit deren Verlangen außerdem ein rechtschaffener Betroffener nicht rechnen musste, weil die verlangten Unterlagen nicht nur nicht mehr vorliegen, sondern auch mit der Sache gar Nichts zu tun haben. Hierdurch eintretende Schäden sind ebenfalls materielle Verzögerungsschäden, die der Staat dem Betroffenen ersetzen muss. Auch das Rechtsschutzinteresse an einem Ausgleich materieller Schäden ist nicht mit dem Abschluss eines Verfahrens erloschen. Die Schäden bestehen weiter. Sie müssen ausgeglichen werden – egal ob das Verfahren in der Hauptsache erledigt und wie es ausgegangen ist.

In der Sache König/Deutschland ist der EGMR bereits vor einem halben Jahrhundert einen Weg gegangen, der nach deutschem Recht wegen fehlender Beweisbarkeit nicht möglich gewesen wäre und (im Sinne deutschlandüblichen »Abwimmelns«) zur Abweisung einer Entschädigungsklage geführt hätte. Der EGMR hat angenommen, dass durch die lange Verfahrensdauer berufliche Chancen entgangen sind, weil sich Dr. König wegen des jahrelangen gerichtlichen Befassen Müssens mit seinen Ansprüchen einer anderweitigen beruflichen Tätigkeit nicht habe zuwenden können. Weil über einen konkreten Schaden nur spekuliert werden konnte und ein solcher nicht mehr bezifferbar war, hat der EGMR den Schaden kurzerhand vermutend geschätzt und eine Entschädigung von damals 40.000 DM (30TDM + 10 TDM) festgesetzt, die Deutschland an Dr. König bezahlen musste. Heute, nach ca. 50 Jahren wäre das an die inflationsbedingt angepassten Verhältnisse ein Vielfaches dieses Betrages in Euro.

Nachdem der EGMR der Bundesrepublik Deutschland mit dem Piloturteil Rumpf aufgegeben hat, eine innerstaatliche Regelung zu schaffen, die Art 6 EMRK entspricht, sind die §§ 198 ff GVG in Kraft getreten, die sich an Art 6 EMRK als Mindeststandard orientieren und nicht unterschritten werden dürfen. In § 198 GVG ist eine materielle Entschädigung von 100 Euro für jeden verzögerten Monat vorgesehen. Daneben müssen den Betroffenen materielle Schäden durch den Staat ersetzt werden. Ansprüche aus § 198 GVG bestehen neben anderen Ansprüchen – z.B. aus § 839 BGB, oder aus anderen Vorschriften.

Der Staat hat kompensatorischen Rechtsschutz unabhängig davon zu gewährleisten, wer den immateriellen oder materiellen Schaden verursacht hat und welche Gründe dafür maßgebend waren.

Manche Richter kennen die Reichweite des Rechtsschutzes der §§ 198 ff GVG und die Regelung des § 839 BGB nicht oder geben vor, diese Normen nicht zu kennen. Sie behaupten, dass Verzögerungsschäden nur gem. § 839 BGB geltend gemacht werden können und auch nur, wenn eine Straftat vorliegt. (z.B.

LSG Nds v 30.5.2018, L 3431/01 – 002/18 – Dr. Castendiek) Das ist eine für einen promovierten Juristen am höchsten Fachgericht eines Landes erstaunliche Unkenntnis, die offensichtlich falsch ist und Betroffene (im Sinne des »Abwimmel-Bemühens«) in die Irre führt, so dass deren Ansprüche durch Täuschung unterlaufen werden.

Richtig ist – wie oben dargestellt – dass die §§ 198 GVG neben § 839 BGB anwendbar sind und die Verzögerung keinesfalls auf einer Straftat beruhen, und nicht einmal auf einer Pflichtwidrigkeit beruhen muss.

»Für die Frage, ob die Verfahrensdauer angemessen ist, kommt es nicht darauf an, ob der zuständige Spruchkörper sich pflichtwidrig verhalten hat.« (BTDrs 17/3802, S 19 Sp 1 oben)

Die Anwendung der Art 6 EMRK und des §§ 198 GVG erfordern also nicht, dass die Verzögerung auf Pflichtwidrigkeit beruht. Das ist aber nach deutschem Recht sowieso regelmäßig der Fall; denn die unverzögerte Bearbeitung, d.h. die Bearbeitung innerhalb einer »angemessenen Frist« ist eine Amtspflicht, so dass jede Überschreitung einer angemessenen Frist per se immer eine Amtspflichtwidrigkeit darstellt.

Darüber hinaus legt § 839 Abs 2 S 2 BGB abweichend von der üblichen Amtshaftung ausdrücklich fest, dass die Verweigerung oder Verzögerung des Amtes nicht auf einer Straftat beruhen muss.

3.5 Ignorieren des Rechtsschutzes

Da der EGMR sich umso rascher mit konventionswidrigen Zuständen befasst, je mehr Individualbeschwerden dazu bei ihm dazu eingehen, wäre es wünschenswert, dass möglichst viele der in Deutschland von Verzögerungen zigtausendfach Betroffenen sich dazu entschließen, nach Durchschreiten des innerstaatlichen Rechtsweges Individualbeschwerden beim EGMR einzulegen, um die immer noch bestehenden gegenwärtigen Missstände in Deutschland zu beenden.

Nach dem Prinzip des »das haben wir schon immer so gemacht« gewöhnen sich Flachdenker und viele staatliche Einrichtungen an Nichts so schnell, wie an die bei ihnen eingerissenen Missstände, deren Beseitigung nur die Bequemlichkeit stören würde.

Deutscher Spitzenreiter beim Missachten angemessener Verfahrensdauern ist mit weitem Abstand das LSG Nds- Bremen, dem der EGMR an nur einem einzigen Tage, dem 16. 12.2010 gleich 11 (elf!) Verletzungen des Rechts auf angemessene Verfahrensdauern bescheinigt hat, wovon allein 10 (zehn!) dieser Konventionsverletzungen auf einen einzigen Senat, den 3. Senat des LSG (Richter: Pilz, Wolf, Weddig) entfielen.

Zwar fließt aus der Garantie des effektiven Rechtsschutzes

»die Pflicht der Gerichte zu zeitgerechtem Rechtsschutz, d.h., die ›strittigen Rechtsverhältnisse sind in angemessener Zeit zu klären.‹« (BVerfG, 1 BvR 232/11)

Das ist jedoch in Deutschland nicht selten eine bloß theoretische Forderung, die mit der praktischen Wirklichkeit überhaupt Nichts zu tun hat und die das BVerfG selber nicht ernstnimmt. Offensichtlich wegen des behördlichen Grundsatzes »Eine Krähe hackt der anderen kein Auge aus« hat es den Anschein, dass sich das BVerfG Behörden stärker verbunden fühlt, als den ihre Grundrechte in Anspruch nehmenden Bürgern. Darauf deutet die Tatsache hin, dass das BVerfG nach meinen Erfahrungen nahezu überhaupt keine der zahlreichen Verfassungsbeschwerden zur Entscheidung annimmt und wenn doch, die Grundrechte »abzuwimmeln« versucht. So hat das BVerfG z.B. in der Sache 1 BvR 762/07 – Papier, Steiner, Gaier – dargestellt, es müsse erst eine in Wahrheit unzulässige Untätigkeitsbeschwerde eingereicht werden, offensichtlich, um das untätige Gericht vor einer Feststellung des Grundrechtsverstoßes zu schützen.

Diese allgemein bekannte Praxis des BVerfG zeigt nicht nur, dass das BVerfG sich selber nicht ernstnimmt – wieso sollten das also andere tun – und fördert nicht gerade die richterliche Bereitschaft, Grundrechte zu beachten. Allerdings nimmt diese Bereitschaft auch in der Öffentlichkeit ab.

Das durch die Duldung des BVerfG flankierte abnehmende Interesse der Gerichte an den Menschenrechten zeigt sich daran, dass sekundärrechtliche Ausgleichsverfahren aufgrund von Zurückverweisungen an eine untätige Behörde nach 18, 19 oder 20 Jahren immer noch seelenruhig in der ersten Instanz liegen (z.B. SG Hannover, S 35 KA 53/15; S 35 KA 34/11; S 35 KA 32/11; S 35 KA 46/11 u.a.). Die Gerichte wissen, dass das BVerfG sie »nicht beißt« und ihnen »nichts tut«.

Es ist Allgemeinwissen, dass die Verfahrensdauern der Sozialgerichtsbarkeit – besonders in bestimmten Bundesländern – seit Jahren überlang sind, und die davon Kenntnis besitzenden betroffenen Landesregierungen dieser Bundesländer trotzdem zum Schaden der Bürger keine Personalaufstockungen vornehmen. Wozu auch – das BVerfG schützt sie ja.

Das Maß der Überlastungen ist dabei recht unterschiedlich; auffallend ist, dass sich manche Bundesländer – wie z.B. das Bundesland Niedersachsen – offensichtlich besonders wenig Mühe geben, angemessene Verfahrensdauern einzuhalten und ihre Pflicht zur Gewährleistung angemessener Verfahrensdauern in besonders grober Weise schleifen lassen. Dabei sind manche Gerichte, bei denen die Verfahren jahrelang »schmoren« (z.B. am SG Hannover – Möhwald) noch nicht einmal überlastet und haben auch keine Überlastung angezeigt. In der Bundestagsdrucksache BTDrs 18/ 2950 ist auf S 25 dargestellt, dass die Sozialgerichtsbarkeit in Niedersachsen von allen siebzehn Bundesländern unangefochtener Spitzenreiter bei der Anzahl der Verzögerungsklagen gem. § 198 GVG ist, was ein Zeichen unverhältnismäßig großer Organisationsmängel hinsichtlich der Gewährleistung angemessener Verfahrensdauern ist.

Auch die EGMR – Entscheidungen bestätigen dies: Nachdem der EGMR die Bundesregierung auf den fehlenden Rechtsschutz gegenüber überlangen Gerichtsverfahren hingewiesen und aufgefordert hatte, dies abzustellen, musste der EGMR am 16.12.2010 erneut feststellen, dass die nds SGb schon wieder die Rechte Betroffener auf angemessene Verfahrensdauern in weiteren 11 Fällen (LSG Nds-Bremen, Richter: Pilz, Wolf, Weddig) verletzt hatte.

Es folgt »aus der Feststellung einer Konventionsverletzung zunächst, dass die Vertragspartei nicht mehr die Ansicht vertreten kann, ihr Handeln sei konventionskonform gewesen. Die Entscheidung verpflichtet die betroffene Vertragspartei ferner dazu, den ohne die Konventionsverletzung bestehenden Zustand nach Möglichkeit wieder herzustellen. Dauert die festgestellte Verletzung noch an, … so ist die Vertragspartei verpflichtet, diesen Zustand zu beenden« (BVerfG, 2 BvR 1481/04 <41> u.a.)

Von einer Einhaltung dieser Konventionspflicht kann – wie gesagt – in manchen Bundesländern (Niedersachsen) aber trotzdem nicht einmal ansatzweise die Rede sein. So hat der EGMR beispielsweise bereits 2010 festgestellt, dass die Sache L 3 KA 82/07 verzögert war (EGMR 27529/09) ebenso die Sache L 3 KA 148/06 und etliche andere Verfahren. Die Sache L 3 KA 82/07 wurde erst neun Jahre später unter anderem Aktenzeichen abgeschlossen, die Sache L 3 KA 148/06 unter anderem Aktenzeichen nach zehn Jahren. Die anderen Rechtsanliegen sind zehn Jahre später unter anderen Aktenzeichen mit neueren Jahreszahlen als Verfahren des sekundären Rechtsschutzes immer noch rechtshängig.

In den der o.g. Bundestagsdrucksache zugrundeliegenden Zeiträumen der Jahre 2012 und 2013 wurden von den niedersächsischen Bürgern überdurchschnittlich viele Klagen wegen verzögerter Sozialgerichtsverfahren eingelegt. Das ist kein Wunder; denn noch mit Schr v 9.5.2007 hat der Nds Just Min dem BVerfG auf dessen Frage nach der Belastung einer konkreten Kammer des SG Hannover mitgeteilt, dass bei dieser Kammer ein »Bestand von 530 Klagen und Verfahren des einstweiligen Rechtsschutzes« herumliegt (1004 I – 2005,1958; 1 BvR 762/07) – was dann aber weder den Just Min, noch das BVerfG störte.

Gemessen an der Einwohnerzahl Niedersachsens von 7,7 Mio. im Verhältnis zum Bund von 81,1 Mio. hätten – wenn in Niedersachsen bundesdurchschnittliche Verhältnisse herrschen würden – 9,49% aller in Deutschland eingelegten Verzögerungsklagen auf die niedersächsische Sozialgerichtsbarkeit entfallen dürfen. Tatsächlich ist die Zahl der wegen der Verfahrensdauern an den niedersächsischen Sozialgerichten eingereichten Verzögerungsklagen weit höher. 2012 waren mehr als dreimal so viele Bürger mit den Zuständen bei der niedersächsischen Sozialgerichtsbarkeit unzufrieden wie im übrigen Bundesgebiet und haben deshalb mit 26,4% dreimal so viele (58 von 220 – BTDrs 18/2950, S 25) Verzögerungsklagen eingelegt, wie dies bundesdurchschnittlich der Fall war. Mehr als ein Viertel aller deutschen Verzögerungsklagen entfielen allein auf das Land Niedersachsen. 2013 haben mit 17,6% mehr als doppelt so viele Bürger Klagen wegen der Verfahrensdauern an den niedersächsischen Sozialgerichten eingelegt (93 von 523 – BTDrs 18/2950, S 25) wie im Bundesdurchschnitt. Immer noch fast ein Fünftel aller deutschen Verzögerungsklagen entfielen auf ein einziges Bundesland: auf Niedersachsen.

Das Verständnis darüber, was »angemessene« Verfahrensdauern sind, hat sich in Niedersachsen seit dem Jahre 2002 ins Absurde verschoben. Das Erstaunliche daran ist, dass den Verantwortlichen in Niedersachsen bereits seit mindestens 2005 auch genauestens bekannt ist, dass die sozialgerichtlichen Verfahrensdauern extrem lang waren und bei manchen Kammern mehr als 500 Verfahren unerledigt vor sich hergeschoben wurden. (BVerfG, 1 BvR 762/07, Stellungnahme Nds Just Min, 1004 I – 205. 1958 gegenüber dem BVerfG) Bezogen auf die 2002 und 2003 beim SG rechtshängigen Verfahren erklärte das Land Nds zwei Jahre später noch, dass diese damals »nur« zwei Jahre dauernden Verfahren »eine lange Dauer« haben, die »Sorgen bereite; man werde aber Nichts ändern. (Nds Just Min v 22.2.2005, 3230 SG Hannover – 104.2/04) Das Geld (die angebliche

»Konsolidierung des Haushalts«) sei wichtiger als die Belange der Bürger. Die Äußerung, über die Verfahrensdauern besorgt zu sein, hilft einem Missstand zwar nicht ab, hat also keine Wirkung, kostet aber auch Nichts. Damit hat das Land Niedersachsen zum Ausdruck gebracht, ausgerechnet auf Kosten Rechtsuchender im Sozialrecht (also der zumeist schwächsten und sich daher am Wenigsten zur Wehr setzen könnenden Bevölkerungsgruppe) zu sparen und den Konventionsgrundsatz aus Art 6 EMRK in der Auslegung des EGMR nicht berücksichtigen zu wollen, wonach Haushaltserwägungen und organisatorische Schwierigkeiten nicht zur Verletzung der Konventionsgewährleistung angemessener Verfahrensdauern berechtigen. Das gezeigte Verhalten des Landes ist konventionswidrig; denn: Haushaltsgründe rechtfertigen keine Konventionsverletzungen. (EGMR Große Kammer v 29.3.2006, 36813/97, §§ 127, 130, 132 – Scordino/Italien) Die Kundgabe, dem bekannten Organisationsmangel von Verfahrensdauern, die dem Land Nds »Sorgen bereite« nicht abhelfen zu wollen, ist schlicht und einfach die Bekundung, die Verfassungsgarantien und das Völkervertragsrecht brechen und die in der EMRK garantierten Menschenrechte nicht beachten zu wollen; denn

»der Staat hat …seine Gerichte so auszustatten, dass sie die anstehenden Verfahren ohne vermeidbare Verzögerung abschließen können. Es ist seine Aufgabe, im Rahmen des Zumutbaren alle Maßnahmen zu treffen, die geeignet und nötig sind, einer Überlastung der Gerichte vorzubeugen und ihr dort, wo sie eintritt, rechtzeitig abzuhelfen.« (BGH, Urteil v 11.1.2007, III ZR 302/05 <20>)

Dabei musste Jeder als Selbstverständlichkeit wissen, was der Bundesrat dem LSG Nds – Bremen ins Stammbuch geschrieben hat; dass nämlich das Beibehalten einer Organisationsweise, bei der Verzögerungen nicht abgeholfen wird, verfassungswidrig ist.

»Die Überlastung eines Gerichts fällt – anders als unvorhersehbare Zufälle oder schicksalhafte Ereignisse – in den Verantwortungsbereich der staatlich verfassten Gemeinschaft. Es obliegt in ihrem Zuständigkeitsbereich den Ländern, für eine hinreichende materielle und personelle Ausstattung der Gerichte zu sorgen, damit diese ihrem Rechtsprechungsauftrag in einer Weise nachkommen können, die den Anforderungen des Art 19 Abs 4 GG genügt. (…) Die Länder müssen dabei gegebenenfalls auch auf längere Arbeitsunfähigkeiten beim richterlichen Personal durch geeignete Maßnahmen reagieren.« (Bundesrat v 15.10.2010, 875. Sitzung, S 577)

Die gem. Art 25 Abs 2 GG im Normenrange über dem deutschen Recht stehende allgemeine völkerrechtliche Pflicht des IPbürg der Vereinten Nationen, Verfahren in billiger Weise durchzuführen, wozu auch das Einhalten einer angemessenen Dauer bis zur endgültigen Entscheidung einer strittigen Sache gehört sowie die konventionsrechtliche als auch die verfassungsrechtliche Pflicht des Staates, strittige Rechtsverhältnisse in angemessener Zeit zu klären« (BVerfG, 1 BvR 661/00 <11>) war lange Zeit bekannt, bevor das Land Nds in indifferenter Weise kundtat, trotz seiner »Sorge« keine organisatorischen Abhilfen zu veranlassen, die zu kürzeren Gerichtsverfahren führten. Das Land Nds wusste also, dass es gegen allgemeines Völkerrecht und gegen seine Verfassungs- und Konventionspflichten handelte. Es wurden und werden in Niedersachsen folglich bewusst verfassungs- und konventionswidrige Zustände gepflegt statt behoben.

In den folgenden Jahren ist das Schleifenlassen des Grund- und Menschenrechts der Bürger auf angemessene Verfahrensdauern nicht nur in Niedersachsen sogar zur konventionswidrigen Normalität geworden. So ist im Bundesrat davon berichtet worden, dass die Anzahl der unerledigten Sozialgerichtsverfahren in Deutschland im Jahre 2010 bereits nach wenigen Jahren auf 400.000 bis 500.000 angewachsen sei, davon allein in Niedersachsen auf 50.000 Verfahren.

»Hier liegen in Niedersachsen 50.000 Prozesse ›auf Halde‹ ...wobei die durchschnittliche Verfahrensdauer vier Jahre beträgt.« (Nds Just min im Bundesrat v 15.10.2010, 875. Sitzung, S 577)

Mit einer durchschnittlichen Verfahrensdauer von 4 Jahren lag Niedersachsen nach eigener Darstellung auch erheblich über der sozialgerichtlichen Durchschnittsdauer anderer Bundesländer, in denen 82,59% der Sozialgerichtsverfahren in weniger als 2 Jahren erledigt waren. (Land Nds v 4.5.2012, 2 Fis 24/ 12, S 8 zu LSG Nds L 18 SF 14/12 EK KA)

Dem Europarat und dem Europäischen Gerichtshof für Menschenrechte hatte die Bundesregierung etwas völlig anderes mitgeteilt; nämlich dass die normalen Verfahrensdauern seit Jahren auf einem niedrigen Niveau rangieren und bei den Amtsgerichten weniger als 5 Monate sowie bei den Sozialgerichten 14 Monate dauere. Die längere Dauer der Sozialgerichtsverfahren rühre daher, dass in vielen Fällen wegen der hohen Komplexität externe Sachverständige eingeschaltet seien:

»The average duration of proceedings in Germany has been at a constantly low level for several years. For instance, civil court proceedings before the Local Courts take an average of fewer than five month. (…) Average length of proceedings in month – Social courts 14.0 (2011) ….The longer proceedings before the social courts are a consequence of the large number of highly complex cases in which the expertise of external experts is required.« (Resolution CM/ ResDH(2013)244 – 3. General measures – e) statistics)

Ein verständiger Mensch hätte aus seiner eigenen Kundgabe und der sich aus der Mitteilung der Bundesregierung an den Europarat und den EGMR ergebenden Tatsache, dass die nds Verfahrensdauern auch im Vergleich zu anderen Bundesländern viel zu lang waren, die Schlussfolgerung gezogen, dass die Missstände durch organisatorische Maßnahmen behoben werden müssen. Nicht so jedoch der Nds Justizminister, der praktisch darlegte, man müsse nicht die Grund- und Menschenrechte auf angemessene Verfahrensdauern gewährleisten, sondern könne ja einfach die an die den Menschen zu gewährenden Verfassungs- und Konventionsrechte anzulegenden Maßstäbe »großzügiger« auslegen, indem man nicht alle 50.000 Verfahren mit einer Durchschnittsdauer von 4 Jahren als verzögert ansieht, sondern nur ein paar davon, die als »Ausreisserfälle« noch wesentlich länger dauern.

»Ich wäre Ihnen dankbar, wenn man das Gesetz so dimensionierte, dass nur die Ausreisserverfahren erfasst werden, nicht etwa ein Massengeschäft produziert wird …« Nds Just Min im Bundesrat a.a.O.)

Aus den vorgenannten Zahlen ergibt sich, dass die eine Durchschnittsdauer von 4 Jahren aufweisenden 50.000 niedersächsischen Fälle »Ausreisserverfahren« waren, die zu entschädigen gewesen wären. Stattdessen ist in Niedersachsen von vornehrein angestrebt worden, das Recht auf angemessene Verfahrensdauern – zu dessen Einhaltung der EGMR die deutsche Regierung im Piloturteil Rumpf verpflichtet hat – zu unterlaufen.

Die Nds Justizbehörden und das LSG Nds haben diesen deutlichen Hinweis ihres Ministers zum Unterlaufen einer wirksamen Beschwerde gegen überlange Verfahren auch sehr gut verstanden und befolgten ihn umgehend gehorsam. In kaum einem der darauf folgenden mir bekannten Verzögerungsverfahren beim LSG Nds wurde eine Verzögerung festgestellt. Fast alle diese Verfahren wurden – bis auf wenige »Alibi-Fälle« – auf Kosten der Kläger abgewiesen, statt die Missstände einzugestehen und zu beheben. Wo das LSG Nds keine Missstände feststellt, müssen auch keine behoben werden. Die Verzögerungen werden de facto weitergeschleppt – so als wenn alles in Ordnung wäre, was aber gerade nicht der Fall ist. So gesehen vermittelt der 10. Senat des LSG Nds, dadurch, dass er fast alle Verzögerungsklagen abgewiesen hat – etliche davon auch mithilfe von Manipulationen wie dem dargestellten »Verschwindenlassen« oder dem Dulden des »Verschwindenlassens« von Urkunden- der Landesregierung den falschen Eindruck, die Verfahrensdauern seien im Wesentlichen angemessen. Dieser Eindruck ist aber angesichts der vom Nds Justizminister im Bundesrat genannten in Niedersachsen »auf Halde« liegenden 50.000 Verfahren mit einer Dauer von vier Jahren grob falsch. Das LSG hat damit eine erhebliche Mitverantwortung an den fatalerweise weiterbestehenden Missständen bei der Dauer der Gerichtsverfahren in der niedersächsischen Sozialgerichtsbarkeit. Wenn – wie das LSG suggeriert – keine Verzögerungen bestehen, bedarf es auch keiner organisatorischen Maßnahmen, wie z.B. Personalaufstockungen durch weitere Richter.

Das hörige LSG Nds orientiert sich brav und ergeben an den Gebot seines früheren Ministers, im Bereich der durchschnittlich 4 Jahre »auf Halde« liegenden 50.000 Verfahren nur »Ausreisserfälle« – also die Fälle, die noch weit länger dauern, als »verzögert« anzuerkennen – und erkannte folglich m.W. fast keinen einzigen Verzögerungsfall an. Teilweise prüfte das LSG Nds nicht einmal die Begründetheit von Verzögerungsklagen, sondern bestritt von vorneherein, dass Verzögerungsklagen überhaupt zulässig seien. Das ging dann aber selbst dem m.E. nicht gerade bürger – sondern eher behördenfreundlichen und den Grundsatz der Unterordnung der Bürger unter den Staat präferierenden BSG zu weit ging, so dass das BSG dann diese Urteile kassierte. (so z.B. zehn an einem einzigen Tage vom BSG aufgehobene Urteile des LSG Nds – BSG, B 10 ÜG 9/13 B u.a.)

Nachdem die niedersächsische Landesregierung 2002 und 2003 noch davon ausging, dass 2 – 3 jährige Verfahrensdauern »besorgniserregend« seien – geht das Land Niedersachsen inzwischen davon aus, dass 3 Jahre eine angemessene Instanzendauer sind (z.B.: Land Nds v 4.5.2012 in LSG, L 18 SF 14/12 EK KA). Dieser – immer noch grundsätzlich falschen, weil konventionswidrigen – Auffassung hat sich auch das LSG Nds angeschlossen, das eine Dauer von weniger als 3 Jahren als »sofortiges Befassen« mit einem Verfahren versteht, das Niemand verlangen dürfe. (so: LSG Nds v 17.4.2015, S 1 zu L 3434 – 5404/15) Auch eine Verfahrensdauer von 5 Jahren ist nach dem auf der ministeriellen Weisung, nur

»Ausreisserfälle« anzuerkennen beruhenden Verfahrensdauerverständnis des LSG nicht zu lang:

»Die Gesamtverfahrensdauer umfasste noch nicht einmal 5 Jahre, was nicht unangemessen ist« (LSG Nds, L 10 SF 11/12, S 13)

Auch ähnliche konventionswidrig lange Verfahrensdauern wurden von der innerstaatlichen Gerichtsbarkeit als »angemessen« heruntergespielt; so z.B.

»keine vier Jahre« (LSG Nds, L 10 SF 2/12 EKKA; BSG, B10 ÜG 15/14 B; BVerfG, 1 BvR 303/15)

oder:

»nur 3 Jahre und 4 Monate«. (LSG Nds, L 10 SF 14/12 EK KA; BVerfG, 1 BvR 71/15)

Würde die deutsche Wirtschaft so ineffektiv und schleppend langsam arbeiten, würden die Firmen »an die Wand gefahren« und wären pleite. Dabei trifft das oft gebrauchte Argument, dass gute Entscheidungen lange dauern müssen (»gut Ding will Weile haben«) keinesfalls auf Entscheidungen etlicher Gerichte zu. Gerade von den langsam arbeitenden Gerichten erhält man teilweise völlig wirre Entscheidungen z.B. dass das Urteil ein gar nicht rechtshängiges Verfahren betreffe (SG Hannover S 35 KA 1/16 – Möhwald), dass eine Untätigkeitsklage nur die Kosten beträfe (S 35 KA 3/16 – Möhwald), dass Eigentumsschäden durch Vergütungserhöhungen ausgleichbar seien (S 35 KA 2/16; S 35 KA 40/17 u.a. – Möhwald), dass ein Streitwert für die Zeit nach dem Urteil festzusetzen sei (S 35 KA 46/11 – Möhwald) und anderen Unsinn (»möhwaldsche Denkfehler«), die keinerlei Verfahrensdauer benötigen. Solchen Unsinn kann man »aus dem Stand« heraus behaupten. Normale Menschen, die hierfür irgendeine eine »Bearbeitungs- oder Bedenkzeit« benötigen, gibt es nicht.

Wenn es eines Beweises bedurfte, dass die Urteilsqualität und die Verfahrensdauer Nichts miteinander zu tun haben, wird das durch solche Urteile – von denen es an langsam arbeitenden Gerichten eine Vielzahl gibt – bewiesen.

Dementsprechend überzeugen auch die keinerlei Entscheidungsqualität enthaltenden, sondern die Pomadigkeit von Richtern spiegelnden Urteile z.B. des LSG

Nds, die sich mit angemessenen Verfahrensdauern befassen, die Bürger offensichtlich nicht: Von den 32 bundesweit eingelegten Nichtzulassungsbeschwerden gegen Verzögerungsurteile entfielen allein 21 auf das LSG Nds (BTDrs 18/2950, S 28). Das sind sage und schreiben 65%. Zwei Drittel aller deutschen Urteile entfielen auf den 10. Senats des LSG Nds (Dr. König, S. Klein, Frankhäuser) und haben danach ihre Aufgabe nicht erfüllt, Rechtsfrieden zu stiften, sondern haben – wie man an den tatsächlichen Zuständen sehen kann, nicht unberechtigt – Zweifel an der Übereinstimmung der Rechtsprechung des LSG Nds mit den konventionsrechtlichen Vorgaben geweckt.

Von diesen 32 Nichtzulassungsbeschwerden war über 15 noch nicht entschieden (BTDrs 18/ 2950, S 28), so dass 17 entschieden waren.

Beim nicht gerade als bürgerfreundlich, sondern als behördenaffin geltenden BSG sind durchschnittlich 2% aller Nichtzulassungsbeschwerden erfolgreich. Auch hier zeigt sich wieder die erschütternd mangelhafte Rechtsprechungsqualität am 10. Senat des LSG Nds (Dr. König, S. Klein, Frankhäuser), auf den – gemessen am Durchschnitt – 0,5 Nichtzulassungsbeschwerden (also maximal 1 erfolgreiche Nichtzulassungsbeschwerde) hätten entfallen dürfen. Von den 17 ganz Deutschland betreffenden Nichtzulassungsbeschwerden waren aber alle 10 das Land Nds betreffenden (von mir eingelegten) Nichtzulassungsbeschwerden erfolgreich und führten zu Zurückverweisungen (BTDrs 18/2950, S 28). Das ist eine vernichtende Bilanz.

Nach dieser ganz Deutschland und alle LSGe betreffenden Aufstellung gab es deutschlandweit 10 falsche Urteile, die zu erfolgreichen Nichtzulassungsbeschwerden führten. Alle betrafen den 10. Senat des LSG Nds – (Richter: Dr. König, S. Klein, Frankhäuser). Kein einziges der falschen Urteile betraf ein anderes LSG. Nur die Richter des 10. Senats des LSG – Dr. König, S. Klein, Frankhäuser hatten falsch entschieden – und zwar gleich durchgängig alle Sachen. Das ist nicht gerade eine Visitenkarte korrekten Arbeitens dieser Richter.

Der mit den Richtern Dr. König, S. Klein, Frankhäuser besetzt gewesene 10. Senat des LSG war damit bundesweit der einzige, bei dem von den 10 (von mir) in Verzögerungssachen eingelegten Nichtzulassungsbeschwerden gegen die LSG Entscheidungen eines einzigen Tages 100% erfolgreich waren und rechtsstaatlichen Anforderungen nicht standhielten. Eine solche richterliche »Leistung« hat es m.W. in Deutschland noch nie gegeben. Sie dokumentiert den richterlichen Willen zum missbräuchlichen Abwürgen von Ansprüchen.

Das heißt:

Die Verfahren mancher Gerichte (z.B. etliche Sozialgerichtsverfahren) haben regelmäßig eine viel zu lange Dauer, die auf staatlicherseits zu vertretenden Missständen und Organisationsmängeln beruhen, welche keine konventionsrechtliche Entschuldigung darstellen.

Die mit Abstand größten Missstände bezüglich der Gewährleistung angemessener Verfahrensdauern bestehen in Niedersachsen.

Oft versucht die Gerichtsbarkeit, eine Kontrolle und Kritik an völkerrechtswidrig langsamer Arbeit mit der Leerformel abzuwehren, dass das Arbeitstempo in den Bereich der spruchrichterlichen Unabhängigkeit gehöre. Der Hinweis ist jedoch falsch und zeigt nur eines: dass der/die diese Behauptung Aufstellende massive juristische Kenntnislücken hat.

Richtig ist hingegen, dass das Recht auf in billiger Weise (zu der angemessene Verfahrensdauern gehören) durchgeführte Verfahren ein allgemeiner Völkerrechtsstandard ist, welcher von den Vereinten Nationen im IPbürg niedergeschrieben wurde und den der Europarat nicht neu »erfunden«, sondern nur in die Europäische Menschenrechtskonvention übernommen hat. In Art 6 EMRK sowie Art 13 EMRK ist bloß niedergeschrieben, was der davon in keiner Weise abweichende allgemein anerkannte völkerrechtliche Standard ist. Das allgemeine Völkerrecht ist die höchste Norm und steht im Normenrange weit über bundesdeutschem Recht. Dieses Recht, das der EGMR in vielen Jahren und zahlreichen Urteilen angewendet hat, haben deutsche Richter bedingungslos anzuwenden. Das Spruchrichterprivileg schützt den Richter gegen Einflussnahme auf seine RSpr durch Andere, es schützt ihn nicht davor, das Recht – hier: das allgemeine Völkerrecht – korrekt anwenden zu müssen. Im Gegenteil: Das ist seine Pflicht, der sich das Spruchrichterprivileg unterzuordnen hat und nicht entziehen darf.

Des Weiteren hat auch der deutsche Gesetzgeber in § 839 Abs 2 Satz 2 BGB klargestellt, dass die Nichtausübung oder die verzögerte Ausübung des Amtes nicht durch das Spruchrichterprivileg geschützt sind, sondern dass Richter für die Nichtausübung oder Verzögerung der Wahrnehmung ihrer Amtsgeschäfte haften.

3.6 staatlicher Widerstand gegen verzögerungslose Verfahren

Ab 3.1.2011 sind in Deutschland die §§ 198 ff GVG in Kraft getreten, von denen die Bundesregierung leichtfertig und viel zu optimistisch behauptet, dass durch das bis zu diesem Zeitpunkt in Deutschland fehlende und vom EGMR im Piloturteil Rumpf angeforderte Rechtsmittel der §§ 198 GVG das Recht auf eine wirksame Beschwerde gem. Art 13 EMRK wegen der Verletzung des Rechts auf angemessene Verfahrensdauern verwirklicht werde.

Tatsächlich ist das nicht einmal ansatzweise der Fall.

Die Zustände im Bereich der Gewährleistung der Konventionsgarantien – hier des Menschenrechts auf faire Verfahren in angemessener Zeit – haben weiterhin kaum etwas mit einem »Rechtssystem« zu tun, sondern lassen sich eher als »Rechtschaos« benennen.

Deutschland – und zwar die gem. Art 1 EMRK zur Gewährleistung der Menschenrechtskonvention durch alle staatlichen Institutionen verpflichtete Bundesregierung, der Gesetzgeber sowie erhebliche Teile der RSpr als auch die Verwaltung – unterläuft mit großer Selbstverständlichkeit ständig seine Verpflichtungen aus Art 1 EMRK ganz massiv in rechtschaotischer, die RSpr des EGMR nicht nur ignorierender, sondern ihr teilweise widersprechender und die in tausenden Urteilen gefestigte RSpr des EGMR sogar in ausdrücklich ablehnender Weise.

Bereits die Gesetzgebung unterläuft die Gewährleistungen des Art 6 EMRK ganz massiv durch prohibitive Regelungen. Die für den Entwurf eines Rechtsschutzgesetzes gegen überlange Verfahren verantwortliche Ministerialbürokratie des Bundesjustizministeriums ist offensichtlich Altem verhaftet (»das haben wir schon immer so gemacht«) und lehnt Neues kategorisch ab. Das zeigt sich bereits daran, dass zwar bekannt ist, dass Deutschland ein mittelalterliches Staatshaftungsrecht hat (dessen Teil nun die §§ 198 ff GVG geworden sind), das den Anforderungen eines modernen Rechtsstaats des 21. Jahrhundert nicht mehr annähernd genügt, aber gleichwohl keinerlei Bemühungen im offenbar schläfrigen Bundesjustizministerium gemacht werden, diesen zeitwidrigen Mißstand zu ändern. Deshalb gab und gibt es immer wieder Probleme hinsichtlich der Staatshaftung. Ein deutsches Staatshaftungsgesetz ist angesichts der klaren Vorgabe, alle Ansprüche der Bürger »abzuwimmeln« auch nur hinderlich.

Man denke nur an die Entschädigungen für das Eigentums/Nutzungsrecht inhaltlich und umfangsmäßig beschränkende Auseinandersetzungen wegen des deutschen Atomausstiegs, um dieselbe Problematik zur deutschen Autobahn-Maut, um den sog. Kohleausstieg usw. Oft schaffen erst die Entschädigungsanordnungen des EGMR Ruhe, weil Deutschland dazu intellektuell nicht in der Lage und wohl auch nicht willens ist. (so z.B. wegen der eigentumsrechtlichen Nutzungseinschränkungen der Werra Naturstein GmbH & Co KG)

Das war auch beim Rechtsschutzgesetz gegen überlange Verfahren so. Erst der EGMR hat dieses Rechtsmittel ultimativ unter Fristsetzung angeordnet und dem Justizministerium »Beine gemacht«; von Alleine ging in Deutschland wieder einmal gar Nichts; nicht einmal die Einhaltung der völkervertraglichen Verpflichtung aus Art 1 EMRK.

In Art 1 EMRK hat sich Deutschland verpflichtet, die in der EMRK garantierten Rechte in Deutschland uneingeschränkt und durch alle staatlichen Einrichtungen zu verwirklichen.

»Der Staat haftet also auch für Akte, die von der Exekutive nicht kontrolliert werden können, z.B. für Gesetzgebungsakte, wenn sie konventionswidrig sind« (Meyer-Ladewig, EMRK, Art 1 RN 4a); denn Art 1 entzieht keinen Bereich der Hoheitsgewalten (Exekutive, Legislative, Jurisdiktion) dem Zugriff der Konvention. (so: (Meyer-Ladewig, EMRK, Art 1 RN 4a mit Verweisen auf EGMR-Urteile)

Das bedeutet, dass deutsche Gesetze insbesondere keine einschränkenden gesetzlichen Voraussetzungen an die Gewährung der Konventionsgarantien knüpfen dürfen, die die EMRK nicht auch an die Konventionsgewährung knüpft; denn das würde die Menschenrechte der EMRK unterlaufen.

An die Gewährleistung des Rechts auf faire Verfahren in angemessener Zeit knüpft die EMRK überhaupt keine zu erfüllenden Vorbedingungen oder Voraussetzungen, dieses Menschenrecht wird von der EMRK bedingungs- und voraussetzungslos gewährt.

Menschenrechte müssen weder beantragt oder genehmigt werden, noch ist es Voraussetzung für die Gewährleistung der Konventionsgarantien, dass vorher an ihre Gewährleistungspflicht durch eine Verzögerungsrüge erinnert wird.

Damit darf auch das deutsche Recht keine Bedingungen stellen, die vor der Gewährleistung oder Inanspruchnahme der Menschenrechte erfüllt werden müssen.

Das gilt auch für die sog «Rügepflicht» in Deutschland, die abweichend von der EMRK eine angeblich erforderliche Warnfunktion erfüllen soll.

Abgesehen davon, dass sogar der Nds Just Min, der im Bundesrat zugegeben hat, dass in Niedersachsen ca. 50.000 Verfahren mit einer Länge von 4 Jahren unerledigt seien und der Öffentlichkeit anschließend vorgaukelte, es gäbe in Nds nur eine verschwindend kleine Zahl von Einzelfällen, die verzögert sind (Nds Just Min, Presseinformation, »Busemann: Gesetz gegen überlange Verfahrensdauer muss nachgebessert werden«) die Wirkungslosigkeit der Verzögerungsrüge darstellte:

»...die Erwartung, ›ein Warnschuss‹ in Gestalt einer Verzögerungsrüge werde das Prozessgericht zu einer zügigen Fortsetzung des Verfahrens anhalten, teile er nicht, machte Busemann deutlich.« (Presseinformation a.a.O.)

ist es völlig absurd, dass ein Konventionsstaat seine Pflichten aus der Konvention nur dann zu beachten bereit sein muss und den Betroffenen deren Konventionsrechte nur dann gewähren muss, wenn die Betroffenen den Staat »gewarnt« haben, dass sie ihre Rechte wahrnehmen wollen – also praktisch eine Art Antrag stellen, ihre Menschenrechte beanspruchen zu dürfen. Menschenrechte sind entgegen der Vorstellung der Bundesregierung keine Antragsleistungen.

Wenn die allgemeinen Völkerrechte, die Grund- und Menschenrechte (Rechte auf Würde, Leben, Eigentum pp), aber auch andere Rechte nur wirksam werden und nur dann zu gewähren sind, wenn die Betroffenen vorher »gewarnt« haben, ihre Menschenrechte wahrnehmen zu wollen, also der Staat grundsätzlich davon ausgeht, dass die Menschen auf ihre Menschenrechte keinen Wert legen, fragt es sich, ob man vor jedem Arztbesuch den Arzt vor Behandlungsfehlern »warnen« muss oder ob man zur Abgabe von Steuererklärungen und zur Steuerzahlung verpflichtet ist, wenn das Finanzamt nicht ebenfalls vorher diesbezüglich eine ausdrückliche persönliche »Warnung« konkret ausgesprochen hat.

Des Weiteren fragt es sich, welchen Sinn eine »Warnfunktion« bei Richtern hat, die nach Auffassung des Gesetzgebers »keine Belehrung brauchen«, die also keiner »Warnung« bedürfen. (siehe: BTDrs 17/3802)

Insofern dürfte bereits die in § 198 ff GVG ausgedrückte Ansicht der Bundesregierung, dass Deutschland das Recht aus Art 6 EMRK auf angemessene Verfahrensdauern (Prophylaxe der Verzögerung oder deren Kompensation) nicht gewährleisten müsse, wenn nicht zuvor eine Verzögerungsrüge innerhalb bestimmter Zeiträume unter bestimmten Umständen geltend gemacht worden ist, die bedingungs- und voraussetzungslos zu gewährenden Menschenrechte der EMRK verletzen.

Die in Deutschland errichtete Hürde einer Verzögerungsrüge ist offensichtlich Nichts weiter als ein Instrument zum üblichen staatlichen »Abwimmeln« von Ansprüchen auf Verzögerungsentschädigungen und der Missachtung der Menschenrechte, zu deren voraussetzungsloser Gewährleistung sich Deutschland in Art 1 EMRK verpflichtet hat. Pacta sunt servanda – was ist das?

Dieses gesetzliche Abhängigmachen uneingeschränkt zu gewährleistender Menschenrechte durch Blockaden, Anträge, Rügeverlangen pp. verstößt offensichtlich auch gegen die Art 13, 14 und 17 der EMRK.

Art 13 EMRK lautet:

»Jede Person, die in ihren in dieser Konvention anerkannten Rechten oder Freiheiten verletzt ist, hat das Recht, bei einer innerstaatlichen Instanz eine wirksame Beschwerde zu erheben ...« (Art 13 EMRK) Von einer vorherigen Rüge oder Warnung ist nicht die Rede.

»Wirksam« im Sinne des Art 13 ist eine Beschwerde nur, wenn mit ihr die Verzögerung verhindert werden kann (prophylaktische Wirkung) oder eine bereits geschehene Verzögerung entschädigt wird (kompensatorische Wirkung). Verzögerungsrügen schränken dieses Menschenrecht unzulässig ein.

Ohne die Erfüllung der von der EMRK gar nicht vorgesehenen, sondern nur vom deutschen Recht einschränkend verlangten Bedingungen (Verzögerungsrüge pp.) besteht kein wirksames Rechtsmittel gem. Art 13 EMRK, sondern wird ein solches von deutschen Gesetzen verhindert.

»The Court reiterates that Article 13 of the Convention guarantees the availibility at the national level of a remedy to enforce the substance of the Conventions rights and freedoms, whatever form they might happen to be secured in the domestic legal order.« (EGMR v 11.7.2002, 28757/96, § 112 – Goodwin/Vereinigtes Königreich)

Das substantielle Recht aus Art 6 EMRK schließt die Möglichkeit ein, eine Kompensation für Verletzungen des Art 6 EMRK durch deutsche Behörden zu erhalten. Das verhindert Deutschland aber dann, wenn in der Konvention gar nicht vorgesehene, sondern spezifisch deutsche Bedingungen und Voraussetzungen (z.B. Verzögerungsrüge) unerfüllt sind.

Das deutsche Recht gewährleistet gegenwärtig keine wirksame Beschwerde, weil deutsche Gerichte an die – konventionswidrigen – Bedingungen der §§ 198 ff GVG gebunden sind und Kompensationen ablehnen, weil in der Konvention gar nicht vorgesehene Bedingungen unerfüllt sind, die Deutschland bloß als Hürden zur Wahrnehmung der Menschenrechte eingeführt hat.

Anders als das die Menschenrechte einschränkende deutsche Recht sieht die EMRK jedenfalls keinerlei Formerfordernisse vor, wie etwa eine Verzögerungsrüge oder eine erheblich verkürzte Sonderfrist für das Geltendmachen von Verzögerungsentschädigungen. Solche in der EMRK nicht vorgesehen, spezifisch deutschen Fristen und Formvorschriften dürften gegen die Gewährleistungen der Konvention verstossen. Weder das substantielle Recht auf angemessene Verfahrensdauern gem. Art 6 EMRK, noch die wirksame Beschwerde gem. Art 13 EMRK sind von der EMRK an irgendwelche Bedingungen oder Voraussetzungen gebunden worden.

Damit besteht offensichtlich der von Meyer-Ladewig genannte Fall, in dem nicht Gerichte, sondern das deutsche Gesetz selbst die Konvention verletzen. (Meyer-Ladewig, EMRK, Art 46 RN 3 mit Hinweisen auf EGMR-Urteile)

Durch die konventionseinschränkenden Regelungen der §§ 198 ff GVG wird in Deutschland auch der völkerrechtliche Grundsatz grob verletzt, dass nationale Gesetze keine Grundlage für die Nichteinhaltung von Völkerrecht oder Völkervertragsrecht sein können. (siehe auch: Wiener Übereinkommen über das Recht der Verträge vom 23.5.1969)

»Der Staat ist in solchen Fällen verpflichtet, …für eine Gesetzesänderung zu sorgen« (Meyer-Ladewig, a.a.O.)

Der EGMR sucht nicht nach den Ursachen von Konventionsverletzungen, sondern er prüft nur, ob am Ende die Konventionsrechte gewährt worden sind oder nicht. »Es ist nicht Aufgabe des Gerichtshofs, eine abstrakte Prüfung der … Gesetzestexte durchzuführen, er prüft ob deren Anwendung auf die Bf mit der Konvention im Einklang steht. (…) Die Entscheidung kann jedoch nicht selbst die strittigen Vorschriften für nichtig erklären oder aufheben. Sie hat im Wesentlichen Feststellungscharakter und überlässt dem Staat die Wahl der Mittel in seiner staatlichen Rechtsordnung, um die ihm aus Art 53 obliegende Verpflichtung zu erfüllen.« (EGMR v 13.6.1979, 6833/74, § 58 – Marckx/Belgien)

Deutschland wäre also gut beraten, seine die Wahrnehmung der Konventionsrechte erschwerenden Hürden umgehend aus den §§ 198 ff GVG zu streichen.

Der Wille Deutschlands oder sich für besonders pfiffig haltender Ministerialbeamter, die Konventionsgarantien unter allen Umständen nicht zu gewährleisten, sondern zu unterlaufen, kommt aber auch in anderen Regelungen der §§ 198 GVG zum Ausdruck. So ist die bundesweit geltende Verjährungsfrist ohne jeden sachlichen Grund – also willkürlich – im Falle der Wahrnehmung von Konventionsrechten aus der Rechtssystematik herausgenommen und willkürlich von drei Jahren auf sechs Monate auf ein Sechstel exzessiv verkürzt worden. Es ist offensichtlich, dass diese sachlich unbegründete und völlig systemwidrige Verkürzung der Frist um das Sechsfache nur ein Ziel hat: Es sollen möglichst viele Ansprüche verfristet werden, um die Konventionsgarantien umfangreich zu unterlaufen und Menschenrechte nicht gewährleisten zu müssen.

Des Weiteren geben folgende Konventionsgarantien Anlass, die zur innerstaatlichen Erschwerung der Wahrnehmung der Konventionsgarantien in die §§ 198 ff GVG eingebrachten Regelungen zu überdenken:

»Der Genuss der in dieser Konvention anerkannten Rechte und Freiheiten ist ohne Diskriminierung ...zu gewährleisten.« (Art 14 EMRK) und:

»Diese Konvention ist nicht so auszulegen, als begründe sie für einen Staat, eine Gruppe oder eine Person das Recht, eine Tätigkeit auszuüben oder eine Handlung vorzunehmen, die darauf abzielt, die in dieser Konvention festgelegten Rechte und Freiheiten abzuschaffen oder stärker einzuschränken, als es in der Konvention vorgesehen ist.« (Art 17 EMRK)

Solche Diskriminierungen oder Einschränkungen der Konventionsrechte werden aber gerade durch die zahlreichen deutschen Gerichtsurteile verwirklicht, die Verzögerungsentschädigungen wegen irgendwelcher EMRK – fremden Formalien und Kleinigkeiten verweigern, die der Gesetzgeber bloß erschwerend in den §§ 198 ff GVG implementiert hat – z.B. eine nicht oder angeblich nicht richtig eingelegte Verzögerungsrüge oder eine rechtssystemwidrige Verfristung von Ansprüchen aus der Verletzung des Rechts auf angemessene Verfahrensdauern nach 6 Monaten, anstatt in 3 Jahren.

Hier werden seit Jahren in Deutschland – vom Gesetzgeber, der sich in Art 1 EMRK ausdrücklich verpflichtet hat, die Konventionsgarantien zu gewähren – die Konventionsgewährleistungen ganz massiv unterlaufen.

Eine Vielzahl von ihre Menschenrechte beanspruchenden Rechtsuchenden ist bereits Opfer dieser mißbräuchlichen Rechtsgestaltungen geworden.

Dies wird sicherlich geändert werden müssen, um endlich erstmals zu einer innerstaatlich korrekten Regelung zu gelangen, die die uneingeschränkten Konventionsgewährleistungen nicht weiter systematisch unterläuft.

Eine Bundesregierung, die in Art 1 EMRK zwar die Einhaltung der Konventionsgarantien garantiert hat, sich aber um die Umsetzung dieser gegebenen Zusicherung nicht kümmert erweckt den Eindruck eines Zechprellers, der in einer Gaststätte eine Bestellung aufgibt und darauf hofft, Irgendjemand werde das schon bezahlen.

Diese auch an anderen Stellen (z.B. eingegangene Verpflichtung des Nato-Beitrages) erkennbare Gleichgültigkeit der Bundesregierung hinsichtlich übernommener völkervertraglicher Verpflichtungen und das Verlassen der Bundesregierung auf Andere ist besonders fahrlässig, weil allgemein bekannt ist, dass manche Landesregierungen unzuverlässig sind und allgemein bekannt ist, dass ihnen nicht vertraut werden darf. So stellt das SG Hannover im Urteil S 35 KA 9/16 – Möhwald aus konkretem Anlass dar, dass Niemand den aus spezifischen Gründen des Vertrauensschutzes gegebenen Anweisungen der nds Landesregierung hätte vertrauen dürfen/vertrauen darf, weil die Verhaltensanweisungen der nds Landesregierung falsch sind und ihre Empfänger täuschen. Jeder müsse wissen, dass aus spezifischen Vertrauensschutzgründen gegebene Verhaltensratschläge der nds Landesregierung potentiell unwahr seien und man sich deshalb nicht aufklärungsrichtig verhalten dürfe, sondern sich aufklärungswidrig verhalten müsse. – So: der bei dem der nds Landesregierung unterstehenden SG Hannover tätige Richter Möhwald. Der nds Landesregierung ist das bekannt. Sie widerspricht nicht der – folglich offensichtlich von ihr für richtig gehaltenen – Einschätzung, dass sie nicht vertrauenswürdig ist, sondern potentiell lügt.

Ein zweiter Grund liegt <u>auf der Ebene der Rechtsprechung</u>.

»Hinter dieser schlimmen Rechtsprechung steht der Korpsgeist der Richterschaft ...« (Wagner, Gerichtsverfahren in Deutschland dauern zu lange)

Aber auch die Bundesregierung ist an den auf der Ebene der RSpr bestehenden Mängeln nicht unbeteiligt. Sie duldet diese unsäglichen Zustände durch ihre lethargische Untätigkeit. Vielen Richtern fehlt aufgrund völlig fehlender Bemühungen der Bundesregierung – wie der ehemalige Richter Kirchhoff während seiner Tätigkeit am Bundesverfassungsgericht erlebt und dokumentiert hat – schlicht und einfach die Kenntnis über die von Deutschland ratifizierte Europäische Menschenrechtskonvention und die deshalb von allen Institutionen des deutschen Staates zu garantierenden Menschenrechte. (Kirchhoff, Die Auswirkungen der EMRK ...in: ZVR online, 21/2001 – wörtl. zit. vorn – 2.4.3) Ein Richter, der die Menschenrechte aber gar nicht kennt, kann sie natürlich auch nicht gewährleisten. Er weiß weder, dass er etwas gewährleisten muss, noch was er gewährleisten muss und auf welche Weise das geschehen muss.

Hinzu kommt, dass etliche Richter schlicht unfähig sind, ihren Beruf korrekt auszufüllen. In einer Untersuchung der Helmut Schmidt Universität und der Leibniz Fachhochschule haben die Professoren Berlemann und Christmann festgestellt, dass »gerade die Fähigkeiten des befassten Richters ...einen großen Einfluss auf die Verfahrenslänge« habe.

Ursache der von Kirchhoff beschriebene allgemeine Kenntnislosigkeit der Richter (die von Berelmann und Christmann als Unfähigkeit benannt wird) von den Menschenrechten der EMRK ist aber nicht nur mangelnde Ausbildung, sondern im großen Umfange auch mangelndes Berufsinteresse. Viele (eigentlich für den Beruf ungeeignete) Richter verstehen ihren Beruf offenkundig als eine Art vorgezogenen Ruhestand, in welchem man sie bitte mit Arbeit verschonen möge. So dauern Verfahren beim SG Hannover oft jahrelang (z.B. 16 Jahre – zuletzt als L 3 KA 9/16 rechtshängig), obwohl das SG Hannover mit einem Pebb§y von nur 0,88 (Nds Just Min; Nds Landtag 02756/11/17, S 4) im Vergleich zu einem Pebb§y von 1,13 bei anderen Gerichten (Nds Landtag, Drs 18/3497, S 2) sehr stark (77%) unterbelastet ist. Dabei haben manche Richter (Möhwald) nur 17 Neuzugänge, statt durchschnittlich 26 wie die anderen Richter des SG Hannover (also 64% des Durchschnitts). Das bedeutet, dass der gegenüber seinen Kollegen am SG zu 64% unterbeschäftigte Richter Möhwald am nur zu 77% belasteten SG Hannover praktisch eine 49% ige Halbtagsbeschäftigung ausübt (64% x 77% = 49%), aber dennoch aus Steuermitteln der arbeitenden Bevölkerung vollzeitig bezahlt wird, was an sich schon ein Steuergelder verschwendender Skandal und vermutlich nur die Spitze eines Eisbergs ist.

Wenn solche stark unterbelasteten Richter die Verfahren dann trotzdem jahrelang »schieben« offenbart sich darin eines: ein profundes Desinteresse am Beruf. Das ist dem Nds Just Min zwar bekannt, führt aber zu keinerlei Konsequenzen – es handelt sich ja nicht um eigenes Geld, sondern bloß um Steuergelder, die als volltägige ungekürzte »Alimentationen« an solche tatsächlich nur eine halbtägige Leistung erbringenden Richter ausgezahlt werden. Die haushaltsrechtlich und staatsüblich-erforderliche Sorgfalt im Umgang mit von den Bürgern durch deren – teilweise sehr mühsame – Arbeit erwirtschafteten Steuergeldern kann man solchen Landesregierungen jedenfalls nicht testieren.

Hinzu kommt, dass bei Richtern oft die verquere Grundeinstellung besteht, der moderne Rechtsstaat sei keine Zusammenfassung seiner Bürger, sondern ein Gebilde, das über den Bürgern steht. Es bestehe ein Unter-Überordnungsverhältnis. Die Überordnung werde dabei von dem Richter ausgeübt.

Der Staat gehe allen Rechten – auch den Menschenrechten – der Bürger vor und müsse gegen Ansprüche der Bürger in Schutz genommen werden – auch gegen die Inanspruchnahme von Menschenrechten und aus der staatlichen Verletzung der Menschenrechte entstandener Ansprüche der Bürger. Im Grunde ist das eine mit Art 1 EMRK völkervertragsrechtlich nicht zu vereinbarende Verneinung der Menschenrechte, also eine Weigerung, die in Art 1 EMRK auferlegten Pflichten zu erfüllen – kurz: eine amtspflichtwidrige Haltung. Diese von den Bürgern verlangte Haltung, sich dem Staat bedingungslos unterzuordnen, gilt bei Demokraten seit dem Ende der Hitler-Diktatur als inakzeptabel.

Manche Gerichte wenden die Regelung des § 198 GVG, die sich an Art 6 EMRK und der dazu ergangenen RSpr des EMRK zu orientieren hat, deshalb keineswegs nach dem vom EGMR vorgeschriebenen Verfahrensschema, sondern weitgehend nach freiem Gutdünken so an, dass tatsächlich bestehende Verzögerungen bloß vertuscht werden, statt – wie der Gesetzgeber wollte – das Recht

»nach den Grundsätzen des Europäischen Gerichtshofs für Menschenrechte anzuwenden« (BTDrs 17/3802, S 20, Sp. 1)

was auch der EGMR seit Langem verlangt:

Deutschland ist »verpflichtet, die Konventionsrechte im Geiste der Konvention auszulegen,« (EGMR v 16.6.2005, 61603/00, § 89, 93 – Storck/Deutschland)

aber bisher – offenbar weil sich in Deutschland Niemand für das Durchführungsdefizit der EMRK zuständig fühlt (so: Dt Bundestag A 17.99.1030-022963 z.B. v 1.8.; 10.8. u 21.8.2011 unter Verweis auf die durch die Art 20 bis 37 GG geregelte Länderzuständigkeit) und weil dazu noch nicht genügend viele Individualbeschwerden aus Deutschland beim EGMR eingegangen sind – höchst zögerlich bis gar nicht einfordert. Dem eindeutigen Rechtsanwendungsbefehl des Gesetzgebers, dass die Grundsätze des EGMR angewendet werden müssen, widersetzen sich manche Gerichte mit erstaunlicher Dreistigkeit. Hinweisen, dass die Grundsätze des EGMR angewendet werden müssen sei

»entgegen zu halten, dass es sich bei dem Anspruch aus § 198 Abs 1 GVG um ein eigenständiges Entschädigungssystem des nationalen Rechts handelt.« (LSG Nds – Bremen, L 18 SF 1/12 EK KA, S 7 und Dutzende andere Verfahren – alle: Dr. König, S. Klein, Frankhäuser) »Denn in seiner Entscheidung vom 2. September 2010 (Az 46344/06) hat der EGMR lediglich die Verpflichtung der Bundesrepublik Deutschland festgestellt, im nationalen Recht einen wirksamen Rechtsbehelf gegen das tatsächliche Eintreten und die Fortdauer menschenrechtswidriger Verfahrensverzögerungen vorzusehen, nicht jedoch, solche Verzögerungen in vollständiger Übernahme seiner Rechtsprechung zu entschädigen.« (LSG Nds – Bremen, a.a.O., S 7 – Dr. König, S. Klein, Frankhäuser)

Mit anderen Worten: Das nationale Recht berechtigte zur Nichteinhaltung des Völkerrechts und des Völkervertragsrechts. Das aber ist eine erstaunlich rechtswidrige, um nicht zu sagen: rechtsbeugende Auffassung der (inzwischen ausgeschiedenen) Richter Dr. König, S. Klein und Frankhäuser. Richtig und allgemein bekannt ist stattdessen, dass nationale Gesetze niemals Grundlage für die Nichteinhaltung von Völkerrecht oder Völkervertragsrecht sein können. (siehe: Art 27 des Wiener Übereinkommens über das Recht der Verträge vom 23.5.1969 – sog. Frustrationsverbot)

Die ebenso bizarre wie rechtsbeugende Auffassung der Richter Dr. König, S. Klein und Frankhäuser wird beim offensichtlich die Pflicht deutscher Gerichte, das nationale Entschädigungsrecht so anzuwenden, wie es der RSpr des EGMR entspricht (siehe: EGMR v 29.5.2010, 53126/07, § 39 – Taron/Deutschland; Grabenwarter, EMRK, 118 u.a.) ablehnenden LSG Nds nicht nur von den genannten, sondern auch von anderen Richtern weiter gepflegt und sogar nachbetend abgeschrieben.

»Dem kann der Kläger nicht die von ihm zutreffend zitierte Rechtsprechung des Europäischen Gerichtshofs für Menschenrechte entgegenhalten. (…) Das deutsche Recht hat indessen mit § 198 GVG eine eigenständige, von der EMRK unabhängige Regelung getroffen.«(LSG Nds U v 10.11.2016, L 10 SF 38/14 EK KA, S 6 – Thommes, Dürre, Dr. Dietrich)

Dass deutsche Gerichte die aus dem von 170 Ländern anerkannten allgemeinen Völkerrecht der Vereinten Nationen (Internationaler Pakt für bürgerliche und politische Rechte) übernommenen und daher strikt anzuwendenden Regelungen der Art 6 EMRK und Art 13 EMRK sowie die Rechtsprechung des EGMR nicht anwenden bzw. übernehmen, ist ein eklatanter Rechtsmissbrauch dieses Gerichts und der wegen solcher dreisten und selbstherrlichen Überschätzung offensichtlich beruflich ungeeigneten Richter. In Wirklichkeit verlangt der EGMR kategorisch, dass der vom EGMR verlangte Rechtsschutz gegen überlange Gerichtsverfahren

»in der Theorie als auch in der Praxis den vom Gerichtshof genannten Schlüsselkriterien entsprechen« muss (EGMR v 2.9.2010, 46344/06, § 73 – Rumpf/Deutschland)

und die deutschen Gerichte das Recht über verzögerte Verfahren

»bei ihren Entscheidungen über Entschädigungsansprüche so anwenden müssen, wie es der Rechtsprechung des Gerichtshofs entspricht.« (EGMR v 29.5.2012, 53126/07, § 39 – Taron/Deutschland); und zwar als Mindestgewährleistungen. (so: BVerfG, 2 BvR 2365/09 <90>)

Im Grunde hat das LSG Nds – Bremen mit seinen o.g. entgegenstehenden Entscheidungen den staatlichen Rechtsanwendungsbefehl zur EGMR-konformen Rechtsprechung und die Pflicht der Befolgung von Völkervertragsrecht durch das Gericht zurückgewiesen und die Mindestgewährleistungspflicht der Konventionsgarantien beharrlich geleugnet.

Damit ist nicht gesagt, dass alle deutschen Gerichte den Rechtsanwendungsbefehl zur EGMR – konformen Rechtsprechung missachten und sich unredlich verhalten. In Nds ist verhalten sich Gerichte jedoch in auffälliger Weise – auch in anderen Rechtsbereichen – unredlich und vertrauensschutzverletzend, so dass man hier weniger von Rechtsprechung als vielmehr von Rechtsverdreherei sprechen muss. Das sich »windig« darstellende LSG Nds vertritt die bemerkenswert unredliche und vertrauensschutzverletzende Auffassung, dass Bürger sich nach

Rechtsnormen richten müssen, die das LSG selber als rechtswidrig eingestuft hat. (L 3 KA 207/04, L 3 KA 280/04 u.a. vs L 3 KA 44/04)

Von solchen Gerichten ist sicherlich korrekte Rechtsprechung, die Art 6 EMRK erfüllt und über Ansprüche in fairen Verfahren mit angemessener Dauer entscheidet, von vorneherein nicht erwartbar.

Merke:
Bei deutschen Behörden und Gerichten besteht die Tendenz, Nichts zu ändern, sondern Missstände zu belassen. Das ist auch im Bereich überlanger Verfahrensdauern so. Ein Rechtsmittel, das zur Änderung der Missstände geführt hat, gibt es immer noch nicht; die §§ 198 ff GVG haben diese Wirkung nicht erreicht.
Stattdessen werden die §§ 198 ff GVG von der deutschen RSpr als Möglichkeit zusätzlicher staatlicher Einnahmeerzielung missbraucht und ein praktisch wirksamer Schutz gegen überlange Verfahren nicht gewährt, sondern weiter vorenthalten.

4 Feststellung der Verzögerung

Die Feststellung, ob eine Verzögerung vorliegt oder nicht, ist
1. keine (an isoliert zu sehendes innerstaatliches Recht oder bloß an den Verhältnismäßigkeitsgrundsatz, das Gleichheitsgebot und das Vertrauensschutzgebot gebundene) Ermessensentscheidung, auch
2. keine der richterlichen Unabhängigkeit obliegende Entscheidung und ebenfalls
3. keine auf falsch verstandener Kollegialität unter Richtern beruhende Entscheidung des Typs »eine Krähe hackt der anderen kein Auge aus.«

Die Feststellung, ob eine Verzögerung vorliegt oder nicht, hat sich vielmehr ausschließlich und strikt nach Nichts anderem zu richten, als nach dem reichlich vorliegenden case-law des EGMR zu Art 6 Abs 1 EMRK.

In seinem case-law hat der EGMR sich auch hinreichend dazu geäußert, wie die Verzögerungsdauer festgestellt werden muss.

Insofern sind Auffassungen, dass die Unangemessenheit der Dauer zu unbestimmt definiert sei (so: Lenz/Hensel, BVerfGG, § 97a RN 18) nicht zuzustimmen. Der EGMR hat ausreichend deutlich definiert, wie die Angemessenheit von Verfahren festgestellt werden muss und welche Eckpunkte in jedem Fall dabei einzuhalten sind.

Nach dem durchgängig im case-law des EGMR angewandten Schema, das auch deutsche Gerichte aufgrund ihrer Pflicht, das Recht so anzuwenden wie es der EGMR tut, anwenden müssen, liegt ausnahmslos zuerst die Gesamtverfahrensdauer im Blickfeld und sind dabei Instanzendauern von einem Jahr als angemessen anzusehen, welche aber beim Abweichen von vier durch den EGMR konkret vorgegebenen Kriterien angemessen zu verkürzen/ zu verlängern sind.

Damit sind freie Erfindungen über die Vorgehensweise und ein Abweichen von der strikt schematischen Vorgehensweise des EGMR ausgeschlossen.

Auch ein Heranziehen der Pebb§y – Beurteilung ist allenfalls als einer der Punkte für die Bewertung der Komplexität einer Sache (einer der vier vom EGMR vorgegebenen Abweichungskriterien) möglich. Es ist aber gänzlich ausgeschlossen, vom Pebb§y direkt auf die Angemessenheit einer Verfahrensdauer zu schließen.

Pebb§y bedeutet »Personal – Bedarfs – Berechnungs – System (das »S« wurde durch das Zeichen »§« ersetzt) und ist ein im Personalbereich benutztes empirisch valides System auf analytisch gesicherter Grundlage, das auf richterlichen Aufschreibungen über die benötigte Arbeitszeit für bestimmte Fall – Typen beruht. Die Transparenz und Nachvollziehbarkeit dieses Systems kann natürlich den faulen unter den Richtern nicht gefallen. Obwohl dieses System die faulen von den fleißigen Richtern trennt, kann dieses System – wie bereits gesagt – nicht zu einer abschließenden Beurteilung herangezogen werden, ob eine Verfahrensdauer angemessen ist oder nicht; denn ob ein Richters bloß faul oder ob er überlastet ist, mag sich zwar aus der Pebb§y – Beurteilung ergeben und sollte für die richterliche Karriereplanung herangezogen werden. Das ist aber für die Verantwortlichkeit des Staates gegenüber dem Bürger unmaßgeblich. Die Frage, ob ein Richter nach dem Pebb§y – System faul ist, spielt – obwohl das für Betroffene und wie gesagt für die Karriereplanung im Justizministerium aufschlussreich ist – bei der Entschädigungsfrage keine Rolle; denn der Staat hat die Konventionsgarantie angemessener Verfahrensdauer zu erfüllen; er hat dafür einzustehen. Nicht mehr, aber auch nicht weniger. Die Ursachen der Verfahrenslänge interessieren nicht. Wenn der Staat seiner Gewährleistungspflicht nicht nachkommt, spielen die Gründe keine Rolle. Es kommt nicht auf staatsinterne Gründe an, warum der Staat seine Pflicht zur Gewährleistung fairer Verfahren in angemessener Zeit nicht erfüllt.

Die Art 6 und Art 13 der EMRK sind außerdem – was zu beachten ist – Bestandteil des von ca. 170 Ländern anerkannten allgemeinen Völkerrechts, das die Vereinten Nationen im Internationalen Pakt für bürgerliche und politische Rechte niedergeschrieben haben und sinngleich in die EMRK übernommen worden ist. Die Art 6 EMRK und Art 13 EMRK stellen also allgemeines Völkerrecht dar, das dadurch, dass es in der EMRK oder in § 198 GVG niedergeschrieben wurde, gar nichts von ihrem Charakter als allgemeines Völkerrecht verloren hat. Wird Völkerrecht im nationalen Recht niedergeschrieben, verliert es durch das nationale Niederschreiben nicht seinen hohen Rang und Charakter als Völkerrecht.

Gem. Art 25 Abs 2 GG gehen die allgemeinen Regeln des Völkerrechts den innerstaatlichen Gesetzen vor und erzeugen Rechte und Pflichten unmittelbar für die Bewohner des Bundesgebiets.

Das heißt, dass jeder Staatsdiener – also auch jeder Richter – die Pflicht hat, das Jedem zustehende Recht auf faire Verfahren in angemessener Zeit gem Art 6 EMRK und den Art 13 EMRK unmittelbar im Bewusstsein des völkerrechtlichen Gehalts zu gewährleisten. Die richterliche Unabhängigkeit befreit von dieser Pflicht nicht. Richterliche Unabhängigkeit dient nicht dazu, Richtern Willkürverhalten und contra legem-Entscheidungen zu gestatten oder das Völkerrecht zu unterlaufen; denn über der richterlichen Unabhängigkeit steht die richterliche Pflicht, Recht und Gesetz – wozu auch das Völkerrecht und das Völkervertragsrecht gehören – zu beachten.

Das heißt: Die deutschen Gerichte sind – was nicht oft genug wiederholt werden kann, weil es oft missachtet wird – bei der Auswahl der Bewertungsmaßstäbe, welche Dauer eines Verfahrens noch angemessen ist, nicht frei, sondern sie sind verpflichtet, die Rechtsprechung ausschließlich mindestens so anzuwenden, wie es der EGMR tut. Es ist ihnen nicht gestattet, vom case-law des EGMR unterlaufend abzuweichen. (EGMR v 29.5.2012, 53126/07, § 39 – Taron/Deutschland)

Trotzdem versuchen die nicht leistungsfähigen und daher qualitativ verheerende und verspätete Urteile verfassenden unter den Richtern regelmäßig immer wieder, ihre saumselige Verschlafenheit durch den Hinweis zu kaschieren, dass Ihnen in die Verfahrensdauer Niemand hereinzureden habe, weil diese Bestandteil des Spruchrichterprivilegs sei. Das ist absurd und bestätigt zugleich die qualitative Unbrauchbarkeit der Arbeit dieser Richter erneut: Die abschließende Erledigung von Rechtsstreitigkeiten in angemessener Dauer ist allgemeiner Völkerrechtsstandard (siehe vorn, Pkt 3.5), welcher über dem Bundesrecht steht und der in keiner Weise zur richterlichen Disposition steht, geschweige denn dem Spruchrichterprivileg unterworfen ist. Im Gegenteil: Der rechtsstaatliche Spruchrichter hat sich dem von den Vereinten Nationen niedergeschriebenen allgemeinen Völkerrecht, das der Europarat in die EGMR hineingenommen hat, bedingungs- und kommentarlos zu unterwerfen. Das sollte einem deutschen Richter ohne Erläuterung klar sein, gleichwohl fehlt es vielen Richtern an dieser Klarheit, so dass auf den in Art 26 des Wiener Übereinkommens über das Recht der Verträge vom 23.5.1969 enthaltenen Bindungsgrundsatz des »pacta sunt servanda« sowie die in Art 27 dieses Übereinkommens der Vereinten Nationen enthaltene Völkerrechtsnorm erinnert wird:

»Eine Vertragspartei kann sich nicht auf ihr innerstaatliches Recht berufen, um die Nichterfüllung eines Vertrages zu rechtfertigen.«

Jeder Richter hat danach unzweifelhaft und losgelöst von dem Grundsatz der richterlichen Unabhängigkeit den im Völkervertragsrecht des Art 6 und Art 13 EMRK nicht neu entwickelten, sondern bloß niedergeschriebenen allgemeinen Völkerrechtsstandard ohne »Wenn und Aber« zu beachten. Es bestehen dabei keinerlei »Spielräume«; auch nicht für das gern als »Alibi« für mangelhafte Entscheidungen missbrauchte Spruchrichterprivileg oder den Unabhängigkeitsgrundsatz. Die Richter haben sich dem Völkerrecht unterzuordnen hat; nicht umgekehrt. Kurz: Weder das Spruchrichterprivileg, noch der Unabhängigkeitsgrundsatz sind zur Begründung völkerrechtlich und völkervertragsrechtlich überlanger Gerichtsverfahren geeignet.

Der deutsche Gesetzgeber hat zudem ausdrücklich klargestellt, dass die Nichtausübung oder Verzögerung des Amtes nicht durch das Spruchrichterprivileg geschützt ist, sondern zur Haftung des Verzögernden führt. Eine Ausnahme für Richter gibt es nicht. (§ 839 Abs 2 Satz 2 BGB)

Die Feststellung, ob eine Verzögerung vorliegt, ist auch besonders einfach, weil die deutschen Gerichte – wie nicht oft genug betont werden kann – hierbei die Rechtsprechung so anzuwenden verpflichtet sind, wie es der EGMR tut (siehe: EGMR v 29.5.2012, 53126/07, § 39 – Taron/Deutschland), so dass keine Probleme zu erwarten sind, was leider nicht alle, aber wenigstens einige deutsche Gerichte, die ausreichend fachkundig zu sein scheinen, erkannt haben:

»Die gesetzliche Regelung des § 198 GVG nimmt praktisch die schon jahrelang bestehende RSpr des EGMR auf. Mit anderen Worten, bei der Prüfung der Angemessenheit der Verfahrensdauer sind gerade keine neuen schwierigen Rechtsfragen zu lösen, sondern vielmehr die ständige und gefestigte RSpr des EGMR anzuwenden.« (LSG Baden-Württemberg, Beschl. v 28.11.2012, L 2 SF 1495/12 EK)

sowie:

»Die innerstaatlichen Organe haben bei ihrer Entscheidung über Entschädigungsansprüche die Konventionskriterien und deren Auslegung nach dem EGMR zu berücksichtigen.« (OLG Celle, Beschl. v 23.9.2013, 23 SchH 3/13 <9>)

Diese Gerichte haben erkannt, worum es geht:

Die deutschen Gerichte müssen Entscheidungen über Entschädigungsansprüche nach den Grundsätzen des EGMR treffen (BTDrs 17/3802, S 20 Sp 1), das heißt, so treffen, »wie es der RSpr des EGMR entspricht.« (Taron/Deutschland a.a.O. § 39)

Damit dürfte keinerlei Diskussion mehr darüber erforderlich, sondern klar sein, dass deutsche Gerichte nicht von der RSpr des EGMR abweichen dürfen. Solche »Spielräume« gibt es nicht, obwohl sich manches Gericht und manche Landesregierung das wünschen mögen. Obwohl es danach-wie im Folgenden dargestellt wird – von deutschen Gerichten zwingend zu beachtendes Recht darstellt, dass die Angemessenheit aufgrund der zuerst ins Blickfeld zu nehmenden Gesamtverfahrensdauer und der dann für Durchschnittsfälle heranzuziehenden »Ein-Jahres-Regel« pro Instanz, die bei Abweichungen von Durchschnittssachverhalten nach den vier vom EGMR festgelegten Abweichungskriterien zu modifizieren ist, haben manche der eigenwilligen unter den Gerichten, davon abweichende, d.h. konventionswidrige Vorstellungen. So lässt der Präsident des LSG Nds kundtun, dass die o.g. Konventionskriterien weitgehend unbeachtet zu lassen seien und bei der nds SGb durch eigene Vorstellungen ersetzt seien. (LSG Nds v 6.4.2020, L 3431/02 10/20 (Dudek) – Hörner) Im Ergebnis ist das die Kundgabe, Recht contra legem zu sprechen eine für den Präsidenten des höchsten Fachgerichts eines Landes bemerkenswerte Aussage, die die Zustände in diesem Fachbereich beschreiben mag. Gleichwohl verwundert die Aussage angesichts der bekannten RSpr der nds SGb nicht.

4.1 Dauer des Gesamtverfahrens

Bezugsrahmen für die Frage der Angemessenheit der Verfahrensdauer ist die Gesamtverfahrensdauer (EGMR 25756/09 § 21; 46682/07 §36; BVerfG 1 BvR 352/00; 1 BvR 404/10; 1 BvR 2965/10 <20>), »auch wenn dieses über mehrere Instanzen oder bei verschiedenen Gerichten geführt worden ist.« BVerwG, 5 C 23.12 D II,1,a),aa))

Dass nicht nur die einzelne Instanzendauer, sondern die Dauer aller Instanzen, also des Gesamtverfahrens eine entscheidende Rolle für die Beurteilung der Angemessenheit der Verfahrensdauer spielt, ergibt sich bereits daraus, dass strittige Rechtsverhältnisse in angemessener Zeit zu klären sind:

»…die Gewährleistung effektiven Rechtsschutzes …fordert, …dass strittige Rechtsverhältnisse in angemessener Zeit zu klären sind.« (BVerfG, 1 BvR 661/00<11)

Das heißt im Umkehrschluss, dass dann, wenn strittige Rechtsverhältnisse nicht in angemessener Zeit geklärt sind, die §§ 198 ff GVG und Art 6 EMRK verletzt sind.

Für den Fall, dass ein Antrag bei einer Behörde gestellt werden muss, sind Rechtsverhältnisse dann strittig, wenn die Behörde einen Antrag ignoriert oder nicht genehmigt. Dann muss zunächst ein behördliches Verwaltungsverfahren und daran anschließend ein Vorverfahren durchgeführt werden, ehe eine Klage erhoben werden kann. Wer dennoch auf der Durchführung des Klageverfahrens besteht, dessen Klage unterliegt wegen Nichterschöpfung des Rechtsweges der Abweisung.

Das heißt, es gibt eine Vielzahl von Schritten, die manchmal sogar zu Zwischenverfahren führen, ehe ein strittiges Rechtsverhältnis geklärt ist. Jeder dieser in ihrer Gesamtheit die Verfahrensdauer ausmachenden Schritte ist sorgfältig auf die Angemessenheit seiner Dauer zu prüfen. Hierzu können folgende Schritte/Phasen erforderlich werden:

1. Wenn ein Antrag bei der Behörde gestellt werden muss, stellt sich bezüglich der Verfahrensdauer die Frage: Ist der Antrag innerhalb der gesetzlichen 6-Monatsfrist beschieden worden?
2. Wenn das nicht der Fall ist und die Behörde keine nachvollziehbaren Entschuldigungsgründe vorgebracht hat, sollte unmittelbar nach Ablauf der gesetzlichen Frist eine Untätigkeitsklage eingelegt werden. Die Dauer bis zur abschließenden Entscheidung der Untätigkeitsklage zählt konventionsrechtlich zur Verfahrensdauer, weil aufgrund der behördlichen Untätigkeit der Zugang zum Gericht versperrt wird (es wird effektiver Rechtsschutz vollständig unterlaufen) und – wenn sich das Gericht mit der Erledigung der Untätigkeitsklage Zeit lässt – dies dem Staat zuzurechnen ist.
3. Wird die Behörde rkr zur in der Untätigkeitsklage beantragten Bescheidung verurteilt und kommt dem Urteil dann aber trotzdem nicht nach, kann die Androhung eines Zwangsgeldes gegen den Behördenleiter beim Gericht beantragt werden. Der Staat verzögert das Verfahren dann weiter – was auf mangelnder Rechtsaufsicht beruht. Wegen der Kosten: siehe Schritte 8 – 10

4. Verweigert die Behörde trotz der Zwangsgeldandrohung weiterhin die Bescheidung, sollte die Festsetzung eines Zwangsgeldes gegen den Behördenleiter beim Gericht beantragt werden – und zwar nicht nur ein einziges Mal, sondern so oft hintereinander, bis die Behörde die Bescheidung vornimmt. Man wird davon auszugehen haben, dass während dieser Zeit der Erzwingung des Bescheidungsanspruchs die Verfahrensdauer weiterläuft, für die der Staat eintrittspflichtig ist – was auch nur konsequent ist, weil der Staat in diesem Fall ja seiner staatlichen Aufsichtspflicht nicht nachkommt, die Behörde zur Erfüllung der Bescheidungspflicht zu veranlassen. Wegen der Kosten: siehe Schritte 8 – 10

5. Wird dann ein ablehnender Bescheid erlassen, muss ein dagegen eingelegter Widerspruch in der gesetzlichen 3 – Monatsfrist von der Behörde beschieden werden. Wenn das nicht der Fall ist, sollte auch wegen dieser behördlichen Untätigkeit eine weitere Untätigkeitsklage eingelegt werden, deren Dauer bis zur abschließenden Entscheidung ebenfalls zur Verfahrensdauer gehört. Wegen der Kosten: siehe Schritte 8 – 10

6. Weigert sich die Behörde, einen Widerspruch zu erlassen, dann sind die Schritte 3. und 4. auch in diesem Fall indiziert. Wegen der Kosten: siehe Schritte 8 – 10

7. Hat die Behörde dann einen ablehnenden Widerspruchsbescheid erlassen, gegen den eine Klage eingelegt worden ist, dann zählt die Dauer bis zu einem rkr Urteil – ggf. in der Berufungs- oder Revisionsinstanz) zur Verfahrensdauer. § 198 ff GVG erfordert, dass für jede verzögerte Instanz eine nicht begründungsbedürftige separate Verzögerungsrüge bei dem verzögernden Gericht anzubringen ist.

8. Die Dauer bis zur Zustellung des gesamten Urteils einschließlich der Kostengrundentscheidung zählt zur Verfahrensdauer. Ergeht die Kostengrundentscheidung später, ist das idR eine Verfahrensverzögerung.

9. Fehlt nach der Kostengrundentscheidung eine Vollstreckbarkeitsklausel – sei es wegen der Hauptsache oder wegen der Kosten – zählt die Zeit bis zur Ausfertigung eines Vollstreckungstitels zur Verfahrensdauer.

10. Ist eine Behörde verpflichtet, die Vollstreckbarkeitsklausel zu befolgen und weigert sie sich, zählt die Dauer bis zur erfolgreichen Vollstreckung gegen die Behörde zur Verfahrensdauer; denn ein Urteil, das zwar Rechte gegen den Staat zuspricht, die der Staat aber verweigert, stellt keinen effektiven Rechtsschutz dar.

Rechtsschutz kann also mehrere oder sogar viele Phasen umfassen und mehrere Instanzen in Anspruch nehmen. Steht dann eine rkr Entscheidung erst nach mehreren Instanzen fest, sind die strittigen Rechtsverhältnisse folglich erst nach dem 10. Schritt geklärt und abgeschlossen.

Das Maß der Verletzung des Grund- und Menschenrechts auf effektiven Rechtsschutz in angemessener Zeit (Rechtsschutz, der nicht in angemessener Zeit gewährleistet wird, ist nicht effektiv) ist erst dann vollständig beurteilbar, wenn das Gesamtverfahren – wenn erforderlich durch Erledigung aller 10 Schritte – abgeschlossen ist.

»Werden mehrere Verwaltungsprozesse wegen desselben Gegenstandes geführt, rechnet der Gerichtshof die dafür verstrichene Zeit zusammen.« (Meyer-Ladewig, EMRK Art 6 RN 74 mit Verweis auf EGMR v 12.6.2003, 45256/99, § 35 – Richeux/Frankreich)

Ist ein Verfahren exzessiv lang, reicht das nach der gefestigten RSpr des EGMR bereits aus, die Überlange festzustellen; der EGMR prüft dann nicht weiter. In manchen Fällen wird die Bundesregierung vom EGMR darauf hingewiesen, dass sich eine Stellungnahme bereits deshalb erübrigt, weil die RSpr des EGMR eindeutig zu Verzögerungsfeststellungen gelangen werde. (z.B. EGMR 65945/09, 18329/10 – 19 und 11 Jahre) Bei der nds SGb sind und waren etliche strittige Rechtsverhältnisse rechtshängig, die ein derartiges Alter haben. (L 3 KA 148/04 u.a.)

Zwar betont auch der BGH, allerdings wohl eher als ein alibiartiges Lippenbekenntnis, dass die Gesamtverfahrensdauer der Bezugspunkt für die Angemessenheit der Dauer ist. (BGH v 23.1.2014, III ZR 37/13)
Er ist aber – obwohl er die RSpr des EGMR genauso anwenden muss, wie es der EGMR tut – anders als der EGMR der (konventionswidrigen) Auffassung, dass eine bestimmte Verfahrensdauer nicht schon für sich genommen als Evidenzkriterium als unangemessen eingestuft werden könne. (BGH v 14.11.2013, III ZR 376/12 <26> – Schlick, Wöstmann, Seiters, Remmert, Reiter) Diese Auffassung des BGH verwundert nicht; denn trotz der ausdrücklichen Anordnung des EGMR (siehe: Taron/Deutschland, a.a.O., § 39) das Recht so anzuwenden, wie es der EGMR tut, ist allgemein bekannt, dass der BGH dies ablehnt und eigene – EMRK-widrige – Vorstellungen hegt.

»Der BGH lebt seit Langem mit verletzungskaschierenden Abweichungen von der Rechtsprechung des EGMR, wenn es um die Prüfung der Verletzung selbst geht.« (Gaede, HRRS Zeitschrift für höchstrichterliche Rechtsprechung ...Nov. 2005, S 377)

Damit überhaupt Ansprüche entstehen können, reicht allerdings nach deutschem Recht eine einzige Verfahrensdauerrüge für das Gesamtverfahren nicht aus, sondern es müssen Verfahrensdauerrügen bei jedem Gericht und für jede Instanz vorgebracht werden.

Nach konventionskonformer Auffassung des BSG ist ebenfalls zunächst von der Gesamtdauer auszugehen.

»Ausgangspunkt und erster Schritt...ist die Gesamtdauer.« (BSG, B 10 ÜG 12/13 R <32>; ebenso: BSG, B 10 ÜG 7/14 R <30>)

Die Maßgeblichkeit des Gesamtverfahrens für die Erstbeurteilung der Verfahrensdauer entspricht der für das deutsche Recht der Verfahrensdauerentschädigungen maßgeblichen Sichtweise des EGMR, der von einem

»an der Hauptsache orientierten Verfahrensbegriff« ausgeht, »so dass nicht jeder einzelne Antrag oder jedes Gesuch im Zusammenhang mit dem verfolgten Rechtsschutzbegehren ein eigenständiges Verfahren darstellt. (vgl. BGH U v 5.12.2013 – III ZR 73/13 – RN 20; BGHZ 199, 190 = NJW 2014, 789, 790; Ott a.a.O., Rn 33f)« BSG, u v 10.7.2014, B 10 ÜG 8/13, II, 2)

Gesamtverfahren umfassen alle Verfahrensstufen. Dem Gesetzgeber ist es »grundsätzlich unbenommen, gerade für komplexe Lebenssachverhalte Verfahrensstufungen vorzusehen, die zu einer verbindlichen Abschichtung des Sach- und Streitstoffs führen (vgl. BVerfGE 129, 1; BVerfG 31.5.2011 – 1 BvR 875/07 <32f)« so: BVerfG, 1 BvR 3139/08 <193>.
   Solche Verfahrensstufungen bestehen im öffentlichen Recht z.B. auf der ersten Stufe in den behördlicher Verwaltungsverfahren, dem die zweite Stufe des behördlichen Vorverfahren folgt und den dritten, vierten und fünften Stufen der anschließenden Gerichtsverfahren verschiedener Instanzen (Klage, Berufung, Revision). Es gibt dann fünf Stufen.
   Verfahrensstufungen stellen auch die zur Vermeidung der Abweisung von

Schadensersatz / Entschädigung erforderlichen Verfahren des primären Rechtsschutzes als erste Stufe dar, denen auf der zweiten Stufe die auf Schadensersatz
oder Entschädigung gerichteten Verfahren des sekundären Rechtsschutzes folgen.

Schwierig durchschaubar kann der Rechtsschutz dann werden, wenn die vorn
genannten fünf Stufen der öffentlichen Rechtswahrnehmung jeweils in primären
und sekundären Verfahren wahrgenommen werden müssen. Dann gibt es schon
zehn Verfahrensstufen.

Noch schwieriger wird die Durchschaubarkeit – wenn man überhaupt noch
von Durchschaubarkeit sprechen kann – wenn die Behörde und/oder das Gericht
nicht arbeitet und deshalb – möglicherweise noch auf jeder Verfahrensstufe Untätigkeitsklagen oder Verzögerungsklagen erforderlich werden, ehe die Behörde
Bescheide und Widerspruchsbescheide erlässt und ehe die Gerichte tätig werden. Dann sind bis insgesamt 20 Verfahrensstufen zur Klärung einer einzigen
strittigen Rechtsfrage nötig. Das Gesamtverfahren besteht dann aus sage und
schreibe 20 Stufen.

Solche Verfahrensgestaltungen, wie sie in Deutschland vorkommen können
und auch tatsächlich vorkommen, gewähren keinen effektiven Rechtsschutz,
sondern vereiteln ihn. Sie sind offensichtlich konventionswidrig.

Bemerkenswerterweise hat selbst das (m.E. eher den Behörden als den Menschenrechten zugeneigte) BVerfG dargelegt, dass die Verfahrensgestaltung nicht
derartig sein darf, dass sie den »Anspruch des Bürgers auf effektiven gerichtlichen
Rechtsschutz gegen Hoheitsakte, die in seine Rechte eingreifen, unzumutbar
erschwert oder gar faktisch unmöglich macht.« (BVerfG, 1 BvR 3139/08 <193>,
ebenso: <192>) Nach meiner Kenntnis setzt das BVerfG aber seine eigene RSpr
nicht um, sondern das macht eher der EGMR.

Die Kundgabe des Gesetzgebers, dass

»ein Gerichtsverfahren jedes Verfahren von der Einleitung bis zum rechtskräftigen Abschluss …ist« (BTDrs 17/3802, S 8, Sp. 1),

nehmen die Konventionsgegner unter den Gerichten und Bundesländern zum
Anlass, die Gesamtverfahrensdauer aufgrund unzulässiger und falscher Auslegung des Konventionsrechts missbräuchlich danach zu bemessen, wann zu einem
Aktenzeichen eine Klage eingereicht wurde und wann zu diesem Aktenzeichen
eine Entscheidung erfolgt ist, um die tatsächliche Gesamtdauer außer Acht zu
lassen.

So stellt die nds Landesregierung, bei der es offenbar auf die Wahrung von Recht und Gesetz »nicht so genau ankommt,« gegen die RSpr des EGMR, des BVerfG, des BVerwG, des BSG und des BGH sowie den Willen des Gesetzgebers dar, es sei nicht das Gesamtverfahren zuerst zu betrachten, sondern die jeweiligen »Bearbeitungsebenen« sämtlich einzeln für sich zu berücksichtigen (Land Nds, 2 Fis 137/17 v 6.6.2018 S 2 – OStA Dr. Lehmann).

Anders hingegen: § 198 GVG solle und könne die Verzögerung auf verschiedenen Bearbeitungsebenen nicht berücksichtigen. (Land Nds 2 Fis 137/17 v 6.6.2008, S 2 – OStA Dr. Lehmann.

Des Weiteren dann jedoch wieder: Wenn »zahlreiche Verfahrens- und Handlungsebenen« vorliegen, seien diese nicht als Gesamtverfahren zu sehen, sondern zu trennen, d.h. die Gesamtverfahrensdauer spiele gar keine Rolle.(Land Nds, 2 Fis 137/17 v 16.3.2018, S 1 – OStA Dr. Lehmann) Es seien nur die einzelnen Instanzen isoliert zu betrachten.

Eine zeitliche Gesamtbeurteilung des Rechtsschutzes sei völlig ausgeschlossen. (Land Nds, a.a.O., v 6.6.2018 – OStA Dr. Lehmann)

Das Berufen auf die Gesamtverfahrensdauer sei nach der menschenrechtswidrigen Auffassung der nds Landesregierung sogar eine »mutwillige« Rechtswahrnehmung. (Land Nds 2 Fis 137/17 v 6.6.2018, S 3 – OStA Dr. Lehmann)

Wenn im Anschluss an das Verfahren noch Kostenfragen des Verfahrens geregelt werden müssen, sei das ein »gesondertes Verfahren« (Land Nds, 2 Fis 158/18 v 3.9.2018, S 12 – OStA Dr. Schreiber ; ebenso: 2 Fis 137/17 v 16.3.2018, S 1 und v 22.10.2018, S 1 – OStA Dr. Lehmann)

Auch ob ein Urteil vollstreckt werden kann oder nicht; ob der Staat die Vollstreckung eines rkr Urteils verzögert oder ob deswegen beim Gericht erst Zwangsgeldandrohungen beantragt und durchgeführt werden müssen, habe mit der Dauer des Verfahrens, also der Erfüllung des Rechtsschutzinteresses Nichts zu tun. (Land Nds 2 Fis 137/17 v 18.1.2018, S 6 – OStA Dr. Lehmann)

Folglich kommt es bei dieser eindeutig konventions- und gesetzwidrigen Sichtweise der nds Landesregierung nicht darauf an, ob ein berechtigtes Rechtsschutzbegehren erfüllt wird; es reicht ein als »Urteil« beschriebenes Stück Papier, das Ansprüche in keiner Weise durch Vollstreckbarkeit oder Vollstreckung verwirklicht. Nach dieser Auffassung kommt es auch überhaupt nicht auf die Gesamtdauer an, in der über einen Entschädigungsantrag abschließend entschieden wurde, sondern einzig und allein auf jeden einzelnen Schritt auf diesem Weg: Die Verfahren des primären Rechtsschutzes, die Sekundärrechtsverfahren, die

Untätigkeitsverfahren, die zurückverwiesenen Verfahren pp haben nach diesem Verständnis sämtlich eine eigene Verfahrensdauer.

Dieses rechts- verfassungsrechts- und konventionsrechtswidrige Verständnis mancher Gerichte und mancher Bundesländer entspricht allerdings nicht den Grundpfeilern der RSpr des EGMR, der die Konventionsgarantien nicht theoretisch und scheinbar, sondern praktisch und wirksam auslegt. Auch diese von deutschen Institutionen zu beachtenden Garantien sind durch das Leugnen (z.B. der nds Landesregierung) zunächst das Gesamtverfahren betrachten zu müssen, unverständlich grobe Verstöße gegen Gesetz und Recht:

»Die Pflicht zur Berücksichtigung der Europäischen Menschenrechtskonvention erfordert, dass die Europäische Menschenrechtskonvention und die Urteile des Europäischen Gerichtshofs für Menschenrechte in die Willensbildung und die Entscheidungen von Gerichten, Behörden und dem Gesetzgeber einfließen.« (BVerfG, 2 BvR 1481/04 <48>)

Das Nichtbeachten der Pflicht zur Gewährleistung unverzögerter behördlicher und gerichtlicher Verfahren ist mit der staatlichen Pflicht zur Beachtung des Rechtsstaatsgebots unvereinbar; denn den Bürgern dürfen aus dem fehlsamen Verhalten des Staates keine Nachteile entstehen. (siehe: BTDrs 7/5492 unter II, S 4; BTDrs 7/4324 zu Art 1 Nr. 2, S 12,13)

Solche Nachteile können aber in beträchtlicher Weise entstehen, wenn eine Behörde sich sowohl im Verfahren des primären Rechtsschutzes als auch des sekundären Rechtsschutzes weigert, tätig zu werden und deshalb jeweils zur primär- und sekundärrechtlichen Bescheidung und zum primär- und sekundärrechtlichen Widerspruch in allen zum zwingend erforderlichen Ausschöpfen des Rechtsweges abgeschlossenen Instanzen Untätigkeitsklagen beschritten werden müssen und möglicherweise noch Zwangsgeldverfahren erforderlich werden, so dass gut und gerne ein halbes Dutzend Verfahren oder mehr zusammenkommen, die entsprechend verwirrend sind und manchmal selbst von den damit befassten Richtern nicht mehr verstanden werden. Dann liegt es nahe, verfassungs- und menschenrechtswidrige Zustände anzunehmen:

»Wenn …Verfahren unübersichtlich werden, ist es allein die Aufgabe des Staates, daraus die Konsequenzen zu ziehen und ggf. im Hinblick auf die Einhaltung von Art 6 Abs 1 der Konvention zu vereinfachen.« (EGMR, Plenum v 28.6.1978, 6232/73, § 100 – König/Deutschland; EGMR – E 1, S 278 ff, § 100)

Es deutet »auf rechtstaatliche Defizite hin, wenn Rechtsuchende ...gezwungen werden, mehrere ...Rechtsmittel parallel einzulegen.« (BVerfG, 2298/09 <16>)

Auch »das dem gerichtlichen Rechtsschutzverfahren vorgelagerte Verwaltungsverfahren darf nicht so ausgestaltet sein, dass es den gerichtlichen Rechtsschutz vereitelt oder unzumutbar erschwert.« (BVerfG, 2 BvR 1461/15 <14>)

Behörden sind – wie Gerichte – gem. Art 1 Abs 3 und Art 20 Abs 3 GG verpflichtet, das eigene Handeln auf seine Grundrechtskonformität hin zu jeder Zeit kritisch zu prüfen. (BVerfG, 1 BvR 2407/16 <10>)

Davon kann nicht die Rede sein, wenn eine Behörde einen einzigen Antrag in neun Bescheide aufspaltet (SG Hannover, S 35 KA 35/15 – Möhwald) und dagegen gerichtete Widersprüche nicht bearbeitet, sondern durch Bearbeitungsverweigerung neun Untätigkeitsklagen erzwingt, die dann jeweils jahrelang beim Gericht herumliegen (z.B. SG Hannover, S 35 KA 35/ 13 – > S 35 KA 48/16 und zahlreiche andere) und selbst wenn Entscheidungen erfolgt sind, die Urteile nicht befolgt werden. (z.B. SG Hannover, S 35 KA 18/13) Wenn Gerichte – wie z.B. das SG Hannover (Möhwald) – dabei tatenlos zusehen, dass eine Behörde einen dem Rechtsuchenden offenstehenden Rechtsweg auf eine Klärung geltend gemachter Ansprüche dadurch unterläuft und erschwert, dass die Behörde eine Vielzahl überflüssiger und daher das Rechtsanliegen verzögernder Verfahren erzwingt, kann von einer Gewährleistung des Art 19 Abs 4 GG in angemessener Zeit nicht mehr die Rede sein. Aus einem einzigen Antrag in der Sache S 35 KA 35/13 hat die Behörde beim SG Hannover – Möhwald 9 (neun!) Untätigkeitsklagen und 9 (neun!) weitere Verfahren (S 35 KA 32 – 40/17, also achtzehn völlig unnötig zeitraubende Verfahren gemacht, ohne dass der Richter (Möhwald) daran Anstoß genommen hat.

Das richterliche Nichtbeanstanden mag darin begründet sein, dass sich durch solche Verfahrensgestaltungen richterliche Bequemlichkeit verstecken lässt: Auf diese Weise kann man die richterliche Pebb§y – Beurteilung manipulieren; denn wenn dieser Richter dann formal 17 Verfahrenszugänge verzeichnet, ist es in Wahrheit nur 1 Antrag, der bloß in etliche Verfahren aufgespalten ist. (17 scheinbare Neuzugänge ./. 18 Mehrfachverfahren derselben Sache + 2 tatsächliche Verfahren zur Sache = 1 Antrag) Haben seine Kollegen 26 Zugänge zu bearbeiten, so bearbeitet ein solche mehrfach anhängig gemachten Sachen »bearbeitender« Richter ein Sechsundzwanzigstel davon – was nach außen geschickt verdeckt wird.

Des Weiteren reicht es nicht aus, dass ein Primärverfahren beendet wurde, sondern das gesamte primär- und sekundärrechtliche Rechtsfindungsverfahren muss unter Berücksichtigung aller Zurückverweisungen an die Vorinstanzen und Behörden in angemessener Zeit abgeschlossen sein, was seit Langem bekannt ist:

»Das Rechtsstaatsprinzip fordert einen Abschluss des gesamten Rechtsfindungsverfahrens in angemessener Zeit.« (BVerfG v 1.7.1953 1 BvL 23/51)

Das folgt – wie bereits dargestellt – daraus, dass die Konventionsrechte nach der in Deutschland zu beachtenden RSpr des EGMR nicht theoretisch und scheinbar, sondern praktisch und wirksam gewährleistet werden müssen. Das bedeutet wiederum hinsichtlich der oben genannten Sachen, in denen eine Behörde entgegen der Pflicht aus § 20 Abs 3 SGBX einfach untätig bleibt, dass es nicht ausreicht, wegen eines gem. § 78 SGG zwingend vor Klageerhebung abzuschließenden Vorverfahrens, das die Behörde verweigert, die Möglichkeit der Untätigkeitsklage zu eröffnen oder über irgendein anderes Nebenverfahren statt über den eigentlichen Anspruch zu entscheiden.

Entscheidend ist allein, wie lange Behörden und Gerichte den Anspruch, also den Kern der Sache bis zur tatsächlichen Erledigung »schmoren« lassen.

»Das Interesse der Rechtssicherheit fordert, dass strittige Rechtsverhältnisse in angemessener Zeit geklärt werden.« (stRSpr; BVerfG, 1 BvR 661/00 <11>; 1 BvR 1304/09 <13> u.a.)

Strittige Rechtsverhältnisse sind oft nicht in einer einzigen Instanz geklärt, sondern können – wenn es inkompetenten Instanzenrichtern nicht gelingt, Rechtsfrieden zu schaffen – den gesamten Instanzenzug durchlaufen, so dass die Gesamtverfahrensdauer sämtliche Instanzen des betreffenden Kernanliegens umfasst. Das verkürzende Betrachten einer einzigen Instanz wird dem Problem nicht gerecht. Man muss also nicht drum herumreden: Maßgeblich ist die Beendigung des strittigen Rechtsverhältnisses bzw. der Abschluss des gesamten

Rechtsfindungsverfahrens. (BVerfG v 1.7.1953, 1 BvL 23/51). So sieht es auch der EGMR. Er hat in einer Sache, in der eine Behörde das vor Klageerhebung erforderliche Vorverfahren fast drei Jahre verzögert hat, wegen der Verletzung des Art 6 EMRK (Verweigerung des Zugangs zum Gericht) eine vom Staat zu zahlende Entschädigung von 50.000 Euro zugunsten des Benachteiligten festgesetzt. (EGMR v 23.7.2002, 34619/97 – Janosevic/Schweden)

Es sind etliche solcher Fälle in Deutschland bekannt. Würde die Verzögerung behördlicher Vorverfahren nicht in § 198 ff GVG hineingenommen, wäre festzustellen, dass es in Deutschland kein praktisch und wirksam anwendbares Rechtsmittel gegen den Zugang zum Gericht behindernde Behörden gibt – mit der Folge eines neuen, die Sache Rumpf ergänzenden, Pilotverfahrens, dass der EGMR anordnet. Die Auffassung, dass Bezugspunkt für die Beurteilung einer angemessenen Verfahrensdauer grundsätzlich die Gesamtverfahrensdauer sei, aber nur, »soweit es …in die Haftungsverantwortung des in Anspruch genommenen Rechtsträgers fällt« (BTDrs 17/3802 S 18 Sp. 2) dürfte konventionswidrig sein und verkennt die in Art 1 EMRK abgegebene pauschale Gewährleistungsgarantie Deutschlands für die Einhaltung der Konvention durch alle Träger der staatlichen Gewalt, nicht nur »des in Anspruch genommenen Rechtsträgers«, so dass die Verletzungen des Art 6 Abs 1 EMRK durch andere Träger der staatlichen Gewalt völlig entschädigungslos blieben. Das widerspräche dem Gebot einer effektiven und wirksamen Gewährleistung der Konventionsgarantien. Die Rechte der EMRK sind nämlich nicht selektiv, sondern umfassend zu gewährleisten, um Betroffene nicht zum Freiwild staatlicher Willkür zu machen.

Deshalb gilt:

»Dabei haben die Gerichte auch die Gesamtdauer des Verfahrens zu berücksichtigen und sich mit zunehmender Dauer nachhaltig um eine Beschleunigung des Verfahrens zu bemühen. Eine Verzögerung des vorgreiflichen Rechtsstreits ist ebenfalls ein Gesichtspunkt, dem bei der Ausübung des Ermessens Rechnung zu tragen ist.« (BVerfG, 1 BvR 2965/10 <20>)

»Vorgreifliche Rechtsstreite« sind bei sekundärrechtlichen Entschädigungsverfahren auch die zwingend zu erschöpfenden Instanzen des primären Rechtsschutzes, die zusammen mit den sekundärrechtlichen Verfahren in Nds gut und gerne 20 Jahre oder noch mehr erreichen können. (SG Hannover, S 35 K 46/11; S 35 KA 1/16; S 35 KA 9/16,S 35 KA 32/17 und alle anderen in Nds rechtshängigen Entschädigungsverfahren – alle Möhwald) Dass das überhaupt keine angemessenen Verfahrensdauern mehr sind, ist nicht weiter erläuterungsbedürftig.

Eine »gesteigerte Eilbedürftigkeit« ergibt sich auch dann, wenn »der Europäische Gerichtshof für Menschenrechte zwischenzeitlich...Schadensersatz wegen der überlangen Dauer des ersten...Verfahrens zugesprochen« hat. (BVerfG, 1 BvR 2965/10 <13>)

Manche Gerichte missachten die sie bindende höhere Rechtsprechung. So ist z.B. das LSG Nds – Bremen der mit abendländischer Logik nicht zu vereinbarenden Auffassung, dass ein Rechtsfindungsbegehren, das vor 19 Jahren begonnen hat und nach rkr Feststellung des EGMR bereits vor neuneinhalb Jahren verzögert war (EGMR v 16.12.2010, 16129/09) immer noch nicht verzögert sei. (LSG Nds.- Bremen v 6.4.20, L 3431/02-01 10/20 – Hörner) Das ist jedoch die vom Präsidenten dieses Gerichts vertretene, bloß konventionswidrige Praxis dieses LSG, um Verfahrensdauern kleinzureden. Richtig ist stattdessen, dass dann, wenn eine konventionswidrige Verzögerung festgestellt worden ist, eine Verzögerung feststeht und das gesamte Rechtsfindungsverfahren nicht erst nach mehreren weiteren Jahren, sondern umgehend beendet werden muss:

»Dauert die festgestellte Verzögerung noch an, … so ist die Vertragspartei (Anm.: Deutschland) verpflichtet, diesen Zustand zu beenden. (…) Insoweit würde die Vertragspartei durch die Nichtbeachtung …ihres als konventionswidrig festgestellten Verhaltens …erneut die Europäische Menschenrechtskonvention verletzen.« (BVerfG, 1 BvR 1481/04 <41>)

»In diesem Zusammenhange bekräftigt der Gerichtshof seine RSpr, wonach das Recht auf Zugang zum Gericht illusorisch wäre, wenn die innerstaatliche Rechtsordnung eines Vertragsstaates es erlauben würde, eine endgültige gerichtliche Entscheidung nicht wirksam zu treffen.«(EGMR 64897/01 § 89 – Zullo/Italien)

Wenn Gerichte und Richter es ablehnen, die Verfassung und die Konvention zu beachten, stellt sich nicht die Frage nach der Beachtenspflicht der Verfassung und der Konvention, sondern der beruflichen Eignung dieser Richter. Jedenfalls bedeutet die RSpr des EGMR und des BVerfG also gerade nicht, wie manche LSGe und Staatsdiener verfassungs- und konventionswidriger Weise glauben machen wollen, dass es dann in der Folgezeit auf eine unverzögerte Erledigung nicht mehr ankäme, weil einer erneuten Konventionsverletzung »die Rechtskraft« des bereits bestehenden Urteils entgegenstünde. (so: Land Nds in L 10 SF 9/18 EK KA – Dr. Schreiber) Dies wäre ein Freibrief zur Fortführung von Konventionsverletzungen.

In sekundärrechtlichen Entschädigungsverfahren wäre der von Rechts wegen auszuschöpfende primärrechtliche Rechtsweg das »erste« Verfahren. Primär- und Sekundärrechtschutz umfassende Entschädigungsverfahren dauern in Niedersachsen nicht selten mindestens 20 Jahre (siehe o.g. Az.) Die nach den Grundsätzen des EGMR zu bestimmende Gesamtdauer lässt sich freilich durch willkürliches Verschieben der Anfangs- und Beendigungszeitpunkte manipulieren, wovon manche Gerichte (auch LSGe) und Landesregierungen fleißig Gebrauch machen.

Ergibt sich bereits auf den ersten Blick aus der zeitlichen Gesamtbetrachtung, dass das Gesamtverfahren den Anforderungen an eine angemessene Verfahrensdauer nicht entspricht, so führt der EGMR keine weiteren Prüfungen der einzelnen Bearbeitungsabschnitte und keine Abwägungen mehr durch, sondern erklärt das Verfahren ohne Weiteres für unangemessen lang bzw. verzögert. Eine unangemessene Länge des Gesamtverfahrens hat der EGMR festgestellt, wenn z.B.

* zivilrechtliche Gesamtverfahrensdauern 4 Jahre,
* sozialrechtliche Gesamtverfahrensdauern 3 Jahre 10 Monate
* familienrechtliche Gesamtverfahrensdauern 3 Jahre 10 Monate betragen und
* strafrechtliche – sowie Strafermittlungsverfahren eine Gesamtdauer von 3 Jahren 11 Monaten

haben. (siehe im Einzelnen zu diesen Zeitangaben hinten)

Dann steht praktisch prima facie fest, dass Art 6 Abs 1 EMRK hinsichtlich der Angemessenheit der Verfahrensdauer verletzt ist und muss – da Deutschland die RSpr der EMRK so anwenden muss, wie es der EGMR tut (siehe: EGMR v 29.5.2010, 53126/07, § 39 – Taron/Deutschland; Grabenwarter, EMRK, 118 u.a.) – dasselbe für deutsche Verfahren gem. §§ 198 ff GVG gelten.

Entgegen der Auffassung des Nds Justizministers, der Verfahrensdauern von 9 Monaten pro Instanz für »in Ordnung« hielt und der Auffassung war, dass das bei längeren Verfahrensdauern nicht mehr so sei, also diese nicht »in Ordnung«

seien (Bundesrat v 15.10.2010, 875. Sitzung, S 577) räumen manche, offenbar schlafmützige Richter den Gerichten großzügige, aber eindeutig konventionswidrige Bearbeitungszeiten ein:

»Die Gesamtdauer …umfasste noch nicht fünf Jahre, was nicht unangemessen lang ist.« (LSG Nds – Bremen , L 10 SF 11/12 EK KA, S 13 – Dr. König, S. Klein, Wolf) und

»Die Gesamtdauer von zwei Instanzen über viereinhalb Jahre war nicht zu lang.« (LSG Nds – Bremen, L 10 SF 2/12 EK KA, Dr. König, S. Klein, Wolf)

Eine derartige innerstaatliche RSpr ist angesichts der bereits seit Langem vorliegenden RSpr des EGMR hochgradig dreist und hat rechtsbeugende Züge; denn der EGMR hatte bereits 12 Jahre vorher entschieden , dass z.B. bereits 3 Jahre und 9 Monate für zwei Instanzen eine Art 6 Abs 1 EMRK verletzende Verfahrensdauer darstellt. (EGMR v 14.11.2000, 38437/97 – Delgado/Frankreich)

Das BVerfG hält sozialgerichtliche Verfahren, die 4 Jahre dauern für zu lang. (BVerfG, 1 BvR 331/10 <9>)

Die oben zitierte RSpr der inzwischen aus dem Senat ausgeschiedenen Richter Dr. König, S. Klein, Wolf am 10. Senat des LSG Nds pervertiert auch die nachfolgend erläuterte Ein-Jahres Regel des EGMR in grober Weise; denn es gibt in Deutschland keine Rechtszüge, die vier, fünf oder mehr Instanzen haben, woraus man erkennen kann, dass die Einschätzung, Gesamtverfahrensdauern von viereinhalb oder fünf Jahren seien per se immer angemessen, in ungewöhnlich grober Weise falsch ist. Hier spiegelt sich allenfalls die schläfrig – verzögernde Arbeitsweise der diese falsche Behauptung »aus dem Bauch heraus« aufstellenden Richter wider (die wie gesagt kurz nach ihren Bekundungen alle ausgeschieden sind oder wurden).

Vollständigkeits- und korrektheitshalber ist zu sagen, dass der 10. Senat dieses Gerichts inzwischen mit hoffentlich weniger pomadigen Richtern besetzt ist, so dass er immerhin im Jahre 2016 entschieden hat, dass ein vom 3.2.2012 bis zum 6.10.2015 dauerndes Verfahren um 25 Monate verzögert war. (LSG Nds v 28.4.2016, L 10 SF 22/15 EK AS)

4.2 Ein – Jahres – pro – Instanz – Grundregel

Der EGMR verlangt, dass die Urteile deutscher Gerichte über Verzögerungen

»in der Theorie als auch in der Praxis den vom Gerichtshof genannten Schlüssel-kriterien entsprechen« (EGMR v 2.9.2010, 46314/06, § 73 – Rumpf Deutschland)

und die deutschen Gerichte das Recht

»bei ihren Entscheidungen über Entschädigungsansprüche so anwenden müssen, wie es der Rechtsprechung des Gerichtshofs entspricht« (EGMR v 29.5.2012, 53126/07, § 39 – Taron/Deutschland) und zwar als »Mindestgewährleistungen« (so: BVerfG, 2 BvR 2365/09 <90>)

Damit hat der EGMR – wie sich seinen Aussagen eindeutig entnehmen lässt – die deutschen Gerichte zur schematischen Parallelisierung der Aussagen des EGMR ausdrücklich verpflichtet. Dies und Nichts anderes bedeutet die Verpflichtung des EGMR, dass deutsche Gerichte das Recht »bei ihren Entscheidungen über Entschä-digungsansprüche <u>so anwenden müssen, wie es der Rechtsprechung des Gerichtshofs entspricht.</u>« Diese Aussage ist eindeutig und kann nicht »ausgelegt« oder missver-standen, sondern allenfalls missachtet werden – was in Deutschland allerdings zum Schaden der Menschenrechte der Bürger sehr oft – wenn nicht ständig – geschieht.

Dabei geht der EGMR in ständiger Rechtsprechung als Anhaltspunkt von einer »groben Daumenregel« für Durchschnittsverfahren von einem Jahr aus.

Durchschnittlich ist alles, was geregelt, genormt, gemustert, wiederkehrend und typisch ist. Das heißt, dass ein Rechtsschutzinteresse dann noch in angemessener Zeit erledigt wurde, wenn die Dauer einer Instanz ein Jahr pro Instanz nicht übersteigt, weil ein Jahr »die Norm« ist.

Es ist also falsch und schlichtweg konventionswidrig, von einer zulässigen Ver-fahrens-Pauschale von 2 Jahren auszugehen (BVerwG v 11.7.2013, 5 C 23.12 D <50>) oder darzustellen, es könne von einer angemessenen Verfahrensdauer die Rede sein, wenn zwei Jahre nach Klageeingang begonnen wird, das Verfahren einer Entscheidung zuzuführen. (so: BFH, U v 8.11.2019, XK 1/19 NV)

Solche gerichtlichen Auffassungen sind konventionswidrig und damit auch innerstaatlich rechtswidrig.

Deutsche Gerichte müssen – was die sich selbstherrlich überschätzenden unter den deutschen Richtern nicht wahrhaben wollen – ausnahmslos die ständige Rechtsprechung des EGMR so anwenden, wie es der RSpr des EGMR entspricht (siehe: Taron/Deutschland, a.a.O., § 39), der von einem oberen Zeitgrenze von einem Jahr pro Instanz für Durchschnittsverfahren ausgeht. Eine von dieser eindeutigen RSpr des EGMR nach freiem Belieben abweichende Auffassung steht innerstaatlichen Richtern nicht zu. Sie mögen dies zwar gern wollen, haben aber keinerlei Berechtigung, keine freie Auswahl und keine Ermessensrecht, das es ihnen gestattet, von der Rechtsprechung des EGMR abzuweichen.

Die Ein-Jahres-Regel des EGMR bedeutet auch nicht, dass ein Betroffener alle ihm von einer Behörde zugefügten psychischen Belastungen ein Jahr lang entschädigungslos hinnehmen muss.

Wenn bei objektiver Betrachtung davon auszugehen klar ist, dass

- der betreffende Staatsdiener <u>die angeblich erforderliche Zeit in Wahrheit für private Interessen genutzt</u> hat,
- wenn in Wahrheit gar <u>kein rechtshängiges Verfahren</u> bestand, oder
- wenn Verfahren betrieben werden, die <u>bei objektiver Betrachtung von vorneeherein gar nicht betrieben werden durften</u> (z.B. von Anfang an bestehende Verfahrenshindernisse, z.B. wegen Selbstbelastungsverbots, Tatprovokation, vom StA erfundene Beweise)

dann wäre es eine Pervertierung des Rechts, dem Staat hierfür eine Bearbeitungsdauer von einem Jahr als »Bearbeitungsdauer« zuzugestehen. In solchen Fällen sind Verzögerungen vom ersten Tage an anzusetzen.

Die Ein-Jahr-pro-Instanz-Regel gilt für Durchschnittsverfahren gem. Art 6 EMRK. Das sind »normale« Verfahren, die das Gericht hinsichtlich eines echtes klägerisches Rechtsanliegens (die EMRK spricht von Ansprüchen, Verpflichtungen und Anklage in einem fairen Verfahren) tatsächlich betrieben hat. In diesem Falle gesteht der EGMR eine Dauer von einem Jahr zu.
  Bei Verfahren, denen objektiv gar kein rechtliches Anliegen zugrunde liegt,

sondern ein solches durch staatliche Einrichtungen nur vorgetäuscht wird, ist das denknotwendig anders.

Solches sind z.B. Verfahren, denen »auf der Stirn geschrieben« steht, dass sie auf willkürlichem Amtsmissbrauch von Staatsdienern beruhen, bloß um ihnen missliebige Bürger bewusst durch psychische Belastung zu schikanieren.

Hierzu gibt es auch etliche Beispiele.

- Beurkundet ein Richter im Urteil, dass gar <u>kein rechtshängiges Gerichtsverfahren</u> zugrunde lag (z.B. SG Hannover, S 35 KA 1/16 – Möhwald), so ist das nicht nur profunder Unsinn und einer der vielen Fälle »möhwaldartigen nicht Taugens« richterlicher Arbeit (siehe: 4.3.7), sondern beweist das auch, dass keinerlei Zeitaufwand erforderlich war; denn ohne rechtshängiges Verfahren gab es keinen Anlass zu richterlicher Tätigkeit. Das bedeutet, dass überhaupt keine Verfahrensdauer anzusetzen ist, sondern der Betroffene nicht erst nach der Ein-Jahres-Frist, sondern vom ersten Tage an unnötigem psychischem Stress ausgesetzt war. Die Ein-Jahres-Regel darf nicht angewandt werden, weil diese voraussetzt, dass ein Richter für die rechtmäßige Ausübung seines Amtes in einem rechtshängigen Verfahren eine Tätigkeit entfaltet hat, die einen gewissen Zeitaufwand erfordert. Daran aber fehlt es bereits wegen des Nichtvorhandenseins eines rechtshängigen Gerichtsverfahrens. <u>Ohne Gerichtsverfahren</u> – > keine Verfahrensdauer.

Im Bereich des Strafrechts gibt es ebenfalls etliche Beispiele:

- Kann ein für Wirtschaftsstrafsachen zuständiger Staatsanwalt trotz von ihm aufgrund seiner Beschuldigtenbefragung zugegebenen zwanzig Besuche des in der Nähe seiner Dienststelle gelegenen Bordells während der Dienstzeit aus angeblichen Ermittlungsgründen (die im Bordell arbeitenden Frauen berichteten hingegen davon, dass sich der Staatsanwalt als »bedeutender« Freier aufgespielt habe) und trotz häuslicher Besuche von Prostituierten in deren Privatwohnung während der Dienstzeit keinerlei oder fast keine Ermittlungsdokumentation vorweisen (StA Hannover – StA Görlich), kann realistischerweise nicht ausgeschlossen werden, dass nicht von dienstlicher, sondern von privater »Betätigung« auszugehen ist. Nicht jede Betätigung während der Dienstzeit muss zwangsläufig in dienstlicher Amtsausübung erfolgt sein, sondern sie kann selbstverständlich auch privaten Zwecken gedient haben; insbesondere, wenn dies Andere bekunden. Ohne Dokumentation von Ermittlungsergebnissen – > kein Ermittlungsverfahren – >keine Verfahrensdauer.

Dokumentiert ein Staatsanwalt z.B., dass er eine Zeugenaussage nicht glaubt und veranlasst anschließend eine Vereidigung, um den Zeugen – wenn die Aussage nicht so ausfällt, wie der StA dies gern möchte – des Meineides anzuklagen, ist das nicht nur ein Verstoß gegen das völkerrechtliche Selbstbelastungsverbot. (so z.B. bei der StA Hannover – StA Görlich), sondern stellt die Verletzung des Selbstbelastungsverbots ein von Anfang an bestehendes Verfahrenshindernis dar; d.h., ein Ermittlungsverfahren wegen Meineides darf nicht stattfinden, weil eine Anklage wegen Meineides in keinem Falle erhoben werden kann. Einem solchen wegen Meineids geführten Ermittlungsverfahren, das gar nicht zu einer Anklage führen kann, weil ihm von vorneherein ein Verfahrenshindernis (der Verstoß gegen das Selbstbelastungsverbot) entgegensteht, ist kein Verfahren, dem ein echtes Rechtsanliegen zugrunde liegt. Es soll bloß Denjenigen durch psychische Belastung »bestrafen« und »weichzukochen«, der Aussagen nicht so macht, wie es die StA vorgibt. Ermittlungen wegen Meineides im Anschluss an die Verletzung des Selbstbelastungsverbots liegt kein echtes Rechtsanliegen zugrunde; es kann deshalb die Ein-Jahres-Regel nicht angewendet werden, sondern solche von vorneherein objektiv sinnlosen und bloß zur Ausübung verbotenen Drucks auf amtsmissbräuchliche Willkür gestützten Verfahren sind vom ersten Tage an als zu lange Verfahren anzusehen. Vom ersten Tage an bestehendes Verfahrenshindernis – > von vorneherein Ermittlungsverbot, d.h. keine Anklage möglich – > kein Ermittlungsverfahren – >keine Verfahrensdauer.

Es kann keinem StA entschädigungslos zugebilligt werden, ein Jahr lang rechtswidrig sein Amt zur Ausübung psychischen Drucks auf Betroffene missbrauchen zu dürfen. Der BGH sieht das übrigens anders, indem er bei Verletzungen des Selbstbelastungsverbots »wegschaut«, damit keine Verzögerungsentschädigung bezahlt werden muss.

- Das Gleiche gilt auch für Ermittlungsverfahren, in denen der StA unkorrekterweise Suggestivfragen so formuliert, dass sich als falsch herausstellende Zeugenaussagen erreicht werden, aufgrund welche jeder Richter deshalb eine Verfahrenseröffnung ablehnen muss. (ebenfalls StA Hannover – StA Behne) Auch insofern gilt:

Ein Rechtstaat kann keinem StA gestatten, sein Amt ein Jahr lang entschädigungslos zu missbrauchen. Ohne rechtmäßigen dienstlichen Anlass – > kein Ermittlungsverfahren – >keine Verfahrensdauer.

In solchen wie diesen und ähnlichen Fällen kann folglich die Ein-Jahres-Regel des EGMR nicht beansprucht werden, sondern ist von einer Unangemessenheit der Dauer des Verfahrens vom ersten Tage an auszugehen.

In allen übrigen Fällen haben deutsche Gerichte grundsätzlich die für keine Besonderheiten aufweisende Durchschnittsverfahren geltende Ein-Jahr-pro-Instanz-Regel des EGMR anzuwenden. (siehe: EGMR, Taron/Deutschland, a.a.O. § 39) Diese Ein-Jahr-pro-Instanz-Regel für Durchschnittsverfahren ist ein seit vielen Jahren gefestigter Grundsatz in der RSpr des EGMR. Bereits im Januar 2003 hat der EGMR festgestellt:

»While often one year per instance may generelly be taken as reasonable, the overall length of time must be taken into account.« (EGMR v 16.1.2003, 50934/00, § 33 – Obasa/Vereinigtes Königreich)

und damit ausgedrückt, dass die Anwendung der generellen »Ein-Jahres-Regel« für eine Instanz nur in Durchschnittsfällen, also nur dann, wenn das Gesamtverfahren nicht bereits lange dauert, in Frage kommt, jedoch dann zu verkürzen ist, wenn das Gesamtverfahren schon lange dauert. (»the overall length of time must be taken into account«)

Im Februar desselben Jahres hat der EGMR dann seine Ein-Jahres-Regel bekräftigt:

»While often one year per instance may be a rough rule of thumb in Article 6 cases ...« (EGMR v 20.2.2003, 50272/99, § 79 – Hutchinson Reid/Vereinigtes Königreich)

und bereits zwei Jahre später erneut darauf hingewiesen, dass eine Verletzung der Ein-Jahres-Regel mit der Garantie der Entscheidung in angemessener Zeit gem. Art 6 EMRK unvereinbar ist, was zwingend von deutschen Gerichten beachtet werden muss:

»The requirement that a decision be given ›speedily‹ is undeniably one such guarantee, while one year per level of jurisdiction may be a rough rule of thumb in Article 6 cases ...« (EGMR v 8.2.2005, 45100/98, § 116 – Panchenko/Russland)

Auch in seinen späteren Entscheidungen ist der EGMR immer wieder bei dieser Rechtsprechung geblieben und hat sie vielfach wiederholt; z.B.:

»The Court notes,,,that the remaining period of twelve month was sufficient in itself to account to a second breach of the same set of proceedings. (EGMR Große Kammer v 29..3.2006, 64897/01, § 118 – Zullo/Italien)

sowie:

»while often one year per level of jurisdiction may be a a rough rule of thumb in Article 6 cases,,,« (EGMR v 9.10.2008, 62936/00, § 160 – Moiseyev/Russland) und erneut:

»while often one year per level of jurisdiction may be a rough rule of thumb in Article 6 cases …« (EGMR v 26.11.2009, 13591/05, §126 – Nazarov/Russland)

Es ist angesichts der Pflicht deutscher Gerichte, die Verzögerungsrechtsprechung so anzuwenden wie es der die Ein-Jahres-Regel für Durchschnittsverfahren anwendende EGMR, eine von der Bundesregierung unbeanstandete erstaunlich dreiste Konventionsmissachtung, wenn deutsche Gerichte darstellen, dass es eine angemessene Verfahrensdauer darstelle, wenn ein Gericht zwei Jahre nach Eingang der Klage mit Maßnahmen beginnt, um das Verfahren einer Entscheidung zuzuführen. (so: BFH, U v 26.10.2016, XK 2/15)

Gerade weil sich in Deutschland auch Staatsdiener und Vertreter des Staates als Menschenrechtsvertreter ausgeben und die moralische Berechtigung beanspruchen, mit dem Finger auf andere Länder – z.B. auf Russland – deuten und die dort bestehenden Zustände als rechtsstaatswidrig anprangern zu dürfen, muss man davon ausgehen, dass Deutschland im eigenen Lande bessere Rechtsstandards einhält, als Russland (siehe zitierte Urteile des EGMR zu Panchenko, Moisexyev, Nazarov u.a., die Russland einzuhalten hatte).

Nach der Regel: Jeder kehre zuerst vor seiner eigenen Tür, hat Niemand in Deutschland das Recht, Rechtsstandards in Russland zu beanstanden, bevor Deutschland selber nicht mindestens die Rechtsstandards (hier: die Ein-Jahres-Regel) einhält, die der EGMR von Russland als konventionskonform verlangt. (siehe obige Urteile: Panchenko, Moiseyev und Nazarov – alle gegen Russland) Das ist eben die Ein-Jahr-Pro-Instanz-Regel des EGMR, die in Deutschland zwingend für Durchschnittsverfahren einzuhalten ist, wie auch das OLG Naumburg unter ausdrücklichem Verweis auf die stRSpr des EGMR betont und korrekt angewendet hat. (OLG Naumburg, Beschl. v 30.5.2013, 1 ESV 4/12)

Hingegen hat das LSG Hamburg offenbar etwas missverstanden, das davon ausgeht, dass eine Untätigkeit von einem Jahr zu lang sei (LSG HH, L 1 SF 16/13 ESV); die Ein-Jahres-Regel ist auf die erlaubte Instanzendauer für Durchschnittsverfahren bezogen, nicht auf eine erlaubte Untätigkeit.

Aufgrund der stets wiederholten gleichlautenden Entscheidungen des EGMR ist davon auszugehen, dass es sich bei der Ein-Jahr-pro-Instanz-Regel um deutsche Gerichte bindende ständige Rechtsprechung des Europäischen Gerichtshofs für Menschenrechte handelt. »Der EGMR hat mehrfach als Richtwert geäußert, dass die angemessene Dauer pro Instanz ein Jahr beträgt.« (Böcker, DStR 2011, 2173; ebenso: Weitzel, Das neue Gesetz über den Rechtsschutz)

Der EGMR verlangt deshalb bei einer Verzögerung über ein Jahr hinaus eine besondere Begründung. Es besteht dann aufgrund der aus Art 6 EMRK fließenden Sorgfaltspflichten ein besonderer Rechtfertigungszwang. (EGMR, NJW 2001, 2694 <2698>)

Die betulichen und pomadig arbeitenden unter den Staatsdienern mögen ein Jahr für kurz empfinden. Das sind meist jene, für die ein Monat bereits wenige Tage nach Beginn dieses Monats endet, weil damit bereits der Gehaltszahlungs-/Alimentationsanspruch entstanden ist, der dann nur noch mehrere Wochen des Monats ausgesessen werden muss.

Bei objektiver Betrachtung der Zeitspannen des täglichen Lebens ist ein Jahr hingegen gewiss keine geringe Zeitspanne:

In einem Jahr werden immerhin vier Jahreszeiten durchlebt.

Man muss sich auch einmal vor Augen halten, dass ein Mensch in nur neun Monaten entsteht und der gesamte Entwicklungsprozess bis zur Geburt kein Jahr dauert.

Ein Jahr ist auch das Doppelte der normalen arbeitsvertraglichen Probezeit, die Arbeitgeber als Obergrenze zu nutzen pflegen, um sich darüber klarzuwerden und abschließend zu entscheiden, ob ein Arbeitnehmer geeignet ist oder ob das nicht der Fall ist.

Die gesamte Ausbildung zum Berufspiloten, der in einem Flugzeug Passagiere befördern darf, dem also etliche Menschenleben anvertraut sind, dauert in Deutschland ein Jahr.

Dasselbe gilt für Hubschrauberpiloten, die beruflich Passagiere befördern.

Ein Jahr ist auch ebenfalls mehr als das Doppelte der Verfahrensdauer, die deutsche Amtsgerichte für Durchschnittsverfahren benötigen. Deutsche Amtsgerichte schließen ihre Verfahren durchschnittlich bereits nach 4,7 Monaten ab (siehe:Resolution CM/ResDH(2013)244); beim AG Lampertheim dauern selbst Strafverfahren sogar nur 2,6 Monate. (Hess Just Min, zit. in: FAZ v 24.2.2020)

Nach dem Gleichheitsgrundsatz, der es verbietet, wesentlich Gleiches ungleich zu behandeln ist es geboten, die Zeitdauer von Durchschnittsverfahren bei Amtsgerichten mit der Zeitdauer von Durchschnittsverfahren bei anderen Gerichten gleichzusetzen. Das bedeutet: Wenn Amtsgerichte Durchschnittsverfahren in weniger als fünf Monaten abschließen können, dann gebietet der Gleichbehandlungsgrundsatz, dass z.B. auch Sozialgerichte Durchschnittsverfahren in fünf Monaten abschließen können. Die Einhaltung des Gleichheitssatzes ist verfassungs- und konventionsrechtlich festgeschrieben. Jeder kann dessen Einhaltung erwarten.

Wenn Richter mancher Gerichte für ein einziges Durchschnittsverfahren ein ganzes Jahr und manchmal sogar ein Mehrfaches davon benötigen, dann stellt sich auch die Frage, wie sie ihr Studium mit redlichen Mitteln in angemessener Zeit geschafft haben; denn die gesamte Kenntnisvermittlung des juristischen Grundstudiums dauert nur zwei Jahre. – Ein keinerlei Rechtskenntnisse besitzender Abiturient hat also gerade einmal doppelt so viel Zeit, die Grundlagen des gesamten deutschen Rechts zu begreifen, wie der EGMR einem juristisch voll ausgebildeten Richter für ein Durchschnittsverfahren zugesteht.

Insgesamt wird man sagen müssen, dass ein Jahr ein höchst generöses zeitliches Zugeständnis des EGMR an den richterlichen »Fleiß« und die richterliche Arbeitsmoral und die daraus fließenden gerichtlichen Verfahrensdauern darstellt.

Solche äußerst reichlich bemessenen Bearbeitungsdauern sind jedenfalls der freien Wirtschaft fremd. Hier muss wesentlich schneller gearbeitet werden; sonst wird Nicht einmal »das Salz in der Suppe« vedient.

Die Auffassung, dass die o.g. stRSpr des EGMR, dass ein Jahr pro Instanz für Durchschnittsverfahren die obere Grenze der Angemessenheit darstelle »keinen Rückgriff auf Orientierungs- oder Richtwerte« erlaube (so: BVerwG, 5 C 23.12 D, II,2; ebenso: Thür OVG, U v 22.11.2014, 2 SO 182/12, S 24), dürfte danach nicht nur als weltfremd, sondern insbesondere als konventionswidrig einzustufen sein; denn auch die zur Beachtung der EMRK verpflichtete innerstaatliche RSpr darf das Recht nicht theoretisch und illusorisch, also nicht nach Belieben schwammig anwenden, sondern muss es praktisch und wirksam, also mit greifbaren Referenzwerten (so richtigerweise: OLG Braunschweig v 8.2.2013, SchH 1/12 = »Vergleichsrahmen«) anwenden. – siehe: EGMR 64897/01, § 85 – Zullo/ Italien; aber auch andere; z.B.:

»in this connection it should reiterated that the Convention is intended to guarantee not theoretical or illusory rights, but rights that are practical and effective.« (EGMR, GK v 29.3.2006, 62361/00, § 82 – EGMR 42527/98, § 45 – Prinz Hans Adam von Liechtenstein/Deutchland)

Da der EGMR die Ein-Jahres-Regel für Durchschnittsfälle aufgestellt hat (siehe obige Urteile) und der EGMR die deutschen Gerichte verpflichtet hat, das Recht bei Verzögerungen so anzuwenden, wie es der EGMR tut (siehe: EGMR, Taron/Deutschland, a.a.O., § 39), haben deutsche Gerichte gar keine Wahl, als grundsätzlich von einer Verfahrensdauer auszugehen, die höchstens ein Jahr betragen darf. Es kann nicht oft genug wiederholt werden: Deutsche Gerichte haben die Pflicht (zumal sie auch das gleichlautende allgemeine Völkerrecht verwirklichen müssen) zur schematischen Parallelisierung der Aussagen des EGMR in ihren eigenen innerstaatlichen Urteilen. Das mag ihnen gefallen oder nicht;

darauf kommt es aber nicht an. Sie sind schlicht und einfach dazu verpflichtet. Kommen sie dieser Pflicht nicht nach, verletzen sie ihre richterlichen Pflichten sowie die Pflicht, die Konventionsgarantien zu gewährleisten. Praktisch ist das eine Rechtsbeugung.

Aus der BTDrs 17/7217, S 24 Sp 2 ergibt sich, dass auch der zur Einhaltung der Konvention verpflichtete deutsche Gesetzgeber der Auffassung ist, dass angemessene Verfahrensdauern dann vorliegen, wenn Erledigungen innerhalb eines Jahres erfolgen.

Die Ein-Jahres-Regel scheint auch denen bekannt zu sein, die sie – wie das Land Niedersachsen offensichtlich gezielt und ganz bewusst – nicht anwenden, was sich aus der Kundgabe des Nds. Justizministers ergibt:

»Verfahren der ordentlichen Gerichtsbarkeit dauern 9 Monate, das ist in Ordnung. In anderen Bereichen ist das anders.« (Nds. Just. Min. im Bundesrat, 15.10.2010, 875. Sitzung, S 377)

Die seit Jahrzehnten bekannte Ein-Jahres-Regel des EGMR wird in Deutschland von der Bundesregierung, die sich aufgrund Art 1 EMRK verpflichtet hat, für die Einhaltung der Konventionsgarantien in Deutschland zu sorgen, auch tatsächlich praktiziert. Das ergibt sich aus Vergleichen, die Deutschland mit von Verzögerungen Betroffenen geschlossen hat:

– Im Fall EGMR 23462/03 – K/Deutschland hat die Bundesregierung für eine Gesamtverfahrensdauer (nicht Verzögerungsdauer!) von 3 Jahren und 5 Monaten (=41 Monaten) einen Vergleichsbetrag von 5.000 Euro bezahlt.

• Im Fall EGMR 55804/00 – B/Deutschland hat die Bundesregierung für eine Gesamtverfahrensdauer (nicht Verzögerungsdauer!) von 7 Jahren und 10 Monaten (=94 Monaten) einen Vergleichsbetrag von 8.000 Euro bezahlt.

Rechnet man das auf die Entschädigung gem. § 198 GVG von 100 Euro pro verzögertem Monat um, ergibt sich daraus die Einschätzung der Bundesregierung, dass Verfahren, die länger als ein Jahr dauern, wegen Konventionswidrigkeit entschädigt werden müssen.

Selbst Gerichte – allerdings längst noch nicht alle – die sich und ihrem Fachbereich früher äußerst üppige Verfahrensdauern, die man schon siestaähnliche »Ruhezeiten« nennen konnte, zugestanden haben, akzeptieren inzwischen die Ein-Jahres-Regel des EGMR. Zu diesen sich inzwischen konventionskonform verhaltenden Gerichten zählt das BSG, das sich jahrelang beharrlich weigerte, die ständige Rechtsprechung des EGMR, nämlich die mindestens seit 2003 bestehenden Ein-Jahres-Grundregel des EGMR zu beachten und die Verfassungspflicht zur völker(vertrags)rechtsfreundlichen Rechtsprechung zu befolgen, indem es – auch nachdem etliche weitere Entscheidungen des EGMR zur Ein-Jahres-Regel vorlagen – weiterhin mit erstaunlicher Rigidität die konventionswidrige Ansicht vertrat, dass die Sozialrechtsprechung in Deutschland sich nicht an die Rechtsprechung des EGMR halten müsse, sondern drei Jahre pro Instanz angemessen seien. (BSG, Beschl. v 13.12.2005, B 4 RA 220/04 B) Aber auch das BSG hat wie gesagt inzwischen den Anwendungsbefehl des Art 59 GG verstanden, so dass die EMRK in der Auslegung des EGMR auch beim BSG keine »böhmischen Dörfer« mehr sind. Nachdem das BSG es geschafft hat, die Pflicht zur Beachtung der Ein-Jahres-Regel zu verstehen, spricht es nun von einer zeitlichen Dauer, »die noch als angemessen anzusehen ist, wenn die Gesamtverfahrensdauer, die zwölf Monate übersteigt, auf vertretbarer Verfahrensgestaltung beruht.« (BSG, B 10 ÜG 12/13 R <36>; ebenso: BSG, B 10 SF 7/14 <31> – siehe auch; BSG v 12.2.2015, B 10 ÜG 11/13 R)

Das BSG geht inzwischen sogar bei von ihm als formell und materiell besonders schwierig eingeschätzten, also einen höheren Zeitaufwand erfordernden Verfahren davon aus, dass »…die Grenze der Angemessenheit – allgemein betrachtet – bei einer Verfahrensdauer von etwa einem Jahr überschritten war. (vgl. allg. dazu Roderfeld in Marx/Roderfeld, Rechtsschutz bei überlangen Gerichts- und Ermittlungsverfahren, 2013, § 198 GVG, RN 25)« aus: BSG, Urteile v 21.2.2013, B 10 ÜG 1/12 KL und B 10 ÜG 2/12 B)

Bei manchen Gerichten dauert es hingegen immer noch ungewöhnlich lange, die innerstaatlich anzuwendende RSpr des EGMR zu rezipieren. Die von den pomadig arbeitenden unter den Gerichten lancierte Idee, dass ein Gericht die Zeit verplempernd mehr als ein Jahr vertrödeln dürfe, wenn eine andere Instanz dafür schneller arbeite (eine »Lizenz zum Trödeln«), hat keine Überzeugungskraft. Die Auffassung, dass dann, wenn ein Gesamtverfahren angemessen ist, einzelne Verfahrensabschnitte verzögert sein dürfen ist falsch (Grabenwarter, EMRK, § 24 RN 46), was ein im Schrifttum vertretener Standpunkt ist:

»Dass ein Verfahren insgesamt nicht übermäßig lange gedauert hat, kaschiert nicht, dass das Verfahren insgesamt nicht unerheblich kürzer hätte dauern können, wenn keine zeitlichen Versäumnisse geschehen wären. Dass die Justizorgane in weiteren Verfahrensabschnitten zügig vorangegangen sind, tut dem nicht Abbruch: Was sollten sie pflichtgemäß anders tun, als zügig zu ermitteln« bzw. zu arbeiten? Im Übrigen heißt ›zügige Ermittlung‹ bzw. ›zügige Arbeit‹ nur, dass die Justizorgane den geschehenen Versäumnissen …nicht noch weitere haben folgen lassen. Das ist nach der Ratio des Art 6 EMRK keine Rechtfertigung für existente Mängel.« (siehe: Gaede, HRRS Zeitschrift für höchstrichterliche Rechtsprechung im Strafrecht, Nov. 2005, S 380/381)

Trotzdem räumen sich die weniger aufgeweckten und eher schlafmützigen unter den Gerichten und deren Richter, die weder flott arbeiten, noch die Grundsätze des EGMR kennen, von der Ein-Jahres-Regel des EGMR abweichende beträchtliche »Bedenkzeiten« ein (so: OVG Berlin – Brandenburg, 3 A 1.12 D) und bekunden damit dass sie Alles andere sind, als Schnelldenker. Lange »Bedenkzeiten« reklamieren meist diejenigen Gerichte für sich, die fachlich nur geringe Kenntnisse haben sowie den Betroffenen überhaupt keine Bedenkzeiten einräumen, sondern von ihnen Sofortentscheidungen verlangen. (LSG Nds wg. Anhängigmachens des Gegenstandes aus L 3 KA 472/03 in L 3 KA 156/03 in der mündlichen Verhandlung – Pilz, Wolff, Weddig; SG Hannover, Verlangen der exakten Schadenshöhe in der mündlichen Verhandlung S 35 KA 35/13, die der Richter nicht gutachtlich eingeholt hatte – Möhwald) Solche die Ein – Jahres – Regel des EGMR durch »richterliche Bedenkzeiten« konventionswidrig aushöhlenden und leugnenden Schlafmützenauffassungen sind falsch und werden höchstgerichtlich nicht akzeptiert. (siehe z.B.: BVerwG, 5 C 23.12 D)

Die »Bedenkzeiten« bestehen nicht zusätzlich zu der Ein-Jahres-Frist, sondern sie bestehen innerhalb der konventionsrechtlichen Ein-Jahres-Frist und können diese Frist für Durchschnittsverfahren nur verkürzen, aber nicht verlängern. Ist also ein Verfahren nach zwei Monaten entscheidungsreif, so kann ab Entscheidungsreife ein Zeitraum von fünf Monaten für die Entscheidung zugestanden werden (BVerwG 5 C 1.13 D., II,2,a,(2)), so dass die Gesamtdauer dann sieben Monate betragen darf.

Als ebenso schlafmützig outete sich das LSG Niedersachsen – Bremen, das offenlegte, dass es – ebenfalls abweichend von der Ein-Jahres-Regel des EGMR- nach der Entscheidungsreife noch ein weiteres Jahr brauche, um zu wissen, wie es entscheide. (LSG Nds – Bremen, L 18 SF 1/12 EK KA, S 8 – Dr. König, S. Klein, Frankhäuser und Dutzende anderer Urteile derselben – inzwischen dort nicht mehr tätigen – Richter).

Der EGMR beanstandet es entgegen dieses König-, S. Klein- und Frankhäuserschen Schneckentempos, wenn ein Gericht nach abschließender Stellungnahme des Klägers noch neun Monate für die Entscheidung benötigt. (EGMR v 26.3.2009, 7369/04 – D/Deutschland)

Schlafmützige Gerichte sehen das – wie gesagt – anders. Sie ignorieren beharrlich den Anwendungsbefehls aus Art 59 GG sowie die eindeutige Anweisung des BVerfG zur Beachtung der Regelungen der EMRK in der Auslegung des EGMR und mögen auf diese Weise darstellen, welche verqueren Vorstellungen sie vom

Beschleunigungsgebot haben. Mit der geltenden RSpr des EGMR, die deutsche Gerichte anwenden müssen, wie es der EGMR tut, hat das aber Nichts zu tun.

Betrachtet man die RSpr des EGMR, bestätigt sich dessen kontinuierliche Anwendung der Ein-Jahres-Regel. So hat der EGMR z.B. für eine Instanz von einem Jahr und 6 Monaten festgestellt:

»Having examined all the material submitted to it, the Court considers that the Government have not put foreward any fact or argument capable of persuading it to reach a different conclusion in the present case. (...) Having regard to its case – law on subject, the Court considers that in the instant case the respective length of the different sets of proceedings was excessive and failed to meet the ›reasonable time‹requirement.«

»Der Gerichtshof ist mit Blick auf die einschlägige Rechtsprechung der Auffassung, dass die jeweilige Dauer der verschiedenen Verfahren in der vorliegenden Sache überlang war und dem Erfordernis einer angemessenen Verfahrensdauer nicht mehr entsprach.« – nicht ganz wortgetreue Übersetzung d Bundesmin d Justiz (EGMR v 16.12.2010, 43336/08 § 85 – Dudek/Deutschland)

Dementsprechend sind folgerichtig Durchschnittsverfahren, deren Instanzen länger als ein Jahr dauern, als in konventionswidriger Weise verzögert anzusehen. Die RSpr des EGMR sieht in ihrem case-law als zu lang an:

1. Ein Jahr und 3 Monate beim Sächsischen OVG (EGMR v 24.6.2010, 21423/07, § 29 – Schädlich/Deutschland)
2. Ein Jahr 6 Monate (EGMR v 31.5.2005, 64330/01 – Antunes Rocha/Portugal)
3. Ein Jahr 6 Monate beim Verwaltungsgericht Dresden (EGMR v 24.6.2010, 21423/07, § 29 – Schädlich/Deutschland)
4. Ein Jahr 8 Monate (EGMR v 2.12.2003, 37641/97 – Matwiejczuk/Polen)
5. Zwei Jahre (EGMR v 29.6.2006, 27250/02 – N/Deutschland)
6. Zwei Jahre – Peters, Einführung in die EMRK, 2003, S 124 – Frau Peters war früher am Europäischen Gerichtshof für Menschenrechte in Straßburg tätig
7. Zwei Jahre – Villiger, EMRK, RN 453, 468 – Herr Villiger hat als Richter am Europäischen Gerichtshof für Menschenrechte in Straßburg zahlreiche Urteile wegen der Verletzung der Verfahrensdauer gegen Deutschland gefällt; z.B. die folgenden Urteile zu Nr. 8, 9 sowie Nr. 11, 13 – 17 u.a.
8. Zwei Jahre 26 Tage (EGMR v 16.12.2010, 16127/09, §§ 46 und 85 – Dudek/Deutschland

9. Zwei Jahre 4 Monate (EGMR v 16.12.2010, 16123/09, §§ 42 und 85 – Dudek/Deutschland
10. Zwei Jahre 5 Monate (EGMR v 13.7.2000, 25735/94 – E/Deutschland)
11. Zwei Jahre 5 Monate (EGMR v 16.12.2010, 15895/09, §§ 33 und 85 – Dudek/Deutschland)
12. Zwei Jahre 8 Monate (EGMR v 13,7.2006, 38033/02, Nr 2 – Storck/Deutschland)
13. Zwei Jahre 8 Monate (EGMR v 16.12.2010, 27529/09, §§ 57 und 85 – Dudek/Deutschland)
14. Zwei Jahre 8 Monate (EGMR v 16.12.2010, 27533/09, §§ 63 und85 – Dudek/Deutschland)
15. Zwei Jahre 8 Monate (EGMR v 16.12.2010, 27596/09, §§ 65, 85, 85 – Dudek/Deutschland)
16. Zwei Jahre 8 Monate (EGMR v 16.12.2010, 43336/08, §§ 19, 23, 85 – Dudek/Deutschland)
17. Zwei Jahre 8 Monate (EGMR v 16.12.2010, 11171/08, §§ 14, 15, 85 – Dudek/Deutschland
18. Drei Jahre 3 Monate (EGMR v 16.11.2000, 44521/99 – Ziccardi/Italien)
19. Drei Jahre 4 Monate (EGMR v 16.12.2010, 27533/09, §§ 60 und 85 – Dudek/Deutschland)
20. Drei Jahre 6 Monate (EGMR v 16.12.2010, 16129/09, §§ 51 und 85 – Dudek/Deutschland)
21. Drei Jahre 6 Monate (EGMR v 16.12.2010, 27529/09 – Dudek/Deutschland)
22. Drei Jahre 6 Monate (EGMR v 16.12.2010, 52719/08, §§ 27, 29, 85 – Dudek/Deutschland)
23. Drei Jahre 9 Monate (EGMR 21061/06 – K/Deutschland)
24. Drei Jahre 10 Monate (EGMR v 18.11.2010, 38187/08 – W/Deutschland)
25. Drei Jahre 10 Monate (EGMR v 9.10.2008, 10732/05 – B/Deutschland)
26. Drei Jahre 11 Monate (EGMR v 10.2.2005, 64387/01 – Uhl/Deutschland)
27. Vier Jahre 3 Wochen (EGMR v 5.3.2009, 7634/05 – B/Deutschland)
28. Vier Jahre 2 Monate (EGMR v 16.12.2010, 16129/09, §§ 50, 85 – Dudek/Deutschland)

Bezogen auf die Kundgabe des Niedersächsischen Justizministers im Bundesrat, dass im Herbst 2010 ca. 50.000 Verfahren mit einer Dauer von durchschnittlich 4 Jahren bei niedersächsischen Gerichten unerledigt »auf Halde« lagen (Bundesrat v 5.10.10, 875. Sitzung, Drs 540/1/10 Ausschussempfehlung zum Gesetzentwurf, S 377) bedeutet das, dass in Niedersachsen ca. 50.000 Verfahren eine Dauer hatten, die die Gewährleistungen des Art 6 EMRK verletzten.

Um menschenrechtswidrige Verfahrensdauern nicht durch drastische Verkürzung an europäische Standards anpassen zu müssen, sondern den eingerissenen Schlendrian beibehalten zu können, leugnen manche Landesregierungen einfach die bestehenden menschenrechtlichen Standards. Sie dehnen den Rahmen dessen, was menschenrechtskonform ist, in ihrem Bundesland zu Lasten der Bürger exzessiv aus und muten den Bewohnern ihres Bundeslandes Zustände zu, die nach den Maßstäben der Rechtsprechung des Europäische Gerichtshofs für Menschenrechte eindeutig menschenrechtswidrig sind und die der EGMR in Ländern wie Rußland beanstandet(siehe: Moiseyev, Nazarov, Panchenko- Sachen). Hier steht die sich gestrig aufführende Nds Landesregierung wieder an vorderster Front Derjenigen, die die zivilisatorische und kulturelle Errungenschaft der Gewährleistung der Menschenrechte für »nicht so wichtig« halten und die Uhr der zivilisatorischen Entwicklung möglichst weit zurückdrehen möchten. Das ergibt sich aus vielen, nahezu durchgängigen menschenrechtswidrigen Kundgaben und Verhaltensweisen der Nds Landesregierung; hier z.B. aus der Gegenüberstellung der oben unter den Nr. 1 – 28 genannten menschenrechtswidrigen Verfahrensdauern mit den Verfahrensdauern, die die Nds Landesregierung ihren Bürgern zumutet:

Nach Auffassung der Nds Landesregierung verletzt die Instanzendauer einer Untätigkeitsklage (also eine Klage, die dazu dient, überhaupt erst den Zugang zum Gericht zu erreichen!) von 3 Jahren, 2 Monaten (S 35 KA 24/13 – Möhwald) und 3 Jahren, 7 Monaten (S 35 KA 35/13 – Möhwald) nicht die Menschenrechte (Land Nds 2 Fis 137/17 v 18.1.2018, S8 und 11 – OStA Dr. Lehmann).

Die Instanzendauer einer Untätigkeitsklage von sage und schreibe 4 Jahren und 4 Monaten (S 35 KA 46/11 – Möhwald) sei nur um 1 Jahr und 6 Monate verzögert; d.h. eine Untätigkeitsklage (!) könne in Nds fast drei Jahre dauern. (Land Nds 2 Fis 137/17 v 18.1.2018 S 4 – OStA Dr. Lehmann) Es wird Rechtsuchenden in Niedersachsen also von der Nds Landesregierung zugemutet, sich drei Jahre lang vertrösten zu lassen, ehe sie eine Klage einlegen können. Da ein Vorverfahren 6 Monate dauert, können nds Behörden den Bürgern also deren Rechte dreieinhalb Jahre vorenthalten und trotz Untätigkeitsklage unbeanstandet dreieinhalb Jahre völlig untätig bleiben.

Gleiches (siehe: Land Nds 2 Fis 137/17 v 18.1.2018, S 6 und 7 – OStA Dr. Lehmann) gilt für Untätigkeitsklagen mit Instanzendauern von 3 Jahren und 3

Monaten (S 35 KA 18/13 – Möhwald) und 2 Jahren und 5 Monaten (S 35 KA 23/13 – Möhwald) was bedeutet, dass es Behörden erlaubt ist, gestellte Anträge trotz Untätigkeitsklage ca. vier Jahre lang unbearbeitet liegenzulassen.

Eine Verzögerung ist nach Auffassung der nds Landesregierung sogar »fernliegend« (S 35 KA 35/15 – Möhwald), wenn ein Verfahren 2 Jahre und 9 Monate dauert (Land Nds 2 Fis 158/18 v 3.9.2018, – OStA Dr. Schreiber)

Ihre Auffassung, dass 2 Jahre und 4 Monate für eine einzige Instanz beim LSG Nds nicht zu lang sind, (Land Nds v 1.9.2014 zu L 15 SF 6/14 EK (KA) S 3 – OStA Dr. Elster) lässt die offensichtlich EMRK- und menschenrechts- und bürgerfeindliche nds. Landesregierung zynisch damit begründen,

der Staat sei bei dieser 2 Jahre und 4 Monate dauernden Instanz schließlich »nicht verpflichtet, so große Gerichtskapazitäten vorzuhalten, dass jedes anhängig gemachte Verfahren sofort und ausschließlich von einem Richter bearbeitet werden kann.« (Land Nds, a.a.O. S 6 – OStA Dr. Elster)

Wenn 2 Jahre und 4 Monate für die Nds Landesregierung ein zu schnelles und sofortiges Befassen mit einer Sache ist, muss man sich über die Verfahrensdauern in Nds und die Arbeitsgeschwindigkeit der Nds Landesregierung nicht wundern.

Die bequemen und pomadig arbeitenden unter den bei den nds Gerichten tätigen Richtern werden sich jedenfalls nicht grundlos zu der Frage legitimiert fühlen, weshalb sie schneller arbeiten sollten, als es die Nds Landesregierung verlangt.

Die Forderung nach Erledigung eines seit fünf Jahren rechtshängigen Verfahrens (S 35 KA 16/15 – Möhwald), das ausgesetzt werden musste, weil der Richter die Klärung einer Vorfrage seit 5 Jahren verweigert, ist nach Auffassung der Nds Landesregierung sogar »missbräuchlich«. (Land Nds 2 Fis 158/18 v 3.9.2018 S 7 – OStA Dr. Schreiber)

Solche »Rechts«auffassungen einer Landesregierung stehen stalinistischem Kolchoserecht näher, als dem von den Vereinten Nationen im Internationalen Pakt für bürgerliche und politische Rechte niedergeschriebenen und von ca 170 Staaten anerkannten allgemeinen Völkerrecht und dem europäischen Menschenrechtssystem.

Für das LSG Nds ist auch »nicht ersichtlich«, dass Instanzendauern von 3 Jahren für noch nicht einmal abgeschlossene, sondern noch rechtshängige Untätigkeitsklagen zu lange dauern und verzögert sind. (LSG, L 3431/02-01/23/18 v 18.11.2018 – Dr. Claus)

LSG Nds und nds Landesregierung offenbaren damit eine erstaunlich menschenrechtsfeindliche Einstellung gegenüber den in Europa geltenden menschenrechtlichen Gewährleistungen. LSG Nds und nds Landesregierung wollen im angeblich menschenrechtsoffenen Deutschland den Bürgern ihres Bundeslandes das verweigern, was das angeblich menschenrechtsverschlossene Russland seinen Bürgern gewährleisten soll. (siehe: EGMR – Urteile Panchenko, Moiseyev, Nazarov u.a.) Das ist schlichtweg eine Schande und Bankrotterklärung des deutschen Rechtssystems.

Da deutsche Gerichte verpflichtet sind, ihre Urteile so zu gestalten, dass sie der RSpr des EGMR nicht nur angenähert sind, sondern ihr voll entsprechen (EGMR, Taron/Deutschland, a.a.O., § 39) und die RSpr des EGMR die Ein-Jahres-Regel für Durchschnittsverfahren zugrunde legt, sind davon abweichende Überlegungen völlig irrelevant.

Abweichungen von der RSpr des EGMR wie z.B. etwa die von etlichen Staatsdienern abgeschriebenen Versuche, die Ein-Jahres-Regel zu extendieren, weil die Verfahrensdauer »in einem Spannungsverhältnis zwischen der richterlichen Unabhängigkeit und zum rechtstaatlichen Gebot steht, eine inhaltlich richtige Entscheidung …zu treffen« (Thür OVG,U v 22.1.2011, 2 SO 182/12, S 26) oder weil das Gericht »zwangsläufig eine zeitliche Reihenfolge festlegen muss« (Thür OVG, a.a.O., S 27) sind konventionswidrig. Alle diese richterlichen Jammereien führen nicht zu einer Verlängerung der vom EGMR vorgegebenen Ein-Jahres-Regel für Durchschnittsverfahren.

Es bleibt dabei: Die innerstaatlichen Gerichte müssen das Recht in Entschädigungssachen so anwenden, wie es der EGMR tut (EGMR, Taron/Deutschland, a.a.O., § 39) und der EGMR wendet nun einmal eine objektiv ganz sicher nicht zu kurze Ein-Jahres-Regel für Durchschnittsfälle an. Das müssen deutsche Gerichte folglich – ob sie das wollen oder nicht und ob ihnen noch so viele Gründe einfallen, um diese bindende Regel zu unterlaufen – auch tun. Die Ein-Jahres-Regel bindet die deutschen Gerichte, weil sie zu einer schematischen Parallelisierung der EGMR – RSpr in ihren Urteilen verpflichtet sind und sie davon nicht abweichen dürfen.

4.2.1 Verfahrensbeginn

Die Dauer eines Verfahrens hängt von den seine Länge begrenzenden Zeitpunkten ab. Diese die Zeitdauer bestimmenden Zeitpunkte sind der Beginn und das Ende eines Verfahrens. Zivilrechtliche Verfahren beginnen mit dem Zeitpunkt …in dem der Anspruch geltend gemacht wird (Grabenwarter, EMRK,

§ 24 RN 68) bzw. mit Erhebung der Klage. (Ehlers, Europäische Grundrechte und Grundfreiheiten, S 169)

Werden falsche Zeitpunkte herangezogen, verändert das denknotwendig die Dauer in verfälschender Weise.

Manipulationen hinsichtlich der Angemessenheit eines Zeitraumes sind also leicht dadurch möglich, dass für den Beginn und das Ende eines Verfahrens falsche Zeitpunkte genannt werden. Schwindelt man den Zeitpunkt des Beginns eines Verfahrens nach hinten und/oder den Zeitpunkt des Endes eines Verfahrens nach vorne, hat man das Verfahren zwar nicht tatsächlich, aber zum Schein verkürzt.

Diese Manipulationsmöglichkeit nutzen deutsche Behörden und Gerichte oft und gern, um die bei ihnen bestehenden Missstände zu vertuschen oder kleinzureden.

Zwar haben sogar einige Mitarbeiter der Nds Landesregierung und einige Richter des LSG Nds inzwischen erkannt, dass eine Verfahrensdauer von 12 Monaten je Instanz regelmäßig als angemessen anzusehen sei, meinen aber, dass diese 12 – Monatsfrist nicht mit der Einlegung der Klage beginnt, sondern erst – irgendwann – später. (LSG Nds, 2 Fis 95/15 Schr v 28.10.2015 i.S. L 10 SF 8/15 EK KA)

Das Erledigen von 2011 eingelegten und vier Jahre in einer Instanz rechtshängigen Klagen stelle ein »sofortiges Befassen des Gerichts« und eine »unverzügliche Erledigung« dar, die nicht verlangt werden könne. (LSG Nds, L 3434 – 22/13 u.a., Schr v 4.6.2015 betr. S 35 KA 32/ 11 und S 35 KA 34/11 – Dr. Stotz)

Die Präsidentin des SG Hannover täuscht zum Abwimmeln von Entschädigungsansprüchen vor, dass – obwohl die Rechtshängigkeit wegen der Kosten bestehen bleibt (§ 125 SGG – siehe auch: BGH 67, 564), es sich bei Kostenverfahren, deren überlange Dauer zu Entschädigungen gem. § 198 GVG und Art 6 EMRK führt, es sich ja nicht um Gerichtsverfahren, sondern bloß um Verwaltungsverfahren handele, die nach Belieben verzögert werden können, so dass Verzögerungsrügen und – klagen nicht möglich seien. (Präs. SG Hannover v 10.2.2015, S 3132 – Beyer)

Aber auch Rechtsaufsichtsbehörden lassen sich nur allzu gern auf diese Täuschungen ein, um sich nicht mit rechtsaufsichtlicher Arbeit belasten zu müssen.

Da sich deutsche Behörden und Gerichte zwar an die Rechtsprechung des EGMR halten müssen (siehe: Taron/Deutschland, a.a.O., § 39; Rumpf/Deutschland, a.a.O. § 73), die Landesregierungen mancher Bundesländer und deren Gerichte das aber fast nie tun, verwundert es nicht, dass sich in etlichen Entschädigungsurteilen deutscher Gerichte falsche, d.h., nicht den Konventionsforderungen entsprechende Angaben zu den Anfangs- und Endzeitpunkten der maßgeblichen Verfahrensdauerspannen finden. Das beginnt bereits damit, dass gesetzlich zwingend vorgeschriebene behördlichen Vorverfahren mit Ausnahme der Verfahren bei der Staatsanwaltschaft und der Finanzbehörde im Falle des § 368 Abs 2 AO aus der Verfahrensdauer herausgerechnet werden.

Konventionskonform ist es hingegen, nicht nur die mit dem Widerspruch beginnenden Vorverfahren, sondern die vor den Vorverfahren liegenden Verwaltungsverfahren, die mit der Antragstellung beginnen, in die Verfahrensdauer einzubeziehen, wie es der EGMR tut. (Meyer- Ladewig, EGMR, Art 6 RN 74 mwN) Ohne zu Bescheiden führende Verwaltungsverfahren und zu Widerspruchsbescheiden führende Vorverfahren befasst sich kein Verwaltungs- oder Sozialgericht mit Anfechtungs- und Verpflichtungsklagen. Insofern besteht ein gesetzlicher Vorverfahrenszwang. Das heißt, dass Behörden den verfassungsrechtlich gewährleisteten Zugang zum Gericht ganz einfach dadurch versperren können, dass sie die vorangehenden behördlichen Verfahren nicht oder nicht in der gesetzlich vorgeschriebenen Zeit durchführen. Damit bauen sie eine unüberwindliche Hürde des Zugangs zum Gericht ein.

Verwaltungsverfahren sowie insbesondere behördliche Vorverfahren sind dem Gerichtsverfahren vorgelagerte Sachurteilsvoraussetzungen bei Anfechtungsklagen und Verpflichtungsklagen: Vorverfahren sollen verfahrensverkürzende Wirkungen bei den Gerichten erreichen und unnötige Klagen verhindern, was die Verwaltungsgerichtsbarkeit entlastet und damit schnellere Erledigungen ermöglicht. (so: BVerwG v 31.1.1967, 1 C 113.63 <17, 17>)

Soweit die Rechtstheorie.

Nach der für innerstaatliche Gerichte maßgeblichen Rechtsprechung des EGMR (zur Maßgeblichkeit der RSpr siehe: EGMR, Taron/Deutschland, a.a.O., § 39) gehören deshalb alle behördlichen Vorverfahren zur Verfahrensdauer (siehe bereits: EGMR v 28.6.1978, EGMR-E 1, 278, § 98 – König/Deutschland), weil das zuständige Gericht nicht angerufen werden kann, bevor nicht das Vorverfahren abgeschlossen ist. Solche behördlichen Verfahren können also nicht aus der Dauer strittiger Rechtsverhältnisse herausgerechnet werden; denn für die Berücksichtigung von Vorverfahren im Rahmen der Verfahrensdauer ist die konventionsrechtliche Ansicht für alle Staatsgewalten (auch für den Gesetzgeber) bindend, welche Vorverfahren zur Verfahrensdauer zählt:

»…muss der Gerichtshof zunächst den Zeitraum eingrenzen. Nach Ansicht der Regierung …beginnt er mit …der ersten Instanz. Der Gerichtshof teilt diese Auffassung nicht.(…) Wie er im Urteil Golder …ausgeführt hat, ist denkbar, dass …die ›angemessene Frist‹ …schon vor der Einreichung der Klage bei dem Gericht …beginnt.(…) Das trifft im vorliegenden Fall zu, denn der Beschwerdeführer hat das zuständige Gericht nicht anrufen können, bevor er nicht in einem Vorverfahren bei der Verwaltungsbehörde die angefochtenen Verwaltungsakte auf ihre Rechtmäßigkeit und Zweckmäßigkeit hat überprüfen lassen.(…) Infolgedessen beginnt die angemessene Frist nach Art 6 Abs 1 jeweils an dem Tag zu laufen, an dem Dr. König Widerspruch eingelegt hat.« (EGMR v 28.6.1978, 6232/73, § 98 – König/Deutschland)

Das Land Nds ist hingegen der menschenrechtswidrigen Auffassung, dass der Beginn der Streitigkeit des Rechtsverhältnisses, d.h. das Vorgeschehen bzw. die Vorverfahren nicht in die Verzögerungsbeurteilung einzubeziehen sei. Die Nds Landesregierung scheut sich nicht zu äußern, dass die Einbeziehung von Vorverfahren in die Verfahrensdauer nach der RSpr des EGMR »unter dem Eindruck des gewünschten Ergebnisses missverstanden« worden sei. (Land Nds 2 Fis 158/18 v 25.10.2018 – Dr. Schreiber) Dass die Nds Landesregierung die Gewährleistungen der Menschenrechte nach der RSpr durch den EGMR als »Missverständnis« ablehnt, reduziert die Menschenrechte der Bürger in Nds erneut.

Die von etlichen Richtern oft in Urteilen ohne eigenes Nachdenken voneinander abgeschriebene Auffassung, dass das Verwaltungs- bzw. Vorverfahren nicht in die Gesamtverfahrensdauer einzubeziehen sei, weil die entsprechenden Entscheidungen des EGMR auf einen Zeitraum bezogen seien, in welchem das deutsche Recht keinen wirksamen Rechtsbehelf vorsah, so dass nunmehr die Untätigkeitsklage diese Rolle erfülle (z.B.: BVerfG, 5 C 23.12 D, II,1,a),bb)), ist nicht nachvollziehbar.

Weder trifft es zu, dass die entgegenstehenden Entscheidungen des EGMR (also die Entscheidungen, die behördliche Vorverfahren in die Verfahrensdauer einbeziehen) ausschließlich der Zeit vor den §§c 198 ff GVG (vor dem 3.1.2011) stammen, noch hat es damals keine Möglichkeit einer Untätigkeitsklage gegeben. Die Untätigkeitsklage gab es schon damals.

Im Übrigen ist bereits dargestellt worden, dass Untätigkeitsklagen in manchen

Bundesländern (z.B. in Nds) keinen effektiven Rechtsschutz gewähren, weil sie erst nach mehreren Jahren entschieden werden – oft sogar (z.B. ebenso in Nds) ohne dass die Dauer der Untätigkeitsklagen als verzögert angesehen wird. (siehe oben, Pkt 4.2, hinten)

Auch die Anwendung gerichtlicher Exklusionsvorschriften im Behördenverfahren spricht für eine Berücksichtigung des Behördenverfahrens bei der Verfahrensdauer.

4.2.1.2   strafrechtliche Ermittlungsverfahren, Berufsgerichtsverfahren

Der Staat ist verpflichtet, auch die Dauer der vorgerichtlichen Phase von Strafverfahren so kurz wie möglich zu halten.

»It falls in the first place to the national judical authorities to ensure that, in a given case, the pre-trial detention of an accused person does not exceed a reasonable time.« EGMR v 8.8.2006, 3489/93 – Ceglowski/Polen)

»Der für die Verfahrensdauer maßgebliche Anfangszeitpunkt ist nicht identisch mit dem Zeitpunkt der Anklageerhebung.« Bischofberger, Die Verfahrensgarantien der Europäischen Konvention …zit. in: Universität Zürich, Das Beschleunigungsgebot im Strafprozess …S 5) Die Frist beginnt zu laufen, sobald »einer Person mitgeteilt wird bzw. sie davon erfährt, ihr gegenüber werde der Vorwurf einer strafbaren Handlung erhoben«. (Universität Zürich a.a.O. S 5)

»Entsprechend lösen beispielsweise der Vorhalt einer strafbaren Handlung anlässlich einer Einvernahme, der Haftbefehl, die Hausdurchsuchung beim Verdächtigen, aber auch die öffentliche Fahndung und die Ediktalladung den Fristbeginn aus. Fristauslösend wirkt auch der Entscheid im Streit über die Zuständigkeit der Untersuchungsbehörde, sofern der Angeschuldigte davon Kenntnis erhält.« (Universität Zürich, a.a.O., S 5)

Im Rahmen strafrechtlicher Vorverfahren bei der Staatsanwaltschaft ist eine Manipulation des die Verfahrensdauer determinierenden Verfahrensbeginns z.B. dadurch möglich und wird auch praktiziert, dass zwar dokumentiert wird, dass »etwas nicht stimme« und »ein dringender Tatverdacht« (und damit ein Haftgrund) bestehe sowie dem Betroffenen vorgehalten wird, er habe sich strafbar verhalten und dann zwar jahrelang ermittelt, aber kein formelles Ermittlungsverfahren eingeleitet wird. (so bei der StA Hannover – StA Görlich)

Die Einholung eines Strafregisterauszuges durch die StA und die Anfertigung eines staatsanwaltschaftlichen Vermerks, dass gegen eine Person ein »dringender

Tatverdacht« (der im deutschen Strafrecht stärkste Verdachtsgrad und Voraussetzung für die Verhaftung) bestehe, heißt nach offensichtlich konventionswidriger Ansicht des BGH jedoch nicht, dass der Betroffene als Beschuldigter behandelt werde. (so: BGH v 14.11.2013, III ZR 376/12 <15> – Schlick, Wöstmann, Seiters, Remmert, Reiter) Offensichtlich geht der BGH davon aus, dass die StAen Strafregisterauszüge »nur so zum Spaß« einholen. Auch wenn also dokumentiert wird, dass gegen Jemanden ein »dringender Tatverdacht« besteht, so dass er verhaftet werden kann, bedeutet das nach Auffassung des BGH nicht, dass das Verfahren begonnen hat, weil ein Ermittlungsverfahren nicht formell eingeleitet wurde; denn dass ein »dringender Tatverdacht« (der eine »objektiv hohe Wahrscheinlichkeit der Beweisergebnisse« verlangt – so: BVerfG 2 BvR 2045/02 <36> und einen Haftgrund darstellt) besteht, sei ds nach der völlig abwegigen Auffassung des BGH (Schlick, Wöstmann, Seiters, Remmert, Reiter) keine Maßnahme, die darauf abzielt, gegen Jemanden vorzugehen. (BGH v 14.11.2013, III ZR 376/12 <16> – Schlick, Wöstmann, Seiters, Remmert, Reiter) Die StA macht dann nach Schlick-, Wöstmann-, Remmert-, Seiters und Reiterscher Auffassung – offenbar, weil sie nicht weiß, was sie mit der unausgefüllten Arbeitszeit machen soll – »nur Spaß«.

Das heißt, die StAen können nach offensichtlich konventionswidriger Auffassung des BHG protokollieren, dass sie Jemanden für »dringend tatverdächtig« halten, müssten sich aber um diesen »dringenden Tatverdacht« nicht weiter kümmern. Das Ermitteln aufgrund eines »dringenden Tatverdachts« gehöre nicht automatisch zu den Amtspflichten der StA. Diese bemerkenswerte Auffassung des BGH von den Dienstpflichten deutscher StAe und über die Menschenrechte ist kaum verwunderlich; denn es ist allgemein bekannt:

»Der BGH lebt seit langem mit verletzungskaschierenden Abweichungen von der Rechtsprechung des EGMR, wenn es um die Prüfung der Verletzung selbst geht.« (Gaede, HRRS Zeitschrift für höchstrichterliche Rechtsprechung ...Nov. 2005, S 377)

Der Vermerk, dass gegen Jemanden der »dringende Verdacht« bestehe, er habe eine Straftat begangen, hat nach dieser Verletzungen der konventionskaschierenden Rechtsprechung des BGH nicht zum Ziel, ihn einer Straftat zu überführen, auch wenn anschließend tatsächlich eine Anklage erhoben worden ist. Diese für Richter am höchsten Zivilgericht ungewöhnliche »Rechts«auffassung der Richter Schlick, Wöstmann, Seiters, Remmert und Reiter (die man wohl eher als »Rechtsverdreherei« bezeichnen kann) dürfte der deutschen Rechtsordnung und auch der Konvention eklatant widersprechen.

Diese RSpr des BGH steht auch im krassen Widerspruch zum Willen des Gesetzgebers, der als »Beginn« alle Formen der Ingangsetzung eines Verfahrens ansieht »unabhängig davon, ob …ein Verfahren von Amts wegen eingeleitet wird« (BTDrs 17/3802, S 22 Sp 2). Zur verfassungsrechtlichen Amtspflicht der StA betr. bestmöglicher Aufklärung siehe: BVerfG v 19.3.2013, 2 BvR 26280; BVerfG, 2 BvR 2045/02 und zur Amtspflicht des BGH, die Konvention so anzuwenden, wie es der EGMR tut, nämlich Betroffene unverzüglich über Art und Grund eines Vorwurfs zu informieren siehe: EGMR 73797/01 – Kyprianou/Zypern.

Anders als der BGH hat das OLG Celle die gesetzliche Vorschrift korrekt angewendet (23 SchH 3/12), was dann aber auf Betreiben der Nds Landesregierung beim BGH aufgehoben wurde, so dass staatsanwaltschaftlichen Manipulationen bezüglich der Verfahrensdauer zu Lasten betroffener Bürger in Niedersachsen Tür und Tor geöffnet sind.

Das verwundert angesichts der Zustände in Niedersachsen und der Auffassung der Nds Landesregierung über die Menschenrechte kaum; denn in Nds werden nicht einmal Verletzungen des menschenrechtlichen und völkerrechtlichen Selbstbelastungsverbots (Görlich/Alscher) als Dienstpflichtverletzungen angesehen (Nds LT Dr 16/4450 v 23.2.2012), was den nds StAen völlige Willkür- und »Narrenfreiheit« gewährt. Diese wird ausweislich der mit dem Henri Nannen Preis ausgezeichneten Berichte in den Tageszeitungen WESERKURIER und der WELT über die Zustände bei der StA Hannover (»Rotlicht – Görlich«) offenbar auch weidlich genutzt. Der StA Görlich hatte bei seiner aufgrund der Veröffentlichungen über seine intensiven Rotlichtkontakte und des Verdachts des Menschenhandels erforderlich gewordenen Vernehmung ca. zwanzig Besuche in einem nahe seiner Dienststelle gelegenen Bordell, das »Natursekt und Kaviar« als Sonderleistungen anbietet, während seiner Dienstzeit zugegeben. Dort habe er aber keinen Sekt, sondern in der Küche »Kaffee getrunken«. Eine Prostituierte habe er zu Hause besucht, um sie »zu beraten«. Die Zeugenaussagen der in dem Bordell tätigen Frauen berichteten hingegen, der StA Görlich sei ein sich wichtigmachender Freier gewesen. Die entgegenstehenden Aussagen der Prostituierten wurden von der StA aber als »unglaubwürdig« abgetan. Prostituierten glaubt man grundsätzlich nicht. Wer aber Jemanden vernimmt, dem er von vornherein die Unwahrheit unterstellt, muss sich einmal nach der Sinnhaftigkeit seines Handelns fragen lassen. Dieser Frage muss sich erst Recht eine Staatsanwaltschaft gefallen lassen, die öffentlich darstellt, massiv unterbesetzt zu sein. (so: Neue Presse, 12.7.2020) Der StA Görlich, der sich in jedem seriösen Unternehmen untragbar gemacht hätte und entlassen worden wäre, wurde von der Nds Landesregierung vom StA zum OStA befördert – offenbar bestehen bei der Nds Landesregierung und deren Mitgliedern völlig andere Seriositätsmaßstäbe, als sicherlich in weiten Teilen der Bevölkerung.

Solcher Umgang mit den Dienstpflichten der StAen mag erklären, warum jedes 4. Strafurteil ein Fehlurteil ist. (so: Eschelbach, The European v 30.4.2012, Im Rechtsstaat vernichtet – Eschelbach ist Richter am 2. Strafsenat des BGH)

In dieser Weise – hier durch die Behauptung, ein Verfahrens sei trotz der Dokumentation eines »dringenden Tatverdachts und des Einholens eines Strafregisterauszuges nicht in Gang gesetzt worden – werden üblicherweise die Verfahrensdauern konventionswidrig verkürzend »schöngerechnet« – man verschiebt den Zeitpunkt des vom Staat begonnenen Verfahrens oder des von einem Bürger geäußerten Rechtsbegehrens möglichst weit nach hinten, damit der Eindruck einer möglichst kurzen Phase der Nichtbearbeitung der Rechtssache/des Rechtsbegehrens entsteht. Das widerspricht aber offensichtlich den Konventionsgewährleistungen.

Der EGMR geht davon aus, dass ein Verfahren nicht erst mit der formalen Eröffnung der Ermittlungen beginnt, sondern schon mit der »period of investigation by the police and the legal preparation by the prosecution« (EGMR v 17.12.2004, 49017/99, § 44 – Pedersen und Baadegaard/Dänemark) oder der Kenntnis des Betroffenen (»knowledge«) beginnt. (EGMR v 17.12.2013, 20688/04, §106 – Nikolova und Vandova/Bulgarien) Das Verfahren beginnt auch, wenn eine Person durch Maßnahmen der Strafverfolgungsbehörde ernsthaft betroffen ist (EGMR v 13.11.2008, 26073/03, § 66 – Ommer/Deutschland) oder – wenn dieser Zeitpunkt davorliegt: »mit der Eröffnung von Vorerhebungen« (EGMR 3 /1981/42/67, § 73 – Eckle/Deutschland – nichtamtl. Übersetzung des Gerichtshofs), also z.B. mit der Einholung eines Strafregisterauszuges.

»As to the law B …The period to be taken into consideration for verifying wheter this provision has been observed begins with the day on which a person is charged, for otherwise it would not be possible to determine the charge …« (EGMR v 27.6.1968,1936/63, § 18 – Neumeister/Österreich; siehe auch: EGMR v 16.7.1971, 2614/65 – Ringeisen/Österreich sowie EGMR v 27.2.1980,6903/75 – Deweer/Belgien)

»The ›reasonable time‹ begins to run from the moment a ›charge‹comes into being …« (EGMR v 24.11.1993, 13972/88, §36 – Imbrioscia/Schweiz)

»The manner in which Article 6 § 1 and 3 (c) is to be applied during the preliminary investigation depends on the special features of the proceedings involved …«(EGMR v 16.1.2002, 39846/98, § 45 – Brennan/Vereinigtes Königreich)

»The word ›trial‹ …refers to the whole of the proceedings before the court, not just their beginning …that is, before its opening.« (EGMR v 27.6.1968, 2122/64, § 27/27 – Wemhoff/Deutschland)

»…›charge‹ for the purposes of Article 6 § 1 …may …take the form of other measures which carry the implication of such an allegation and which likewise substantially affect the situation of the suspect.« EGMR v 10.12.1982, 8304/78, § 34 – Corigliano/Italien)

Da ein immaterieller Schaden davon abhängt, dass der Betroffene psychisch beeinträchtigt wird, was sicherlich regelmäßig immer zu unterstellen und der Fall ist, wenn Druck auf ihn ausgeübt oder in seine Menschenwürde eingegriffen wird, ist bereits der Zeitpunkt der Anordnung eines Strafbefehls als Beginn des Verfahrens in Betracht zu ziehen; denn:

»Nicht erst der Vollzug eines Strafbefehls, sondern bereits seine Anordnung stellt eine Rechtsbeeinträchtigung dar. Zum einen wird Druck auf das Verhalten des Menschen ausgeübt, zum anderen in seine Menschenwürde eingegriffen.« (BVerfG v 3.5.1995, BVerfGE RF v 3.5.95; SZ RF 1995, Nr. 19 Pos 1764)

Als Anklage iS von Art 6 EMRK sind auch Maßnahmen anzusehen, aus denen sich der Vorwurf einer strafbaren Handlung ergibt, wenn die gegen den Betroffenen gerichteten Maßnahmen wesentliche Auswirkungen auf dessen Lage haben. (EMRK v 31.5.2001, 37591/97, § 31 – Metzger/Deutschland)

Vom Recht auf eine wirksame Beschwerde wegen langen Verfahrens sind gem. §§ 198 ff GVG z.B. auch disziplinarische bzw. berufsgerichtliche Verfahren wegen der »Selbstunterwerfung des Betroffenen« ausgenommen. (BTDrs 17/3802, S 23/24) Wer also z.B. als Anwalt, Notar, Steuerberater, Architekt, Arzt Zwangsmitglied einer gesetzlichen Berufsvereinigung werden musste, um seinen Beruf ausüben zu dürfen, der hat sich »selbst unterworfen« und ist damit nach dem Willen des die Mindestgewährleistungen der EMRK in keiner Weise zu beschneiden befugten deutschen Gesetzgebers seiner Konventionsgewährleistungen verlustig gegangen. Er hat auf seine (unveräußerlichen) Menschenrechte verzichtet. Diese Auffassung dürfte konventionswidrig sein.

Ein überlanges Strafverfahren kann auch die Fairness beeinflussen:

»…the applicant ›s trial was deprived of the fairness required by Article 6 § 1 of the Convention« (EGMR GK v 5.2.2008, 74420/01 – Ramanauskas/Litauen)

Ein Verfahren kann zeitgleich mit den ersten Vorerhebungen beginnen. (EGMR 3/1981/42/67, § 73 – Eckle/Deutschland)

»Verwaltungsverfahren, also auch Widerspruchsverfahren sind zügig durchzuführen. Grundsätzlich dürfte eine durchschnittliche Bearbeitungsdauer von 3 bzw. 6 Monaten zulässig sein. (…) Wenn die Bearbeitung ohne zureichenden Grund unangemessen lange dauert, kann dem Betroffenen ein Schadensersatz aus Amtshaftung zustehen. Im Übrigen kann dieser Verfahrensverstoß zum Vorliegen der Voraussetzungen für die Erhebung einer Untätigkeitsklage führen …« (Gutachten, Wissenschaftlicher Dienst des Deutschen Bundestages, Dauer von Widerspruchsverfahren und Anforderungen an den Widerspruchsbescheid, v 3.4.2006, WF III G – 121 – 06)

Der Amtshaftungsanspruch aus § 839 Abs 2 S 2 BGB setzt – ebenso wie § 198 GVG – Verschulden nicht voraus. Das Verlangen nach doppelter Klageerhebung in einer und derselben Hautsache – einmal gegen die Behörde und ein anderes Mal gegen das Gericht – dürfte jedoch mit praktischer und wirksamer Gewährleistung effektiven Rechtsschutzes im Sinne der Konventionsgewährleistungen unvereinbar sein.

Ob ein Gericht ein Verfahren nach Klageeinlegung selber verzögert hat oder ob die Prüfung eines Rechtsanliegens deshalb verzögert wird, dass eine Behörde durch die in Deutschland bestehende Vorverfahrenspflicht den Zugang zum Gericht versperrt, hat dieselbe Verzögerungswirkung, (eine von Organen des Konventionsstaats verursachte Verzögerung ist und bleibt eine staatliche Verzögerung, die der EGMR nicht auf bestimmte Staatsorgane beschränkt hat) die letztlich zu beachten ist, weil der Blick des EGMR nicht auf theoretische und scheinbare, sondern auf die wirksame und praktische Rechtsgewährleistung gerichtet ist. Die deutsche RSpr ist verpflichtet, diese auf wirksame und praktische Rechtsgewährleistung gerichtete RSpr des EGMR, die der EGMR »verhältnismäßig flexibel und ohne übermäßigen Formalismus« anwendet (siehe: EGMR v 30.3.2010, 46682/07, § 38 – Sinkovec/Deutschland), zu übernehmen. (siehe: EGMR, Taron/Deutschland, a.a.O., § 39)

»Konventionsrechtlich sind die justizbezogenen Menschenrechte nicht nur an die Justizorgane, sondern an die Träger aller Staatsgewalten adressiert, die das konventionsrechtliche Rechtsschutzsystem ausgestalten, insoweit muss es für den konventionsrechtlich fundierte Anspruch auf Entschädigung unerheblich sein, ob die Unangemessenheit der Verfahrensdauer auf einem Verhalten von einzelnen Richtern oder des Präsidiums, der Justizverwaltung oder auf einem Verhalten des Haushaltsgesetzgebers oder des Verfahrensgesetzgebers beruht. Zu entschädigen ist vielmehr das Ergebnis einer unangemessenen Dauer aufgrund eines Staats- oder Systemversagens. Für § 198 GVG bedeutet dies, dass nicht nur eine den Justizorganen zuzurechnende Dauer, sondern auch eine (mittelbar) der Exekutive oder Legislative zuzurechnende Dauer zu entschädigen sein kann.« (Hessisches LSG v 6.2.2013, L 6 SF 6/12 EK U <48>)

Eine Trennung zwischen behördlicher Verzögerung und gerichtlicher Verzögerung bietet dem Staat allenfalls vorübergehend innerstaatlich die konventionswidrige Möglichkeit, Konventionsgarantien zu verweigern. Das ist aber letztlich nicht opportun und wird vom EGMR »kassiert« werden; denn:

»Die konventionsrechtliche Entschädigungspflicht fragt nur nach den Pflichten der Mitgliedsstaaten, nicht seiner Organe. Für staatsinterne Struktur- und Kompetenzprobleme ist sie blind. Steht die nationale Handhabung mit Konventionsrecht im Widerspruch, darf sie nicht angewendet werden. Wie der einzelne Staat diese Pflicht bewältigt, ist konventionsrechtlich irrelevant. Entscheidend ist nur, dass die Konventionsgarantien in allen Punkten gewährleistet sind. Ist das nicht der Fall, kann der betreffende Staat nicht mit dem Einwand gehört werden, dass es praktische Probleme gegeben habe.« (Ossenbühl, Staatshaftungsrecht, S 514)

Verwaltungsverfahren und Vorverfahren sind vorgreifliche Verfahren, deren Dauer der Gesetzgeber den Behörden für Bescheidungen mit 6 Monaten und Widerspruchsbescheidungen mit 3 Monaten vorgegeben hat. Verzögert eine Behörde die Bearbeitung über die gesetzlich vorgegebenen Fristen von 6 bzw. 3 Monate hinaus, ist hinsichtlich der Verfahrensdauer zu berücksichtigen:

»Eine Verzögerung des vorgreiflichen Verfahrens ist deshalb ebenfalls ein Gesichtspunkt, dem bei der Ausübung des Ermessens Rechnung zu tragen ist.« (BVerfG, 1 BvR 2965/10 <20>)

Es verwundert kaum, dass die Nds Landesregierung das offensichtlich zum Schutz untätiger Behörden (»eine Krähe hackt der anderen kein Auge aus«) anders sieht und deshalb davon spricht, dass die Einbeziehung des Vorverfahrens in die menschenrechtliche Beurteilung der Angemessenheit eines Verfahrens »unter dem Eindruck des gewünschten Ergebnisses missverstanden« worden sei. (Land Nds, 2 Fis 158/18 v 25.10.2018 sowie v 3.9.2018 – OStA Dr. Schreiber)

Entgegen der beobachtbaren Hilflosigkeit des BVerfG (1 BvR 813/19 – Harbarth, Britz, Radtke) hinsichtlich der Missachtung der eigenen verfassungsrechtlichen Auffassung (BVerfG, 1 BvR 2965/10 <20> – Zitat oben) durch deutsche Gerichte, dass Behörden Antrags- und Widerspruchsbearbeitungen nicht verzögern dürfen und nicht nur die gerichtliche Bearbeitungsdauer zähle, hat der

EGMR in etlichen solcher Fälle – z.B. in der Sache Wesolowska/Polen – verwaltungsbehördliche Verletzungen des Beschleunigungsgebots festgestellt.

Ebenso äußern übereinstimmend sämtliche Kommentare der EMRK die Auffassung, dass die Dauer von Verwaltungsverfahren zu beachten sei. (Meyer-Ladewig, EMRK 2. Aufl., Art 6 RN 74; Grabenwarter, EMRK, 3.Aufl, Art 6 RN 68; Grote/Marauhn, EMRK/GG, 2006 S 692; Ehlers, Hrsg., Europäische Grundrechte und Grundfreiheiten, 2. Aufl., S 169; Peters, Einführung in die EMRK, S 124) Die Dauer von Verwaltungs – wie von Vorverfahren zählt nach der die deutschen Gerichte bindenden Rechtsauffassung des EGMR (hier: zu Vorverfahren) eindeutig zur Verfahrensdauer; denn:

»Die zu berücksichtigende Frist beginnt mit dem Tage, an dem der Beschwerdeführer seinen Widerspruch einlegte; dies ist ein notwendiger erster Schritt, bevor ein sozialgerichtliches Verfahren anhängig gemacht werden kann.« (EGMR v 24.6.2010, 25756/09, § 21 – Perschke/Deutschland)

Die Ansicht des EGMR ist auch nur folgerichtig; denn der Gesetzgeber hat dem Vor/Widerspruchsverfahren eine

»Filterfunktion« zur Entlastung der Sozialgerichte zugedacht (so: BTDrs 11/7817, S 14 zu § 78 SGG und BTDrs 12/1217 S 50 zu § 85 Abs 4 SGG).

Die Dauer des Vorverfahrens führt aufgrund dieser »Filterfunktion« denklogisch zu einer entlastenden Verkürzung des gerichtlichen Verfahrens; denn andernfalls wären die Gerichte zeitlich mit dem »Filtern« belastet.

Folglich kann nicht nur das Fehlen einer behördlichen Sachverhaltsaufklärung, sondern auch ein für die Beurteilung des Streitgegenstandes nicht verwertbares Ermittlungsergebnis die Dauer des Gerichtsverfahrens beeinflussen und führt die Zurückverweisung an die Behörde zur Verfahrensdauerverlängerung, weil in diesem Fall die Behörde die gerichtliche Aufgabe der Sachermittlung übernimmt und nicht »das Gericht die erforderliche Ermittlung zumindest zum Teil erstmals selbst durchführen muss.« (so: Sächsisches LSG, Urteil v. 26. 10.2005, L 6 SB 34/05, Leitsatz)

Wäre das anders, müsste sonst der Richter diese Sachaufklärungsarbeit leisten – mit entsprechender Verlängerung des Gerichtsverfahrens.

Ausgehend von diesem Gedanken beziehen manche Gerichte das gerichtliche Verfahrensrecht in das Vorverfahren mit ein; allerdings nur dann, wenn sich diese Einbeziehung dazu eignet, die Menschenrechte zu unterlaufen. So ist das LSG Nds der einem demokratischen Rechtsstaat sowie dem Gebot der Waffengleichheit fremden Auffassung, die vom Gesetzgeber auf bestimmte Fälle beschränkten gerichtlichen Exklusionsvorschriften seien ohne die gesetzlichen Beschränkungen einseitig zu Lasten der Rechtsuchenden bereits im Behördenverfahren anwendbar. Rechtsuchende seien mit jedem Vortrag verspätet, den sie nicht bereits im Behördenverfahren vorgebracht haben; die Behörden könnten hingegen jederzeit ihre Bescheide jederzeit durch andere ersetzen und ihren Vortrag ändern und erforderlichenfalls ändere das Gericht den Vortrag an Stelle der Behörde. (LSG Nds, L 3 KA 2/19, S 9 – Pilz, Dr. Blöcher, Hörner) Solche richterlichen Extremauffassungen, die den Staat ohne Not generell über die Menschenrechte stellen, sind dem Verständnis eines demokratischen Rechtsstaat und dem Gebot der Waffengleichheit freilich völlig fremd und erinnern eher an die vergangenen und für überholt geglaubten braunen und roten Diktaturen Hitlers und Stalins.

Bezüglich des Einheitsverständnisses von Behörden – und darauf folgenden Gerichtsverfahren ist weiter von Bedeutung, dass Art 13 EMRK eine wirksame Beschwerde und Art 6 EMRK einen ein faires Verfahren in angemessener Zeit ermöglichenden Zugang zum Gericht gewährleisten und diese Garantien unterlaufen werden, wenn die §§ 198 GVG behördliche Verfahrensdauern nicht berücksichtigen. Der Grund liegt darin, dass Voraussetzung der Klageerhebung, also des Zugangs zum Gericht, zwingend ein unabdingbar gem. § 68 VwGO, § 78 SGG bei der Behörde abgeschlossenes Vorverfahren ist, mit dem sich die Behörde gem. § 24 Abs 3 VwVfG, 20 Abs 3 SGBX befassen muss und das aufgrund gesetzlicher Anordnung (§ 75 VwGO, § 88 SGG) innerhalb von 3 bzw. 6 Monaten abgeschlossen sein muss. Lässt die Behörde die Fristen untätig verstreichen, kann gem. § 75 VwGO, § 88 SGG eine Untätigkeitsklage eingelegt werden. Damit ist der Zugang zum Gericht wegen des eigentlichen Anliegens aber immer noch nicht eröffnet, sondern weiterhin verzögernd versperrt; denn die Gerichte behandeln Untätigkeitsklagen keinesfalls vorrangig. Da die Gerichte auch für Untätigkeitsklagen (»Klage ist Klage«) nach der Ein-Jahr-pro–Instanz-Regel des EGMR ein Jahr pro Instanz beanspruchen dürfen und bestimmte Gerichte das in der Praxis auch mindestens tun, dauert das Vorverfahren dann statt 3 Monaten 15 Monate oder statt einem halben Jahr anderthalb Jahre – meist noch viel länger (z.B. fünfjährige Untätigkeitsklage beim SG Hannover S 35 KA 46/11 – Möhwald) – ohne das die Verzögerung konventionskonform kompensiert wird.

Offensichtlich menschenrechtsfeindlich eingestellte Landesregierungen wie offensichtlich die Nds Landesregierung, halten derlei jahrelange Instanzendauern für Untätigkeitsklagen zu Lasten der Bürger für mit effektivem Rechtsschutz in angemessener Zeit für vereinbar. (siehe oben, Pkt 4.2 hinten)

Wenn man die menschenrechtlichen Maßstäbe des EGMR anlegt (Ein-Jahres-Regel) heißt das, dass im Falle einer Untätigkeitsklage ein Widerspruchsverfahren statt 3 Monaten 15 Monate dauern darf (also das Fünffache dessen, was der Gesetzgeber z.B. in § 75 S 2 VwGO, § 88 Abs 2 SGG vorgeschrieben hat), ohne das eine Verzögerung, geschweige eine Entschädigungsmöglichkeit bestünde. Der Zugang zum Gericht kann – bezöge man die Verwaltungs- und Vorverfahren nicht in die Verfahrensdauer ein – demnach um das Mehrfache der gesetzlich bestimmten Verwaltungs- und Vorverfahrensdauer-Frist versperrt werden. Bereits damit bestünde ein unverhältnismäßiger und gleichheitswidriger Zustand der Verletzung des Rechts auf effektiven Rechtsschutz und ein faires Verfahren in angemessener Frist, den der Staat umgehend durch einen kompensatorischen Ausgleich (eine Entschädigung) verhältnismäßig und gleichmäßig umzuformen verpflichtet ist.

Damit nicht genug: Wie bereits dargestellt, provozieren manche (natürlich wieder niedersächsische) Behörden – von der Rechtsaufsicht der nds Landesregierung unbeanstandet – in schikanöser Weise massenweise Klagen, die jahrelang verschleppt werden, um zum Zwecke der Vernebelung unübersichtliche Verhältnisse zu schaffen; so z.B. i.S. z.B. S 35 KA 35/13 beim SG Hannover, wo die Behörde auf einen einzigen Antrag hin neun Bescheide – S 35 KA 32 – 40/17 erlassen hat, so dass wegen eines einzigen Anspruchs neun Klagen plus neun Berufungen, also 18 (achtzehn!) Verfahren erforderlich wurden, die dann jahrelang bei Behörde und Gericht »schmorten«. Erst das LSG hat diesen bloß schikanösen Unsinn beendet; das SG – Möhwald – duldete die Behördenwillkür hingegen.

Dieselbe Behörde provoziert – ebenfalls von der Rechtsaufsicht der nds Landesregierung unbeanstandet – aus Schikanezwecken durchgängig Untätigkeitsklagen, indem sie gewohnheitsmäßig weder Anträge (z.B. SG Hannover, S 35 KA 46/11; S 35 KA 35/13; S 35 KA 9/16 u.a.) noch Widersprüche (z.B. SG Hannover, S 35 KA 32/17; S 35 KA 33/17; S 35 KA 34/17 u.a.) bearbeitet und sich weigert, Gerichtsurteile anzuerkennen sowie sich selbst nach rechtskräftigen Verurteilungen zur Tätigkeit noch weigert, Bescheidungen vorzunehmen, so dass dann auch noch Zwangsgeldandrohungsverfahren beantragt werden müssen (z.B. SG Hannover, S 35 KA 18/13). Kurz gesagt: es ist mit einer einzigen Untätigkeitsklage in einem einzigen Rechtsstreit nicht getan, weil die Verfahrenszahlen durch manche Behörden exponentiell vermehrt werden, um die Verfahrensdauern immer weiter schikanös zu verschleppen. Die rechtsaufsichtlich zuständige Nds Landesregierung beanstandet – wie gesagt – diese konventionswidrigen Rechtsmissbräuche nicht, was die sich fragwürdig verhaltenden unter den nds Behörden umso mehr dazu anreizt, sich derartig konventionswidrig zu verhalten.

Es besteht zwischen EMRK und Schrifttum bezüglich solcher Verfahrensschikanen die einmütige, der RSpr des EGMR entstammende Auffassung:

»Werden mehrere Verwaltungsprozesse wegen desselben Gegenstandes geführt, rechnet der Gerichtshof die dafür verstrichene Zeit zusammen. (EGMR v 12.6.2003, 45256/99, § 35 – Richeux/Frankreich)« aus: Meyer-Ladewig, EMRK, Art 6 RN 74

Gerichte, die – wie das SG Hannover – Möhwald – solche Behördenwillkür nicht bremsen, haben dann aufgrund ihres indifferenten Verhaltens die neunfache Verfahrensdauer zu vertreten.

Das beeindruckt aber die staatlichen Einrichtungen in Nds nicht. Die rechtsaufsichtlich zuständige Nds Landesregierung sowie das offensichtlich behördenwillfährige Gericht (SG Hannover – Möhwald) schauen hierbei untätig zu und legen die Hände in den Schoß, obwohl diese Art und Weise der Verfahrensführung, Betroffene auf immer neue Klagen zu verweisen, die Verfahren in einer Art und Weise verlängern, die »mit dem Zweck des Menschenrechtsschutzes nicht mehr vereinbar« ist. (siehe z.B.: EGMR – Urteile zu den Sachen Papamichalopoulos, § 50; De Wilde, § 50; Ogur, § 30; Terazzi SRL, § 41 u.a.)

Erst das LSG (Pilz, Dr. Blöcher, Hörner) näherte sich wieder den Verfassungs- und Konventionsgewährleistungen an und legte die von der Behörde willkürlich getrennten Verfahren (L 3 KA 1/20 u.a.) zusammen. Das vorher mit der Vielzahl von Verfahren befasste – offensichtlich auf dem menschenrechtlichen Auge blinde – SG Hannover – Möhwald sah dazu keinen Anlass.

Solche Prozessschikanen kommen immer wieder bei deutschen Behörden vor. Im Saarland weigerte sich im Falle des Kaufmanns Grässer die Stadt Saarbrücken durchgängig, Urteile zu beachten, und legte in jahrzehntelang verschleppten Prozessen immer wieder Rechtsmittel ein, so dass die strittigen Rechtsverhältnisse nach 29 Jahren noch nicht geklärt waren und Grässer schließlich mit seinem Jagdgewehr erschossen im Walde aufgefunden wurde. Es ist nicht fernliegend anzunehmen, dass selbst der als erfahrener Kaufmann sicherlich nicht zu vorschnellen Emotionen neigende Grässer aufgrund jahrelangen psychischen Stresses zu Tode prozessiert wurde – woran man die Berechtigung grundsätzlich anzunehmender immaterieller Entschädigungen aufgrund psychischer Belastungen langer Verfahren erkennen kann. Man kann daran auch erkennen, dass die Belastungen Betroffener zeitlich exponentiell zunehmen und daher nur eine im Zeitablauf steigende Entschädigung zur adäquaten Kompensation führen kann.

Die innerstaatliche RSpr zu § 198 ff GVG sieht nicht einmal für solche bis ins Existentielle gehenden behördlichen Missbräuche der oben genannten Art irgendwelche Kompensationsmöglichkeiten vor. Das heißt: behördliche Verzögerungen, die durch mehrfache Untätigkeitsklagen den Zugang zum Gericht durchaus jahrelang blockieren kann (z.b. SG Hannover, S 35 KA 46/11 fünf Jahre – Möhwald), bleiben meist völlig oder nahezu unkompensiert.

Das bedeutet jedoch auch ganz klar: Wenn eine Entschädigung der behördlichen Verzögerung durch mehrfaches Überschreiten der gesetzlichen Fristen aus § 75 VwGO, § 88 SGG nicht im Rahmen der §§ 198 GVG erfolgt, gibt es keine wirksame Beschwerde in Deutschland gegen behördliche Verzögerungen, die effektiven Rechtsschutz bzw. ein faires Verfahren durch Zugang zum Gericht in angemessener Zeit gewährleisten.

§ 839 BGB ist jedenfalls kein wirksames innerstaatliches Rechtsmittel, das den Anforderungen der EMRK – hier auf Verhinderung einer behördlich verursachten schikanösen Vervielfachung und Verzögerung eines einzigen Antrages – genügt. (so: BTDrs 17/3802, S 1 – 2)

Blieben – wegen der Nichtberücksichtigung in den §§ 198 GVG und der Untauglichkeit des § 839 BGB – verwirklichte behördliche Verzögerungen unberücksichtigt, würde dies die Folge davon sein, dass es keinen Art 13 EMRK genügenden Rechtsschutz gegen das behördliche Unterlaufen des Zugangs zum Gericht gibt, welcher ein Recht auf ein faires Verfahren in angemessener Dauer ermöglicht.

Das würde bedeuten, dass Behörden die ihnen vom Gesetzgeber vorgegebenen Fristen für die Bearbeitung des Antrages und die Widerspruchsbescheidung konsequenz- und entschädigungslos nach freiem Belieben verletzen könnten, ohne dass dies entschädigungspflichtig ist. Das aber wäre kein Zustand, den es in einem Rechtsstaat geben kann. Es wäre und ist praktisch jetzt schon ein neues Pilotverfahren des EGMR gegen Deutschland wegen des Fehlens einer wirksamen Beschwerde gegen das Blockieren des Zugangs zum Gericht aufgrund behördlicher Untätigkeit erforderlich.

Bei der Nichtberücksichtigung des Überschreitens der gesetzlichen Fristen durch eine Behörde besteht bereits im Zeitpunkt der gem. §§ 75 VwGO, § 78 SGG nach drei oder sechs Monaten eingelegten Klage eine Verzögerung, die den Betroffenen immateriell belastet. Diese immaterielle Belastung kann man nicht einfach »unter den Teppich« kehren. Es wäre völlig unsinnig, der Behörde entschädigungslos zu gestatten, diese Belastung um ein weiteres Jahr zu verlängern oder unredlicherweise auf ein lt. Bundesregierung unwirksames Rechtsmittel gem. § 839 BGB (so: BTDrs 17/3802, S 1 – 2) zu verweisen.

Andernfalls ist Willkür und Schikane kompensationslos Tür und Tor geöffnet, wie das gegenwärtig der in Deutschland praktizierte Fall ist. Die behördliche Verzögerung wird nämlich – weil man sie weiter völlig unbeachtet lässt und nur den Verfahrensdauerbereich der Gerichte betrachtet und man gegenwärtig einfach auf die Möglichkeit einer Untätigkeitsklage verweist – sogar noch auf legale Weise prolongiert; denn nach der Ein – Jahres – Regel gilt das bereits verzögerte Rechtsanliegen dann für ein weiteres Jahr als nicht verzögert. Entscheidet also eine Behörde willkürlich nicht über einen Antrag, so darf dann die nach einem halben Jahr eine zulässige Untätigkeitsklage bis zur Verurteilung der Behörde zur Bearbeitung ein weiteres Jahr (also insgesamt anderthalb Jahre) dauern, ohne dass nach der »Ein-Jahr-pro-Instanz-Regel« eine Verzögerung eingewendet werden kann; es sei denn, es wird die außerordentliche Bedeutung für den Betroffenen und die Unterdurchschnittlichkeit der Anforderungen an das Gericht dargestellt. Die Fristen in § 75 VwGO, § 88 SGG sind gegenstandslose Makulatur. Das ist ein konventionswidriger Zustand.

Dabei ist auch zu beachten, dass die Vorstellung des Gesetzgebers, es werde in sozialgerichtlichen Verfahren mit der Untätigkeitsklage die Möglichkeit eingeräumt, auch ohne Vorverfahren unmittelbar Klage zu erheben, so dass für eine Entschädigungsregelung kein Bedarf bestehe (so: BTDrs 17/3802 S 17 Sp 1) unzutreffend ist. Richtig ist stattdessen, dass auf das zwingend vorgeschriebene sozialgerichtliche Vorverfahren nicht einmal einvernehmlich verzichtet werden darf, sondern das Vorverfahren unabdingbar nachgeholt werden muss. Eine solche Untätigkeitsklage bedeutet also nie eine Zeitersparnis, sondern immer eine Verlängerung des Rechtsanliegens.

Des Weiteren ist die Annahme absurd, dass nur gerichtliche Verzögerungen eine psychische Belastung darstellen, behördliche Verzögerungen und schikanöse Untätigkeit von Behörden hingegen nicht. Unabhängig davon, wer die Verzögerung verursacht hat – die Behörde oder das Gericht – fehlt es nach dem Grundsatz, dass Gleiches gleich behandelt werden muss, an einem zureichenden Differenzierungsgrund, der behördliche Verzögerungszeiträume entschädigungsfrei bestehen lässt. Davon auszugehen, nur die Verzögerung des Rechtsanliegens durch ein Gericht sei eine Belastung des Betroffenen, die Verzögerung durch eine Behörde der nach der Ein – Jahres – Regel mindestens ein weiteres Jahr lang selbst durch eine Untätigkeitsklage nicht umgehend abgeholfen wird, sei hingegen keine Belastung, ist offensichtlich hochgradig absurd.

Die Einlegung einer Klage gegen eine Behörde wegen deren Untätigkeit ist bei manchen mit den Behörden offenbar kollusiv verbandelten Gerichten derart ungelegen, dass Untätigkeitsklagen auch noch in weitere Instanzen »abgewimmelt« werden und damit keine praktische Durchsetzungsmöglichkeit besteht, sich gegen die Untätigkeit »wirksam« zu beschweren. Entweder werden Untätigkeitsklagen von behördenwillfährigen Richtern mithilfe abenteuerlicher Gründe abgewiesen. (S 35 KA 46/11; S 35 KA 35/15; S 35 KA 39/16 u.a. – alles: Möhwald) Oder es werden zum Zwecke prohibitiv überhöhter Kostenrechnungen die Streitwerte willkürlich exorbitant überhöht, damit erst gar keine Untätigkeitsklagen eingelegt werden. So ist z.B. wegen einer Forderung, die 20.995,41 Euro betrug (so: SG Hannover, S 35 KA 1/16 – Berechnung der Behörde) ein Streitwert von 403.881 Euro festgesetzt worden. (SG Hannover, S 35 KA 17/13 Beschl. v 29.3.17 – Möhwald) Eine andere Sache hat der Richter Möhwald die Klage gegen eine Behörde durch eine prohibitiv um das 200-fache überhöhte Gerichtskostenvorauszahlung zu verhindern versucht und dann – als das nicht funktionierte – die Sache dreieinhalb Jahre lang »schmoren« lassen. Das Festsetzen des Zwanzig bis Zweihundertfachen des lt. Behörde tatsächlich zutreffenden Streitwerts dient dem offensichtlich behördenwillfährigen Richter Möhwald unverkennbar dazu, von Klagen gegen die Behörde abzuschrecken und ist durch keinerlei Ermessen gedeckt, sondern wird man als eine bewusste Falschanwendung des Rechts ansehen müssen, die m.W. »Rechtsbeugung« heißt.

Entsprechendes gilt für die genannte 200-fach prohibitiv überhöhte vorläufige Streitwertfestsetzung. (SG Hannover, S 35 KA 3/17 – Möhwald)

Ähnlich hat sich dieser offenbar behördenwillfährige Richter in der Sache S 35 KA 46/11 verhalten. (Streitwerterhöhung von 5.000 Euro auf 331.000 Euro – Möhwald)

Hinzu kommt, dass eine Untätigkeitsklage wegen der behördlichen Verschleppung des Rechtsanliegens ein stumpfes Schwert und eine bloß unwirksame Beschwerde i.S. des Art 13 EMRK ist, weil Untätigkeitsklagen keineswegs vorrangig entschieden, sondern wie alle anderen Verfahren behandelt werden und daher meist jahrelang beim Gericht »ruhen«; besser: »liegenbleiben« – nach der Ein – Jahres – Regel also mindestens ein weiteres Jahr pro Instanz. Kommt es dann zur Verurteilung der Behörde zur Tätigkeit, kann es aufgrund erneuter Untätigkeit der Widerspruchsbescheidung wieder einige Jahre dauern, bis das Gericht die Behörde erneut zur Tätigkeit verurteilt. Dieses »Spiel« lässt sich im Falle von Ermessensentscheidungen unendlich lange wiederholen.

Der EGMR hat deshalb wegen einer behördlichen Verzögerung von fast drei Jahren (eine in Teilen der deutschen Gerichtsbarkeit »geringe« bis »übliche« Dauer) eine Verletzung des Art 6 EMRK wegen Verletzung des Zugangs zum

Gericht festgestellt und dem Betroffenen eine Entschädigung von 50.000 Euro zugesprochen. (EGMR v 23.7.2002, 34619/97 – Janosevic/Schweden)

Das Rechtsschutzgesetz des § 198 GVG, dessen Sinn darin bestehen sollte, die bestehende Rechtsschutzlücke den Anforderungen der EMRK entsprechend zu schließen (BTDrs 17/3802, S 1) genügt seinen Anforderungen also auch deshalb nicht, weil es nur auf Gerichtsverfahren beschränkt ist (§ 198 Abs 1 S 1; § 198 Abs 6 Nr. 1 GVG; BTDrs 17/3802 S22 Sp 2) und den Zugang zum Gericht verzögernde Verwaltungs- und Vorverfahren der Behörden ausklammert.

Stellt man richtigerweise auf die zeitliche Belastung eines Betroffenen wegen eines Rechtsstreits ab, zu dem natürlich auch lange straf- und zivilrechtliche Verwaltungs- und Vorverfahrensdauern gehören, bedeutet das im Ergebnis, dass z.B.

- der Zeitraum aller vor dem Zulässigwerden des sekundärrechtlichen Entschädigungsrechtsschutzes, also der Zeitraum der vor der Eröffnung des sekundärrechtlichen Rechts auf Zugang zum Gericht zwingend auszuschöpfenden primärrechtlichen Instanzen (siehe zum zwingenden Erfordernis ausgeschöpften Primärrechtsschutzes: z.B.: BVerfG, 1 BvL 7/91)
- der Zeitraum der den Zugang zum Gericht erst ermöglichenden, gem. § 68 VwGO, § 78 SGG unabdingbar erforderlichen Behördenverfahren (Verwaltungsverfahren und behördliches Vorverfahren)
- die Zeitdauer rechtshängig gemachter Untätigkeitsklagen gegen eine Behörde
- der Zeitraum einer vor Einreichen einer Untätigkeitsklage liegenden Sperrfrist gem. § 75 VwGO, § 88 SGG
- der Zeitraum einer Aussetzung der Hauptsache wegen vom Gericht ungeklärter Vorfragen (z.B. der Sachzuständigkeit)

bei der Beurteilung der Verfahrensdauer Berücksichtigung finden muss.

Die früher auch vom Gesetzgeber im Rahmen des Gesetzgebungsverfahrens zu den §§ 198 ff GVG angestellten Erwägungen, dass das Vorverfahren bei einer Behörde nicht in den Schutzbereich der auf Art 6 EMRK zurückzuführenden §§ 198 ff GVG falle, sind angesichts der Bindung an die Rechtsprechung des EGMR (siehe oben: BTDrs 17/3802 S 20 Sp2; EGMR, 53126/07, § 39 – Taron/Deutschland) und das den Staat bindende Gebot der Völkerrechtsfreundlichkeit rechtswidrig.

Manche Gerichte wissen jedoch nicht einmal, dass sie das Völkerrecht und die EMRK in der Auslegung des EGMR berücksichtigen müssen und sind der unbegründeten, vom Recht der EMRK abweichenden und die Anweisungen des EGMR (Urteile Rumpf/Deutschland a.a.O, § 73 und Taron/Deutschland a.a.O, § 39) verletzenden sowie das Schrifttum (Grabenwarter, EMRK, 118 u.a.) vollständig ignorierenden Auffassung:

»Es ist nicht zu beanstanden, dass das Vorverfahren nicht einbezogen wird.« (LSG Nds, L 10 SF 2/12 EK KA, S 12 u.a. – alle: Dr. König, S. Klein, Frankhäuser)

Zu einer substantiierten Begründung, was sie zur Abweichung von der Konventionsrechtsprechung berechtigt, waren diese Richter (Dr. König, S. Klein, Frankhäuser) allerdings intellektuell nicht in der Lage – ihnen reicht – trotz der Auflage des EGMR, dass Entscheidungen begründet werden müssen – das bloße Behaupten. Wäre die der RSpr des EGMR widersprechende (und daher tatsächlich rechts- und konventionswidrige) Ansicht der Richter Dr.König, S. Klein und Frankhäuser richtig, würden solche Missstände wie die oben beschriebenen gefördert, in denen Behörden und Gerichte ein einziges Entschädigungsanliegen problemlos – und ohne dass dies Konsequenzen für die Behörde oder das Gericht hätte – in eine Vielzahl von 10, 20 oder mehr zeitaufwändigen Verfahren zwingen können. Dass das effektivem Rechtsschutz nicht entsprechen kann, liegt auf der Hand.

Abgesehen davon ist die Rechtsansicht konventionswidrig, dass Betroffene von Behörden und Gerichten – ohne Möglichkeit einer Verzögerungsklage – in 10 oder mehr zeitraubende Verfahren hineingezwungen werden können, ehe sie eine Prüfung ihres Rechtsanliegens erreichen (Rechtswidrigkeit erzwungener Verfahrensanhäufungen), weil

»im innerstaatlichen Recht Garantien bestehen, die mindestens so weit gehen, wie die EMRK und die Protokolle dazu.« (Meyer-Ladewig, EMRK, Art 13 <8>)

Das Vorverfahren kann also nicht unter dem Gesichtspunkt aus dem Schutzbereich des Art 6 EMRK herausfallen, dass eine – regelmäßig mehrere Jahre dauernde (z.B.: SG Hannover, S 35 KA 34/ 11 – fünf Jahre; S 35 KA 46/11 – fünf Jahre u.a.) – Untätigkeitsklage möglich wäre.

Zudem verlangt der EGMR Untätigkeitsklagen lediglich bei länger dauernden Vorverfahren; d.h. 19 Monate oder länger (EMRK v 10.1.2008, 1679/03, § 69 – Glüsen/Deutschland). Außerdem sind Untätigkeitsklagen entgegen der Auffassung des die Wirklichkeit nicht kennenden Gesetzgebers kein wirksames Rechtsmittel im Sinne des Art 13 EMRK, um eine angemessene Verfahrensdauer zu erreichen, weil die Untätigkeitsklagen – wie die Wirklichkeit beweist – ebenso wie alle andere Klagen – selber jahrelang unbearbeitet bei den Gerichten herumliegen. (siehe: LSG Nds, L 10 SF 108/13) Praktisch alle bei der Sozialgerichtsbarkeit eingelegten Untätigkeitsklagen haben sich zum Verhindern der behördlichen Verzögerungen als ungeeignet erwiesen. (so z.B.: Untätigkeitsklagen: SG Hannover, S 35 KA 32/11 – 5 Jahre; S 35 KA 46/11 – 5 Jahre; S 35 KA 17/13 – 3 Jahre; S 35 KA 23/13 – 3 Jahre, L 35 KA 1/19 – bisher über 8 Jahre usw.)

Entgegen dem Einwand, es seien Untätigkeitsklagen erforderlich, deren Verzögerung jedoch ineffektiverweise erst nach völligem Abschluss aller Instanzen gerichtlich geltend gemacht werden könne (siehe: LSG Nds, L 10 SF 108/ 13), also dann, wenn die Geltendmachung der Verzögerung nutzlos geworden ist, weil die Verzögerungen nicht mehr rückgängig gemacht werden bzw. nicht mehr verhindert werden können, sondern die Verzögerungen durch Zeitablauf irreversibel verwirklicht sind (siehe auch: BVerfG, 1 BvR 1087/91 <28>), verlangt der EGMR keine Untätigkeitsklagen

»im Hinblick darauf, dass ...eine Kontrollinstanz vorenthalten...wäre und...ein möglicherweise günstigerer Beschluss im Vorverfahren verwirkt« würde. (EGMR v 11.6.2000, 17878/04, § 57 – Evelyne Deiwick/Deutschland; ebenso: EGMR v 26.3.2009, 20271/05, § 53 – Vaas/Deutschland und EGMR v 30.6.2011, 11811/10, § 29 – Kempe/Deutschland)

Auch in der Sache EGMR v 16.9.2010, 16386/07, § 20 – B/Deutschland hat der EGMR den Einwand der Bundesregierung zurückgewiesen, dass Untätigkeitsklagen erhoben werden müssen. Das vorgenannte Urteil Kempe entstammt im Übrigen dem Zeitraum, in dem es die §§ 198ff GVG bereits gab. Damit entfällt das Argument des Gesetzgebers, dass der EGMR im Jahre 2011 von einer anderen Rechtslage ausgehen und Vorverfahren nicht mehr in die Verfahrensdauer einbeziehen werde.

Den trotzdem mit großer Beharrlichkeit von der Bundesregierung geradezu legasthenisch immer wieder – gegen den Hinweis, dass Deutschland sich an die Rechtsprechung des EGMR zu halten habe – erneut versuchten Einwand der Bundesregierung, dass die Dauer des Vorverfahrens nicht zur Verfahrensdauer zu rechnen sei, weil der Beschwerdeführer ja – wie dargestellt eine de facto ineffektive – (siehe: LSG Nds, L 10 SF 108/13) Untätigkeitsklage habe erheben können (EGMR v 16.9. 2010, 16386/07, § 17 – B/Deutschland) weist der EGMR inzwischen ohne Nennung von Gründen zurück (EGMR B/Deutschland, a.a.O., § 20). Das ist offensichtlich der Fall, weil der EGMR es für überflüssig hält, seinen der Bundesregierung genau bekannten Standpunkt immer wieder gebetsmühlenartig erneut darzustellen.

Manche deutschen Behörden und behördenwillfährigen Richter vertreten sogar die kuriose Ansicht, dass der mit dem Beginn des Vorverfahrens zusammenfallende Beginn der Bescheidungsfrist (hier: des § 88 Abs 2 SGG) nicht durch das Einlegen des Widerspruchs in Gang gesetzt werde, sondern erst durch die Erinnerung an die Erledigung des Widerspruchs. (KZVN v 8.1.2010 zu S 35 KA 100/09; SG Hannover S 35 KA 100/09 – Möhwald) Das ist jedoch einer der zahlreichen »möhwaldschen Denkfehler«.

Kurz gesagt:

Es ist gängige Praxis in Deutschland, die Verfahrensdauern deutscher Gerichtsverfahren durch konventionswidriges »nach hinten schieben« des tatsächlichen Verfahrensbeginns zum Schein zu verkürzen, um die wirklichen Verfahrensdauern zu vertuschen.

4.2.1.4 Unterlassenes Klären von Vorfragen

Die Hauptsache eines Verfahrens – das strittige Rechtsverhältnis – kann solange nicht bearbeitet werden, sondern ist auszusetzen, bis sämtliche entscheidungserheblichen Vorfragen geklärt sind.

Das ist z.B. bei allen sekundärrechtlichen Klagen oder in Angelegenheiten der Fall, in denen erst geprüft werden muss, ob anderweitige Ansprüche bestehen.

Auch die Zulässigkeit des Rechtsweges ist eine solche zu klärende Vorfrage. Der Gesetzgeber hat hierzu verlangt, dass diese Frage in einem möglichst frühen Verfahrensstadium geklärt werden soll. Das ist auch sinnvoll, weil sich ein Gericht mit der rechtshängigen Sache inhaltlich nicht befassen darf und kann, wenn es gar nicht weiß, ob es zuständig ist oder die Sache verwiesen werden muss. Trotzdem lassen manche Gerichte die Frage der Zuständigkeit oft jahrelang ungeklärt schleifen. (z.B.: SG Hannover, S 35 KA 46/11 u.a. – Möhwald, bisher 9 Jahre)

Manchmal ist ein geltend gemachter Anspruch davon abhängig, dass vorab in einem anderen Verfahren die dafür erforderlichen Grundlagen festgestellt werden. Bei manchen Gerichten bleiben die Verfahren, in denen geklärt wird, ob darauf Folgeansprüche gestützt werden können, jahrelang unbearbeitet. Weil die in dem bereits rechtshängigen Verfahren aufgeworfene Vorfrage nicht geklärt wird, sondern jahrelang unbearbeitet liegenbleibt, wird dann die Aussetzung von sich darauf stützenden Verfahren erforderlich, die dann wiederum jahrelang unbearbeitet ausgesetzt liegenbleiben (z.B.: SG Hannover, S 35 KA 16/15, bisher 5 Jahre ohne richterliches Beschleunigungsbemühen – Möhwald). Die Nds Landesregierung ist der menschenrechtswidrigen Auffassung, dass solche wegen der Untätigkeit der Gerichte erforderlichen Aussetzungen, deretwegen andere

Verfahren nicht prüfbar sind, nicht vom untätigen Gericht, sondern vom Betroffenen zu vertreten seien und das Verlangen Betroffener nach einem Bemühen um Bearbeitung durch das Gericht sogar »missbräuchlich« sei. (Land Nds 2 Fis 158/18, S 7 – OStA Dr. Schreiber) Das heißt verkürzt: Wer vom Staat verlangt, dass seine Menschenrechte beachtet werden, handelt nach Auffassung der Nds Landesregierung missbräuchlich. Dass ein deutsches Bundesland die Menschenrechte derart abwertet, hat eine bislang unbekannte, geradezu nordkoreanische »Qualität«.

4.2.2 Verfahrensende

Teile der SGb sind höchst erfinderisch, um auch das die Verfahrensdauer determinierende Verfahrensende zum verfahrensverkürzenden Schein nach vorn zu verlegen. Besonders bizarr ist die – völlig ernst gemeinte – Auffassung eines in Niedersachsen amtierenden und »Recht« sprechenden Richters, ein terminiertes Verfahren, in dem ein Urteil ergangen ist, sei bereits zwei Jahre vor der Terminierung und Zustellung des Urteils beendet gewesen. (SG Hannover, S 35 KA 1/16 – Möhwald) Das ist ein »möhwaldscher Denkfehler«.

Ähnlicher »Qualität« ist die Ansicht, eine Verzögerung läge nicht vor,

»weil das Klageverfahren ausweislich der Ausführungen im Urteil vom 26.11.2018 als dort bereits im März 2016 beendet betrachtet …wurde …Dr. Claus.« (LSG Nds, Schr v 13.5.2015, L 3431/02-01 16/19 – Dr. Claus)

Dieselbe bizarre Ansicht, dass in dem bereits im März 2016 beendeten Verfahren noch am 26.11.2018 ein Urteil ergangen sei, lässt die Präsidentin des SG Hannover kundtun, die es auch für dienstrechtlich korrekt hält, dass Urteile in gar nicht rechtshängigen Sachen ergehen. (Präsidentin SG Hannover, S 3132 v 19.12.2018 – Niederlag)

In Wahrheit tritt das Ende der Rechtshängigkeit von Gerichtsverfahren frühestens ein durch:

- rechtskräftiges Urteil
- Klagerücknahme
- Rechtsmittelrücknahme
- Vergleich
- angenommenes Anerkenntnis
- übereinstimmende Erledigungserklärung

- zulässige Klageänderung, soweit das Klageverfahren nicht mindestens hilfsweise aufrechterhalten bleibt.

Ein Verfahren ist nicht dadurch beendet, dass die Verfahrensakte unerledigt liegenbleibt, der Richter keine Lust zur Bearbeitung der Sache hat oder der Richter nicht weiß, wie er die Sache abschließen soll. (so z.B. SG Hannover, S 35 KA 46/11 – Möhwald) Ein Verfahren ist auch nicht beendet, wenn die Sache in der Revision aufgehoben und zurückverwiesen wird. Dann ist die letzte gerichtliche Entscheidung maßgebend. (siehe: Meyer-Ladewig, EMRK, Art 6 RN 72)

Gem. § 198 Abs 6 Nr. 1 GVG ist ein Verfahren mit dessen Rechtskraft abgeschlossen. (siehe auch: BTDrs 17/3802 S 22, Sp 2; ebenso: BVerwG v 11.7.2013, 5 C 23.12 D <19>) Das BVerfG ist der davon abweichenden Meinung, dass bereits die Zustellung des Urteils das Verfahren beende.(BVerfG, 1 BvR 383/00)

Aus menschenrechtlicher Sicht liegt das Verfahrensende – gegen die konventionswidrige Handhabung durch deutsche Gerichte (z.B. m.W. durchgängig alle Verfahren beim LSG Nds) – nicht vor dem Zeitpunkt, vor dem die vollständige Entscheidung über alle Anträge zugestellt, alle Punkte einschließlich der Kosten erledigt sind (Meyer-Ladewig, EMRK, Art 6 RN 72) und das Urteil dadurch Wirkung entfaltet und praktische Bedeutung bekommt, dass es vollstreckt werden kann und – wenn es gegen den Staat gerichtet ist – auch tatsächlich vollstreckt wird. Ein Urteil, dessen Vollzug der Staat verweigert, verdient diesen Namen nicht, sondern ist bloß ein Stück Papier, das effektiven Rechtsschutz in angemessener Zeit nicht gewährleistet. Auch die verspätete Ausführung eines Urteils erfüllt die Vorgaben der Konvention nicht, sondern erhält die konventionsverletzende Verzögerung und damit die Opfereigenschaft des Betroffenen im Sinne des Art 34 EMRK weiter aufrecht. (so: EGMR v 12.6.2008, 20937(07 – Moroko/Rußland)

Die Verfahrensdauer endet auch nicht, bevor der Betroffene von der letzten zu seinem Rechtsanliegen gehörenden Entscheidung benachrichtigt worden ist (»... the date, on which the decision was notified to him« – EGMR GK v 16.9.1996, 20024/92, § 47 – Süßmann / Deutschland). Dazu gehören z.B. auch spätere Änderungen des Sitzungsprotokolls (z.B. SG Hannover, S 35 KA 40/17 u.a. – Möhwald, wo der Richter Möhwald über ein halbes Jahr nach dem Urteil – dazu ohne die gesetzlich geforderte Anhörung der Beteiligten – ein Wortprotokoll als eigene Falschbeurkundung eingestanden und berichtigt hat).

»Letzte Entscheidungen« sind auch die Entscheidungen des BVerfG (the Federal Constitutional Court), wenngleich das BVerfG keine Instanz darstellt. (EGMR v 27.7.2000, 33379/96, § 35 – Klein/Deutschland)

Eine abschließende Entscheidung über das Rechtsbegehren, dessen Vollzug die Behörde verzögert oder das gar nicht vollstreckt werden kann, weil der Staat das verhindert, beendet ein Verfahren nicht; eine solche Entscheidung gewährleistet die Rechte aus Art 6 EMRK nur scheinbar und theoretisch, nicht aber praktisch und wirksam, wie es konventionserforderlich ist.

In die Verfahrensdauer seiner für das deutsche Verfahrensdauerentschädigungsrecht maßgeblichen Entscheidungen hat der EGMR das Kostenverfahren einbezogen. (z.B. EGMR 13791/06) Da die §§ 198 ff GVG nicht auf Verfahren beschränkt sind, die mit einer richterlichen Entscheidung abschließen (siehe: BSG, B 10 ÜG 8/13, II, 3, a) sind auch Kostenfestsetzungsverfahren in die Verfahrensdauer einzubeziehen.

Die von deutschen Behörden und Gerichten nicht selten vertretene Auffassung, das Kosten- und Erinnerungsverfahren habe mit der Gewährleistung des Art 6 Abs 1 EMRK gar nichts zu tun oder sei allenfalls ein separates Verfahren, das nicht in die Dauer des Hauptsacheverfahrens einzubeziehen sei, verfehlt die Konventionsgewährleistungen.

4.2.2.1 verzögerte Urteilszustellungen

Manche Gerichte verzögern die Rechtsanliegen sogar noch im Anschluss an die Urteilsverkündung weiter; sie lassen Urteile mehr als ein halbes Jahr lang liegen und stellen insbesondere Sitzungsniederschriften mehr als ein halbes Jahr lang nicht zu, so dass die Sitzungsniederschriften als nicht beurkundet anzusehen sind und ihnen keine Beweiskraft zukommt und auch solche außerhalb der rechtlichen Frist zugestellten Urteile als nicht zustande gekommen gelten. (so z.B : SG Hannover, S 43 KA 371/03 und Dutzende andere Sachen – Kramer) Trotz teilweise exorbitanter Verfahrensdauern liegt dann am Ende ein Stapel wert- und sinnloses Papier vor, die dem Rechtsuchenden überhaupt Nichts nutzt, sondern dessen Recht auf effektiven Rechtsschutz verletzt, für den aber mit großer Selbstverständlichkeit Gerichtskosten verlangt werden. Es wird Geld verlangt für Nichts. Für die von ihm bezahlten Gerichtskosten erhält der Betroffene dann nämlich weder den Sachverhalt beurkundende Sitzungsniederschriften, noch rechtmäßige Urteile. Dieses effektiven Rechtsschutz und den Rechtsstaatsgrundsatz des Art 20 Abs 3 GG iVm dem Recht auf faire Verfahren in angemessener Zeit gem. Art 6 EMRK eindeutig unterlaufende Verhalten deutscher Gerichte wird vom BVerfG nicht beanstandet (BVerfG, 1 BvR 851/08 – Hohmann – Dennhardt,

Gaier, Kirchhoff), was allerdings bloß die – m.E. dolose – Haltung dieser Richter gegenüber den Verfahrensgrundrechten darstellt, nicht aber die korrekte grund- oder konventionsrechtliche Einordnung.

Bei sachlicher Betrachtung wird man ein Ende des Verfahrens nicht im Zeitpunkt einer Urteilsverkündung annehmen können, wenn die Zustellung der endgültigen Urteilsfassung, die eine Beurteilung zulässt, ob und auf welche Weise Rechtsschutz gesucht werden soll, erst Monate später erfolgt.

Erfolgt die Zustellung sogar so spät, dass die Beurkundungswirkung der Sitzungsniederschrift entfällt und ein wirksames Urteil nach deutschem Verfahrensrecht gar nicht vorliegt, dann liegt – wie oben dargestellt – trotz bezahlter Gerichtskosten offensichtlich überhaupt keine gerichtliche Erledigung vor. Das bedeutet, der gesamte Zeitraum der Rechtshängigkeit muss bis in das berufungsverfahren hinein als Verzögerung angesehen werden. Wer anderer Ansicht ist, müsste die Frage beantworten, worin eine verfahrensbeendende Erledigung des Rechtsstreits liegen könnte.

Desgleichen wird man von einer Verfahrensbeendigung weder im Verkündungs- noch im Zustellungszeitpunkt des Urteils sprechen können, wenn das Urteil Beurkundungsfehler, wie bewusst falsche Beurkundungen von Wortprotokollen enthält, die der Richter trotz Hinweises auf die Fehlerhaftigkeit entweder gar nicht oder erst ca. ein halbes Jahr später berichtigt. (z.B. SG Hannover, S 35 KA 38/17 u.a. – Berichtigung bewusster Falschbeurkundung nach ca. einem halben Jahr – Möhwald) Dann ist die Instanz erst mit der gesetzlich vorgeschriebenen abschließenden Berichtigung auf dem Sitzungsprotokoll beendet. Es handelt sich bei diesem Beispiel um eine (bewusste) Falschbeurkundung eines Wortprotokolls durch den Richter Möhwald.

Die Tatsache, dass solche bewussten Falschbeurkundungen zwar den zuständigen Stellen bekannt sind, dem Richter aber nicht als inkorrekte Amtsausübung vorgehalten werden belegt, dass an diesem Gericht inkorrektes Richterverhalten nicht als beanstandungswürdig, sondern als »normal« angesehen wird – ein deutliches Zeichen für die Missachtung der konventionskonformen Gewährleistung fairer Verfahren.

Kostenfestsetzungen in Zivilsachen benötigen nach der Pebb§y – Basiszahl eine Bearbeitungszeit von 33 Minuten, in Strafsachen nur 5 Minuten. (siehe: pwc Price, Waterhouse Cooper, Personal-Bedarfs-Berechnungs-System, Auswertungsstand 2017, S 87 und 89, Erh.ges. GL 021 und GL 0401)

Auch die Nichtentscheidung über die Kosten oder das lange Liegenlassen von Kostensachen verlängert die Verfahrensdauer; die Rechtshängigkeit bleibt wegen der Kosten bestehen. (BGH 67, 564) Dieselbe für deutsche Gerichte maßgebliche Auffassung vertritt der EGMR; denn deutsche Gerichte haben die Pflicht, die Verzögerungsrechtsprechung so anzuwenden, wie es der EGMR tut. (EGMR, Taron/Deutschland a.a.O., § 39).

Zu diesem Punkt brilliert allerdings wieder das konventionswidrige Denken mancher nds Gerichte und der Nds Landesregierung, wonach das Kosten- und Erinnerungserfahren nicht in die Verfahrensdauer einzubeziehen ist.

Das SG Hannover ignoriert Aufforderungen zur Bearbeitung von Kostensachen und Verzögerungsrügen selbst dann, wenn der Streit 14 Jahre alt ist und Verzögerungsklagen bei Nichtbearbeitung angekündigt werden. (S 35 KA 100/09 Aufford v 10.9.2013 – Möhwald) Das SG Hannover schreibt auch Kostenrechnungen für jahrzehntelang in der Hauptsache abgeschlossen gewesene Verfahren, (S 35 KA 1830/02, Kostenrechnung v 10.3.2014 über 37,50 Euro – Möhwald) Das heißt, Betroffene müssen in Nds wohl oder übel die Last auf sich nehmen, Unterlagen jenseits aller Aufbewahrungspflichten jahrzehntelang zu archivieren, was zweifellos eine durch den Staat unzumutbar und rechtswidrig aufgebürdete Last darstellt.

Das ist insbesondere wegen der Sprunghaftigkeit von Streitwertänderungen wichtig. Das SG Hannover ändert problemlos und begründungslos Streitwertbescheide über 5.000 Euro – offenbar um Abschreckungswirkung zu erzielen – nach jahrelanger Rechtshängigkeit spontan auf 402.811 Euro (das Achtzigfache – S 35 KA 17/13 – Möhwald) oder auf 331.000 Euro (das Sechzigfache – S 35 KA 46/11 – Möhwald) ab.

Obwohl der EGMR der Auffassung ist, dass Kostenverfahren »die natürliche Verlängerung der Hauptsache« darstellen (siehe: EGMR v 30.3.2006, 75745/01, §27 – Mamic/Slovenien) und deutsche Gerichte in Entschädigungssachen verpflichtet sind, das Recht so anzuwenden, wie es der EGMR tut (EGMR, Taron/Deutschland, a.a.O., § 39), entspricht es der erschreckenden Rechtswirklichkeit in manchen Bundesländern und beim BSG, diese Pflicht grob zu missachten.

So hält die Nds Landesregierung beharrlich an ihrer völkerrechts- und konventionswidrigen Auffassung fest:

»Kostenverfahren gehören nach Auffassung des Landes Nds nicht zur Verfahrensdauer.« (Land Nds, 2 Fis 64/14, Schr v 18.8.2014, S 2 zu L 3 KA 38/14 EK KA – OStA Dr. Schreiber)

Das Land Nds begründet seine konventionswidrige Auffassung ganz offen damit, dass die deutsche Gesetzgebung den Vorgaben des EGMR widerspräche und die innerstaatlichen Organe sich nicht an die EMRK halten müssen:

»Die Auffassung des EGMR, dass das Kostenfestsetzungsverfahren als unselbständiger Annex zur Verfahrensdauer gehört, widerspricht § 198 GVG.« (Land Nds, 2 Fis 64/14v 13.10.2014 in L 10 SF 38/14 EK KA – OStA Dr. Schreiber)

Die Nds Landesregierung tut damit zugleich kund, dass der EGMR sich nach dem deutschen Rechtssystem zu richten habe, nicht umgekehrt – was eine erstaunlich Verdrehung völkervertraglicher Verpflichtungen eines Bundeslandes ist, das sich offenbar sogar weigert, die vorn zitierte umfangreiche RSpr des BVerfG und des EGMR zur Kenntnis zu nehmen und den Menschen in Nds deren Konventionsrechte zu gewähren.

Nds Bürger haben nach dieser bemerkenswerten Auffassung der nds Landesregierung jedenfalls damit kein Recht, die in der EMRK gewährleisteten Menschenrechte zu beanspruchen – was die konventions- und menschenrechtswidrige Haltung dieser Landesregierung gegenüber den Bürgern treffend kennzeichnet.

Selbst das oft nicht gerade menschenrechtsfreundliche BSG nimmt insoweit seine Pflicht wahr, die Verzögerungsrechtsprechung so anzuwenden, wie es der EGMR tut, dass also das Kostenfestsetzungs- und Erinnerungsverfahren ist in die Verfahrensdauer einzubeziehen sei. (BSG, U v 10.7.2014, B 10 ÜG 8/13 R, II, 3, d) Die Auffassung mancher SGe und Bundesländer, dass das Kostenfestsetzungsverfahren keine Entschädigungsansprüche gem. Art 6 EMRK und § 198 GVG auslöse und folglich dauern könne, solange es wolle, weil es angeblich nicht als Gerichtsverfahren anzusehen sei (so: LSG Nds – Bremen, L 15 SF 4/12 EK KS; LSG NRW, L 11 SF 201/13 EK KA) ist konventionswidrig. Dasselbe gilt für die erstaunliche Beharrlichkeit der Konventionsleugnungen durch die Nds Landesregierung:

Das Kostenverfahren habe mit der Verfahrensdauer Nichts zu tun. (Land Nds 2 Fis 64/14 v 18.8.2014, S 2 – OStA Dr. Schreiber)

»Das beklagte Land hält an seiner Position fest, dass der Zeitraum bis zur Kostenfestsetzung nach Erledigung der Hauptsache nicht mehr als entschädigungsfähiger Zeitraum iS des § 198 GVG anzusehen ist.« (Land Nds. Fis 64/14, Schr v 13.10.14 zu L 10 SF 38/14 EK KA – OStA Dr. Schreiber)

Die erst spätere Kostengrundentscheidung verlängert das Verfahren nicht. (so: Land Nds. Fis 137/17, Schr v 16.3.2018, S 1; Schr v 18.1.2018, S 4 zu L 10 SF 26/17 EK KA – OStA Dr. Lehmann)

Ebenso sieht es das für seine verwunderlichen Entscheidungen bekannte SG Hannover, das »nicht nachvollziehen« kann, dass aufgrund eines Urteils v 28.7.2004 (S 35 KA 1182/02) nach sieben Jahren und aufgrund eines anderen Urteils v 23.7.2008 (S 35 KA 326/03) nach drei Jahren erstellte Kostenrechnungen verzögert sein könnten (SG Hannover zu den Az – Möhwald) Entsprechend konventionswidrig terminieren solche Richter – freilich völlig unbeanstandet und ohne, dass ihnen das dienstlich vorgehalten wird.

Diese Kundgaben drücken nur eines aus; nämlich dass solche Richter Probleme mit der Achtung der Menschenrechte haben und die Konvention bei diesen Gerichten nicht respektiert wird. Folgerichtig sieht die Präsidentin des SG Hannover auch keine amtspflichtwidrige Verweigerung des Amtes gem. § 839 Abs 2 S 2 BGB, die dem dafür Zuständigen vorzuhalten wäre darin, dass am 16.9.2012 gestellte Kostenanträge erst nach über 4 Jahren Ende 2016 bearbeitet werden. (Präs SG Hannover, S 3132, Schr v 22.9.2016 – Beyer) Der EGM führt hingegen zu einem vierjährigen Kostennichtbearbeitungszeitraum aus;

»The Court notes that it took over four years to resolve what may be regarded as a relatively straightforward disput over costs. (…) …in the context of the overall length of the proceedings, the Court concludes that there was a unreasonable delay in dealing with the applicant›s case.« (EGMR v 23.9.1997, 118/1996/737/936, 22410/93, § 34 – Robins/Vereinigtes Königreich)

Diese klare Auffassung des EGMR, dass vier Jahre dauernde Kostensachen eine zu entschädigende Verzögerung darstellen, missachtet das BSG aber dann trotz der ihm obliegenden Pflicht, die Verzögerungsrechtsprechung so anzuwenden, wie es der EGMR tut. (siehe: EGMR, Taron/Deutschland, a.a.O., § 39) Das BSG vertritt stattdessen die konventionswidrige und menschlich schäbige Auffassung, dass die vier Jahre lang verschleppte Streitwertfestsetzung (38.525 Euro) einer Rentnerin, die das Verfahren für ihren während der langen Dauer verstorbenen Ehemann weitergeführt hatte und auf die Kostenrückzahlung angewiesen war, »ohne nennenswerte Belastung« und daher nicht zu entschädigen sei. (BSG U v 12.12.2019, B 10 ÜG 3/19 R)

Das BSG widerspricht damit der Pflicht, die Verzögerungsrechtsprechung so anzuwenden, wie es der EGMR tut; denn nach der – oben zitierten – RSpr des

EGMR gehören die gesamten Kostenerledigungen nicht nur zur Verfahrensdauer, sondern sind zu lange dauernde Kostenverfahren so zu entschädigen, wie es der RSpr des EGMR entspricht. Der EGMR hat seine RSpr in etlichen anderen Sachen bestätigt. (z.B.: EGMR v 30.3.2006, 75745/01, § 27– Mamic/Slovenien, wonach die Erledigung der Kosten- und Aufwandsentschädigung eine »natürliche Verlängerung« der Verfahrensdauer darstellt) Es ist geradezu abstoßend zu beobachten, mit welcher Unverfrorenheit deutsche Gerichte und Landesregierungen in dem offensichtlichen Bestreben, ein paar Euro einzusparen ihre Pflicht verletzen, die Grund- und Menschenrechte so anzuwenden, wie es der EGMR ihnen vorgegeben hat und wozu sich die deutsche Regierung verpflichtet hat. Dass die Grund- und Menschenrechte von deutschen Gerichten um den Judaslohn »einiger Silberlinge« verraten werden, müsste – nähme die Bundesregierung ihre in Art 1 EMRK eingegangene Pflicht wahr – zum Entfernen solcher Staatsbediensteter und Richter aus dem Dienst führen.

Stattdessen wird die EGMR, deren Rechte nicht theoretisch und scheinbar, sondern praktisch und wirksam gewährt werden müssen sowie die RSpr des EGMR, die deutsche Behörden und Gerichte so anzuwenden verpflichtet sind, wie es der EGMR tut, von manchen Landesregierungen und Gerichten praktisch fortlaufend mit Füssen getreten, obwohl theoretisch anerkannt wird:

»Der Gerichtshof weist in seiner neueren Rechtsprechung im Zusammenhang mit Art 41 EMRK allerdings darauf hin, dass sich die Vertragsparteien mit der Ratifikation verpflichtet haben sicherzustellen, dass ihre innerstaatliche Rechtsordnung mit der Konvention übereinstimmt.« (BVerfG, 2 BvR 1481/04 <43>)

Stimmt die innerstaatliche Rechtsordnung (einschl der RSpr) nicht mit der EMRK überein, verletzt das die Menschenrechte und die deutsche Regierung hat ihre Zusicherung in Art 1 EMRK gebrochen.

Dass die Dauer der Kostenfestsetzung nicht entschädigungspflichtig sei, weil es sich nicht um ein Gerichtsverfahren, sondern bloß um einen unbeachtlichen Annex handle, ist eine spezifische niedersächsische Willkürvorstellung, die sogar vom BSG abgelehnt wird. (BSG v 10.7.2014, B 10 ÜG 8/13 R, II 3) Das BSG hat in dieser Entscheidung die entgegenstehende Auffassung des LSG Nds kassiert. Die Dauer der Kostenentscheidung einschließlich der Ausfertigung der Vollstreckungsklausel und der erfolgreichen Vollstreckung gegen den Staat ist also sehr wohl relevant. Gleichwohl sehen das manche Gerichte anders und meinen, es sei nicht zu beanstanden, wenn die Kostenfestsetzung jahrelang verschleppt wird :

Die Kosten der Sache S 35 KA 871/06 wurden beim SG Hannover – Möhwald Ende 2019, also nach 13 (in Worten: dreizehn!) Jahren festgesetzt. Die Kosten-

entscheidung des im Jahre 2010 beim SG Hannover beendeten Untätigkeitsver-
fahrens (S 35 KA 100/09 – Möhwald) ist »schon« am 13.2.2017, also nach »nur«8
(acht!) Jahren erfolgt, ohne dass den Verantwortlichen die Dauer vorgehalten
wurde oder irgendeine Beanstandung wegen der achtjährigen Kostensache im
Bereich des unterbelasteten SG (Pebb§y nur 0,88 !) stattgefunden hat. (SG Hannover, S 85 SF 138/17 E, S 3 – Präsidentin Beyer)

Ebenso sehen die Richter mancher LSGe eine acht Jahre dauernde Kostenfestsetzung als angemessen an (z.B. LSG Nds v. 13.11.2017 zu L 3434-26/14 – Dr.
Claus) weil aufgrund der Spekulation des Dr. Claus bei einer acht Jahre nicht
erfolgten Kostenfestsetzung davon auszugehen sei, dass die Kostenfestsetzung
überhaupt nicht mehr erfolgt, sondern dauerhaft unter den Tisch gekehrt worden
sei. Weil die Verzögerung nicht zeitlich begrenzt sei, sondern eine dauerhafte
Weigerung der Kostenfestsetzung darstelle, läge keine entschädigungspflichtige
Verzögerung gem. § 198 GVG vor. (LSG Nds. zu L 10 SF 38/14 EK KA) Diese
bloß spekulative Annahme, dass die Sache längst erledigt sei, weil keine Kosten
mehr erhoben werden, erwies sich als heimtückisch falsch. Unmittelbar nachdem
die Verzögerungsklage mit der Begründung abgelehnt worden war, dass keine
Kosten mehr erhoben werden, wurden die Kosten erhoben.

Auch die auf die Abschreckung bzw. Nichtwahrnehmung von Entschädigungs-
rechten (»chilling-effect«) zielende Auffassung, dass verzögerte Kostenfestsetzungen grundsätzlich keinen Anspruch auf eine Geldentschädigung auslösen,
weil die neben der Streitwertverschleppung (siehe oben – BSG, U v 12.12.2019,
B 10 ÜG 3/19 R) auch eine verschleppte Kostenfestsetzung immer »von untergeordneter Bedeutung« sei (so: BSG, B 10 ÜG 8/13 R; LSG Nds-Bremen, L 15 SF
1/16 EK AS; L 15 SF 59/15 EK AS, Land Nds, zu L 10 SF 38/14 EK KA – Dr.
Schreiber) widerspricht dem zu beachtenden Konventionsrecht (siehe z.B. oben:
Robins/Vereinigtes Königreich und Mamic/Slowenien)

Der EGMR betrachtet nicht den Zeitpunkt der mündlichen Verhandlung als
Verfahrensende, sondern frühestens den Zeitpunkt der Zustellung der Gericht-
sentscheidung:

»«it ended …when the …Court rendered its decision.« (EGMR v 27.7.2000,
33379/96, § 35 – Klein/Deutschland)

»…the date on which the decision was notified to him.« (EGMR, GK v
16.9.1996, 20024/92, § 47 – Süßmann/Deutschland)

»…a written copy of the judgement was served to the applicant.« (EGMR v
22.1.2013, 33275/08, § 8 – Ferenczik/Ungarn)

Im Regelfalle bildet aber die Rechtskraft der Entscheidung der letzten Instanz das Verfahrensende (so: Grabenwarter, EMRK, 3. Aufl., § 24 <68> und Meyer-Ladewig, EMRK, 2. Aufl., Art 6 RN 72), die frühestens einen Monat nach der Zustellung des nicht angefochtenen Urteils eintritt, das einen Streitwert und eine Kostenregelung enthält.

Denknotwendig endet die Belastung des Betroffenen nicht, bevor er von der Rechtskraft erfährt.

Der BGH vertritt hingegen die konventionswidrige Auffassung, dass der Zeitpunkt, zu dem ein Beschuldigter von der Rechtskraft der Ablehnung einer ihn belastenden Anklage – also dem Ende der psychischen Belastung bzw. der immateriellen Schädigung – erfährt, unerheblich sei. Was der Beschuldigte weiß, sei ohne Belang. Die einen immateriellen Schaden begründende Belastung ende mit dem Zeitpunkt der Rechtskraft; ob der Beschuldigte davon weiß, oder weiterhin durch den Staat in dem ihn psychisch belastenden Glauben gelassen wird, er sei Beschuldigter, sei unerheblich. (BGH v 14.11.2013, III ZR 376/12 <45> – Schlick, Wöstmann, Seiters, Remmert, Reiter)

Würde sich die gem. Art 1 EMRK zur Einhaltung der Konvention verpflichtete Bundesregierung pflichtgemäß um die Einhaltung der Konvention durch den BGH und die Einhaltung des Rechts durch deutsche Gerichte, so wie es der EGMR tut (so: EGMR, Taron/Deutschland, a.a.O., § 39) kümmern, hätte sie solche Urteile zu verhindern – entweder indem sie massiv auf die richterliche Beachtung der EMRK hinwirkt, oder dass sie dazu nicht bereite Richter – da sie nicht mehr auf dem Boden des Grundgesetzes stehen – aus dem Richterdienst entfernt.

Nicht selten nutzen Gerichte, bei denen überlange Verfahren gerügt werden, die Manipulation einer scheinbaren Verkürzung des Verfahrens, indem ein oft sehr weit nach vorn geschwindelter Beendigungszeitpunkt zugrunde gelegt wird, den es in Wirklichkeit gar nicht gibt.

Manche (offenbar immer dieselben) LSGe haben keinerlei Probleme damit, konventionswidrig zu behaupten:

»Es ist unerheblich, dass das SG (mehrere Jahre) später über den Streitwert entschieden hat.« (LSG, L 10 SF 2/12 EK KA, S 6)

Außerdem ist es bei manchen Gerichten »gängige Praxis«, falsch zu behaupten, über einen in Wirklichkeit noch nicht endgültig entschiedenen Anspruch sei schon längst (vor Jahren) entschieden worden. (LSG Nds, L 18 SF 1/12 EK KA; L 18 SF 2/12 EK KA bis L 18 SF 13/12 EK KA und etliche andere – Dr. König, S. Klein, Frankhäuser)

Das gilt auch für den Bereich nicht entschiedener Anträge über die Festsetzung der primärrechtlichen Kosten gegen die sekundärrechtlich unterlegene Behörde, die das Primärverfahren durch Weigerung, einen Ausgleichsbescheid zu erstellen, verursacht hatte.

Ein vermeintlich gangbarer »Mittelweg« zwischen der strikten Leugnung, dass die Dauer des Kosten- und Erinnerungsverfahren irgendeine menschenrechtliche Bedeutung habe und der eindeutigen Auffassung des EGMR, dass das Kostenverfahren zur Verfahrensdauer gehört, wird von manchen Gerichten darin gesehen, die Dauer des Kosten- und Erinnerungsverfahrens als eigenständiges Gerichtsverfahren zu betrachten. So hat die Nds Landesregierung ihre ursprünglich jede Relevanz des Kostenverfahrens für die Verfahrensdauer grundsätzliche ablehnende Haltung inzwischen geändert und stellt nun dar, dass Kostensachen eigenständige Gerichtsverfahren seien. (Land Nds 2 Fis 158/18 v 3.9.2018, S 12 – OStA Dr. Schreiber; 2 Fis 137/17 v 18.1.2018, S 4 – OStA Dr. Lehmann)

Damit ist jedoch keine Konventionskonformität hergestellt; denn der EGMR rechnet die Kostensachen zur Dauer des Hauptsacheverfahrens und hiernach haben sich alle deutschen Behörden und Gerichte ohne »Wenn und Aber« strikt zu richten. (siehe Taron/Deutschland a.a.O. § 39) Deutsche Gerichte haben sich der RSpr des EGMR nicht vermeintlich bloß »anzunähern«, sondern das Recht so anzuwenden, wie es der EGMR anwendet. (so: EGMR Taron, a.a.O. § 39) Jede andere Handhabung ist konventionswidrig.

Würde man die Kostensachen als eigenständig zu bewertende Verfahren ansehen, würde das im Übrigen aufgrund der Ein-Jahres-Regel zu einer Prolongierung der Verfahrensdauer um ein weiteres Jahr führen – was dem Konventionsgebot effektiven und wirkungsvollen Rechtsschutzes widerspricht.

4.2.2.3 verzögerte Vollstreckung

Deutschland hat die völkerrechtliche Pflicht, dafür sorgen, dass Urteile vollstreckt werden. In dem allgemeine Regeln des Völkerrechts kodifizierenden Internationalen Pakt der Vereinten Nationen über bürgerliche und politische Rechte (IPbürg), den Deutschland neben rund 170 Ländern ratifiziert hat heißt es in Teil II, Artikel 2 Abs 3:

»Jeder Vertragsstaat verpflichtet sich, …dafür Sorge zu tragen, dass die zuständigen Stellen Beschwerden, denen stattgegeben wurde, Geltung verschaffen.« (BGBl, 1973 II, 1553)

»Geltung verschaffen« bedeutet, dass das allgemeine Völkerrecht so zu verstehen ist, dass dem Urteil praktische Geltung verschafft, es durchgesetzt wird. Das gilt ebenfalls – da die EGMR allgemeine Völkerrechtsstandards nicht unterschreitet – für die völkervertragliche Geltung besitzende EMRK. (Hoffmann, Das Recht auf ein faires Verfahren, mit Hinweis auf das Urteil des EGMR – Burdow/Russland)

Der EGMR stellt auf den Zeitpunkt der endgültigen Befriedigung ab. (siehe: Meyer-Ladewig, EMRK, Art 6 RN 72 mit Hinweis auf RSpr des EGMR: EGMR v 2.7.2000, 71891/01, § 20 – Halka u.a. /Polen) Die Durchsetzung des materiellen Rechts darf nicht verkürzt werden und die Sache nicht »leerlaufen« lassen. (z.B.: BVerfG, 1 BvR 2419/03 <9, 10>)

»The Court reiterates one of the fundamental aspects of the rule of law …that where the courts have finally determined an issue their ruling should not be called in question (see, as leading authorities, Brumarescu vs Romania, GC, no 28342/95, § 61 and Ryabykh vs Russia no 52854/99, 51 …in the context of criminal proceedings see in particular Nikitin vs Russia no 50178/99, § 54 – 57 …« (EGMR v 18.10.2011, 35109/06 und 38112/06 – Penias und Ortmair/Österreich)

Innerstaatlich ist deshalb zu gewährleisten, dass Urteile vollstreckt werden.

Vollstreckungen aus Urteilen sollten innerhalb eines halben Jahres abgeschlossen sein; denn Art 20 Abs 3 GG erfordert die Berücksichtigung der Entscheidungen des EGMR (BVerfG, 2 BvR 1481/04) und der EGMR hat durch etliche Urteile vorgegeben, dass Art 6 Abs 1 EMRK (Verfahren in angemessener Zeit) verletzt ist, wenn innerstaatliche – wie der EGMR in den »Pinto-cases« dargestellt hat – Entscheidungen nicht innerhalb von 6 Monaten gegen Behörden vollstreckt worden sind:

»…in Pinto proceedings, Italy was invited to take all measures to ensure that the domestic decisions were …executed within six month …« (EGMR v 29..3.2006, 36813/97 – Scordino/Italien Nr 1)

Die Sechsmonatsfrist hat der EGMR in etlichen weiteren Urteilen bekräftigt. (siehe: EGMR 62361/01 – Riccardi Pizzati/Italien; EGMR 64699/01 – Musci/Italien; EGMR 64705/04 – Guiseppe Mostacciuolo/Italien Nr 1; EGMR 65102/0 – Guiseppe Mostacciuolo/Italien Nr 2; EGMR 64886/01 – Cocchiarella/Italien; EGMR 64890/01 – Apicella/Italien; EGMR 64897/01 Ernestina Zullo/Italien; EGMR 65075/01 – Guiseppina und Crestina Procaccini/Italien u.a.)

Auch hier brilliert wieder die Nds Landesregierung mit ihrer konventions- und menschenrechtswidrigen Ansicht, dass die Dauer, während welcher der Staat die Vollstreckung verhindert, als »eigenständiges Verfahren« zu behandeln sei. (Land

Nds 2 Fis 137/17, S 6 – OStA Dr. Lehmann) Das heißt, dass die bereits 3 Jahre und 3 Monate dauernde Hauptsache (S 35 KA 18/13 – Möhwald), die nach Auffassung der Nds Landesregierung nicht verzögert sei und deren rkr Urteil sich die Behörde weitere 5 Monate zu befolgen weigerte sowie erst nach einem Zwangsgeldantrag befolgt wurde, darf nach der Ein-Jahres-Regel ein weiteres Jahr, also insgesamt vier Jahre und drei Monate in einer Instanz dauern, ohne dass eine Verzögerung vorläge. Diese Vorstellung ist absurd. Sie verletzt die von deutschen Behörden und Gerichten aufgrund der EGMR – RSpr (siehe: Taron/Deutschland a.a.O., § 39) zu befolgende Konventionspflicht der Gewährleistung effektiven und wirksamen Rechtsschutzes.

Der EGMR pflegt das Nichtvollstrecken von Urteilen neben der Verzögerung noch gesondert zu entschädigen; z.B.: Nichtvollstreckung eines Urteils über 1,5 Jahre – EGMR 41304/02 – Koltzow/Russland = 2.500 Euro; mehrere Jahre EGMR 43402/02 – Gasan/Russland = 3.000 Euro; mehrere Jahre EGMR 74153/01, § 74 – Popov/Moldavien = 5.000 Euro; 8,5 Jahre – EGMR GrK 36813/97, § 272 – Scordino/Italien I = 24.000 Euro.

4.2.2.3.1   verzögerte Erteilung von Vollstreckungsklauseln

Manchmal verschleppen Gerichte die Vollstreckbarkeitserklärungen auf ihren Entscheidungen – ohne welche Gerichtsentscheidungen gegenüber sich sträubenden Behörden völlig nutzlos sind – längere Zeit nach der Rechtskraft des Urteils oder der Bescheidungszusage. (SG Hannover, S 35 KA 47 – 54/16 – Möhwald über ein Jahr) Diese ihre dienstlichen Aufgaben auf ein Minimum herunterfahrenden Gerichte glauben, dass es mit der Urteilsverkündung getan sei. Das trifft aber nicht zu:

»Das Gebot effektiven Rechtsschutzes verlangt …dass …die Gerichte den betroffenen Rechten auch tatsächliche Wirksamkeit verschaffen.« (BVerfG v 18.12.2017, 2 BvR 2259/17 <17>)

Zwar sind alle Behörden gem. Art 20 Abs 3 GG verpflichtet, rkr Gerichtsurteile umgehend zu befolgen, so dass man dazu neigen könnte anzunehmen, es sei nicht nötig, auf gegen Behörden ergangenen Urteilen Vollstreckungstitel anzubringen, denn die Behörde würde das Urteil ja ohnehin freiwillig befolgen.

In der Praxis ist das aber nicht so. Manchmal ärgern sich kleinkarierte Behördenmitarbeiter über die Niederlage so sehr, dass sie die gerichtlichen Anordnungen erneut verzögern, was ebenso für behördenwillfährige Richter gilt, die dann die Ausstellung der Vollstreckungsklauseln schikanös verzögern oder verzögern lassen. (SG Hannover 3132 – Niederlag)

4.2.2.3.2   *verzögerter Vollzug des Urteils*

Aber selbst wenn das Gericht dann endlich seine Entscheidungen für vollstreckbar erklärt hat, werden die vollstreckbaren Ausfertigungen manchmal nicht zugestellt, sondern verzögern – nach meinen Erfahrungen immer wieder dieselben am Unterlaufen der Menschenrechte interessierten Gerichte und nicht ausreichend von ihren Landesregierungen überwachten Gerichte bestimmter Bundesländer – die Zustellungen geradezu systematisch. Oft werden Zustellungen erst dann vorgenommen, wenn sich Betroffene nach monatelanger gerichtlicher Untätigkeit unter Hinweis auf EMRK – Recht beschweren. (z.B. nach Feststellungen der Präsidentin des SG Hannover beim SG Hannover, Schr v 6.12.2018, S 3132; S 35 KA 47/16 = ca. 7 Monate – Niederlag; S 35 KA 49/16 = ca. 7 Monate – Niederlag; S 35 KA 50/16 = ca. 7 Monate – Niederlag; S 35 KA 51/16 = ca. 7 Monate – Niederlag; S 35 KA 54/16 0 ca. 7 Monate – Niederlag) Selbst diese beim SG Hannover (man kann schon sagen »selbstverständlich«) nicht beanstandeten, geschweige denn dienstlich vorgehaltenen Verzögerungszeiten hat die Präsidentin des SG durch den Richter Niederlag verfälschend schönrechnen lassen; denn geht man sinnvollerweise für den Beginn vom Antrag auf eine Kostengrundentscheidung aus, dann sind alle o.g. Sachen um weit mehr als ein Jahr verzögert. Selbst die nach dem Antrag auf eine Kostenentscheidung um etliche Monate verzögert erteilte Kostengrundentscheidung lag in allen Fällen nochmals weitere vier Monate zurück (z.B. S 35 KA 47/16 Beschl v 3.1.2018; Zustellung vollstreckbarer Ausfertigung 1.11.2018 = ca. 11 Monate) Rechnet man dann noch die Zeit vom Antrag auf eine Kostengrundentscheidung hinzu, so kommt man auf weit länger als ein Jahr dauernde Verzögerungen, in denen Rechtsuchenden deren Rechte vorenthalten werden. Das scheint bei manchen Gerichten wie den obigen – und den sie zu beaufsichtigenden Landesregierungen – hier: der nds Landesregierung – üblich zu sein. Es ist gleichwohl konventionswidrig.

Selbst wenn dann diese von manchen behördenwillfährigen Gerichten schikanös aufgebaute und von der Landesregierung rechtsaufsichtlich unbeanstandete Hürde genommen ist, weigern sich manche Behörden – über welche manche Landesregierung ebenfalls ihre Rechtsaufsicht »schleifen« lässt, wie z.B. die nds Landesregierung – immer noch, der Vollstreckungsanordnung

Folge zu leisten (siehe Az. des vorigen Punktes), so dass Gerichtsvollzieher tätig werden müssen.

Da Vollstreckungen gegen Behörden dem Behördenleiter einen Monat vorher angekündigt werden müssen, entstehen dann weitere Verzögerungen.

Wenn staatliche Behörden abschließende gerichtliche Entscheidungen nicht anerkennen sondern unterlaufen, also der Staat sich wie in Nds selbst nicht mehr ernstnimmt, indem er seine eigenen Entscheidungen missachtet, statt sie zu verwirklichen, kann von verfahrensbeendendem effektivem Rechtsschutz nicht die Rede sein. Der Staat verletzt dann seine Pflicht zur Gewährleistung effektiven Rechtsschutzes.

Die Zeit bis zur tatsächlichen Verwirklichung des effektiven Rechtsschutzes, also bis zur erfolgreichen Vollstreckung gegen die Behörde (erforderlichenfalls durch Gerichtsvollzieher) dürfte – da das Recht auf angemessene Verfahrensdauern nicht theoretisch und scheinbar, sondern praktisch und effektiv zu gewährleisten ist – der Verfahrensdauer zuzurechnen sein; denn der Staat hat sich in Art 1 EMRK dafür einzustehen verpflichtet, dass alle staatlichen Organe die EMRK achten und befolgen. Dementsprechend ist der EGMR durchgängig der von deutschen Behörden und Gerichten zu befolgenden Auffassung, dass in solchen Fällen die Konvention verletzt ist; z.B.:

»An unreasonably long delay in the enforcement of a binding judgement may therefore breach the Convention.« (EGMR v 15.10.2009, 40450/04, § 53 – Yuriy Nikolayevich Ivanov/Ukraine)

Die Auffassung der Nds Landesregierung, dass das Vollstreckungsverfahren ein eigenständiges Verfahren sei, das folglich nach der Ein-Jahres-Regel des EGMR ein weiteres Jahr dauern dürfe, (Land Nds 2 Fis 137/17 v 18.1.2018, S 6 – OStA Dr. Lehmann) ist konventions- und menschenrechtswidrig.

Ebenso verhält es sich mit der von der nds Ministerin Dr. Reimann nicht beanstandeten und vom – offensichtlich blauäugigen – Nds. Landtag (v 22.6.2020, II/741-03401/11/17 – Diedrich) als für niedersächsische Verhältnisse im willfährigen Behördeninteresse für korrekt bewerteten Art der Amtsausübung der Rechtsaufsicht über Behörden, wonach diese rkr Gerichtsentscheidungen nicht befolgen müssen, selbst wenn (oder vielleicht »weil«?) es um Angelegenheiten geht, die bereits seit 20 Jahren im – bereits vom EGMR als verzögert festgestellten – Streit stehen. Die heutige Rechtswirklichkeit steht in Niedersachsen in diesem Punkt insofern auf dem konventionswidrigen Stand, auf dem Russland und die Ukraine vor 11 Jahren standen.

Richtig ist stattdessen, dass der Vollzug eines Urteils nach stRSpr des EGMR innerhalb eines Zeitraumes von höchstens 6 Monaten möglich und – wenn sich das Urteil gegen den Staat richtet – innerhalb von höchstens 6 Monaten abgeschlossen sein muss. Würde man die Vollstreckung als eigenständiges Verfahren ansehen, dürfte es nach der Ein-Jahres-Regel des EGMR ein weiteres Jahr dauern, also ein halbes Jahr länger, als dies vom EGMR toleriert wird. In diesem Unterlaufen der Konventionsgewährleistungen liegt ein menschenrechtlicher Verstoß.

Deshalb stellt der EGMR auf den Zeitpunkt der endgültigen Befriedigung des Betroffenen (z.B. den Zeitpunkt der Zwangsvollstreckung) ab, wenn die Entscheidung nicht oder erst spät durchgesetzt werden kann. (EGMR v 2.7.2002, 71891/01 § 20 – Halka u.a./Polen) Zum Recht auf ein faires Verfahren in angemessener Zeit gehört auch das Recht, dass ein endgültiges Urteil beachtet wird, sonst wäre Art 6 Abs 1 EMRK eine bloß theoretische und scheinbare Norm und könnte von praktischem und wirksamen Recht nicht die Rede sein. Der Vollzug eines Urteils ist ein integraler Bestandteil eines fairen Verfahrens in angemessener Zeit. (EGMR v 21.12.2004, 34297/02 § 73 – Derkach und Palek/Ukraine ; siehe auch: Meyer-Ladewig, EMRK Art 6 RN 25 mwN)

Vollstreckungsverfahren sind in die Berechnung der Verfahrensdauer mit einzubeziehen. (Grabenwarter, EMRK, § 24 RN 68)

4.2.2.4 Falschangaben zum Ende der Rechtssache

Aber nicht nur Behörden und Gerichte sondern auch die Bundesregierung selbst macht falsche Angaben über die Beendigung menschenrechtlicher Anliegen. Sie hilft z.B. kräftig dabei, die von ihr ratifizierten und gem. Art 1 EMRK einzuhaltenden Gewährleistungen der EMRK mit Methoden zu unterlaufen, die man bei objektiver Betrachtung als unredliche Lügereien benennen muss. In etlichen Fällen hat die Bundesregierung beim Ministerkomitee des Europarats und dem EGMR wahrheitswidrig vorgetragen, dass die Verfahren beendet worden seien (Resolution CM/ResDH(2013)244 – 71 cases against Germany), obwohl sie in Wahrheit noch acht, neun Jahre und mehr (was eine erneute Verzögerung darstellt, »second breach«) rechtshängig waren/sind, ohne durch abschließende Entscheidungen über die gestellten Anträge und Rechtsanliegen beendet gewesen zu sein.(z.B.: LSG Nds, L 3 KA 2/19, L 3 KA 1/20 und etliche andere Sachen)

Zur Sache EGMR 27529/09 informierte die Bundesregierung das Ministerkomitee des Europarates im Jahre 2013 z.B.:

»The proceedings are hence concluded with legal force.« (Resolution des Europarates a.a.O.)

In Wahrheit wurde über die strittigen Rechtsverhältnisse erst sechs Jahre später entschieden.

In einer anderen Sache verschwieg die Bundesregierung die tatsächliche siebenjährige Verfahrensdauer und stellte verschleiernd dar:

»By judgement of 7 November 2012, Celle Higher Regional Court (23 SchH 2/13) awarded 3.600 Euro to a plaintiff in damages for excessively long civil proceedings …(…)The Higher Regional Court found that there had been an unjustified delay totalling three years …« (Resolution des Europarates a.a.O.)

Das heißt, dass die deutschen Gerichte nicht die EGMR – übliche Ein – Jahres – Regel pro Instanz, sondern Verfahrensdauern von vier Jahren für zwei Instanzen für angemessen halten.

Um den Eindruck zu erwecken, dass die Gewährleistung konventionskonformer Verfahrensdauern in Deutschland inzwischen ernstgenommen werde, stellte die Bundesregierung beim Ministerkomitee am 5.12.2013 dar, dass das OLG Celle in der Sache 23 SchH 3/12 eine Entschädigung wegen einer Verzögerung von zweieinhalb Jahren zugesprochen habe, die noch nicht rechtskräftig sei. In Wahrheit wusste die Bundesregierung oder hätte dies wissen können und müssen, dass der BGH das Urteil auf Betreiben der niedersächsischen Landesregierung bereits aufgehoben hatte, was die Bundesregierung verschwieg und falsch darstellte. Das OLG Celle wies – was die Bundesregierung verschwieg und zu keinem Zeitpunkt richtigstellte – danach die Zahlung einer Verzögerungsentschädigung auf Kosten des Betroffenen ab. Damit war die Erklärung der Bundesregierung gegenüber dem Ministerkomitee, dass eine Entschädigung für zweieinhalb Jahre zugesprochen wurde, auch insoweit objektiv falsch. Sie wurde aber – wie gesagt – nie richtiggestellt.

Nachdem der EGMR die von der Bundesregierung vorgetragenen Unwahrheiten, die offensichtlich dazu dienten, den EGMR von der angeblichen Effizienz der §§ 198 GVG zu überzeugen – geglaubt hatte, hat das nach dem Verfahrensstand fragende Ministerkomitee des Europarats die unwahre Behauptung veröffentlicht, dass über alle Ansprüche abschließend entschieden worden sei.

In Wahrheit sind etliche in Sozialgerichtsverfahren geltend gemachte Ansprüche seit ca. zwei Jahrzehnten unerledigt. (z.B. 16129/09 und Dutzende andere Verfahren)

Es kommt der Bundesregierung – wie manchen LSGen – also offensichtlich gar nicht darauf an, die Konventionsgarantien tatsächlich zu gewährleisten, sondern nur darauf, dass andere – besonders die europäische Öffentlichkeit, der EGMR und das Ministerkomitee des Europarats – glauben, die Konventionsrechte seien in Deutschland praktisch und wirksam gewährleistet worden. Die Wahrheit spielt keine Rolle. Wichtig ist, sich um jeden Preis – auch um den Preis der Täuschung und Lüge – als korrekt darzustellen. Es zählt offenbar nicht das tatsächliche Sein, sondern der bloß vorgetäuschte Schein.

Das Bundesministerium der Justiz weiß aus dort vorliegenden Urkunden spätestens seit 1.2.2018, dass die Erklärung der beim Bundesjustizminister dienstansässigen Verfahrensbevollmächtigten der Regierung der Bundesrepublik Deutschland nicht der Wahrheit entsprach.

Der Deutsche Bundestag weiß ebenfalls seit dem 12.1.2019 davon, dass die Bundesregierung dem EGMR und dem Ministerkomitee des Europarats falsche Angaben über das Ende von Verfahren macht. (Pet 3-19-11-99999-015917)

Gleichwohl wurden die falschen Angaben an den EGMR und den Europarat nicht korrigiert, so dass die Falschveröffentlichung des Europarats weiter gültig bleibt.

Die Bürger Europas bleiben aufgrund der Wahrheitswidrigkeiten der deutschen Bundesregierung getäuscht.

Das heißt:

Durch konventionswidriges »nach vorne ziehen« des tatsächlichen Verfahrensendes von erst später oder gar nicht abgeschlossenen Verfahren werden die Verfahrensdauern deutscher Gerichtsverfahren – teilweise durchgängig, wie beim LSG Nds – zum auf Täuschung ausgelegten Schein »verkürzt« und die wirklichen Verfahrensdauern vertuscht.

Die sich in Art 1 EMRK zur Gewährleistung der Menschenrechte verpflichtende Bundesregierung hilft bei diesen Täuschungen kräftig mit, um die tatsächlichen Menschenrechtsverletzungen in Deutschland zu vertuschen, statt Menschenrechtsverletzungen zu unterbinden.

4.3 Abweichungsgründe von der Ein-Jahres-Regel

Weil die innerdeutschen Gerichte verpflichtet sind, sich nach der RSpr des EGMR zu richten, der die Garantien der EMRK nicht theoretisch und scheinbar, sondern effektiv und wirksam anwendet:

»The Court recall that the Convention is intended to guarantee not rights that are theoretical or illusory , but rights that are practical and effective.« (EGMR v 13.5.1989, 6694/74 Artico/Italien; EGMR v 9.10.1979, 6289/73 Airey/Irland; stRSpr),

stellt sich die Frage, wie die Ein-Jahres-Regel pro Instanz, die für »normale Verfahren« bzw. »Durchschnittsverfahren« gilt anzuwenden ist, damit die Konventionskriterien der Effektivität und Wirksamkeit nicht verfehlt werden. Die Auffassung,

»Die Zwölfmonatsregel …verschiebe lediglich die sachlichen Anforderungen an die Verfahrensförderung entlang zeitlicher Grenzen« (LSG Nds L 3434 – 22/13 u.a. Schr v 3.3.2015 – Dr. Stotz)

ist eine bei manchen Gerichten und Landesregierungen übliche, aber illusorische und völlig unbrauchbare leere Worthülse ohne jeden praktischen und effektiven Bezug, mit der Niemand etwas anfangen kann. Im Übrigen ist es grundfalsch, dass die »Anforderungen an die Verfahrensförderung« sich verschieben können. Es handelt sich bei der Amtspflicht der Verfahrensförderung um eine nicht nach Belieben änderbare strikte Amtspflicht, deren Dringlichkeit sich »verschieben« lässt, also einmal besteht und ein anderes Mal nicht oder nicht so dringend ist.

Es fragt sich auch, welchen Zweck es angesichts der vom EGMR vorgegebenen und von deutschen Gerichten einzuhaltenden Amtspflicht, die

- <u>Verzögerungsentscheidungen so zu treffen, wie sie der EGMR trifft</u> (zur Pflicht, die RSpr des EGMR anzuwenden: Taron/Deutschland a.a.O., § 39) und folglich
- die <u>Prüfungsmethodik</u> (=Gesamtverfahrensdauer – > Ein-Jahr-Regel pro Instanz – > Abweichungsgründe Bedeutung, Komplexität und Verhalten) <u>so anzuwenden, wie es der EGMR tut,</u>

haben könnte, ein längerdauerndes Verfahren auf »konkrete Phasen der Verzögerung« zu untersuchen, wie das OLG Frankfurt meint. (OLG Ffm U v 28.3.2014, 16 EntV 5/12)

Da der EGMR die innerstaatlichen Gerichte verpflichtet hat, das Entschädigungsrecht so anzuwenden, wie es der EGMR tut, gibt es keine Spielräume oder irgendwelche Freiräume für konventionswidrige »Auslegungen« oder »Untersuchungen der konkreten Phasen der Verzögerung«; denn die vom Konventionsrecht Kenntnis besitzenden unter den Gerichten wissen:

»Die gesetzliche Regelung in § 198 GVG nimmt gerade die schon langjährig bestehende Rechtsprechung des EGMR …auf. D.h. mit anderen Worten, bei der Prüfung der Angemessenheit der Verfahrensdauer sind gerade keine neuen schwierigen Rechtsfragen zu lösen, sondern vielmehr eine ständige und gefestigte Rechtsprechung anzuwenden.« (LSG Baden-Württemberg, Beschl. v 28.11.2012, L 2 SF 1495/12 EK, Leitsatz 4)

sowie:

»die innerstaatlichen Organe haben bei ihrer Entscheidung über Entschädigungsansprüche die Konventionskriterien und deren Auslegung durch den EGMR zu berücksichtigen.« (OLG Celle, Beschl. v 23.9.2013, 23 SchH 3/13 <9>)

Bei Beachtung der vom EGMR vorgegebenen, von deutschen Gerichten verpflichtend anzuwendenden Prüfungsmethodik ergibt sich die Frage, was – abgesehen von den im Folgenden dargestellten vier Kriterien als ein normales Durchschnittsverfahren anzusehen ist.

Ein normales Durchschnittsverfahren ist sicherlich ein Verfahren, bei dem wegen eines strittigen Rechtsverhältnisses eine Klage eingelegt wird, aufgrund welcher es zu einer abschließenden Entscheidung kommt.

Muss hingegen vor Einlegen der Klage wegen einer einen einzigen Gegenstand betreffenden strittigen Rechtssache eine vorangehende Klage – z.B. eine Klage des primären Rechtsschutzes oder eine Untätigkeitsklage – eingelegt werden, so ist das wie man an seinen Fingern abzählen kann, sicherlich nicht mehr ein einziges normales Verfahren, sondern mussten wegen desselben strittigen Rechtssache schon zwei oder noch mehr Verfahren zur selben strittigen Rechtsfrage rechtshängig gemacht werden.

Die Ein-Jahres-Regel gilt auch für solche Rechtsstreitigkeiten, in denen der Staat aus verfahrensrechtlichen Gründen (z.B. Primär- und Sekundärrechtsschutz) oder aus missbräuchlichen Schikanegründen (Erzwingen von Untätigkeitsklagen zur Beseitigung behördlicher Untätigkeit u.ä.) mehrere Verfahren zur selben Sache erzwingt, also ein einziges Verfahren nicht mehr ausreicht.

Die Dauer aller Verfahren solcher Fälle ist dann zu addieren. Solche sich aus Untätigkeitsklagen, Primär- und Sekundärverfahren usw. zusammensetzenden Fälle sind wie ein einziger Rechtsstreit zu behandeln. Das heißt, dass es konventionskonform ist, die Ein-Jahres-Regel auf alle addierten Fälle anzuwenden. Das haben EGMR sowie das Schrifttum einmütig festgestellt:

»Werden mehrere Verwaltungsprozesse wegen desselben Gegenstands geführt, rechnet der Gerichtshof die dafür verstrichene Zeit zusammen. (EGMR v 12.6.2003, 45256/99, § 35 – Richeux/Frankreich)« aus: Meyer-Ladewig, EMRK, Art 6 RN 74)

Es ist nicht weiter erläuterungsbedürftig, dass in dem Sonderfall, in dem Untätigkeitsklagen eingelegt werden müssen, weil eine Behörde nicht arbeitet, vor der eigentlichen Klage zur Klärung eines strittigen Rechtsverhältnisses erst der Zugang zum Gericht, also der Möglichkeit, die Klage einlegen zu können, durch eine vorgreifliche Untätigkeitsklage erstritten werden muss, weil die Behörde sich weigert eine Bescheidung vorzunehmen oder einen Widerspruch zu bearbeiten.

Dieses amtspflichtwidrige Nichtstun der Behörde hat denknotwendig verzögernden Einfluss auf die Dauer des den Rechtsstreit abschließend erledigenden Verfahrens. Das ist folglich bei der Ein-Jahr pro-Instanz-Regel zu berücksichtigen.

Weigert sich also eine Behörde, einen Bescheid zu erlassen oder einen Widerspruchsbescheid zu erlassen, so ist das folgerichtig unter Einbeziehung der gesetzlichen Fristen für die behördlichen Verwaltungsverfahren und die Vorverfahren bei der Ein-Jahres-Regel zu berücksichtigen.

Dass sich die gesetzliche Frist von 6 Monaten für die Dauer des Verwaltungsverfahrens bzw. die gesetzliche Frist von 3 Monaten für die Dauer des Widerspruchsverfahrens nicht wegen der Ein-Jahres-Regel des EGMR auf anderthalb Jahre bzw. auf ein Jahr und drei Monate erhöht, wenn die Behörde untätig bleibt, dürfte auf der Hand liegen. Wäre dies anders, wären die gesetzlichen Fristen gegenstandslos und hätte es die Behörde in der Hand, die gesetzlich bestimmten Bescheidungsfristen, die den Betroffenen eine zeitliche Bearbeitungsgarantie zusichern, auszuhebeln und durch Nichtstun nach Belieben bis auf bis zu anderthalb Jahre zu verlängern. Dann würde anstelle des Gesetzgebers die Verwaltung die zeitlichen Normen vorgeben.

Im Falle einer Untätigkeitsklage wegen einer unterlassenen Widerspruchsbescheidung ergibt sich dann eine noch in der »Ein-Jahres-Regel« bewegende Zeitspanne von 15 Monaten, die vom Zeitpunkt der Einlegung des Widerspruchs an gerechnet werden muss. In dieser Zeitspanne ist die gesetzlich bestimmte Dauer des Widerspruchsverfahrens von drei Monaten sowie die Dauer von einem Jahr für das eigentliche Untätigkeitsverfahren enthalten. Was darüber hinausgeht, verfehlt die »Ein-Jahres-Regel«. Dauert es vom Zeitpunkt der Einlegung eines Widerspruchs bis zur Beendigung der ersten Gerichtsinstanz also beispielsweise 25 Monate, so ist die Dauer tatsächlich nicht um 10 Monate (25 Monate ./. 3 Monate Widerspruchsbescheidung ./. Ein-Jahres-Regel = 10 Monate) verzögert, sondern um 22 Monate (25 Monate ./. gesetzlich zulässige Bescheidungsdauer von 3 Monaten). Der Zugang zum Gericht ist also um 22 Monate verzögert worden. Das ist korrekt zu berücksichtigen und zu entschädigen.

Man kann nicht zugunsten der Behörde die dem Gericht zustehende Ein-Jahres-Regel ansetzen, da der Gesetzgeber nur 3 Monate vorgesehen hat.

Analog kann man die Zeitdauer bei unterlassener Bescheidung berechnen.

Kurz gesagt:

Rechnet man – wie das mW. durchgängig von deutschen Verzögerungsgerichten gehandhabt wird – die Dauer der Untätigkeitsklagen nicht zur Dauer des strittigen Rechtsverhältnisses hinzu und lässt sie bei der Ein-Jahres-Regel unberücksichtigt, ist die gesetzliche Regelung (z.B. des § 88 SGG) sinnlos.

Die »einfallsreichen« unter den sich konventionswidrig verhaltenden Gerichten und Landesregierungen wenden manchmal ein, eine Verzögerung in der ersten Instanz sei durch eine raschere Erledigung in der zweiten Instanz wieder »aufgeholt« oder kompensiert worden, auch wenn das rechnerisch offensichtlich falsch ist. Dieses Argument kann jedenfalls sicherlich dann nicht zutreffen, wenn die erste Instanz bereits zwei Jahre benötigt hat und die zweite Instanz dann ein halbes Jahr benötigt; denn das ergibt nicht zwei Jahre Gesamtdauer – also pro Instanz ein Jahr – sondern zweieinhalb Jahre und ist damit um ein halbes Jahr verzögert. Ein »Aufholen« in der zweiten Instanz kann also allenfalls dann zutreffen, wenn beide Instanzen für normale Verfahren zusammen zwei Jahre nicht überschreiten und die Behörde die ihr vom Gesetzgeber vorgegebenen Bearbeitungszeiten (ein halbes Jahr für Bescheidungen; ein Vierteljahr für Widerspruchsbescheidungen) nicht überschritten hat. Die Nds Landesregierung kommt hingegen zu der rechnerisch erstaunlichen Auffassung, dass ein um vier Monate über der Ein-Jahres-Frist des EGMR liegendes (also bereits selber verzögertes) 16 – monatiges Berufungsverfahren eine Kompensation für ein verzögertes erstinstanzliches Verfahren sei. (Land Nds 2 Fis 137/17 v 6.6.2018 S 1 – 2 – OStA Dr. Lehmann) Dass das Unsinn ist, leuchtet Jedem ein, der die Grundrechenarten gelernt hat.

Von gleicher konventionswidriger »Logik« ist die Auffassung des LSG, dass man bei einer dreijährigen Instanzendauer noch nicht sagen könne, ob eine Verzögerung vorliegt, weil die Folgeinstanz (falls sie überhaupt angerufen wird) diese drei Jahre auf die Normaldauer von 2 Jahren für zwei Jahre herunter»kompensieren« könne. (Präs d LSG Nds, L 3431/02-01/23/13 v 11.4.2018 – Dr. Claus)

Solche Handhabungen dürften konventions- und menschenrechtswidrig sein und das Konventionsgebot wirksamer und effektiver Gewährung der Rechte aus Art 6 Abs 1 EMRK bewusst verletzen.

Ob überhaupt eine Kompensationsmöglichkeit infrage kommt, hängt auch davon ab, welche Bearbeitungsdauer das Gericht benötigte, dessen Urteil eine

Kompensation herbeiführen soll. So stellt das Thür OVG dar, dass ein Verfahren beim BVerwG zwar nur 4 Monate gedauert habe, also die Ein-Jahres-Regel um 8 Monate unterschritten hat, aber trotzdem nicht für eine Kompensation infrage kommt, weil die Sache ausweislich der entscheidungstragenden Gründe des BVerwG keine Komplexität aufwies. Deshalb kam nach den vier zu prüfenden Abweichungsgründen von der Ein-Jahres-Frist eine Kompensation nicht infrage, weil das Verfahren beim BVerwG angesichts der Entscheidungsgründe nicht verkürzt worden war. (Thür OVG U v 22.1.2011, 2 SO 182/12, S 34)

Eine effektive und wirksame Anwendung der konventionsrechtlichen »Ein-Jahres-Regel« lehnen manche Gerichte sowie die Justizministerien und die Landesregierungen mancher Bundesländer ab.

Die Nds Landesregierung ist der Auffassung, dass eine erstinstanzliche Dauer von 3 Jahren und 2 Monaten (SG Hannover, S 35 KA 24/13 – Möhwald) dadurch auf eine insgesamt zweijährige Dauer für beide Instanzen reduziert und damit »vollständig« (!) kompensiert worden sei, dass das Berufungsverfahren nur 5 Monate gedauert habe, die Gesamtdauer also 3 Jahre und 7 Monate betrug. (Land Nds, 2 Fis 137/17 v 18.1.2010 S 8 – OStA Dr. Lehmann) Diese Kompensationsrechnung der Nds Landesregierung beruht offensichtlich auf einem massiven Kenntnisdefizit der Grundrechenarten. Zieht man nämlich von der Gesamtdauer von 3 Jahren und 7 Monaten (3 Jahre und 2 Monate plus 5 Monate) nach der Ein-Jahres-Regel des EGMR den Rest des in der Berufungsinstanz nach der Ein – Jahres – Regel nicht voll genutzten Jahres als »Kompensation« für die schnellere Arbeit der Berufung ab, verbleiben 2 Jahre und 7 Monate für die erste Instanz. Wo hier eine der ersten Instanz zugutekommende »vollständige Kompensation« stattgefunden haben soll, die die Ein-Jahres-Regel des EGMR wahrt, ist ein rechnerisches Geheimnis der Nds Landesregierung, von der man nur hoffen kann, dass sie bei der Ausgabe der von der arbeitenden Bevölkerung aufgebrachten Steuermittel besser rechnet. Es ergibt sich bereits auf den ersten Blick, dass auch die Behauptung, ein erstinstanzlich 3 Jahre und 7 Monate dauerndes Verfahren (SG Hannover S 35 KA 35/13 – Möhwald) sei durch eine raschere Arbeit in der Berufung auf die Ein-Jahres-Frist des EGMR pro Instanz kompensiert worden (Land Nds 2 Fis 137/17 v 18.1.2018 S 11 – OStA Dr. Schreiber) rechnerisch völlig unmöglich ist. Eine Kompensation scheidet bei Beachtung der Ein-Jahres-Regel des EGMR – ohne dass man überhaupt rechnen muss – denknotwenig immer aus, wenn eine Instanz zwei Jahre dauert. Dauert eine Instanz 1 Jahr und 11 Monate, darf die andere Instanz 1 Monat betragen; dauert eine Instanz länger, kann gar keine Kompensation stattgefunden haben.

Die wunderlichen »Kompensationsüberlegungen« der Nds Landesregierung werfen hingegen die zu prüfende Frage auf, wie es sein kann, dass die erste Instanz 3 Jahre und 2 Monate dauert und die Berufung dieselbe Arbeit in 5 Monaten schafft. Damit liegt es doch nahe, davon auszugehen, dass das Verfahren unterdurchschnittlich schwierig ist und nach der für Normalverfahren geltenden Ein-Jahr-pro-Instanz-Regel des EGMR auch erstinstanzlich ein Jahr pro Instanz gar nicht gerechtfertigt war, sondern die Jahresfrist des EGMR wegen Unterdurchschnittlichkeit unterschritten werden musste.

Sowohl die Frage nach der konkreten Berechnung einer angeblichen Kompensation als auch die Frage, weshalb eine Instanz wesentlich schneller arbeiten kann als eine andere Instanz, sollte in Verzögerungsverfahren grundsätzlich immer aufgeworfen und deren Beantwortung vom Verzögerungsschädiger und vom Verzögerungsgericht verlangt werden, wenn die wegen Verzögerungsentschädigung Beklagten angebliche »Kompensationen« einwenden. Der wegen der Verzögerungsentschädigung beklagte Schädiger (-bei Landesgerichten das jeweilige Bundesland oder bei Bundesgerichten der Bund) muss dann seinen Kompensationseinwand substantiiert nachrechenbar beweisen. Auf überreicher Fantasie von Staatsdienern beruhendes bloßes Behaupten reicht nicht aus.

Man kann also sagen, dass bei manchen Gerichten und Landesregierungen massive Tendenzen bestehen, die noch als »angemessen« angesehenen und daher üblichen Verfahrensdauern immer weiter auszudehnen. Nach wie vor hält das Nds Just Min jahrelange »Bearbeitungs« – (besser: Liege-)zeiten für angemessen und offenbar für bürgerfreundlich. Dabei beruhen die langen Liegezeiten (z.B. beim SG Hannover – Möhwald) manchmal nicht einmal auf richterlicher Überlastung (die im Übrigen ohnehin dem Staat zuzuordnen wäre), sondern kennt das Just Min die übergroße richterliche Bequemlichkeit, ohne dieser abzuhelfen und ohne diese dem Richter vorzuhalten:

»Eine Überlastung …ist daher nicht erkennbar und wird vom Kammervorsitzenden auch nicht geltend gemacht.« (Nds Just Min in einem Bericht an den Nds Landtag v 2.2.2017 zum dortigen Az 02756/11/17, S 4)

Nach den Feststellungen des Nds Just Min (a.a.O.) hatte der Richter Möhwald nur 17 monatliche Neuzugänge (Durchschnitt am SG Hannover = 26), also eine 64% ige Belastung im Vergleich zu seinen Kollegen am SG zu verzeichnen und lag die Pebb§y-Belastung beim SG Hannover ohnehin nur bei 0,88, während der Durchschnitt der Richter anderer Gerichte im Jahre 2017 bei 1,13 lag, also 77% betrug – Nds Landtag, LTDrs 18/33497, S 2), was bedeutet, dass der betreffende Richter (Möhwald) nur zu 49% (64% x 77% = 49%) ausgelastet war. Er hat also als ganztägig beschäftigter und mit vollem Gehalt alimentierter Richter das geleistet, was von einer Halbtagskraft zu erwarten ist und hätte also seine Verfahren weitaus schneller, nämlich mehr als doppelt so schnell wie andere Richter abwickeln müssen, statt diese jahrelang zu verzögern. So ist z.B. die Sache S 35 KA 46/11, der der Richter Möhwald 2016 das neue Az S 35 KA 1/16 gegeben hat, nach Mitteilung des LSG bis heute – also nach fast zehnjähriger Rechtshängigkeit – immer noch nicht abgeschlossen.

Eine gebotene dienstliche Beanstandung bzw. ein dienstlicher Vorhalt ist jedoch nicht erfolgt, obwohl der BGH solche dienstlichen Vorhaltungen (durch die Präs des SG und das Nds Just Min) für geboten hält. (siehe: BGH, dargestellt in LTO Legal Tribune Online zum Fall des Richters Schulte-Kellinghaus)

Entgegen dieser Indifferenz mancher Bundesländer gegenüber der konventions- und menschenrechtlichen Garantie auf angemessene Verfahrensdauern und der Ausdehnungstendenzen mancher Gerichte hält das BSG – wie der EGMR – inzwischen sogar eine Verkürzung der konventionsrechtlichen Ein – Jahres – Faustregel für anwendbar; denn die noch angemessene Dauer von

»vollen 12 Monaten hat der Senat lediglich für den Regelfall sozialgerichtlicher Verfahren angenommen, wenn nicht besondere Umstände des Einzelfalles ...für eine kürzere Frist sprechen.« (BSG, Urteil v 12.2. 2015, B 10 ÜG 7/14 R <42>)

Auch der EGMR weicht von seiner schematisch- generalisierenden, auf Durchschnittsfälle anzuwendenden Ein – Jahres – Regel im verhältnismäßigen Rahmen nach unten oder nach oben ab, wenn dies nach ganz bestimmten Kriterien (siehe: EGMR Große Kammer 30979/ 96, § 43 – Frydlander/Frankreich; EGMR v 17.7.2003, 57836/00, § 28 – Mellors/ Vereinigtes Königreich u.a.) erforderlich ist. Die Betonung liegt auf der Verhältnismäßigkeit der Abweichung, was entgegen der Auffassung mancher Landesregierungen und Bequemlichkeit suchender Richter Verringerungen der Verfahrensdauer auf weniger als ein Jahr nicht ausschließt und keinen Freibrief auf exzessive Ausdehnung der Verfahrensdauern bedeutet. Diese vier Abweichungskriterien sind:

- die Bedeutung der Sache für den Betroffenen (importance of what was at stake for the applicant in the litigation)
- die Komplexität des Falles (complexity of the case)
- das Verhalten des Betroffenen (conduct of the applicant) – eine nachträgliche Verfahrensbegründung, die den Arbeitsumfang vermehrt, trägt nicht zur Verzögerung bei: BSG, Urteil v. 21.2. 2013, B 10 ÜG 2/12 KL- und
- das Verhalten des Staates (conduct of the relevant authorities).

Es sind ausschließlich diese vier Kriterien für die Beurteilung von Abweichungen von der Ein-Jahres-Verfahrensdauer des EGMR maßgeblich. Diese der stRSpr des EGMR entstammenden vier Kriterien sind in § 198 GVG vollständig übernommen worden. Der EGMR hat in seiner gesamten RSpr noch nie davon abweichende Kriterien angewendet, sondern betont sogar in allen Verzögerungssachen immer wieder, dass diese vier Kriterien maßgeblich sind. Im innerstaatlichen Verzögerungsurteil ist eine Darstellung und Abwägung dieser vier Kriterien erforderlich. Dass der EGMR nur diese vier Kriterien berücksichtigt, hindert aber manche Landesregierungen nicht, ihr eigenes »Recht« (das natürlich kein korrektes Recht ist), zu gestalten. So lässt die Nds Landesregierung die ebenso dreiste wie falsche Behauptung aufstellen:

Die in § 198 GVG Abs 1 Satz 2 genannten Kriterien »sind nicht abschließend, sondern haben nur beispielhaften Charakter.« (Land Nds v 1.9.2014, zu L 15 SF 6/14 – OStA Dr. Elster)

Die Nds. Landesregierung steht mit dieser konventionswidrigen Haltung nicht alleine da. Sie wird durch den Präsidenten des LSG Nds-Bremen bestärkt, der meint, statt der den deutschen Gerichten vom EGMR und vom Gesetzgeber vorgeschriebenen Kriterien weitgehend andere Kriterien anwenden zu können. (Präs d LSG Nds-Bremen v 6.4.2020 L 3431/02-01 10/20 (Dudek) – Hörner) Die Auffassung, von bindendem Recht abweichen zu können, nennt man in einem Rechtsstaat »Recht«sprechung »contra legem«, die im vorliegenden Fall nicht nur konventionswidrig, sondern gem. Art 20 Abs 3 GG auch verfassungswidrig ist. Die Behauptung, die vom EGMR sowie in Art 198 GVG genannten vier Kriterien nicht strikt anwenden zu müssen ist – wie bereits gesagt – völlig frei erfunden und trifft nicht zu – wie die RSpr des EGMR beweist, die die deutschen Gerichte anzuwenden verpflichtet sind (siehe: EGMR, Taron/Deutschland, a.a.O., § 39)

Im Gegenteil: Die deutschen Gerichte müssen die (allgemeines Völkerrecht abbildenden) Konventionsgarantien so anwenden, wie es der EGMR tut (siehe: EGMR v 29.5.2012, 53126/07, § 39 – Taron/Deutschland)

Es ist besonders darauf hinzuweisen, dass ein Abweichen von der Ein-Jahres-Regel des EGMR selbstverständlich auch bedeutet, dass die Kriterien darauf zu prüfen sind, ob eine Verkürzung der Regelverfahrensdauer von einem Jahr pro Instanz geboten war oder ist und das einer nachvollziehbaren Begründung bedarf.

4.3.1 Bedeutung der Sache für den Betroffenen

Zu einer ersten Beurteilung der Bedeutung der Sache für den Betroffenen gehört die Beantwortung der Frage, ob die Verfahrensdauer – möglicherweise sogar aus Gründen von Kleingeistern verwirklichter staatlicher Schikane bewusst – so angelegt ist, dass sie den absolut geschützten Kernbereich privater Lebensgestaltung des von der langen Dauer Betroffenen verletzt. In diesem Falle ist die keinen Verhältnismäßigkeits- oder Gleichheits- oder sonstigen Abwägungen zugängliche sondern ohne Ausnahme unantastbare Menschenwürde verletzt; denn:

»Zur Unantastbarkeit der Menschenwürde gemäß Art. 1 GG gehört die Anerkennung eines absolut geschützten Kernbereichs privater Lebensgestaltung.« (BVerfG, 1 BvR 2378/98 und 1 BvR 1084/99, Leitsatz 2)

Solche Verfahrensgestaltungen, die wegen ihrer Dauer zu Eingriffen in absolut geschützte Kernbereiche privater Lebensgestaltung eingreifen und damit die Menschenwürde verletzen, sind von höchster Bedeutung für den Betroffenen.

Zum konventions- und verfassungsrechtlich geschützten Bereich der Selbstbestimmung gehört z.B. auch das Recht, seinen Willen selbst ausdrücken zu dürfen sowie das aus dem allgemeinen Völkerrecht fließende Verbot der Selbstbelastung. Werden diese Garantien verletzt, ist das eine besondere Belastung des Betroffenen. Solche Verletzungen sind bei manchen Gerichten nicht unüblich. (so z.B. beim SG Hannover, S 35 KA 1/16 – Möhwald, wo anstelle der Parteien der Richter die Parteiauffassungen und – anträge kundtut)

Bemerkenswert ist die konventionswidrige Auffassung der BGH – Richter Schlick, Wöstmann, Seiters, Remmert und Reiter, dass ein sich aus der Akte ergebender Verstoß gegen das völkerrechtliche Selbstbelastungsverbot sowie eine gesetzwidrige Vereidigung »normal« sei und keine schwerwiegende Persönlichkeitsverletzung darstelle. (BGH, U v 14.11.2013, III ZR 376/12 – Schlick, Wöstmann, Seiters, Remmert, Reiter)

Das Recht auf Selbstbestimmung vereiteln manche Gerichte durch die Betroffene besonders belastende Manipulation der Informationslage, indem sie Betroffenen Einsicht in Verwaltungsakten gewähren, von denen sie wissen, dass daraus vorher Bestandteile entfernt wurden. (SG Hannover, S 35 KA 3/17 – Möhwald)

Des Weiteren sollte geprüft werden, ob und inwieweit die Grundsätze der Verhältnismäßigkeit, der Gleichheitswidrigkeit und des Vertrauensschutzes gegenüber dem Betroffenen eingehalten oder verletzt wurden. Diese Grundsätze spielen sowohl im materiellen als auch im formellen Verfahrensrecht eine die Bedeutung für den Betroffenen determinierende Rolle. Das heißt:

- sowohl im Rahmen des Streitgegenstandes, als auch
- bei der Gestaltung des Verfahrens durch eine Behörde oder das Gericht

können diese Grundsätze verletzt worden sein.

Ist das der Fall, liegt eine besondere Bedeutung bzw. eine besondere Belastung der Sache für den Betroffenen vor. Die Bedeutung kann z.B. in Nachteilen für den Betroffenen liegen, die ihn materiell oder verfahrensrechtlich unangemessen benachteiligen (Unverhältnismäßigkeit) oder die ihn materiellrechtlich oder durch eine behördliche oder gerichtliche Gestaltung des Verfahrens im Verhältnis zu anderen benachteiligen (gleichheitswidriges Sonderopfer) oder sonstwie schikanös behandeln sowie gegen die Grundsätze des Treu und Glauben verstoßen (Vertrauensschutz).

Die Belastung Betroffener steigt aber auch, wenn seine Angelegenheiten staatlicherseits von Personen bearbeitet werden, die nicht vertrauenswürdig sind oder zumindest nicht vertrauenserweckend und nicht korrekt wirken.

Betroffene materiellrechtlich und/oder verfahrensrechtlich diskriminierende Verfahren sind wegen ihrer übermäßigen Belastung von besonderer Bedeutung für diese Personen. Das LSG Nds-Bremen weist darauf hin, dass auch Verfahren der Empfänger von Hartz- und Grundleistungen dem Beschleunigungsgebot unterliegen (LSG Nds-Bremen, U v 26.11.2019, L 11 AS 1044/18) und eine Verzögerung der Verfahren dieser Personenkreise als Diskriminierung verstanden werden könnte. Eine diskriminierende Behandlung ist wiederum von besonderer Bedeutung für die davon Betroffenen.

Ein konventionsrechtlich korrekt begründetes Entschädigungsurteil hat hierzu – zu den Gründen der Verzögerung von Verfahren der Hartz – und Grundleistungsbezieher – begründende Ausführungen zu machen.

Angelegenheiten, die von großer/hoher/besonderer Bedeutung für den Betroffenen sind, unterliegen einem Beschleunigungsgebot. Sie sind daher in kürzerer Zeit als Durchschnittsverfahren zu erledigen, für welche die vorn dargestellte Ein- Jahres-Regel des EGMR gilt.

Wegen der Selbstevidenz bedarf es keiner Begründung, dass einstweiliger Rechtsschutz (z.B. Hessisches LSG v 23.1.2007, L 9 SO 97/06 ER) und Untätigkeitsklagen von Natur aus einer zügigen Bearbeitung bedürfen und in zeitlicher Hinsicht für Betroffene von hoher Bedeutung sind.

Ein Faktor der Bedeutung ist auch das Lebensalter des Betroffenen. Die Bedeutung ist für ältere Menschen größer, als für jüngere. (EGMR v10.3.1980, 6232/73, § 20 – König/Deutschland)

Eine hohe Bedeutung für den Betroffenen ist des Weiteren immer dann gegeben, wenn die in dem verzögerten Verfahren geltend gemachten Ansprüche für ihn von einigem Gewicht sind, z.B. wenn sie die <u>persönliche Freiheit, die finanzielle Versorgung oder Statussachen</u> betreffen. (BVerwG v 11.7.2013, 5 C 23.12 D <47>)

Von besonderer Bedeutung sind Verfahren, in dem Ansprüche striitig sind, die zur Tilgung von Darlehn für einen Sozietätskauf (hier: eines Steuerberaters) benötigt werden. (BVerfG, 1 BvR 3171/08)

Die hohe Bedeutung lässt sich von den Gerichten dadurch wegschwindeln, dass man einfach bestreitet, dass das Verfahren etwas mit der persönlichen Freiheit, der Versorgung oder mit Statussachen zu tun habe. Dieses Bestreiten geschieht durch deutsche Gerichte auch tatsächlich und zwar mit erstaunlich großer Dreistigkeit.

So bestreitet der z.B. BGH die allgemeinkundige Tatsache, dass Strafverfahren in manchen Berufen regelmäßig zu Berufsgerichtsverfahren und zu belastenden Berufsentziehungsanträgen mit entsprechend hoher, und zwar sogar existentieller Bedeutung für Betroffene führen. Um die Bedeutung für Betroffene wegzuschwindeln stellt der BGH sogar – in Kenntnis der aus der Akte ersichtlicher Weise bereits erfolgten aktenkundigen Mitteilung an die für die Entziehung der Berufserlaubnis zuständige Behörde während des Ermittlungsverfahrens – ganz bewusst wahrheitswidrig dar, dass eine Gefährdung für die Berufserlaubnis »nicht ersichtlich« sei. (BGH v 14.11.2013, III ZR 376/12 <38> – Schlick, Wöstmann, Seiters, Remmert Reiter) In solcher Unaufrichtigkeit offenbaren sich gravierende richterliche Seriositätsmängel am höchsten Zivilgericht. Wer wollte aber – wenn solche Mängel sogar am höchsten Gericht bestehen – den darunter stehenden Gerichten Vorwürfe machen, wenn sie sich ebenso unredlich verhalten?

»Bereits die <u>Einleitung eines Ermittlungsverfahrens</u>« stellt »für den davon Betroffenen eine erhebliche Belastung« dar. »Daran vermag auch nichts zu ändern, dass aus rechtlicher Sicht ein Ermittlungsverfahren wegen der Unschuldsvermutung (vgl. Art 6 Abs 2 MRK) nicht als ein Makel des Betroffenen anzusehen ist.« (Rundverfügung des GStA des Landes Brandenburg v 21. 8.1998 – 411-40- idF v 10.12.2008)

Es dürfte unmittelbar einleuchten, dass erst recht das <u>willkürliche Unterstellen von Straftaten</u> – etwa die wissentlich falsche Behauptung, es läge ein dringender Tatverdacht (der einen Haftgrund darstellt) vor, obwohl nicht einmal ein Anfangsverdacht besteht (StA Hannover – StA Görlich) wegen ihrer besonders herabwürdigenden und belastenden Wirkung eine hohe Bedeutung für den strafbehördlich falsch Angeschuldigten hat. Derartige inkorrekte und das Völkerrecht sowie die Menschenrechte völlig inakzeptabel verletzende Verhaltensweisen sind nicht vertretbar und stellen Amtspflichtverletzungen dar. (BVerfG NJW 1984, 1452; BGH NStZ 1988, 511)

Dasselbe gilt Strafermittlungs- oder Strafverfahren, die auf <u>rechtsstaatswidrigen Tatprovokationen</u> beruhen; denn solche stellen regelmäßig ein Verfahrenshindernis dar (BGH, U v 10.6.2015, 2 StR 97/14), so dass es von vorneherein verboten ist, ein behördliches oder gerichtliches Verfahren in Gang zu setzen. Mit anderen Worten: die gesamte Dauer solcher Betroffene belastender Verfahren stellen eine dem Staat zuzurechnende Verzögerung dar.

Fälle <u>willkürlicher Strafverfolgung</u> sind für die Betroffenen wegen der besonderen Belastung von hoher Bedeutung und verstoßen zudem gegen Art 7 EMRK, der so auszulegen ist, dass in ihm ein effektiver Schutz gegen willkürliche Strafverfolgung, – verurteilung und – bestrafung liegt. (EGMR v 22.1.2013, 42931/10 Camilleri/Malta)

Dasselbe dürfte auch für <u>Verletzungen des völkerrechtlichen Selbstbelastungsverbots</u> – nemo tenetur se ipsum accusare – (siehe: Art 14, Abs 2 g des Internationalen Pakts der Vereinten Nationen – IPbürg) gelten, die auch der EGMR als Verletzung internationaler Menschenrechtsstandards ansieht (EGMR v 19.12.2013, 45872/06, § 63 und 70 – Yuriy Volkov/Ukraine; ebenso: EGMR v 21.12.2000, 34720/97 – Heany und Mc Guiness/Irland; sowie EGMR v 3.5.2001, 31827/96, § 64 – J.B./Schweiz und EGMR v 11.7.2006, 54810/00, § 100 – Jalloh/Deutschland) gelten. Das Selbstbelastungsverbot ist zwar eine der wesentlichsten Strafrechtsmaximen mit langer Tradition, das Verfassungsrang (BVerfG, 2 BvR 2628/10 < 60, 62>) besitzt und aus dem Gebot der Menschenwürde fließt. (BVerfG 2 BvR 2628/10 <60>; BVerfG 2 BvR 2628/10 <60>; EGMR , GK v 11,7,2002, 28957/95, § 90 – Goodwin/Vereinigtes Königreich) Dennoch gilt dieses wichtige Menschenrecht bei manchen Strafermittlungsbehörden (StA Hannover – StA Görlich) offenbar Nichts. Sie praktizieren bedenkenlos bewusst solche und andere willkürlichen Verstöße gegen die allgemeinen Standards des Völkerrechts und die Menschenrechte.

Das macht davon Betroffenen dann besonders Angst und belastet sie außerordentlich stark, wenn sie den Eindruck haben, <u>es mit StAen zu tun zu haben, die sich bedenkenlos über Recht und Gesetz hinwegsetzen</u>, um mithilfe öffentlich als »windig« geltender Staatsdiener abwegigste Vorstellungen durchzusetzen. So ist es z.B. bei der StA Hannover, deren fragwürdig-undurchsichtiger StA Görlich in mit dem Henri Nannen Preis für investigativen Journalismus ausgezeichneten Veröffentlichungen der bremischen Tageszeitung »Weserkurier« und in der »WELT« wegen seines Verhaltens genannt wurde. Im Zuge dieser prämierten journalistischen Enthüllungen bekundete der intensive Kontakte ins Bordellmilieu unterhaltende bei der StA Hannover tätige StA Görlich, gegen den immerhin wegen Menschenhandels ermittelt wurde, dass er ein nahe seiner Dienststelle gelegenes, lt. Internet u.a. »Natursekt« NS und »Kaviar« als Sonderleistung anbietendes »Bordell höchstens 20 x während der Dienstzeit aufgesucht« habe, und dort gearbeitet sowie allenfalls in der Küche »Kaffee getrunken« (die Frauen berichteten hingegen, er habe sich als Freier wichtiggetan) sowie Prostituierte zu Hause nur aufgesucht habe, um sie rechtlich zu »beraten«. Dies mag die Erklärung der StA Hannover, sie sei »massiv unterbesetzt« (so: Neue Presse v 12.7.2020) in zynischer Weise verständlich machen. Görlich wurde später übrigens zum OStA befördert. Ausführungen zur »Seriosität« solcher angsteinflössenden und keinesfalls einen seriösen Eindruck erweckenden StAen und ebensolcher Justizministerien dürften entbehrlich sein, verdeutlichen aber, dass Beschuldigte die Sorge haben müssen, in durch Korpsgeist und Seilschaftsverständnis manipuliertes Schmierentheater hineinzugeraten, in dem die Realität nicht mehr unbedingt zählt. Wer von StAen beschuldigt wird, die sich derartig verhalten, der wird sich zu Recht als besonders belastet fühlen dürfen, weil er realistischerweise nicht zwingend ein korrektes Ermittlungsverfahren erwartet, sondern eines, das von vorneherein inkorrekt geführt wird – was eine überdurchschnittliche Belastung darstellt.

Selbst wenn solche zwielichtigen amtspflicht- und völkerrechtswidrigen Verhaltensweisen wie in den Görlich-Sachen, (für die das Land Nds übrigens trotz heftigen Sträubens und des Bemühens um Vertuschung am Ende Entschädigung bezahlen musste) entschädigt werden, bleibt neben dem Völkerrechtsverstoß immer noch die Dauer dieses in besonderer Weise belastenden, wenn nicht verängstigenden menschenrechtswidrigen Verhaltens zu entschädigen. Lange andauernde Menschen- und Völkerrechtsverstöße durch den Staat belasten Betroffene sicherlich in überdurchschnittlicher, wenn nicht außerordentlich starker Weise. Solche Verstöße sind besonders kompensationspflichtig. (BGH U v 18.11.1999, 1 StR 221/99; ebenso: Staatenbericht 2002 der Bundesregierung an die Vereinten Nationen zum IPbürg S 24, 62/69)

Von hoher (belastender) Bedeutung sind Verfahren, in denen dem Betroffenen keine Waffengleichheit (counterbalancing) zugestanden wird oder sonst in irgendeiner Weise Verfahrensrechte durch das Gericht einseitig beschnitten (z.B. LSG Nds, das Behörden jederzeitiges Ersetzen ihrer Bescheide zugesteht, Kundgaben der Menschen aber als verspätet zurückweist, wenn sie nicht schon im Behördenverfahren vorgetragen wurden – L 3 KA 2/19, S 9 – Pilz, Dr. Blöcher, Hörner) oder durch eine Behörde behindert werden oder in Strafverfahren Vorverurteilungen (»the fairness of the trial is …prejudiced« – siehe: EGMR v 27.11.2008,36391/02, § 50 – Salduz/Türkei) stattgefunden haben.

Behandelt der Staat Betroffene so, dass bei ihnen besonders ausgeprägte <u>Gefühle der Angst, Qual und Unterlegenheit</u> entstehen, die geeignet sind, sie zu demütigen und entwürdigen oder gar ihren körperlichen oder moralischen Widerstand zu brechen, ist das aus Sicht der Menschenrechte eine erniedrigende Behandlung (EGMR v 30.6.2008, 22978/05 <66> – Gäfgen/Deutschland), die von besonderer Bedeutung für das Verfahren ist. (siehe auch oben betr. Hartz- und Grundleistungsempfänger)

Schließt ein Gericht die <u>Instanz ohne verwertbares Urteil</u> ab, so dass der Betroffene völlig umsonst gewartet hat, stellt dies eine hohe Belastung dar; denn es ist das Menschenrecht entzogen worden, dass in jeder einzelnen Instanz die Garantien des Art 6 EMRK erfüllt werden. (siehe: EGMR v 19.12.1997, Slg VIII, S 2956, RN 37 – Brualla Gomez de la Torre/Spanien) Das ist z.B. der Fall, wenn ein Antrag abgewiesen wird und die Abweisung im Urteil damit begründet wird, das Gericht sei von vornherein unzuständig gewesen. (SG Hannover, S 35 KA 35/13 – Möhwald) Solche in Nds auftretenden Fälle, in denen Gerichte gegen das <u>Recht auf den gesetzlichen Richter</u> (Art 101 GG) und gegen das Verfassungsverbot verstoßen, ein <u>eröffnetes Rechtsmittel ineffektiv</u> zu machen und für den Betroffenen leerlaufen zu lassen (dazu: BVerfG, 2 BvR 2044/07 <68>) pflegt man »Amtswillkür« zu nennen; sie verletzen auch die Garantie eines fairen Verfahrens.

In diesen Fällen werden die Betroffenen zum Spielball richterlicher Willkür gemacht, was für Betroffene besonders bedeutsam ist; denn

»Die Würde der Person erfordert, dass über ihr Recht nicht von Obrigkeitswegen verfügt wird; der Einzelne soll nicht nur Objekt der richterlichen Entscheidung sein, sondern er soll …zu Wort kommen, um Einfluss auf das Verfahren und sein Ergebnis nehmen zu können.« (BVerfGE 7, 53 <57>; 7, 275 <279>; BVerfG v 8..1.1959, 1 BvR 396/55, I,1)

Daran hapert es in manchen Bundesländern erheblich.

Eine <u>bereits vom EGMR festgestellte und entschädigte Konventionsverletzung (z.B. Verzögerung)</u> bestätigt dem Betroffenen, dass er das Opfer einer Menschenrechtsverletzung ist. Werden solche konventionsverletzenden Verfahren unverändert fortgeführt, also die Menschenrechte weiterhin – wissentlich – mit Füssen getreten, ist das von hoher Bedeutung für den weiter in seinen Menschenrechten Verletzten. Die menschenrechtsfeindliche Einstellung der Nds Landesregierung, dass der EGMR bereits im Jahre 2010 Verzögerungen rkr festgestellt habe, sei »unmaßgeblich« drückt nicht nur eine grobe Missachtung des EGMR aus, sondern auch eine Geringschätzung der deutschen Verfassungsrechte aus; denn:

Die …gesteigerte Eilbedürftigkeit hätte sich …auch aus dem Umstand ergeben müssen, dass der Europäische Gerichtshof für Menschenrechte …dem Beschwerdeführer …Schadensersatz wegen der Dauer des ersten …Verfahrens zugesprochen hatte. (EGMR, Urteil vom 16.Oktober 2001 – Nr. 42505/98 – EuGRZ 2002, S 585 ff)« ….Es bestehe eine »rechtsstaatliche Pflicht, ein zügiges Verfahren sicherzustellen. (vgl. zum insoweit inhaltsgleichen Gewährleistungsgehalt des Art 6 Abs 1 EMRK: EGMR Urteil vom 11.Januar 2007 – Nr. 20027/02-, juris, RN 78, EGMR Urteil vom 4. April 2002 – Nr. 45181/99, jurs RN 36)« – BVerfG 1 BvR 2965/10 <4> – siehe auch a.a.O. <13>)

Der Staat hat die menschenrechtliche Pflicht, den Anspruch des Betroffenen auf eine <u>Beendigung seiner Opferrolle innerhalb eines halben Jahres</u> durch Entschädigung und Beendigung Menschenrechtsverletzung ebenfalls innerhalb eines halben Jahres zu erfüllen. Die Verletzung dieses Menschenrechts ist – wie die Verletzung jedes Menschenrechts – für einen Betroffenen stets von hoher Bedeutung. Im Falle der Verzögerung eines abschließenden Urteils über einen Rechtsanspruch ist also ein abschließendes Urteil innerhalb eines halben Jahres herbeizuführen. Die übliche Ein- Jahres- Regel für Durchschnittsverfahren ist wegen der konventionsrechtlichen Bedeutung für den Betroffenen halbiert. Wird das Verfahren dennoch erst nach einem Jahr durch ein abschließendes Urteil über den Anspruch abgeschlossen, ist das eine erneute Verfahrensverzögerung (second breach of the same set of proceedings), die eine erneute Verletzung des Art 6 Abs 1 EMRK darstellt. (siehe: EGMR Zullo/Italien a.a.O)

Erst Recht stellt es eine hohe Belastung dar, Rechtsstreitigkeiten, die aufgrund rkr Festellung des EGMR verzögert sind, noch zehn Jahre lang weiterzuführen (L 3 KA 45/11 ZVW; L 3 KA 148/06 u.a.), statt umgehend eine abschließende Lösung – sei es durch Urteil oder Vergleich – herbeizuführen.

Auch lange <u>anhaltende Zustände des Vorenthaltens effektiven Rechtsschutzes</u>, die trotz Untätigkeitsklagen von der Behörde und dem Gericht einvernehmlich jahrelang ausgesessen werden, um dem Betroffenen dessen »Ausgeliefertsein« zu demonstrieren und ihn kollusiv »weichzukochen«, stellen eine hohe Belastung des Betroffenen dar. Diese kollusiv-einvernehmliche Verletzung der behördlichen und gerichtlichen Pflicht, umgehend rechtmäßige Zustände herzustellen (diese Pflicht entspricht stRSpr, z.B. Hessischer VGH, Urteil v 28.9.1986, 5 UE 704/85 <42>), indem eine Untätigkeitsklage ausgesessen dieses Aussitzen gerichtlich zu-

zulassen wird, ist bei einigen Behörden und behördenwillfährigen Gerichten dutzendfach gang und gäbe. (z.B. beim SG Hannover – Möhwald)

Das gilt auch für den Zugang zum Gericht erschwerendes Festsetzen vorläufiger Streitwerte (z.B. SG Hannover, S 35 KA 3/17 – Möhwald, 200 – fache Überhöhung), dessen prohibitive Wirkung Betroffene besonders belastet.

Geht es in den verzögerten Verfahren z.B. um Angelegenheiten, die mit der menschlichen Würde des Betroffenen im Zusammenhange stehen, handelt es sich um eine wichtige Angelegenheit, die für den Betroffenen von hoher Bedeutung ist; denn die menschliche Würde wird – noch vor dem Recht auf Leben und körperliche Unversehrtheit – allgemein als das höchste aller Verfassungsrechte verstanden. Es ist das einzige Verfassungsrecht, das in keiner Weise – weder im Gemeinwohlinteresse und auch nicht verhältnismäßig oder gleichmäßig – eingeschränkt werden darf. Verletzungen der Konventionsgarantien verletzen die Menschenwürde. (EGMR GK v 11.7.2002, 28957/95, § 90 – Goodwin/Vereinigtes Königreich)

Von hoher Bedeutung sind auch alle anderen elementaren Grundrechte. Das betrifft z.B. Eingriffe in die persönliche Freiheit oder die Gesundheit (BVerwG, 5 C 1.13 D, II, 2, (1), (a)) sowie Angelegenheiten, die mit der Einkommenserzielung des Betroffenen in einem Zusammenhange stehen, wie dies in der Regel bei der auf das Erwirtschaften des Lebensunterhalts des Betroffenen und seiner Familie gerichteten Tätigkeit, Berufsausübungserlaubnissen pp. der Fall ist. (so z.B. in LSG Nds. L 3 KA 2/19 u.a.)

Aber auch Verfahren, in denen es um Verletzungen des Grund- und Menschenrechts auf Selbstbestimmung geht (LSG Nds L 3 KA 3/19) sowie umgangs- und familienrechtliche Sachen sind von hoher Bedeutung für den Betroffenen.

Es ist sicherlich eine Sache von hoher Bedeutung für Betroffene, wenn sie ganz bewusst von staatlichen Stellen verleumdet werden und diese Verleumdungen sich nicht durch substantiierte Hinweise an den Verleumder schützende Vorgesetzte (siehe: »Eine Krähe hackt der anderen kein Auge aus«) beenden lassen, so dass der beängstigende Eindruck eines bewusst das Recht brechenden und die Amtsmacht missbrauchenden staatlichen Seilschaftsfilzes krimineller Staatsdiener entsteht, deren krimineller Aktionen man hilflos ausgeliefert ist. Dass durch solche auf vorsätzliche Schädigung gerichteten systematischem Amtspflichtverletzungen bei den Betroffenen das Sicherheitsgefühl, in einem korrekt organisierten Rechtsstaat zu leben erlischt und sich dafür Gefühle der Angst und der Ohnmacht wie sie in mafiaähnlich strukturierten Diktaturen üblich sind, einstellen, liegt auf der Hand. Das kann z.B. der Fall sein, wenn ein Richter völlig haltlos und willkürlich frei erfindet, man habe eine Klage eingelegt um den Betroffenen gegen seinen Willen bewusst in eine Sache zu involvieren, d.h., ihn quasi gegen seinen Willen hineinzuzwingen und Gerichtskosten zu kassieren so dass ein von solchen Willkürlügen Betroffener trotz des Einschaltens vorgesetzter Stellen und anderer Gerichte die Energie mehrerer Jahre seines Lebens dafür verschwenden muss, die staatlich geduldeten Lügereien des Richters zu beenden. (so: z.B.: SG Hannover, S 35 KA 1/16 – Möhwald – fast fünf Jahre)

Ebenso bedeutsam ist es für Betroffene, wenn sie erkennen müssen, dass der betreffende <u>Richter behördenwillkürlich lügt</u>, um das Recht zu beugen und ein Befangenheitsantrag von vorneherein aussichtslos ist, weil an jenem Gericht die Richter jeweils gegenseitig über ihre Befangenheit entscheiden, so dass es noch nie einen erfolgreichen Befangenheitsantrag gegeben hat – mit anderen Worten: wenn Betroffene von vorneherein erkennen, dass der Rechtsstaat nicht funktioniert, weil keine rechtsstaatlichen Urteile sondern Willkürurteile zu erwarten sind. Das ist z.B. der Fall, wenn die ihre Bescheidungspflicht verweigernde Behörde bereits im – bei diesem Richter jahrelang anhängig gewesenen – Untätigkeitsklageverfahren den Rechtsweg gerügt hat und der Richter dann nach Erlass der Bescheide wissentlich vorlügt, es läge gar keine Rechtswegrüge vor. (z.B. SG Hannover, S 35 KA 35/13; S 35 KA 32 – 40/17)

<u>Familienrechtliche Verfahren</u> von 3 Jahren 10 Monaten sind selbst dann zu lang, wenn der Beschwerdeführer selber zur Verzögerung beigetragen hat. (EGMR v 9.10.2008, 10732/05 – B./Deutschland)

Im <u>Umgangsrecht</u> wird eine Dauer von 3 Jahren als zu lang angesehen (EGMR v 10.5.2007, 76680/01 – S./Deutschland); ebenso: 3 Jahre 5 Monate (EGMR v 15.5.2007, 23462/03 – K./Deutschland – Vergleich = 5.000 Euro); 4 Jahre 3 Monaten (EGMR v 4.12.2008, 44036/02 – A./Deutschland = 4.500 Euro immaterielle Entschädigung + 3.000 Euro für Auslagen) und 5 Jahre 2 Monate (EGMR v 12.7.2007, 39741/02 – N./Deutschland = 8.000 Euro).

Das gleiche gilt für <u>Angelegenheiten, in denen es um Eigentumsrechte geht</u> (z.B. LSG Nds L 3 KA 1/20 u.a.), also um Rechte an beweglichen und unbeweglichen Sachen, Forderungen, obligatorische Rechte, den eingerichteten und ausgeübten Gewerbebetrieb (Gärditz, Staatsrecht, § 8 Eigentum, Pkt. I, 1) »Soweit das Eigentum die persönliche Freiheit des Einzelnen im vermögensrechtlichen Bereich sichert, genießt es einen besonders ausgeprägten Schutz. Vgl. BVerfGE 42, 263 <294>; 50, 290 <340>; 70, 191 <201>; 95, 64 <84>.« (BVerfG 1 BvL 7/91 <84>)

Hierzu gehören Nutzungs – Gewerbe – und andere Zulassungen, darauf beruhende Investitionen, der Kundenstamm sowie ein entgangener Gewinne, der als Ertragsverlust wiederum Substanzverluste und damit Eigentum darstellt (Ossenbühl, Staatshaftungsrecht, 266). Eigentum ist ein elementares Grundrecht (BVerfGE 24, 367) und stellt einen hohen Verfassungswert dar. (BVerfGE 14,263)

Zivilrechtliche Sachen; die 4 Jahre dauern, sind zu lang. (EGMR v 5.3.2009, 7634/05 B/Deutschland = 3.000 Euro)

Sozialrechtliche Verfahren die 3 Jahre 10 Monate betragen, werden vom EGMR als zu lange eingeschätzt und mit 3.000 Euro immateriell entschädigt. (EGMR v 18.11.2010, 38187/08) des Weiteren z.B.:

3Jahre 9 Monate (EGMR v 22.12.2009, 210611/06 – K./Deutschland = 3.000 Euro);

4Jahre 9 Monate= (EGMR v 5.10.2006, 75204/01 – K./Deutschland = keine Angabe);

5Jahre (EGMR v 11.9.2007, 31384/02 – O./Deutschland – Vergleich = 3.500 Euro);

7Jahre (EGMR v 1.4.2008, 35000/00 – O./Deutschland = 10.000 Euro)

Von hoher Bedeutung sind auch Strafermittlungs- und Strafverfahren. Ein sich auf eine Ordnungswidrigkeit im Straßenverkehr beziehendes Verfahren von einem Jahr ist zu lang. (OLG Hamm Beschl. v 24.3.2011, III – 3 RBs 70/10: Ein strafrechtliches Ermittlungsverfahren ist zu lang, wenn es 3 Jahre 11 Monate dauert. (EGMR v 20.2.2005, 64387/01 – Uhl/Deutschland)

4.3.2 Komplexität des Falles

Um einen ersten Anhaltspunkt für die Beurteilung der Frage zu erhalten, ob ein Rechtsstreit zu einem komplexen Verfahrenstyp gehört oder ob dies nicht der Fall ist, kann man auf die sog. »Pebb§y – Bewertung« zurückgreifen, in der die einzelne Verfahrenstypen mit ihren empirisch valide ermittelten durchschnittlichen Bearbeitungszeiten (»Basiszahlen«) aufgeführt sind. (siehe: pwc Price, Waterhouse, Cooper, Personal – Bedarfs – Berechnungs – System »Pebb§y«, Auswertungsband, Fortschreibung des betreffenden Jahres)

Ist die Basiszahl des betreffenden Verfahrenstyps niedriger, als die Basiszahlen anderer Verfahrenstypen, ist irgendeine Komplexität nicht zu vermuten.

Erfolgt keine Vollprüfung der Ausgangssache durch das Gericht, ist von einem bloß unterdurchschnittlichen Schwierigkeitsgrad auszugehen. (BVerwG, U v 9.2.2016, 5 C 31.15 D)

Ob eine Sache »komplex« war, ist nach objektiven Kriterien festzustellen. Sieht ein Richter eine objektiv simple oder durchschnittliche Sache subjektiv als komplex an und führt deshalb tatsächliche und rechtliche Prüfungen durch, die gar nicht erforderlich sind, wird die Sache dadurch nicht komplex. (z.B. LSG Nds, L 3 KA 44/04)

Ebenso kann keinem Richter ein erhöhter Zeitaufwand zugestanden werden, wenn der Richter tatsächliche und rechtliche Prüfungen gar nicht oder schlampig durchgeführt hat; beispielsweise, wenn nicht einmal die von dem Richter vAw zu prüfenden Prozessvoraussetzungen korrekt vorgenommen wurden. Das ist z.B. der Fall; wenn ein Richter trotz ausdrücklicher Hinweise einer Partei auf doppelte Rechtshängigkeit zu zwei Verfahren verschiedene Aktenzeichen anlegen lässt und zur selben Sache zwei Urteile erlässt und die Berufung dann die doppelte Rechtshängigkeit feststellt. (z.B. SG Hannover, S 35 KA 1/16 und S 35 KA 33/17 – beides Möhwald).

Erhebliche Phasen der Untätigkeit sind nicht durch Komplexität zu erklären. (EGMR v 24.6.2010, 21423/07, § 34 – Schädlich/Deutschland)

Die Übertragung einer Sache auf einen Einzelrichter ist ein Indiz für fehlende Komplexität. (BVerwG v 11.7.2013, 5 C 23.12 D <46>)

Im Falle von Untätigkeitsklagen besteht überhaupt keine Komplexität, denn wenn eine untätige Behörde sich trotz (kurzer) Fristsetzung des Gerichts zur gegen die Behörde eingereichten Untätigkeitsklage nicht äußert oder nicht nachweisen kann, dass sie den Betroffenen über die Gründe der Verzögerung informiert hat, ist der für eine Entscheidung maßgebliche Sachverhalt ausreichend durch einen Blick in den Kalender geklärt und die Klage entscheidungsreif. Das wird in der Regel einen Monat nach Klagerhebung sein. Die Behörde ist dann zur Bescheidung zu verurteilen. Die Ein-Jahres-Regel des EGMR ist dann drastisch (ggf. um 10 Monate auf 2 Monate) zu verkürzen.

Der Sinn von Untätigkeitsklagen ergibt deren Unkompliziertheit sowie deren besondere Eilbedürftigkeit. Trotzdem dauern Untätigkeitsklagen bei manchen Gerichten oft jahrelang (z.B. durchgängig beim SG Hannover – Möhwald) oder bleiben die dann entscheidungsreifen Sachen monatelang weiter liegen, weil der Behörde während der Rechtshängigkeit lange Fristen zur Bescheidung eingeräumt werden (z.B. LSG Nds, L 3 KA 3/19), um eine fristsetzende Verurteilung der Behörde zu verhindern. In beiden Fällen haben die Gerichte offensichtlich Angst davor, die Behörde zur Bearbeitung zu verurteilen. (»Es wäre ja noch schöner, wenn die Bürger ihre Menschenrechte einfach so erhalten würden.«)

Wenn Musterverfahren bereits vorliegen oder Präzedenzfälle existieren, besteht praktisch überhaupt keine Komplexität. Solche Verfahren sind weit unterdurchschnittlich komplex und besonders simpel. Auf sie kann man die Ein-Jahres-Regel für Durchschnittsfälle nicht anwenden. Sie sind daher in kürzerer Zeit abzuschließen.

Für Verfahren des sekundären Rechtsschutzes gilt das Gleiche; denn das Gericht hat sich bereits im vorangegangenen primärrechtlichen Verfahren mit der Sach- und Rechtslage vertraut machen müssen und kennt die Sach- und Rechtslage aus der Primärrechtsakte. Damit fehlt es an jeglicher Komplexität. Solche Verfahren sind unterdurchschnittlich komplex, so dass ihre Dauer wegen ihrer Einstufung als »unterdurchschnittlich« oder »einfach« eine Verfahrensdauer erfordert, die kürzer ist, als ein Jahr. Dennoch bestreiten manche effektiven Rechtsschutz ablehnende Gerichte – hier wieder in Niedersachsen – dass ihre eigenen Feststellungen im primärrechtlichen Verfahren »gerichtsbekannt« sind und stellen dar, dass sie ihre eigenen Feststellungen nicht kennen. Das ist natürlich ein Verstoß gegen das konventionsrechtliche Fairnessgebot.

Der Umfang der Akten kann ebenfalls kaum eine überdurchschnittliche Komplexität begründen. Zwar wird zur Begründung langer Verfahrensdauern staatlicherseits oft – geradezu standardmäßig – eingewendet, die Sache sei komplex gewesen. Es seien viele Unterlagen zu lesen gewesen seien, so dass die Sache außerordentlich zeitaufwendig gewesen sei. Als Maßstab für den erforderlichen Zeitaufwand kann hier die eigene richterliche Beurteilung unterstellt werden, dass sachverständige Dritte ein Aktenstudium von 100 Seiten in einer Stunde bewältigen können. (LSG NRW, Beschl. v 6.5.2013, L 15 SB 40/13 B, Leitsatz) Das muss ein Richter danach auch können, der die Sache sachverständig entscheiden will. An einem achtstündigen Arbeitstag sind also achthundert Seiten Aktenstudium zu schaffen. In einer Untersuchung der Helmut Schmidt Universität Hamburg und der Leibniz Fachhochschule Hannover (Professoren Berlemann und Christmann) wurde jedoch festgestellt, dass 100 Seiten Parteivortrages von den Gerichten keinesfalls – so wie das von sachverständigen Dritten verlangt wird – in einer Stunde bewältigt wird, sondern eine Bearbeitungsdauer von sage und schreiben 2,7 Monaten benötigen, was den Eindruck von richterlicher Doppelmoral erzeugt und in jedem Fall eine eindeutig unhaltbare Bearbeitungszeit darstellt. Deutsche Richter arbeiten also mit zweierlei Maßstab: einen, den sie an andere anlegen und einen enorm erweiterten Maßstab, den sie an sich selber anlegen. Bei ihnen gilt die allgemeine Regel nicht, von anderen Nichts zu verlangen, was sie nicht selber zu leisten in der Lage sind. Die Auffassung der Nds Landesregierung, dass ein Gericht für jeden Schriftsatz einen Monat Bearbeitungszeit benötige (Land Nds 2 Fis 137/17 v 18.1.2018, S 2 u.a. – OStA Dr. Lehmann; 2 Fis 158/18 v 3.9.2018 S 2 – OStA Dr. Schreiber) dürfte angesichts dessen, was von einem Sachverständigen verlangt wird (100 Seite pro Stunde), offensichtlich in das Reich der Märchen gehören. Der Präsident des LSG Nds-Bremen geht übrigens ebenfalls von der pomadigen und konventionswidrigen Vorstellung aus, dass »eingereichte Schriftsätze mit einem gewissen Umfang und inhaltlichem Verfahrensbezug generell eine gerechtfertigte Überlegungs- und Bearbeitungszeit von wenigstens einem Monat bewirken.« (Präs LSG Nds-Bremen v 6.4.2020, L 3431/02-01 10/20 (Dudek) – Hörner) Solche Landesregierungen und solche Gerichtspräsidenten drücken hier wohl nur ihre eigene – schläfrig-pomadige- Arbeitsweise aus, jedenfalls nicht das, was konventionserforderlich ist. Das selbst Legastheniker stark unterfordernde Zugrundelegen einer wenigstens einmonatigen Frist für das Durchlesen eines Schreibens beruht auf profunder Unaufrichtigkeit, weil gerade die verzögernd arbeitenden Gerichte von Betroffenen komplizierte Sofortentscheidungen verlangen. So verlangt das SG Hannover von Betroffenen in der Verhandlung die Sofortbenennung eines kompliziert zu errechnenden Schadens, wegen dessen Berechnung ein Sachverständigengutachten beantragt worden war (S 35 KA 35/13 – Möhwald) und das LSG Nds verlangt von den Betroffenen, umgehendes Einstellen auf die Geltendmachung eines Gegenstandes in einer anderen Sache. (L 3 KA 156/03 und L 3 KA 472/03 – Pilz, Wolff, Weddig) Es ist sehr erstaunlich, dass Richter in NRW vorgeben, 100 Seiten in einer Stunde bearbeiten zu können und Richter in Niedersachsen und Bremen für die Bearbeitung weit geringerer Seitenzahlen »mindestens« einen Monat brauchen. Man sollte solche nicht leistungsfähigen oder – willigen Staatsbediensteten nach der Seitenzahl der von ihnen bearbeiteten Unterlagen bezahlen, um den von Steuerzahlern aufgebrachten Landeshaushalt zu entlasten.

Um vorzutäuschen, ein tatsächlich simples Verfahren sei komplex gewesen, behaupten manche Gerichte, die überdurchschnittliche Schwierigkeit eines Verfahrens habe sich aus dem überdurchschnittlichen Umfang der Akten ergeben und schwindeln dann Akten zu einem Verfahren hinzu, die mit dem Verfahren Nichts zu tun haben. So hat das offensichtlich die Konventionsgarantien gern umgehende BGH in einem Verfahren, in dem sich die Wahrheit/Unwahrheit einer einzigen einzeiligen Äußerung ging, die nur durch die Gegenüberstellung mit einer anderen einzeiligen Äußerung feststellbar war, behauptet, es hätten fünf Aktenbände nebst vier Beiakten durchgesehen werden müssen, um festzustellen, dass die (willkürlich ins Blaue hinein behauptete) Unwahrheit in diesen Akten nicht enthalten war und nicht bewiesen werden kann. (so: BGH. U v

14.11.2013, III ZR 376/12 – Schlick, Wöstmann, Seiters, Remmert, Reiter) Nach dieser offensichtlich bloß geschehene Konventionsverletzungen des Art 6 EMRK kaschierenden »Logik« der BGH- Richter Schlick, Wöstmann, Seiters, Remmert und Reiter kann man den Umfang der zu prüfenden Akten beliebig erhöhen; man kann durchaus noch weitere fünf, zehn, zwanzig oder fünfzig Akten dazu ziehen, aus denen sich Nichts ergibt. Man muss – ohne jeden konkreten Anhaltspunkt zu haben – nur behaupten, dass in diesen Akten ja vielleicht ein Beweis vorhanden sein könnte; vielleicht aber auch nicht. Auf diese Weise kann man die Anzahl der Akten beliebig – bis ins Unendliche – erhöhen. Das aber ist nur die »Logik« der BGH – Richter Schlick, Wöstmann, Seiters, Remmert und Reiter, die dazu dient, die Konventionsgarantie angemessener Verfahrensdauern in Deutschland zu unterlaufen. – Eine plumpe und intellektuell äußerst »schlichte« Methode.

Manchmal wird die Komplexität durch das <u>Überschreiten des Prüfungsumfanges</u> schlicht verkannt; z.B. wenn richterliche Prüfungen stattfinden, die den Umfang der zu prüfenden Fragen weit überschreiten und mit dem in der konkreten Sache zu prüfenden Rechtsanliegen Nichts mehr zu tun haben. (»Thema verfehlt«) So hat die Bundesregierung beim EGMR z.B. die Behauptung aufgestellt, dass erst eine präjudizielle Entscheidung (»Musterentscheidung«) über die Frage der Rechtmäßigkeit der Anwendung einer Norm habe herbeigeführt werden müssen, weil die Sache komplex gewesen sei. (LSG Nds – Bremen, L 3 KA 44/04) Diese beim EGMR vorgetragene staatliche Einschätzung, dass die Sache, in deren Urteil das LSG Dutzende Seiten völlig richtiger Ausführungen gemacht hatte, nicht in tatsächlicher, aber in rechtlicher Hinsicht komplex gewesen sei war allerdings eklatant falsch. In Wahrheit waren die Rechtsfragen dieser Sache höchst simpel; jedoch hatte der damals noch eifrige Berichterstatter (Pilz) seine Aufgabe verfehlt und sich mit – wenn auch von ihm völlig richtig beantworteten – Fragen beschäftigt, die allerdings mit dem vorliegenden Primärverfahren gar nichts zu tun hatten, sondern in spätere Einzelfälle prüfende Verfahren des sekundären Rechtsschutzes gehörten. Der Berichterstatter hatte nicht erkannt, dass die Frage rechtmäßiger Normanwendung eine Frage des primären Rechtsschutzes ist, in der lediglich zu klären war, ob die Regelung dem Gemeinwohl diente und ob die Mehrzahl der Betroffenen unverhältnismäßig oder gleichheitswidrig betroffen waren. Die Frage des Gemeinwohls war bereits geklärt und es lag auf der Hand, dass die große Mehrzahl der Betroffenen überhaupt keine Nachteile hatten, die Norm also generell rechtmäßig war. Die Frage atypischer Einzelfallwirkungen auf Einzelne der an eine Vielzahl von Adressaten gerichteten Norm wäre in einem weiteren – sekundärrechtlichen – Verfahren zu prüfen gewesen. Regelt eine Norm eine Vielzahl von Fällen, so sind aus der Typik herausfallende Einzelfallwirkungen niemals im primären Rechtsschutz (der auf eine Abwehr der Normanwendung gerichtet ist), sondern immer im anschließenden sekundären Rechtsschutz (der atypische Wirkungen durch einen Ausgleich neutralisiert) zu prüfen. Dieses eigentlich simple Allgemeinwissen wurde aber vom Berichterstatter in grober Weise verkannt. Er veranlasste daher in dem primärrechtlichen Urteil L 3 KA 44/04 erratisch lange Urteilsausführungen, in denen er akribisch unter Zugrundelegung zutreffender Tatsachen und durchaus logisch nachvollziehbar sowie größtenteils grundsätzlich richtig die allerdings erst im anschließend erfolgenden Sekundärrechtsschutz zu untersuchende Wirkung der Norm in wenigen Einzelfällen prüfte. Auf die – wie gesagt inhaltlich völlig richtige – Prüfung und Darstellung von Einzelfällen kam es aber bei der Prüfung einer Vielzahl von Normadressaten gar nicht an, sondern auf die Frage, ob die Norm in der Mehrzahl der Fälle geeignet war, dem Gemeinwohl zu dienen und daher rechtmäßig war. Diese primärrechtlich zu prüfende Frage war höchst simpel. Das BSG hob dann das Urteil L 3 KA 44/04 des LSG zutreffend auf, weil die Norm dem Gemeinwohl diente und die Normanwendung deshalb grundsätzlich zulässig war. Die vom LSG richtig dargestellten unverhältnismäßigen und gleichheitswidrigen Einzelfallwirkungen der Norm gehörten nämlich nicht in die (auf Abwehr gerichteten) Verfahren des Primärrechtsschutzes, sondern hätten in Verfahren des (auf kompensatorischen Ausgleich gerichteten) sekundären Rechtsschutzes ausgeglichen werden müssen. Dass das LSG Nds – Bremen das einfach zu klärende Verfahren des primären Rechtsschutzes mit verfahrensfremden sekundärrechtlichen Frage belastet hat, also das allgemein bekannte Verfahrensrecht grob falsch angewendet hat, machte das Verfahren L 3 KA 44/04 aus objektiver Sicht nicht kompliziert. Die verfahrensfehlerhafte Durchführung der richterlichen Prüfung in dieser rechtlichen Standardsache ist hingegen eine dem Staat zuzurechnende Verfahrensverzögerung (siehe: 4.3.4.1). Das vom BSG festgestellte Ergebnis der Prüfung lag vom ersten Tage an klar und eindeutig auf der Hand und hätte bei Richtern zu unterstellender ausreichender Sachkenntnis bereits vom LSG auf den ersten Blick erkannt werden müssen.

Auch eine 6 – Monatsdauer kann zu lang sein, <u>wenn eine frühere Erledigung möglich oder erforderlich gewesen wäre.</u> (so: Klose, NJW 2004, 241, 244; Meyer-Ladewig, NJW 1998, 512; Vollkommer, ZZP 81.Bd, 1968, S 102, 111, 130) Anhaltspunkte dafür, dass eine Instanzendauer nach der Ein-Jahres-Regel wegen geringer oder gar nicht vorhandener Komplexität erheblich reduziert werden muss, ergeben sich immer dann, wenn andere Sachinstanzen diese oder gleichgelagerte Sachen wesentlich schneller bearbeiten und den Zeitraum von einem Jahr wesentlich unterschreiten, obwohl sie als Sachinstanzen dieselbe Prüfungsarbeit durchzuführen haben.

Hinweise auf fehlende Komplexität und zu langsame Arbeit einer Instanz ergeben sich also immer dann, wenn das Land eine »Kompensation« der Verzögerung durch schneller Arbeit einer andern Instanz behauptet.

Kostensachen (tatsächliche Pebb§y – Bearbeitungszeit in Zivilsachen = GL 021 – 33 Minuten; in Strafsachen = GL 0401 – 5 Minuten) müssen wesentlich schneller als in einem Jahr erledigt werden, weil sie keine Komplikationen aufweisen (so: Land Nds, 2 Fis 137/17 v 22.10.2018, S 3 – OStA Dr. Lehmann) und nach Auffassung der nds Landesregierung von bloß untergeordneter Bedeutung sind.

Sind überhaupt keine oder fast keine Arbeitsergebnisse dokumentiert worden und liegen keine Dokumente über angebliche Ermittlungen zur Sache (z.B. Vernehmungsprotokolle) in den Akten vor, wird man realistischerweise davon ausgehen müssen, dass keine oder fast keine Bearbeitung der Sache stattgefunden hat und damit die Annahme einer Komplexität der Sache realitätsfern ist. Der Fall, dass eine Akte überhaupt keine Sachermittlungen und Arbeitsergebnisse dokumentiert, kommt in der Wirklichkeit der deutschen Justiz vermutlich wesentlich häufiger vor als Viele glauben. (z.B. vom SG Hannover auf korrekte Amtspflichtwahrnehmung zu prüfende Verwaltungsakten zu S 35 KA 13/19 und S 35 KA 14/19 – beides Möhwald)

Auch bei manchen Strafermittlungsbehörden ergeben sich erhebliche Zweifel an jeglicher Komplexität, wenn kaum Arbeitsergebnisse dokumentiert wurden und insoweit vermutlich oft nur die Spitze eines Eisbergs sichtbar wird, wie folgendes – wieder aus Niedersachsen stammende – Beispiel verdeutlicht: Der nicht für Sittlichkeitsdelikte, sondern für Wirtschaftsstrafsachen zuständige StA Görlich, StA Hannover war nach mit dem renommierten »Henri Nannen Preis für investigativen Journalismus« prämierten Veröffentlichungen der aus Cloppenburg stammenden Journalistin Kröger in der Bremer Tageszeitung WESERKURIER sowie der bundesweit bekannten Zeitung WELT wegen seiner Kontakte ins Rotlichtmilieu und in den Bereich des Menschenhandels sowie häufiger Bordellbesuche und häuslicher Besuche von Prostituierten in der Dienstzeit auffällig geworden. Da aufgrund der breiten Informationsbasis die Öffentlichkeit alarmiert war, mussten deshalb Ermittlungen gegen Görlich durchgeführt werden, von denen öffentliche Stimmen behaupteten, dass es sich gar nicht um ernsthafte Strafermittlungen gehandelt habe, sondern bloß darum, die hochschlagenden Wellen der empörten Öffentlichkeit zu besänftigen. Bei den Befragungen gab der für Wirtschaftsstrafsachen zuständige StA Görlich dann (offenbar nach der Regel: »Man gibt nur zu, was ohnehin bewiesen ist«) z.B. zu, das in der Nähe seiner Dienststelle in Hannover gelegene Bordell »Yes Sir«, das in seinem Internetauftritt für »Feinschmecker« als Sonderleistung solche Leckereien wie »Natursekt« NS und »Kaviar« anbot, »höchstens zwanzigmal« während seiner Dienstzeit aufgesucht zu haben. Anders als die dort arbeitenden Frauen, die angaben, Görlich habe unter Betonung, dass er ein wichtiger Staatsanwalt sei, als Freier höchst »private« Dienste in Anspruch genommen, behauptete Görlich, dort dienstliche Vernehmungen durchgeführt und höchstens mal in der Küche »Kaffee getrunken« zu haben. Die Kollegen Görlichs glaubten (wer hätte bei korrekter Anwendung behördlicher Seilschaftsregeln anderes vermutet?) Görlichs Aussage und nicht den Aussagen der Frauen, was öffentlich als Bestätigung des behördlichen Verhaltenskodex »eine Krähe hackt der anderen kein Auge aus« wahrgenommen wurde. Es ergibt sich die Frage sinnhaften Handelns solcher StAen und der dienstlichen Eignung solcher STAe, wenn Prostituierte befragt werden, die hinterher, wenn deren Aussage nicht so ausfällt, wie gewünscht, als ohnehin nicht glaubwürdig dargestellt werden. Das dienstliche Befragen von Personen , denen man von vorneherein Unglaubwürdigkeit unterstellt, ist völlig unsinnig und in keiner Weise komplex. Über seine angeblich zu dienstlichen Vernehmungen durchgeführten zwanzig Bordellbesuche und der häuslichen Besuche bei Prostituierten während seiner Dienstzeit hätten naturgemäß eine Vielzahl dokumentierter Informationen und umfangreiche Aktenvermerke vorliegen müssen. Das war aber nicht der Fall; der StA Görlich konnte nahezu Nichts vorweisen. Es gab fast keine Dokumentation und damit keine hohe Komplexität. Diese offensichtliche Ineffizienz mag erklären, warum die StA Hannover sich für »massiv unterbesetzt« hält. (so: neue Presse v 12.7.2020)

Eine hohe »Komplexität« des Falles ist dann, wenn keine Informationen und keine oder fast keine Ermittlungsergebnisse aktenmäßig dokumentiert wurden, überhaupt nicht erkennbar. Zwar mag der StA Görlich eine Menge aus Steuermitteln bezahlter Dienstzeit darauf verwandt haben, immer wieder – offenbar zwanghaft – das nahe seiner Dienststelle gelegene Bordell aufzusuchen und dort – was für Bordelle eher unüblich ist – »Kaffee zu trinken« und mag er seine Dienstzeit auch für Hausbesuche bei Prostituierten verwendet haben, um Prostituierte »zu beraten«, das heißt aber nicht, dass er dienstlich mit einem komplexen Fall befasst war. Jeder kennt den Grundsatz, Befragungen möglichst erschöpfend und Alles klärend in einer einzigen Sitzung durchzuführen. Wenn sich anschließend überraschenderweise noch weitere Fragen ergeben, die eine einfache Sache komplexer gestalten, kann ausnahmsweise eine weitere Befragung nötig werden. Es dürfte unrealistisch sein anzunehmen, dass gleich zwanzig Nachbefragungen erforderlich werden. Ich habe noch nie gehört, dass sich aus der exorbitant hohen Zahl von zwanzig Vernehmungen nahezu Nichts ergeben hat. Weil angeblich zwanzig Nachbefragungen erforderlich waren, war zu erwarten, dass die Sache außerordentlich komplex und damit äußerst informationsreich war. Die einmalig hohe Zahl von (nicht erwiesenen, sondern bloß zugegebenen – die tatsächliche Zahl noch mag weit höher sein) zwanzig (!) durch den StA Görlich im Bordell angeblich durchgeführten »Vernehmungen« – die ohne Übertreibung eine außergewöhnliche, wenn nicht einmalige Vielzahl von »Befragungen« darstellt – musste zu einem enormen Berg von Vernehmungsprotokollen und Ermittlungsdokumenten geführt haben. Das war aber nicht der Fall; im Gegenteil. Der StA Görlich konnte nahezu überhaupt keine dienstliche Dokumentation vorweisen. (Nur am Rande: Der StA Görlich wurde nicht entlassen, sondern später zum OStA befördert. – Jedem ist freigestellt, sich daraufhin seine eigenen Vorstellungen über die »Seriosität« dieser Landesregierung zu entwickeln.)

Realistischerweise ist aber wegen nahezu oder völlig fehlender Dokumentation (was nicht dokumentiert ist, ist nicht geschehen) davon auszugehen, dass in solchen Fällen – falls überhaupt ermittelt worden ist – ein besonders simpler Fall ohne jede Komplexität vorlag, über den es fast Nichts oder gar Nichts zu dokumentieren gab. Die Frage, was der StA Görlich während der Hausbesuche bei Prostituierten und zwanzig Bordellbesuche in der Dienstzeit »ermittelt« hat, ist eine andere Frage, die Jeder plausibel für sich beantworten kann. Jedenfalls ist, wie die magere Dokumentation belegt, eines klar: es kann trotz des angeblich großen Zeit- und Arbeitsaufwandes keinesfalls um einen komplexen, sondern nur um einen offensichtlich äußerst simplen Fall gegangen sein – falls es überhaupt um einen dienstlichen Fall und nicht um Privatinteressen ging.

Gleichwohl kann man davon ausgehen, dass staatlicherseits selbst in solchen klar als äußerst simpel erkennbaren Fällen von den Behörden und Gerichten mancher Bundesländer mit großer Dreistigkeit beharrlich behauptet werden würde, es habe eine außerordentliche Komplexität vorgelegen. Man sollte dann einen Nachweis anhand der Dokumentation verlangen, der dann auch im Urteil darzustellen ist und ggf. beim EGMR vorgetragen werden kann.

Der genannte Fall ist nicht der einzige, in dem aufgrund fehlender Dokumentation von Ermittlungsergebnissen zu unterstellen ist, dass überhaupt keine Sachermittlungen stattgefunden haben, so dass keinerlei Komplexität anzunehmen ist.

So sind trotz der gesetzlichen Pflicht, richterliche Sachermittlungen anzustellen (§ 103 SGG) regelmäßig in allen Gerichtsakten bestimmter Richter niemals oder fast nie irgendwelche eigenen Sachermittlungsergebnisse dieser Richter dokumentiert. (z.B: SG Hannover – Möhwald) Man wird in solchen Fällen von Verfahren auszugehen haben, denen jegliche Komplexität fehlt.

Eine Sache, die zu einem Urteil geführt hat, kann auch keine Komplexität aufweisen, wenn ihm gar kein rechtshängiges Verfahren zugrunde lag. (z.B. SG Hannover, S 35 KA 1/16 – Möhwald, der sogar im Urteil dargestellt hat, dass die Sache, in der er ein Urteil gesprochen hat, gar nicht rechtshängig gewesen sei)

4.3.3 Verhalten des Betroffenen

Oft versuchen Gerichte, ihre Verzögerungen auf den Betroffenen abzuwälzen. Sie behaupten dann, das Einlegen von Rechtsmitteln sei missbräuchlich und habe dem Gericht verfahrensverlängernde Arbeitszeit abverlangt. Manche Gerichte werfen den Betroffenen sogar ihre Inanspruchnahme von Menschen – und Konventionsrechten als missbräuchlich vor. (z.B. LSG Nds, L 3 KA 280/03 u.a.)

Solche willkürlichen Einwendungen, die rechtsstaatliche Garantien beschneiden, greifen jedoch nicht durch; denn es darf in Verzögerungsverfahren nicht zum Nachteil des Betroffenen berücksichtigt werden, wenn dieser alle ihm zur Verfügung stehenden Rechtsmittel ergreift. (EGMR v 8.12.83 – Pretto u.a.; EGMR v 23.4.87 – Poiss; EGMR v 11.12.2003, 50064/99 – Girardi/Italien)

4.3.4 Verhalten des Staates

Das dem Bundesrecht gem. Art 25 Abs 2 GG vorgehende und seit langer Zeit anerkannte allgemeine Völkerrecht (bereits von Macchiavelli als »ius gentium« thematisiert), zu dem die ebenfalls seit Langem anerkannten (bereits von Kant »Weltbürgerrechte« genannten) Menschenrechte gehören, sind wie das Völkervertragsrecht »keine phantastische und überspannte Vorstellungsart des Rechts, sondern eine notwendige Ergänzung des ungeschriebenen Kodex und des Staatsrechts«. (Kant, Vom Völkerrecht)

Völkerrecht und dazu gehörendes Menschenrecht (zur Beziehung des von ca. 170 Staaten anerkannten allgemeinen Völkerrechts der Vereinten Nationen (IP-bürg) mit der Europäischen Menschenrechtskonvention – siehe vorn) sind also keine »neuartigen Erfindungen«, sondern weisen eine lange, im Philosophischen wurzelnde und allgemein anerkannte Rechtstradition auf.

Das am durch den EGMR ausgeformten Menschenrecht auf faire Verfahren in angemessener Zeit zu messende Kriterium »Verhalten des Staates« ist nicht auf das Verhalten des Gerichts beschränkt, sondern umfasst das Verhalten aller Staatsgewalten, also auch das die Verfahrensdauer beeinflussende Verhalten von Behörden:

»Der Staat ist muss alle notwendigen Maßnahmen treffen, damit Gerichts-verfahren innerhalb angemessener Frist beendet werden können« (siehe: BTDrs 17/3802, S 9) und kann sich nicht auf Umstände innerhalb des gesamten staat-lichen Verantwortungsbereichs berufen. (so: BTDrs 17/3802 S 19 Sp 1)

Die Konventionsstaaten müssen ihre Rechtssysteme so einrichten, dass Art 6 EMRK gewährleistet wird. (EGMR v 25.2.00, 29357/95, § 75 – Gast und Popp/Deutschland) Der EGMR spricht ausdrücklich nicht von »Gerichten«, sondern vom gesamten, Rechtssystem, also auch den Einrichtungen, die mit diesem System zu tun haben; das sind auch die Behörden, wie der EGMR in etlichen weiteren Entscheidungen betont hat; z.B.:

»It lastly reiterates that Article 6 § 1 imposes on the Contracting States the duty to organise their legal systems in such a way that their courts can meet each of the requirements of that provision, including the obligation to hear cases within a reasonable time.« (EGMR v 8.6.2006, 75529/01, § 129 – Sürmeli/Deutschland)

Dass der Staat alle Behörden und Gerichte in sachlicher und personeller Hin-sicht so ausgestatten muss, dass diese die Menschenrechte aus Art 6 EMRK gewährleisten können, schließt auch die Pflicht ein, das qualitativ einwandfreie Arbeiten von Behörden und Gerichten zu überwachen.

Dabei wird oft verdrängt, dass die Gewährleistung korrekter und verzögerungs-freier Arbeit auch verlangt, dass der Staat alle Behörden und Gerichte nicht mit Versagern und Betrügern, sondern mit mindestens durchschnittlich qualifizierten und fachkundigen sowie seriös und rechtskonform arbeitenden Mitarbeitern, Beamten wie Richtern besetzt, die die Menschenrechte achten und anwenden. Das ist – wie vorn dargestellt – beileibe nicht immer der Fall.

Die bei Behörden und Gerichten arbeitenden Staatsdiener müssen deshalb staatlicherseits auch fortlaufend daraufhin überwacht werden, dass sie sowohl verstehen, was sie entscheiden, als auch den Willen zu korrekter Rechtsanwen-dung haben.

Korrekte Rechtsanwendung und aufrichtiges Verhalten ist bei den Behörden und Gerichten mancher Bundesländern keineswegs sichergestellt. Das belegen z.B. Bekundungen in Urteilen des Richters Möhwald, in welchen Möhwald de facto darstellt, Verhaltenshinweisen, welche sein Arbeitgeber, die nds Landesregierung ausdrücklich aus spezifischen Vertrauensschutzgründen gegeben hatte, damit sich verunsicherte Betroffene danach richten, hätte man nicht vertrauen und sich nicht aufklärungsrichtig verhalten dürfen. Wer dadurch, dass er Auskünften der nds Landesregierung vertraut hat, Schaden erlitten hat, der habe »selber Schuld«, weil er wissen musste, dass die nds Landesregierung die Unwahrheit zu sagen pflegt (=lügt). (SG Hannover, z.B. S 35 KA 9/16 – Möhwald) Solche Urteile, von denen es mehrere gibt, sagen über die rechtsstaatliche Zustände in einem Bundesland und seiner Landesregierung – aber auch über den Richter – eigentlich schon Alles sehr klar und eindeutig aus:

Entweder der Richter hat rechtsstaatswidrige Zustände seines Arbeitgebers, der nds Landesregierung aufgedeckt, mit der »etwas nicht stimmt«. Das ist eine schlimme Sache für das betreffende Bundesland.

Oder mit dem Richter selber »stimmt etwas nicht«. Das ist dann nicht nur eine schlimme Sache für den Richter, sondern auch für das ihn als Richter weiter beschäftigende Bundesland. Weiterer Kommentare bedarf es nicht mehr.

– Als erste Gruppe Derjenigen, von denen von vornherein klar ist, dass sie <u>nicht in der Lage sein werden</u>, die staatliche Gewährleistungspflicht fairer Verfahren in angemessener Zeit zu erfüllen sind die mit unterdurchschnittlichen Verstandeskräften ausgestatteten Staatsdiener zu nennen. Bereits Machiavelli hat insoweit festgestellt:

»der Verstand der Menschen ist von dreierlei Art. Entweder sie erkennen eine Sache mit eigenem Scharfblick oder erst wenn sie von anderen darauf hingewiesen werden oder sie verstehen weder das eine noch das andere. Die erste Art ist vortrefflich, die zweite gut, die dritte aber taugt nichts.« (Machiavelli, Vom Fürsten, S 474)

Es versteht sich von selbst, dass die Stellenbesetzung mit unwilligen oder intellektuell für ihre Aufgabe nicht ausreichend ausgestatteten Staatsbediensteten, die »nichts taugen« – also offensichtlich für die vorgesehene Arbeit ungeeignet sind, wegen der nicht selten erhebliche Zeit raubenden Begriffsstutzigkeit solcher Mitarbeiter bloß zu Verzögerungen führt und Betroffene ungebührlich belastet (siehe z.B.: SG Hannover, S 35 KA 46/11 u.a. – Möhwald). Der Staat hat die Pflicht sicherzustellen, dass Stellen, bei denen es auf die Gewährleistung fairer Verfahren in angemessener Zeit ankommt nur mit Personen besetzt werden, die in der Lage sind, dieser Pflicht nachzukommen und das auch wollen.

Kommt der Staat dieser Pflicht nicht nach, ist das ein dem Verhalten des Staates zuzurechnendes Versäumnis. Das betrifft die aufgrund von Organisationsmängeln (Stellenbesetzung mit bloß beliebigen und dafür nicht qualifizierten Staatsdienern) vom Staat zu vertretenden Verzögerungen der Erledigung der Rechtsanliegen. Die Arbeit solcher Staatsbediensteten zeichnet sich dadurch aus, dass sie so schlecht ist, dass sie offensichtlich den Anforderungen an die besetzte Stelle nicht genügt und von vorneherein klar ist, dass deren »Leistungen« völlig unbrauchbar sind oder zumindest nachgebessert werden müssen – was regelmäßig abschließende Erledigungen verhindert und unnötige Verzögerungen verursacht.

– Als zweite Gruppe sind solche Staatsdiener zu nennen, die gar keine korrekte Arbeit leisten wollen. Diese Staatsdiener haben nicht die Absicht, rechtskonform zu arbeiten. Von ihnen ist entweder von vorneherein oder auch erst während ihrer Amtsausübung bekannt, dass sie ihre Aufgabe zur Garantie der staatlichen Gewährleistung fairer Verfahren in angemessener Zeit nicht erfüllen wollen, sondern es bewusst ablehnen, sich rechtskonform zu verhalten. In diese Kategorie fallen mit Betrügereien, Täuschungen, Fälschungen arbeitende Staatsdiener oder Staatsdiener, die nicht auf dem Boden eines demokratischen Rechtsstaates stehen, sondern wirr agierende Anarchisten sind, nach deren Vorstellungen in der Welt das Faustrecht herrschen sollte.

Das sind unzweifelhaft z.B. Richter, die Wortprotokolle bewusst falsch beurkunden und nach einem halben Jahr auf Vorhalt zugeben müssen, sich genau daran erinnern zu können, dass sie falsch beurkundet haben. (z.B. SG Hannover, S 35 KA 32-40/17 – Möhwald)

Solche Richter sind auch daran zu erkennen, dass ihnen – nicht zuletzt, weil sie von ihrer Dienststelle in diesem Fehlverhalten noch bestärkt werden (SG Hannover, S 13 SF 41-49/20 AB – Niederlag) und die rechtsmissbräuchliche bewusste Falschbeurkundung dienstlich unter den Tisch gekehrt wird (SG Hannover, Präs. Beyer) – regelmäßig der Anstand fehlt, sich wegen ihres rechtsmissbräuchlichen Verhaltens der bewussten Falschbeurkundung für befangen oder ausgeschlossen zu erklären.

Praktischerweise sieht der Geschäftsverteilungsplan solcher die Menschenrechte – man kann schon sagen »systematisch« – mit Füssen tretenden Gerichte auch vor, dass die Richter gegenseitig über gegen sie gerichtete Befangenheitsanträge entscheiden. Befangenheitsanträge gegen den Richter der 35. Kammer des SG Hannover, Möhwald werden von seinem der 13. Kammer angehörigen Kollegen Niederlag bearbeitet und Befangenheitsanträge gegen Niederlag bearbeitet die 35. Kammer. So ist unter strikter Beachtung der Gerichtsregel »Eine Krähe hackt der anderen kein Auge aus« sichergestellt, dass Befangenheitsanträge beim SG Hannover grundsätzlich abgelehnt werden. Das ist zwar praktisch, weil damit sichergestellt ist, dass »die Mäuse auf den Tischen tanzen können« aber kaum konventionskonform.

Nicht an korrekter Arbeit interessierte Richter sind z.B. auch solche Richter, die gesetzliche Tätigkeitsverbote während laufender Befangenheitsanträge beharrlich missachten und gegen die ausdrückliche gesetzliche Regelung trotzdem Urteile verkünden, absetzen lassen und Beschlüsse fassen. (S 35 KA 32-40/17 – alles Möhwald) Was interessiert solche Richter und Gerichte das Gesetz? Sie sind doch Richter und deshalb nur an ihr Gewissen gebunden (das sie allerdings offenbar nicht haben). Die richterliche Unabhängigkeit gewährt ihnen nach ihrer Auffassung, sich über ihre Pflicht zur Beachtung von Gesetz und Recht zu stellen. Bei der Verwirklichung dieser kruden Amtsausübung hindert sie Niemand. Eine Krähe hackt der anderen kein Auge aus (siehe oben)

Solche auf fachlicher und moralischer Inkompetenz beruhenden rechtsmissbräuchlichen richterlichen Verhaltensweisen müssen vom Staat unterbunden werden, um faire Verfahren in angemessener Zeit zu gewährleisten. Das geschieht aber – jedenfalls in manchen Bundesländern – nicht; so z.B. in Niedersachsen, wo das Nds Just Min die Missstände kennt, diese aber ignoriert. Das ist das übliche Verhalten von bequemlichkeitsliebenden Behörden: Änderungen und das Herstellen konventionskonformer Verhältnisse macht nur Arbeit. Wenn konventionskonforme Zustände aber nicht hergestellt werden – z.B. durch den umgehenden dienstlichen Austausch solcher unredlichen Richter gegen redliche Richter – ist der Einsatz solcher Richter als von vorneherein erkennbar verfahrenserschwerendes Verhalten dem Staat zuzurechnen.

Der Staat muss umgehend, nicht irgendwann oder gar nicht, für Abhilfe sorgen.

Oft wird in Verzögerungsurteilen aber bei der vorzunehmenden Prüfung des Verhaltens des Staates zu berücksichtigen vergessen, wie sich die Behörden und das Gericht im Rahmen der Rechtswahrnehmung durch Betroffene aufgeführt haben. Es wird falsch unterstellt, es sei alles korrekt und rechtmäßig gewesen. Das aber ist eine manchmal völlig falsche Pauschalunterstellung (siehe oben).

Am bedeutsamsten ist hier die Frage nach der Einhaltung der Grund- und Menschenrechte durch Behörden und Gerichte und bei dieser Prüfung wiederum zuerst die Frage nach der Gewährleistung oder Verletzung eines absolut geschützten Kernbereichs privater Lebensgestaltung des Betroffenen, weil dieser Kernbereich zur absolut unantastbaren Menschenwürde gehört.

»Zur Unantastbarkeit der Menschenwürde gemäß Art 1 Abs 1 GG gehört die

Anerkennung eines absolut geschützten Kernbereichs privater Lebensgestaltung.«
(BVerfG, 1 BvR 2378/98 und 1 BvR 1084/99 Leitsatz 2)

Verletzt das verfahrensdauerbeeinflussende und/oder Betroffene belastende
Verhalten einer Behörde oder eines Gerichts also den absolut geschützten Kernbereich privater Lebensgestaltung, so ist dieses staatliche Verhalten als von höchster – überragender – Bedeutung bei der Beurteilung der Verzögerung im Verzögerungsurteil darzustellen.

Des Weiteren ist zu prüfen, ob sich Behörden und Gerichte korrekt verhalten
oder die Rechtswahrnehmung erschwert haben. Wenn sie die Rechtswahrnehmung erschwert haben (z.B. indem eine Behörde unwahr vorgetragen hat – z.B.
KZVN – Schneider i.S. SG Hannover, S 35 KA 3/16) oder ein Gericht das Verfahrensrecht nachteilig angewendet oder falsch angewendet hat (z.B. SG Hannover, S 35 KA 35/13 – Möhwald, in der der sich als sachunzuständig benennende
Richter die Verweisung missbräuchlich verschleppt hat) ist das ein Verhalten
des Staates, das im Verzögerungsurteil zu Lasten des Staates darzustellen und
zu berücksichtigen ist.

4.3.4.1 gerichtliches Verhalten

Eine »allgemein angespannte Personalsituation« stellt keine Entschuldigung für
die Verfahrensdauer dar. (stRSpr des BVerfG und des EGMR; vgl. auch: BTDrs
17/3802, S 18 Sp 2)

»Der Staat hat kraft seiner aus dem Rechtsstaatsprinzip folgenden Verpflichtung zur Justizgewährung und zur Gewährleistung eines wirkungsvollen Rechtsschutzes seine Gerichte so auszustatten, dass sie die anstehenden Verfahren ohne
Verzögerung abschließen können.« (BGH v 11.1.2007, 302/05 <17>)

»Die Überlastung eines Gerichts fällt …in den Verantwortungsbereich der
staatlich verfassten Gemeinschaft (vgl. BVerfGE 36, 264 <275>) Es obliegt in
ihrem Zuständigkeitsbereich den Ländern, für eine hinreichende materielle
und personelle Ausstattung der Gerichte zu sorgen, damit diese ihrem
Rechtsprechungsauftrag in einer Weise genügen können, die den Anforderungen
des Art 19 Abs 4 GG genügt. (vgl. BVerfGE 36, 264, 275 …) Die Länder müssen dabei gegebenenfalls auch auf längere Arbeitsunfähigkeitszeiten beim richterlichen Personal durch geeignete Maßnahmen reagieren.« (BVerfG, 1 BvR
1098/11, I, 2)

»Arbeitsüberlastung rechtfertigt überlange Verfahrensdauern nicht.« (EGMR v 24.6.2010, 21423/07, § 43 – Schädlich/Deutschland) Das heißt klipp und klar, dass die sich aus der Pebb§y – Beurteilung (»Personal-Bedarfs-Berechnungs-System«) ergebenden Faktoren über oder unter 1 keine Rolle spielen. Pebb§y 1 ist die Durchschnittsbelastung. Diese spielt wie gesagt überhaupt keine Rolle, weil der Staat für einen korrekten Pebb§y zu sorgen hat. Tut er das nicht, ist dies dem Staat zuzurechnen.

Trotz der seit Langem bekannten konventionskonformen RSpr, wonach u.a. der Pebb§y – Faktor keine Rolle spielt, versuchen manche Gerichte immer weiter, sich mit hoher Arbeitsbelastung zu entschuldigen. Noch 2015 musste der BGH darauf hinweisen, dass die vom LG Frankfurt vorgetragene hohe Arbeitsbelastung dem Staat zuzurechnen ist. (BGH, Beschl. v 118.2.2015, 2 StR 523/14) Im Überlastungsfalle (Pebb§y über 1,0) haben die Gerichte eine Überlastungsanzeige zu machen, so dass die vorgesetzten Stellen für Abhilfe sorgen können und Verzögerungen unterbleiben.

Die Auffassung des BVerwG (5 C 23.12 D, 2), man dürfe Durchschnittswerte (also die Ein-Jahres-Regel des EGMR) nicht einmal als grobe Daumenregel (rough rule of thumb) für angemessene Verfahrensdauern ansehen, weil die Verfahrensdauer »stets auch Ausdruck der ...personellen und sachlichen Mittel« ist (also sich darin die Verfahrensdauer wiederspiegelt) bedeutet, dass organisatorische Mängel nicht dem Staat zuzurechnen seien.

Ebenso ist das LSG Nds der Auffassung, dass gerichtsorganisatorische Verzögerungen »unvermeidbar« seien (LSG Nds, L 3434 – 22/13 u.a., Schr v 4.6.2015 – Dr. Stotz) eindeutig falsch und konventionswidrig, weil das durch eine Organisationsänderung vermieden werden kann. Hinsichtlich der Frage, wie der Staat seine eingegangenen Konventionspflichten erfüllt, ist der EGMR blind, wie das BVerwG selber darstellt. (BVerwG, a.a.O., 3)

Wie vorn ausführlich dargestellt, hat der Staat auch die Verantwortung dafür zu tragen, dass die Staatsbediensteten <u>ausreichende Fachkenntnisse</u> besitzen und <u>willens sind, ihre Ämter rechtskonform zu erfüllen.</u> Diese Verantwortung ist nicht mit der Stellenbesetzung beendet, sondern eine Aufgabe, die <u>laufender Überwachung und Beobachtung</u> unterliegt. Der Staat kann sich also nicht damit herausreden, dass der betreffende Staatsdiener »ein fachlicher Versager« sei, es »mit Gesetz und Recht nicht so hat« oder nun einmal faul sei.

Das Verhalten solcher untauglichen Richter erinnert oft mehr an Zirkusaufführungen als an rechtsstaatliche Verfahren und hat mit den Menschenrechten Nichts zu tun. Dass die dadurch verursachten überdurchschnittlichen Belastungen dem Staat zuzurechnen sind, dürfte für Einsichtige unstreitig sein.

- Verhindert ein Richter eine das Verfahren beendende grundsätzlich mögliche gütliche Einigung der Parteien bewusst oder aufgrund seiner Ungeschicklichkeit (z.B. indem er einer Partei hinter dem Rücken der Gegenpartei kontraproduktive Ratschläge erteilt oder Akzeptanzmaßstäbe vorgibt, die die beratene Partei als eine Empfehlung zur Ablehnung des Vergleichsvorschlages versteht (z.B. SG Hannover – Möhwald), so wird man die dadurch verursachte Verfahrensverlängerung dem Staat zuzurechnen haben.

- Fehlende oder »dünne« Sachermittlungen belegen, dass ein Verfahren eine kurze Dauer haben muss; denn es besteht »eine enge Verbindung von Prozessförderungspflicht und Aufklärungspflicht des Gerichts.« (so: Rechtsausschuss des Dt. Bundestages in: BTDrs 7/5250, S 5, Sp 1) – siehe auch vorn: »Görlich-Fall«

- Gibt das Gericht den Beteiligten keine Fristen vor, (gem § 276 Abs 1 S 2 ZPO min zwei Wochen zur schriftl. Stellungnahme zur Klage, gem § 279a1 ZPO zur Äußerung über klärungsbedürftige Punkte) ist die Zeit bis zur Sachaufklärung verstreichende Zeit eine dem Staat zuzurechnende Verzögerung. Manche Gerichte fordern beklagte Behörden weder zu Stellungnahmen nach Zustellung der Klage, noch zur Äußerung klärungsbedürftiger Punkte auf (z.B: SG Hannover, alle Verfahren – Möhwald), was nahezu zwangsläufig ein gerichtlich verursachtes Verzögern darstellt.

- Es ist allgemeiner völkerrechtlicher Mindeststandard, der in Art 14 des Internationalen Pakts über bürgerliche und politische Rechte der Vereinten Nationen kodifiziert ist, dass Jeder unverzüglich über eine gegen ihn erhobene Anklage in einer ihm verständlichen Sprache über deren Art und Grund unterrichtet wird und ein Urteil ohne unangemessene Verzögerung ergehen muss. »Insbesondere bei Strafverfahren geht es darum, den Zeitraum der Ungewissheit möglichst kurz zu halten.« (Grabenwarter, EMRK, 24 RN 68) Das heimliche behördliche Dokumentieren und jahrelange Verschweigen eines einen Haftgrund darstellenden »dringenden Tatverdachts« (StA Hannover – StA Görlich) ohne ein Anklageerhebung wird dem nicht gerecht. Wenn Untersuchungshaft besteht, »kann bereits eine Zeitspanne von 3 Monaten zu beanstanden sein« und selbst im Falle bandenmäßigen Handelns mit großen Mengen Drogen ist ein Jahr zu lang. (BVerfG, 2 BvR 1742/06 <36>)

- Ergeht eine Entscheidung ohne mündliche Verhandlung nicht innerhalb von drei Monaten, nachdem die Parteien einer Entscheidung ohne mündliche Verhandlung zugestimmt haben (BTDrs 7/2729, S 55 Sp 1), ist der darüberhinausgehende Zeitraum dem Staat als Verzögerung zuzurechnen.

- Die Gerichte haben die Pflicht, sich mit <u>zunehmender Dauer</u> nachhaltig um eine Verfahrensbeschleunigung zu bemühen. (so: BVerfG, 1 BvR 2965/10 <20>)
- Besondere Eile ist geboten, wenn der <u>EGMR eine Verzögerung</u> festgestellt hat. (BVerfG, 1 BvR 2965/10 <23>)
- »Für Verzögerungen durch <u>Berichterstatterwechsel, Urlaub oder Krankheit</u> ist Deutschland voll verantwortlich.« (Bundesmin d Justiz, Kriterien für die Verfahrensdauer nach Art 6 Abs 1 EMRK, S 1 Pkt 1) Die durch Krankheiten verursachte Dauer von 4 Jahren entschuldigt nicht und bekundet stattdessen entgegen der Vorstellung des SG Hannover (Präs SG Hannover S 3132, Schr v 229.2016 – Beyer) eine – sogar sehr massive – Konventionsverletzung.
- »<u>Terminsverlegungen</u> um mehrere Wochen sind gut zu begründen, weil sie bei Richtern aus anderen Staaten häufig auf Unverständnis stoßen.« (Bundesmin d Justiz, a.a.O., S 2, Pkt. 1)
- »Die Nichtbearbeitung der Sache wegen der <u>Versendung der Akten</u> wird nicht akzeptiert.« (Bundesmin d Justiz, a.a.O, S 3, Pkt 4; ebenso: BFH, U v 8.10.2019, XK 1/19 NV) Es sind dann Kopien zu fertigen.(ebenso: BVerfG, 1 BvR 1098/11, I,2 sowie BFH, a.a.O.) Die mehrjährige Verzögerung wegen Aktenversendung (z.B. beim SG Hannover – S 3132 Schr v 22.9.2016 – Beyer) verletzt Art 6 EMRK und damit auch § 198 GVG. Die Menschenrechte geringschätzenden Landesregierungen sehen das anders und behaupten entgegen der Pflicht, die Vorgaben des EGMR zu beachten (Taron/Deutschland, a.a.O. § 39), dass die verfahrensverzögernde Aktenversendung »sachgerecht« sei. (Land Nds, 2 Fis 137/17 v 6.6.2018, S 1 und v 22.10.2018, S 2 – beides: OStA Dr. Lehmann) Das BVerfG weist jedoch darauf hin, dass selbst eine Aktenversendung nicht daran hindert, »Ermittlungen zur Aufklärung des Sachverhalts durchzuführen oder das Verfahren abzuschließen, wenn …weitere Ermittlungen …nicht für notwendig erachtet« werden (BVerfG, 1 BvR 1198/11, I,2)
- Die <u>Beantwortung von Sachstandsanfragen</u> sind keine verfahrensfördernden Handlungen. (BVerwG, U v 9.2.2016, 5 C 31.15 D)
- Die <u>Anfrage, ob die Betroffenen mit mündlicher Verhandlung einverstanden sind</u>, gibt zu erkennen, dass die Sache entscheidungsreif ist. (BVerwG v 11.7.2013, 5 C 23.12 D <50>)
- Eine dreimonatige <u>Nichtbearbeitung</u> ist eine Verzögerung. (LG Köln, U v 9.8.2011, 5 O 69/11; ebenso sechs Monate. (LG Berlin, 13 O 20/04) Die nds Landesregierung hält hingegen eine 20-monatige »Bedenkzeit« (also die Zeit,

in der Amtsgerichte fünf !!! Durchschnittsverfahren abschließen) für menschenrechtskonform. (Land Nds 2 Fis 137/17 v 22.10.2018, S 3)

- Das nicht zügige Betreiben von Verfahren und gebotenen Handlungen geht zu Lasten des Staates. (EGMR v 4.4.2002, 45181/99, § 36 – Volkwein/Deutschland) Die Auffassung, dass vier Jahre noch angemessen seien (LSG Nds, L 3434 – 22/13 u.a. Schr v 4.6.2015 – Dr. Stotz) erscheint dessen Angesichts völlig abwegig.

- Bei Untätigkeitsklagen stellt das Nichteinfordern von Gründen durch das Gericht bei der Behörde eine dem Gericht zuzurechnende Verzögerung dar. Der Wissenschaftliche Dienst des Bundestages geht von der optimistischen, aber oft unzutreffenden Vorstellung aus, dass das Gericht im Falle von Untätigkeitsklagen die Behörde gem. § 85 Satz 2 VwGO auffordert, die Gründe der Verzögerung darzulegen. (Wiss. Dienst des Dt. Bundestages, Fachbereich III v 3.4.2006, WF III 6 – 121/06 S. 3 – »Dauer von Widerspruchsverfahren …«). Durch den Zwang, die Verzögerung substantiiert begründen zu müssen, dürften in der Tat Schikane – oder Überlastungsverzögerungen erschwert werden und ist sicherlich ein Anreiz zur Beendigung der Untätigkeit gesetzt. Bei manchen Gerichten – z.B.den Gerichten der nds SGb – ist es aber nicht und schon gar nicht durchgängig üblich, Behörden zur Nennung der Verzögerungsgründe aufzufordern, sondern üblich, die Gründe der Untätigkeit im Dunkeln zu lassen. (so: SG Hannover, S 35 KA 46/11, S 35 KA 35/13, S 35 KA 46 – 54/16, S 35 KA 34 – 42/17 und etliche andere – sämtlich: Möhwald) Fordert das Gericht das Benennen der Gründe der behördlichen Untätigkeit nicht an, so dass kein behördlicher Anreiz besteht, die Untätigkeit zu beenden, wird man billigerweise davon auszugehen haben, dass das Gericht dann die Verantwortung für das Weiterbestehen der behördlichen Untätigkeit übernommen hat.

- 15 Verfügungen, mit denen die Vorlage der Akte zu einem späteren Zeitpunkt angeordnet wurden, belegen eine Untätigkeit von 45 Wochen, wenn sich dafür eine Rechtfertigung aus der Akte nicht entnehmen lässt. Das stellt eine dem Staat zuzurechnende Verzögerung dar. (BVerfG, 2 BvR 327/02; 2 BvR 328/02; 2 BvR 1473/02 <41>)

- Fast drei Monate bis zur Beauftragung eines ärztlichen Berichts sind eine dem Staat zuzurechnende Verzögerung. (BVerfG, 2 BvR 327/02 <41>)

- Zu lange dauernde Sachverständigengutachten sind ein dem Gericht zuzurechnende Verzögerung. (EGMR v 21.10.2010, 2693/07 – E./Deutschland; ebenso: EGMR v 4.4.2002, 45181/99 § 39 f – Volkwein/Deutschland; EGMR v 5.3.2009, 7634/05 – B/Deutschland für Verfahren vor LG von insgesamt 4 Jahren und 3 Wochen wegen Untätigkeit d Sachverständigen = 3.000 Euro) Es sind Fristen vorzugeben und zu überwachen.

- Nichtabberufung eines säumigen Sachverständigen ist eine dem Staat zuzurechnende Verfahrensverzögerung. (EGMR v 8.7.2004, 20077/02, § 52 – Wohlmeyer – Bau/Deutschland)
- Lücken und Phasen, die unerklärt bleiben, (»a delay which remaines unexplained« – EGMR v 3.2.2005, 31655/02, § 23 – Blum/Österreich) gehen zu Lasten des Staates. Entgegen der menschenrechtswidrigen Auffassung der Nds Landesregierung ist es keineswegs »sachgerecht« viermonatige Lücken und Phasen des »Abwartens« einer Berufungsbegründung aussitzend zu verursachen (Land Nds 2 Fis 137/17 v 6.6.2018, S 1 – OStA Dr. Lehmann). Stattdessen sind Termine zu setzen.
- Vier Monate rechtlichen Gehörs zu einem Sachverständigengutachten sind zu lang. (BVerfG, 1 BvR 1067/12 43>)
- In Strafverfahren ist es zu lang, erst 5 Monate nach Akteneingang das Verfahren zu eröffnen. (OLG Hamm, Beschl. 4 Ws 413/06) Nach davon abweichender konventionswidriger Auffassung des Landes Nds und des BGH liegt keine Verzögerung vor, wenn eine Anklageeröffnung aufgrund einer Anklageschriftschrift v 10.2.2010 erst nach anderthalb Jahren – also nach 15 Monaten – abgelehnt wird. (BGH v 14.11.2013. III ZR 376/12 – Schlick, Wöstmann, Seiters, Remmert, Reiter) Solche offensichtlich missbräuchlichen und menschenrechtswidrigen Auffassungen von BGH-Richtern, deren Amtspflicht es ist, die EMRK so anzuwenden, wie es der EGMR tut (EGMR, Taron/Deutschland, a.a.O., § 39 u.a.), ist umso erstaunlicher, als der EGMR bereits vor Jahrzehnten festgestellt hatte, dass es eine ungerechtfertigte Verzögerung darstelle, wenn zwischen der Zustellung der Anklageschrift und der Ablehnung des Hauptverfahrens 6 Monate liegen. (EGMR v 31.5.2001, 37591/97, § 41 – Metzger/Deutschland) Damit hat sich auch insoweit die Ansicht verifiziert:
- »Der BGH lebt seit Langem mit verletzungskaschierenden Abweichungen von der Rechtsprechung des EGMR, wenn es um die Prüfung der Verletzung selbst geht.« (Gaede, HRRS Zeitschrift für höchstrichterliche Rechtsprechung … Nov. 2005, S 377
- Es ist erstaunlich, wie beharrlich auch die Bundesregierung, die sich in Art 1 EMRK zur Einhaltung der Konventionsgarantien durch alle staatlichen Organe verpflichtet hat, an solchen krassen Missständen vorbeisieht, um ihre Verpflichtung aus Art 1 EMRK nicht erfüllen zu müssen.

- Die Gerichte sind zeitlich nicht frei, wann sie ein Endurteil erlassen wollen. Sie können ein Urteil nicht »irgendwann« erlassen; es muss zwingend nach Entscheidungsreife ergehen:
- »Ist der Rechtsstreit zur Endentscheidung reif, so hat das Gericht sie durch Endurteil zu erlassen.« (§ 300 Abs 1 ZPO)
- Das Gleiche gilt, wenn von mehreren zum Zwecke gleichzeitiger Verhandlung und Entscheidung verbundenen Sachen nur der eine zur Endentscheidung reif ist. (§ 300 Abs 2 ZPO)
- Folglich ist ein Verfahren, das 5 Monate nach Entscheidungsreife noch nicht abgeschlossen ist, verzögert. (BVerwG, 5 C 23.12 D und 5 C 27.12 D)
- Ein fünfmonatiges Zwischenverfahren ist zu lang. (OLG Hamm, 4 Wa 413/06)
- Zu lang ist eine sechseinhalbmonatige Lücke (BVerfG, 2 BvR 327/02 <44>).
- Sieben Monate nach abschließender Erklärung sind zu lang (EGMR v 4.12.2008, 44036/02, § 76 – Adam/Deutschland; ebenso neun Monate (EGMR v 26.3.2009, 7369/04 – D./Deutschland)
- Eine mehr als einjährige Untätigkeit ist durch die verzögernde Stelle zu rechtfertigen und die Rechtfertigung zu dokumentieren. (Breitkreuz, SGG, § 202, RN 17) Nach davon abweichender konventionswidriger Auffassung des BGH ist es nicht zu lang, wenn ein StA am 1.7.2011 erkennt, dass er sich mit seiner Anklageschrift verrannt hat und deshalb dokumentiert, dass ein Tatnachweis nicht zu führen ist, aber dennoch – man wird sagen müssen »amtspflichtwidrig« – die Anklage über ein Jahr lang weiter laufen lässt, statt sie zurückzuziehen. (BGH v 14.11.2013, III ZR 376/12 – Schlick, Wöstmann, Seiters, Remmert, Reiter) Diese Haltung des BGH überrascht nicht; denn:
- »Der BGH lebt seit Langem mit verletzungskaschierenden Abweichungen von der Rechtsprechung des EGMR, wenn es um die Prüfung der Verletzung selbst geht.« (Gaede, HRRS Zeitschrift für höchstrichterliche Rechtsprechung ... Nov. 2005, S 377 f)
- Zu lang ist eine dreizehnmonatige Lücke. (EGMR v 2.12.2003, 37641/97, § 79 – Matwiejczuk/Polen)
- Ein »Leerlauf« von 1 Jahr und 3 Monaten verletzt die Gewährleistung des Rechts auf angemessene Verfahrensdauern. (LSG Berlin-Brandenburg, U v 30.10.2019, L 37 SF 38/19 EK AS)
- Fünfzehn Monate beim Sächsischen Oberverwaltungsgericht sind eine »erhebliche Phase«, die sich nicht durch Komplexität erklären lässt. (EGMR v 24.6.2010, 21423/07, § 34 – Schädlich/Deutschland) Dasselbe gilt für eine

achtzehnmonatige Phase beim Verwaltungsgericht Dresden, die ebenfalls nicht mehr mit Komplexität begründbar ist. (EGMR a.a.O.)

- Achtzehn Monate fehlenden Fortgangs sind »nicht hinnehmbar«. (BVerfG, 1 BvR 772/10 <13>)
- Ein 20-monatiges Zwischenverfahren verletzt Art 6 EMRK. (BGH, Beschl. v 20.1.2006, 4 StR 456/05)
- Eine Bearbeitungszeit von einem Jahr und acht Monaten stellt keine angemessene Bearbeitungszeit dar. Zudem ist die langfristige Verweigerung der Bearbeitung von Grundbucheintragungen ein enteignungsgleicher Eingriff und nicht als bloßes Unterlassen zu werten. (siehe: BGH, III ZR 302/05, S 9 und 11)
- Ein förderungsloser Zeitraum von zwei Jahren verletzt den Justizgewährleistungsanspruch. (BVerfG 1 BvR 194/11)
- »…a substantial delay of two years and two month, which remained unexplained …« ist konventionswidrig. (EGMR v 3..2.2005, 31655/02, § 23 – Blum/Österreich)
- Eine zweijährige Lücke ist um 18 Monate überzogen und mit 1.800 Euro zu entschädigen. (BVerwG, U v 11.7.2013, 5 C 27.12 D)
- Das 30 – monatige »Abwarten« (= Nichtbearbeiten) ist mit Art 19 Abs 4 GG unvereinbar. (BVerfG, 1 BvR 1098/11 <17>)
- Das Nichtberücksichtigen des Alters des Betroffenen ist konventionswidrig. Je älter dieser ist, umso kürzer muss die Verfahrensdauer sein. (EGMR v 16.9.1996 – Süßmann/Deutschland)
- Bequemlichkeit von Richtern, die Beschleunigungsmöglichkeiten nicht nutzen und Verfahren unzureichend fördern (so: BTDrs 17/3802, S 16) so dass Verfahrensverzögerungen entstehen, ist dem Staat zuzurechnen. Das Arbeitsethos der »großen Masse der Robenträger« sei von Jammern über die hohe Belastung vom Beamtengeist geprägt«. »Manchmal werden 60 – 70 entscheidungsreif herumliegende Akten über Wochen und Monate nicht terminiert, weil es an den meisten Sozialgerichten Brauch ist, nur an zwei Tagen im Monat zu verhandeln. « Die §§ 198 ff GVG haben keine beschleunigende Wirkung entfaltet« und die §§ 198 ff GVG seien ein »zahnloses Gesetz« wegen der restriktiven RSpr, die die Dauer der Verfahren als Status quo festgeschrieben hat. (Wagner, Gerichtsverfahren in Deutschland dauern zu lange, S 1) Die Kenntnis von der »Zahnlosigkeit« der §§ 198 ff GVG aufgrund der deutschen Rechtsprechungspraxis ist inzwischen bis zum EGMR vorgedrungen, der am 10.5.2017 die deutsche Regierung erstmals seit 2010 nach der Selbstein-

schätzung der Effektivität des innerstaatlichen Rechtsschutzes gegen überlange Verfahren gefragt hat. (siehe: EGMR 49528/16 – Zacharias/Deutschland) Die vom Gesetzgeber vorgesehene Aufgabe des GVG, dass Verzögerungsklagen »als Indikator für Problemlagen wirken und die Behebung struktureller Mängel durch die dafür Verantwortlichen voranbringen« soll (BTDrs 17/3802 S 16), dürfte aufgrund der deutschen Rechtsprechungspraxis, die Verzögerungen nicht aufdeckt, sondern verkleistert und Verzögerungsklagen wegen derer Gerichtskostenpflicht bloß als willkommene zusätzliche Geldeinnahmequelle ansieht, völlig verfehlt sein. Im Gegenteil: Manche Landesregierungen verschließen fest die Augen vor langen Verfahrensdauern bei manchen Gerichten, statt diesen Indikator wahrzunehmen. Sie kennen manchmal sogar die Ursachen. So teilt die Nds Landesregierung dem Nds Landtag bezüglich eines durch lange dauernde Verfahren auffallenden Richters (Möhwald) mit, dass bei der verzögernd arbeitenden Kammer von 17 Eingängen im Monat ausgegangen werde, während die anderen Richter 26 Eingänge hatten und kommt zu dem Schluss: »Eine Überlastung der 35. Kammer des Sozialgerichts Hannover ist damit nicht erkennbar und wird vom Kammervorsitzenden auch nicht geltend gemacht.« (Mitteil d Präsd Nds Landtages v 2.2.2017, Nr 02756/01/17 Stellungnahme des Nds JustMin) Als »Indikator« wurde die Information, dass andere Kammern weit mehr monatliche Eingänge zu verzeichnen haben, nicht genutzt; es gab keinerlei Konsequenzen, sondern nur ein »weiter so«.

- Das Unterlassen des Versuchs einer verfahrensbeendenden einvernehmlicher Einigung (Mediation/Vergleich) durch den Richter und das stattdessen pflichtwidrige Ankommenlassen auf ein Urteil durch ein Gericht ist eine dem Staat zuzurechnende Verzögerung. Das ist bei zahlreichen Gerichten ständige Übung. (z.B. bei der nds SGb, bei der es praktisch niemals ernsthafte Versuche gütlicher Einigung gibt) Als verzögert wird man dann den Zeitraum vom erstmöglichen Zeitpunkt der Mediation/des Vergleichs bis zum rechtskräftigen Urteil anzusehen haben.

- Das Unterlaufen möglicher Verfahrensbeendigung durch einen Richter ist eine besonders schwerwiegende Verzögerung des Staates; nicht zuletzt auch, weil solche Richter das Vertrauen in das Rechtssystem untergraben. Entgegen wirklichkeitsfremder landläufiger Vorstellungen, dass Richtern bedingungslos vertraut werden könne, gibt es sehr wohl Richter, die den gesetzlichen Vertretern einer Partei zum Schein aufgeben, einen mit deren Prozessvertreter konkretisierten Vergleich zu entscheiden/zu genehmigen und in Wahrheit hinterrücks anraten, diesen konkreten Vergleich nicht oder nur unter von dem

Richter genannten Bedingungen anzunehmen (SG Hannover – Möhwald), so dass Vergleiche abgelehnt werden und streitige Entscheidungen erforderlich werden, die erst Jahre später erfolgen. Das sind dann unnötige Verzögerungen, die solche Richter ganz bewusst verursacht haben.

- Das <u>Außerachtlasen eines Primärurteils</u> ist eine staatliche Verfahrensverzögerung. Ein Primärurteil ist der erste (»primäre«) Teil einer mindestens zweiteiligen Entscheidung, die dann, wenn noch atypische Wirkungen auszugleichen sind, durch ein vervollständigendes zweites (»sekundäres«) Urteil ergänzt wird, um die Gesamtwirkungen darzustellen.
- »Vor Abschluss des Primärrechtsschutzes kann nicht über Entschädigung entschieden werden.« (BVerfG, 1 BvR 75/90 <14>)
- Das heißt, es besteht ein bei der Verfahrensführung zu beachtender unlösbarer Zusammenhang zwischen primärem und sekundärem Rechtsschutz. Dass »kein Zusammenhang« zwischen primärem und sekundärem Rechtsschutz bestehe (so: LSG Nds, L 3 KA 97/16, S 5 – Pilz, Dr. Blöcher, Hörner), ist falsch und offenbart massive Kenntnismängel des Verfahrensrechts. In Wahrheit ist der Sekundärrechtsschutz eine notwendige Ergänzung des Primärrechtsschutzes (so: Mangold, Klein. Starck, GG Bd. I Art 19 Abs 4, RN 455) und bedarf daher einer besonderen Verfahrensförderung im Sinne eines Gesamtverfahrens, damit die Dauer nicht einfach verdoppelt wird (zwei Verfahren = doppelte Dauer). Sekundärrechtliche Verfahren betreffen häufig dasjenige das Eigentum inhaltlich- und schrankenbestimmende (IuS) Handeln des Staates; z.B. durch Beeinträchtigung erteilter Nutzungsgenehmigungen:

1. Baugenehmigung – Entschädigung für Lärmeinwirkung durch einen späteren Flughafen, eine Autobahn pp; (z.B. BVerfG – Entscheidung Berlin-Schönefeld)
2. Kiesabbaugenehmigung – Entschädigung für spätere Einschränkungen wegen Wasser- u Naturschutzes
3. Gesteinsabbaugenehmigung – 1 Mio. Euro Entschädigung für spätere Nichtzurverfügungstellung weiterer Flächen wegen Autobahnbaues (z.B. EGMR v 19.1.2017, 32377/12 § 36,37 – Werra Naturstein)
4. Genehmigung zum Kraftwerksbetrieb – 3 Mrd. Euro Entschädigung für spätere Nutzungsbeschränkungen wegen Atomausstieg (z.B. BVerfG-Entscheidung: E.ON, RWE u.a.)
5. Analog: – 5 Mrd. Euro Entschädigung wegen der Einschränkung der Genehmigung zur Braunkohleverstromung

6. Genehmigung einer Legehennenanlage – Entschädigung für spätere Einschränkung; (BverfG)
7. Vertragsarztzulassung – nachträgliche Einschränkung, nachdem aufgrund von Zulassung und uneingeschränkter Bestätigung der Mitgliedschaft Investitionen ins Werk gesetzt worden waren. (z.B. KZVN)
8. Grundbucheintragung – 250.000 Euro Entschädigung für verspätete Eintragung als IuS
9. PKW-Autobahnmaut – 500 Mio Entschädigung für Nichtdurchführung des Mautvertrages – CTS Eventim, Wien

•   Das trotz Verzögerungsfeststellung durch den EGMR weitere Unterlassen einer umgehend das rechtliche Anliegen/wirksame Beschwerde abschließenden Entscheidung ist eine dem Staat zuzurechnende Verzögerung. (»second breach«)

•   Die Verweigerung eines Sekundärurteils wegen eines primärrechtlich abgeschlossenen Verfahrens stellt erst Recht eine dem Staat zuzurechnende Verzögerung dar. Das gilt besonders, wenn dies mit der unsinnigen Begründung verweigert wird, ein sekundärrechtliches Verfahren sei wegen primärrechtlich abgeschlossenen Verfahrens doppelt anhängig und nicht erforderlich. (»Der … Bescheid ist für rechtmäßig befunden worden. Dieses Urteil ist rechtmäßig.« – SG Hannover, S 35 KA 24/13 – Schr v 27.5.13) Dann werden weitere Verfahren provoziert, die die das rechtliche Anliegen verzögern und damit die Verfahrensdauer verlängern.

•   Die Weigerung, ein Sachverständigengutachten einzuholen, kann Art 6 EMRK verletzen. (EGMR v 13.7.2000, 25735/94, § 67 – E/Deutschland)

•   Wenn die Dauer eines aus anderen Gründen vorangegangenen Verfahrens nicht berücksichtigt wird, gilt dasselbe wie oben; denn »gerichtlicher Rechtsschutz erfordert eine umfassende tatsächliche und rechtliche Prüfung des Streitgegenstandes« (vgl. BVerfG, 2 BvR 571/14 <19>). Die »umfassende … Prüfung« eines Streitgegenstandes schließt denknotwendig ein vorangegangenes Verfahren desselben Streitgegenstandes ein. Geschieht das nicht, sind darauf beruhende Verzögerungen dem Staat zuzurechnen.

•   Bleiben die Sachurteilsvoraussetzungen – für deren Vorliegen der volle Beweis erforderlich ist – bis zur Terminstunde ungeprüft, kann das eine Verzögerung sein; denn solange die Sachurteilsvoraussetzungen ungeklärt sind, darf gar keine mündliche Verhandlung stattfinden und darf kein Urteil ergehen und es dürfen auch keine ein Urteil vorbereitenden Sachprüfungen stattfinden. Die Sache wird dann vom Zeitpunkt, in dem die Sachurteilsvoraussetzungen hätten geprüft werden müssen, bis zu dem Zeitpunkt, in dem sie tatsächlich geprüft wurden durch den Richter verzögert.

- Bei <u>Abweisung der Klage ohne vorherige Prüfung der Sachurteilsvoraussetzungen</u> erwächst die Abweisung nicht in Rechtskraft und gelten Ausführungen dazu als nicht geschrieben. Eine Verzögerung besteht dann bis zu dem Zeitpunkt, in dem ein rechtmäßiges Urteil ergeht. Wenn eine vom Gericht geprüfte Verwaltungsakte nur zwei Schriftstücke enthält, nämlich neben einem Antrag auf eine (gem. § 35 SGG besonderer Begründung bedürfende) Ermessensentscheidung nur einen unbegründeten Ablehnungsbescheid, kann denknotwendig infolge Abwägungsmangels einer Ermessensentscheidung keine gebotene Prüfung der Ermessensentscheidung durch das Gericht stattgefunden haben. Kommt das Gericht in solchen Fällen trotzdem zu einem Urteil (so z.B. das SG Hannover, zuletzt L 3 KA 3/19 – Möhwald), kann das Gericht wegen des Fehlens erforderlicher Dokumentation keine Sachurteilsvoraussetzungen geprüft haben. Dann ist das gesamte Verfahren unnütz und in seiner gesamten Länge bloß als (böswillige) richterliche Verzögerung anzusehen. Man sollte also Einsicht in die Verwaltungsakten nehmen, um solche durchaus vorfindbaren Missbräuche zu kennen.
- Das <u>Unterlassen der Klärung von Vorfragen, wie z.B. die Rechtsweg- bzw. Zuständigkeitsprüfung</u>, die nach dem Willen des Gesetzgebers (§ 17a GVG) in einem frühen (!) Verfahrensstadium vorgenommen werden muss, ist eine staatliche Verzögerung. Das unterlassene Klären von Vorfragen legt den Verfahrensfortschritt lahm und verletzt die rechtlich geschützten Interessen der Betroffenen, weil es die gerichtliche Kontrolle zeitlich verschleppt. Das gleiche gilt, wenn ein Gericht andere Vorfragen nicht klärt, die für ein Verfahren von Bedeutung sind, so dass ein Aussetzungsantrag gestellt werden muss, weil ein Richter sich jahrelang beharrlich weigert, eine entscheidungserhebliche Vorfrage zu klären (SG Hannover, S 35 KA 16/15 – Möhwald), obwohl die Sachaufklärung einen hohen Wert darstellt (so: BVerfG 2 BvR 2295/17 <18>), was in manchen Bundesländern nicht so gehandhabt zu werden scheint und dort unüblich ist. Ein besonders merkwürdiges Verständnis von »effektivem Rechtsschutz« hat die Nds Landesregierung, wonach ein Aussetzungsantrag, der einem die Klärung der Vorfrage fünf Jahre lang verweigernden Richter die Gelegenheit geben soll, sein pflichtwidriges Verhalten der Nichtaufklärung von Vorfragen zu ändern, »missbräuchlich« sei (Land Nds, Fis 158/18 v 3.9.2018, S 7 – OStA Dr. Schreiber) und keinen immateriellen Schaden begründe.
- Kommt es aufgrund <u>unterlassener Sachermittlungen</u> nach der Berufung oder

Revision zur Wiederholung der Instanz, ist das eine auf verfassungsrechts-defizitärer Auffassung beruhende staatliche Verzögerung. »Gerichtlicher Rechtsschutz erfordert eine umfassende und rechtliche Prüfung des Streitge-genstandes.« (vgl. BVerfG, 2 BvR 571/14 <19>) Ein Verstoß gegen den Untersu-chungsgrundsatz ist ein wesentlicher Verfahrensmangel. (so: Meyer-Ladewig, Keller, Leitherer, SGG, vor 60 RN 4b; § 103 RN 20)

- Aber auch eine mangelhafte Arbeitssorgfalt und – qualität kann zu unan-gemessenen Verzögerungen führen; so z.B. die fehlende Überwachung der Einhaltung von Terminen – z.B. für die Anfertigung von Gutachten. Gerichte haben darauf zu achten, dass sie auf die »Möglichkeiten einer zügigen Gutach-tenserstellung hinwirken« (BTDrs 17/3802 S 18) und diese nicht ungenutzt lassen.
- Wenn für das Gericht von vorneherein vorhersehbar war oder vorhersehbar sein musste, dass aufgrund seines Handelns eine erneute Verhandlung erfor-derlich wird, ist die verzögerte Rechtsfindung eine gerichtliche Verzögerung.
- Das gilt auch für eine in der Berufung aufgehobene Entscheidung. (Meyer-Ladewig, EMRK, Art 6 RN 72)
- Das ist z.B. auch der Fall, wenn Gerichte Sitzungsniederschriften zu spät zustellen, so dass sie keine Beurkundungswirkungen mehr haben und be-reits wirkungslose Urteile zugestellt werden (SG Hannover, S 35 KA 207/03 u.a. – Kramer), so dass Urteile vorliegen, die von vorneherein ihren Zweck verfehlen. Die Zeit zwischen unerledigt gebliebenem Rechtsschutzbedürfnis bis zur abschließenden Erledigung des Rechtsschutzbedürfnisses stellt dann eine dem Gericht zuzurechnende Verzögerung dar.
- Das ist auch der Fall, wenn das Gericht die Richterbank (u.U. sogar bewusst) falsch besetzt, obwohl Besetzungsrügen vorlagen und dadurch die Garantie auf den gesetzlichen Richter verletzt wird, so dass das Verfahren wiederholt werden muss. Das ist der Fall bei vom Gericht willkürlich ignorierten Ausschluss (§ 41 Nr. 6 ZPO) und wegen angeblichen »Missbrauchs« (LSG Nds, L 3 KA 82/07, S 8) abgelehnten Befangenheitsantrages – obwohl ein Richter vor der Sitzung kundgetan hat, am rechtshängigen Bescheid früher mitgewirkt zu haben. Die Feststellung, dass solche vorhersehbar rechtswidrigen Verfahren wiederholt werden müssen, stellt eine vom Gericht provozierte Instanzenwiederholung dar (BSG, B 6 KA 48/10 B), deren Dauer dem Staat zuzuordnen ist. Die Zeit zwischen der Erst- und der provozierten Zweitverhandlung ist eine gerichtliche Verfahrensverzögerung (z.B. LSG Nds, L 3 KA 45/11 ZVW – Pilz, Weddig, Dr. Blöcher), die auf unverständlicher Willkür der Rechtsanwendung beruht.

- Auch wenn ein Gericht eine weitere Instanz durch <u>willkürlichen Verstoss gegen eindeutiges und keiner Auslegung zugängliches Recht</u> verstößt, ist das eine vom Gericht provozierte Verzögerung, die dem Staat zuzurechnen ist. Das ist z.B. der Fall, wenn ein Verwaltungs- bzw. Sozialgericht eine Untätigkeitsklage abweist, weil sie nicht zulässig sei. (z.B. SG Hannover, S 35 KA 46/11 – Möhwald) Der Gesetzgeber hat das Gegenteil festgelegt: Eine Untätigkeitsklage ist gem. § 54 Abs 1 S 2 SGG nämlich zulässig, wenn der Betroffene behauptet, durch die unterlassene Bescheidung beschwert zu sein. Ein Kläger ist gem. § 54 Abs 2 S 1 SGG beschwert, wenn das Unterlassen eines Verwaltungsaktes rechtswidrig ist. Ist das Unterlassen der Bescheidung rechtswidrig, ist eine Untätigkeitsklage stets zulässig. Das Unterlassen der Bescheidung ist rechtswidrig, wenn die gesetzlichen Fristen (§ 75 VwGO, § 78 SGG) ohne Mitteilung konkreter Gründe überschritten wurden.
- <u>Unterlassenes Verweisen des Rechtsstreits</u> an ein anderes Gericht, obwohl der Richter des sich als verweisungspflichtigen ansehenden Gerichts darlegt, dass ein anderer Rechtsweg zu beschreiten sei (so: SG Hannover, S 35 KA 46/11 u.a. – Möhwald), so dass in einer möglichst frühen Phase des Verfahrens eine Verweisung vorzunehmen ist, ist dem Staat zuzurechnen. Wenn der sich als unzuständig ansehende Richter die Verweisung nicht umgehend oder gar nicht vornimmt, ist eine dem Staat zuzurechnende Verzögerung.
- <u>Verlangen eines unzulässigen Rechtsmittels</u> durch ein Gericht, durch das unnötig Zeit vergeudet wird, ist eine dem Staat zuzurechnende Verzögerung. So hat z.B. das BVerfG die Rechtswegerschöpfung durch eine Untätigkeitsbeschwerde beim LSG Nds verlangt (BVerfG, 1BvR 762/07), obwohl eine Untätigkeitsklage gar kein wirksames Rechtsmittel ist. Das war seit längerer Zeit durch die bereits von einigen Landesgerichten befolgte RSpr des EGMR allgemein bekannt. Das LSG Nds. hat – nachdem die unwirksame Untätigkeitsbeschwerde auf Verlangen des BVerfG eingelegt worden war – richtigerweise festgestellt, dass eine Untätigkeitsbeschwerde unzulässig ist. Durch die auf missbräuchliches Verlangen des BVerfG eingelegte, von vorneherein überflüssige und unzulässige Untätigkeitsbeschwerde ist eine Weiterverzögerung eingetreten, die dem Staat zuzurechnen ist. Ebenso hat das SG Hannover Rechtsmittel zugelassen (S 43 KA 306/05 v 25.4.2006), die das LSG Nds. als unzulässig verworfen hat (L 3 B 16/08 KA u.a.) Solche völlig unnütz verlangten und bloß verzögernden Rechtsmittel sind dem Staat zuzurechnende Verzögerungen.
- Eine <u>unkorrekte Aktenführung</u> hindert eine ungestörte und unverzögerte Be-

arbeitung und erfordert stattdessen einen erhöhten Zeitaufwand für das Sichten und Auffinden des Akteninhalts. Korrekte Aktenführung der Justiz ist in der GGO I geregelt. Danach sind Akten in übersichtlicher und einfacher Form zu führen. (§ 58 Abs 1 S 1 GGO I) Außerdem ist hinsichtlich des Manipulationsschutzes zu gewährleisten, dass das zur Akte genommene Schriftgut vollständig und vor Veränderung geschützt verfügbar ist. (§ 55 Abs 1 S 2 GGO I) »Der Pflicht …zur vollständigen Aktenführung steht nicht nur eine Hintanhaltung, sondern auch deren Entfernung aus den Akten entgegen …« (BVerfG, Beschl. v 6.6.1983, 2 BvR 244/83; 2 BvR 310/83)

Es fällt auch auf, dass bei Behörden und Gerichten mancher Bundesländer nicht selten Aktenbestandteile fehlen. Wenn z.B. ein Richter einer Behörde aufgegeben hat, eine Prüfung der verfassungsrechtlichen Aufopferung zu prüfen und dieses wichtige Dokument dem Kläger in Kopie vorliegt, aber in der Gerichtsakte fehlt, (so: Land Nds, 2 Fis 158/18 v 3.9.2018 zu L 10 SF 9/18 EK KA – OStA Dr. Schreiber), dann liegt der Verdacht einer Aktenmanipulation nicht fern. Umso dringender wird der Verdacht, dass es sich um eine systematische Urkundenunterdrückung handelt, wenn eine Generalstaatsanwaltschaft (Celle, OStA Dr. Schreiber), die davon Kenntnis hat, dieser auf eine strafbare Urkundenunterdrückung hindeutende Ungereimtheit nicht nachgeht, sondern zur Seite schaut. (»Eine Krähe hackt der anderen kein Auge aus.«)

Das ist aber beileibe kein Einzelfall in § 198 GVG – Verfahren. Dem Nds Just Min sind durch Schr. v 19.4.2015, S 11 ff insgesamt 23 Urkundendiebstähle im Bereich der nds SGb konkret bekannt geworden. Das Problem wurde »ausgesessen«.

Dreist handelt auch ein Gericht, das Einsicht in eine Verwaltungsakte gewährt, aus der eine prozesswesentliche sachverständige Stellungnahme, auf die die Behörde vorher noch ausdrücklich hingewiesen hatte, »spurlos verschwunden« ist und zu dem beanstandeten Fehlen keinerlei Kommentar abgibt, geschweige denn die »verschwundene« Urkunde sucht oder suchen lässt. (SG Hannover S 35 KA 3/17 – Möhwald)

Dass unordentliche Aktenführung wegen des damit verbundenen Zeitaufwandes des Suchens, Sortierens und Nachforschens über den Verbleib von Unterlagen zu Verzögerungen führt, liegt auf der Hand.

Von korrekter Aktenführung kann bei manchen Gerichten nicht die Rede sein. So hat z.B. das LSG Nds festgestellt, dass vier prozesswesentliche Anträge und Schreiben sowie eine Rüge in der Akte des SG nicht vorhanden seien (LSG Nds. L 10 SF 7/13 EK KA – Dr. König, S. Klein, Wolf), die aber in der Akte hätten vorhanden sein müssen, weil hierüber Faxeingangsbestätigungen und sogar eine schriftliche Eingangsbestätigung des Gerichts vorlagen, so dass davon auszugehen ist, dass die Gerichtsakte durch »Säuberung« manipuliert wurde, um den Verfahrensausgang zu beeinflussen. In etlichen weiteren Sachen (z.B. L 10 SF 6/13 EK KA – Dr. König, S. Klein, Wolf; L 10 SF 10/13 EK KA – Dr. König, S. Klein, Wolf; L 10 SF 11/13 EK KA – Dr. König, S. Klein, Wolf u.a.) des LSG Nds. – Bremen verhält es sich ebenso. In allen diesen Sachen sind »wie von Zauberhand« alle für den Prozessausgang wesentlichen Urkunden angeblich »spurlos verschwunden« und stellte das trotz seiner Sachaufklärungspflicht gem. § 103 SGG in keiner Weise aufklärungsbemühte LSG deshalb mit ihm eigener beeindruckender intellektueller »Schlichtheit« fest, dass diese Unterlagen dann wohl nie existent gewesen seien. In allen diesen sowie in weiteren Fällen gestaltete das Fehlen der eigentlich in den Gerichtsakten vorhanden sein müssenden Urkunden den Prozessausgang natürlich so, dass die Behörde wegen der durchgängig »verschwundenen« Urkunden obsiegte, obwohl die Urkunden dem Gericht ausweislich der Faxprotokolle zugegangen waren. Offensichtlich wurden die Urkunden aussortiert und gestohlen, um den Ausgang des Verfahrens zugunsten der Behörde zu beeinflussen.

Auch in anderen Sachen, in denen das LSG sogar davon ausgegangen ist, dass etliche Anträge gar nicht gestellt worden seien, über die das SG vorher aber entschieden hatte und etliche Urkunden nicht vorgelegt worden seien, auf die sich die Entscheidungen des SG ausdrücklich bezogen haben, (z.B. L 10 SF 15/12 EK KA – Dr. König, S. Klein, Wolf; L 10 SF 16/12 EK KA – Dr. König, S. Klein, Wolf; L 10 SF 17/12 EK KA – Dr. König, S. Klein, Wolf; L 10 SF 18/12 EK KA – Dr. König, S. Klein, Wolf) lassen den unbändigen Drang deutlich werden, Verfahren gegen jedes rechtsstaatliche Fairness- und Korrektheitsgebot durch das Verschwindenlassen von Urkunden so zu verfälschen, dass sich der von der Behörde gewünschte Verfahrensausgang ergibt. Um zu einem Prozessausgang zum Vorteil der Behörde zu gelangen, behauptete das LSG Nds (Dr. König, S. Klein, Wolf) die Richterin am SG habe (aus geistiger Verwirrung oder in dem Willen, das Recht zu beugen – andere Gründe sind nicht ersichtlich) über Anträge entschieden, die niemals gestellt worden seien. Damit wurde der Richterin unterstellt, sie habe sich rechtsstaatswidrig und wohl auch rechtsbeugend verhalten. Es habe keinen einzigen Antrag gegeben, über den die Richterin aber – wie sich urkundlich ergab – entschieden hat. Die Richterin habe also in rechtsstaatswidriger Weise über von ihr selber »fingierte« Anträge entschieden, die in Wirklichkeit gar nicht vorlagen. Sie habe sich des Weiteren in ihren Urteilen auf nicht tatsächlich, sondern bloß fiktiv vorhandene (von ihr wiederum »fingierte«) Unterlagen bezogen und diese zitiert. Das heißt, alle dementsprechend sich aus diesen Urteilen ergebenden Sachverhaltsdarstellungen seien falsch beurkundet worden – was die Unterstellung einer Straftat und eine schwere kriminelle Amtspflichtverletzung ist. Die zum Sachverhalt der Urteilsbegründung genannten Unterlagen habe es gar nicht gegeben; sie hätten niemals vorgelegen, sondern seien also von der Richterin bloß »erfunden« worden. – Kurz: Das LSG (Dr. König, S. Klein, Wolf) hat der Richterin am SG als für das LSG naheliegendste Erklärung massive Akten- und Verfahrensmanipulationen unterstellt, um die Behörde nicht verurteilen zu müssen. Die als Aktenmanipulationen und Urkundendiebstähle benennbaren Manipulationen sind ein höchst »unsauberes«, dem Staat zurechenbares Verhalten, dessen Befassenmüssen und dessen prozessual erforderliche Aufklärung unnötig verfahrensverlängernd wirkt. In solchen Fällen liegen dem Staat zuzurechnende Verfahrensverzögerungen vor. Dass das LSG (Dr. König, S. Klein, Frankhäuser) zudem das »Verschwinden« von eindeutig in den Bereich der SGb gelangter Urkunden den Rechtsuchenden anlastet statt sich selber, widerspricht im Übrigen den Gewährleistungen der EMRK in krasser Weise.

Auch erst nach Urteilsverkündung, – zustellung und Steitwertfestsetzung erfolgtes Bearbeiten von Befangenheitsanträgen (z.B.: SG Hannover S 35 KA 32/17 u.a. – Niederlag), das dazu dient, das gesetzliche Tätigkeitsverbot des befangenen Richters zu unterlaufen, stellt ein dem Staat zuzurechnendes Verhalten dar, das im Rahmen von Verzögerungen zu berücksichtigen ist; denn Rechtsschutz ist verzögert, wenn er zu spät kommt. (BTDrs 17/3802, S 22 Sp 2 unten)

Die Entscheidung, ob ein als befangen abgelehnter Richter während des deshalb bis zur Entscheidung über die Befangenheit bestehenden Tätigkeitsverbots ein Urteil verkünden, die Urteilszustellung veranlassen, den Streitwert festsetzen darf usw. kommt dann zu spät, wenn der befangene Richter das Urteil bereits verkündet, die Urteilszustellung bereits veranlasst und den Streitwert bereits festgesetzt hat.

Das gesetzliche Tätigkeitsverbot des befangenen Richters nützt Nichts mehr, wenn es bereits durch eine verspätete Befangenheitsentscheidung (wie z.B. beim SG Hannover, S 35 KA 32-40/17 – Niederlag) unterlaufen worden ist. Solche unsauberen richterlichen Verhaltensweisen am SG Hannover karikieren das Recht auf effektiven Rechtsschutz und stellen eine Verhöhnung des

Rechtsstaats und des Gesetzgebers dar. Das ist ein bei der Verfahrensdauer zu berücksichtigendes, dem Staat zuzurechnendes Verhalten.

- Das gerichtliche <u>Verständnis oder Dulden behördlicher Verzögerungen</u> ist dem Staat zuzurechnen.

Leugnet ein Richter die sich durch die Entgegennahmepflicht von Anträgen ergebende Bearbeitungspflicht einer Behörde und vertritt er die zur Weiterverzögerung der unterlaufenen Wirksamkeit der Beschwerde/Effektivität des Rechtsschutzes führende (offensichtlich wirre) Auffassung, dass die Entgegennahmepflicht der Behörde bedeutet, dass die Behörde ein Antragspapier nur körperlich annehmen muss und dann unbearbeitet wegwerfen darf (so: SG Hannover, S 35 KA 9/16 – Möhwald) so ist auch die vom Zeitpunkt der Antragstellung verstrichene Zeit der Bearbeitungsweigerung bis zur tatsächlichen Bearbeitung eine dem Staat zuzurechnende Verzögerung.

Ebenso verhält es sich, wenn ein Richter eine Untätigkeitssache nicht terminiert, sondern der keine Gründe für ihre Untätigkeit nennenden Behörde einen weiteren mehrmonatigen Zeitraum zur Beendigung der Untätigkeit zugesteht. Ein solcher mehrmonatiger Zeitraum ist keine – in Untätigkeitssachen dringend gebotene – verzögerungslose Bearbeitung, sondern eine völlig überflüssige und unverständliche Weiterverzögerung. Im zivilen Schadensersatzrecht wird den Versicherungen bei einfachen Sachverhalten eine Bearbeitungsfrist von »einigen Wochen« eingeräumt (OLG Stuttgart, U v 21.4.2010, 3 U 218/09) bzw. 3 Wochen nach Kenntnis der Sachlage durch Eingang der Akten (LG Halle Beschl. v 14.9.2009, 1 T 55/09); in manchen OLG- Bezirken sogar nur zwei Wochen (OLG Saarbrücken, U v 27.2.2007, 4 U 470/06); das Abwarten von Ergebnissen Dritter greift nicht durch (OLG Düsseldorf, U v 22.1.2007, 1 U 151/06). Dessen Angesichts ist es eine gerichtlich zu vertretende Weiterverzögerung, wenn einer Behörde über die grundlos nicht eingehaltene Bescheidungsfrist von einem halben Jahr und die Widerspruchsfrist von drei Monaten hinaus noch zusätzlich mehrere Monate für eine Bearbeitung eingeräumt werden. (so: LSG Nds in: L 3 KA 3/19 – Dr. Blöcher)

- Aufgrund <u>exzessiver Streitwertfestsetzungen</u> vom Gericht angestrebte prohibitive Überhöhung der Gerichtskosten, die von der Rechtswahrnehmung vollständig abschrecken oder bezwecken sollen, dass effektiver Rechtsschutz nur zögerlich in Anspruch genommen wird, ist ein dem Staat zuzurechnendes Rechtswahrnehmungserschwernis bzw. eine Rechtswahrnehmungsverzögerung. Dies ist z.B. der Fall, wenn die Behörde dem Gericht mitteilt, dass aufgrund rechtlicher Regelungen eine Forderung von 20.995,41 Euro streitig sei (SG Hannover, S 35 KA 1/16) und das Gericht den Streitwert dann auf das Zwanzigfache festsetzt. (SG Hannover, Beschl. v 29.3.2017, S 35 KA 17/13 = 403.881 Euro) Dass zu hohe Verfahrenskosten prohibitive und damit das Rechtsanliegen potentiell verzögernde Wirkung haben, hat auch der EGMR dargestellt. Siehe: EGMR 64897/01, § 104 – Zullo/Italien)

4.3.4.2 behördliches Verhalten

Für die Angemessenheit des Verfahrens kommt es nach dem Willen der EMRK sowie des deutschen Gesetzgebers auf die Verantwortung aller Träger der staatlichen Gewalt an. Dies ist die logische Konsequenz aus der Verpflichtung der Bundesregierung in Art 1 EMRK, dafür Sorge zu tragen, dass die Rechte der Konvention gewährleistet werden. Das kann nur gelingen, wenn sich alle Träger der staatlichen Gewalt der EMRK unterwerfen.

»Allerdings hat im Rechtsstaat jede Behörde die Amtspflicht, Anträge mit der gebotenen Beschleunigung zu bearbeiten und sobald ihre Prüfung abgeschlossen ist, unbesäumt zu bescheiden. (…) Dem entspricht für gerichtliche Verfahren der Anspruch auf Justizgewährung und eine Entscheidung in angemessener Frist.« (BGH, U v 11.1.2007, III ZR 302/05 <17>)

»Sind Träger der öffentlicher Verwaltung oder sonstige öffentliche Stellen in einen Prozess einbezogen, so ist ihr Verhalten für die Beurteilung der Angemessenheit von Bedeutung.« (BTDrs 17/3802, S 18 Sp 2) dazu gehört auch das behördliche Unterlassen von Verfahrensblockaden. »Es ist … nicht erlaubt, eine Verzögerungs- oder Verschleppungstaktik zu betreiben.« (BTDrs 7/5250, S 4 Sp 2)

Das entspricht dem Gebot, dass der Staat für geordnete Verhältnisse und zielgerichtetes Arbeiten seiner Einrichtungen zu sorgen verpflichtet ist; denn »die wenigste Ordnung herrscht in einem Staate, dessen Einrichtungen ganz von dem geraden Weg ab liegen …« (Machiavelli, Vom Staate, 31)

Der Staat hat – auch aufgrund seiner eigenen Bekundung (BTDrs 17/3802, S 18 Sp 2) – dafür einzustehen, dass Behörden ihre Verwaltungsverfahren und Widerspruchs- bzw. Vorverfahren in angemessener Zeit durchführen:

»Das dem gerichtlichen Rechtsschutzverfahren vorgelagerte Verwaltungsverfahren darf nicht so ausgestattet sein, dass es den gerichtlichen Rechtsschutz vereitelt oder unzumutbar erschwert (Vgl. BVerfGE 22, 49 <81>; 61, 82 <110>; BVerfG, Beschluss der 1. Kammer des Zweiten Senats vom 23.Juni 2015 – 2

BvR 161/15 – , juris , Rn. 38) Zur Sicherung des Gebots effektiven Rechts-schutzes folgt aus … Art 19 Abs 4 GG auch die Verpflichtung, die wesentlichen Auswahlerwägungen schriftlich niederzulegen.« (BVerfG, 2 BvR 1461/15 <14>)

Da die deutschen Gerichte verpflichtet sind, das Entschädigungsrecht betr. verzögerter Verfahren so anzuwenden, wie es der EGMR anwendet (EGMR Ta-ron/ Deutschland, a.a.O., § 39) müssen sie Verwaltungsverfahren, die mit dem rechtlichen Begehren im direkten Zusammenhange stehen, zur Verfahrensdauer rechnen, weil dies der RSpr des EGMR entspricht. D.h. das Verfahren beginnt im Zeitpunkt der Antragstellung des Betroffenen. (siehe: Meyer-Ladewig, EMRK, Art 6 RN 74 mwN)

- Das <u>Beantragen der Tatbestandsberichtigung einer Niederschrift durch eine Behörde</u> nach über einem halben Jahr wegen eines bewusst falsch beurkun-deten Wortprotokolls in der Niederschrift, sechs Monate nach verkündetem und zugestelltem Urteil und zugestellter Niederschrift (so: SG Hannover, S 35 KA 38/17 – Möhwald) stellt eine dem Staat zuzurechnende Verzögerung dar. Die Behörde hätte auf die wahrheitsgemäße Protokollierung achten müssen, statt nach einem halben Jahr eine Berichtigung zu beantragen und der Richter hätte das Wortprotokoll korrekt beurkunden müssen.
- Erlässt eine Behörde unnötig <u>keine endgültigen Bescheide</u>, obwohl ihr das mög-lich ist, sondern Bescheide mit Vorläufigkeitsvorbehalten, die eine rechtliche oder tatsächliche Ungewissheit nicht beenden, sondern bloß weiterverzögern, ist das ein dem Staat zuzurechnendes Verzögerungsverhalten des Rechtssystems.
- Wenn <u>massenweise Untätigkeitsklagen</u> gegen eine Behörde beim Gericht rechtshängig sind, ist das ein vom Verzögerungsgericht aufzuklärendes unü-bersehbares Indiz für eine unkorrekt verzögernde Amtsführung, welche dem Staat zuzurechnen ist.
  Das gilt umso mehr, wenn die Behörde während der gesamten Dauer der Untätigkeitsklagen weder die Untätigkeit substantiiert begründet, noch die Tätigkeit vornimmt, sondern die Untätigkeitsbeschwerde bewusst verzögernd aussitzt und auch das Gericht Nichts unternimmt (so z.B.: SG Hannover, S 35 KA 48-54/16 – Möhwald), um diese offensichtlich missbräuchliche Füh-rung der Amtsgeschäfte rechtmäßig umzugestalten – z.B., dass das Gericht die Behörde umgehend auf den Missstand aufmerksam macht.
- Das <u>Nichtberücksichtigen des Alters des Betroffenen</u>. Je älter der Betreffende ist, umso kürzer muss das Verfahren sein. (EGMR U v 16.9.1996 – Süßmann/ Deutschland) Das müssen auch die Behörden beachten.

- Bei manchen Behörden ist es rechtswidrige Praxis, <u>Anträge nicht zu bearbeiten</u>.

»Das Wegschicken eines Antragstellers ist …rechtswidrig. Die Behörde ist somit zur Bearbeitung eines eingereichten Antragess im Wege der Amtspflichterfüllung verpflichtet …« (LSG NRW v 18.9.2008, L 9 B 39/08 AS mwN) Es werden dadurch Untätigkeitsklagen provoziert, die dann jahrelang ausgesessen werden und am Ende wird dann doch die lange vorher beantragte Bescheidung vorgenommen. (z.B. SG Hannover, S 35 KA 32/11 u.a.; LSG Nds L 3 KA 23/16 u.a.) Die Zeit der Nichtbearbeitung von Anträgen ist eine dem Staat zuzurechnende Verzögerung.

- Weigert sich die Behörde, <u>Bescheide mit offensichtlichen Fehlern</u> trotz der Rechtshängigkeit aufzuheben oder abzuändern sondern schleppt die Behörde solche falschen Bescheide sehenden Auges durch die Instanzen, ist diese bewusste Anspruchsverzögerung eine offensichtliche Verzögerung des Rechts auf effektiven Rechtsschutz. Die Offensichtlichkeit solcher Fehler liegt dann vor, »wenn die Richtigkeit des Einwandes nach den Umständen offensichtlich ist, … also bei objektiver Betrachtung kein vernünftiger Zweifel über die Fehlerhaftigkeit möglich ist.« (BGH, U v 21.11.2012, VIII ZR 17/12 <26>) Erlässt eine Behörde also einen Bescheid über zusätzliche Arbeitsvergütung, obwohl das gar nicht beantragt ist, sondern eine Entschädigung für Eigentumsschäden beantragt wurde, so ist für die Behörde und das Gericht erkennbar, dass ein Bescheid mit einem offensichtlichen Fehler vorliegt. Ändert die Behörde dann ihren rechtshängigen Bescheid nicht ab, oder weist das Gericht sogar die Klage ab (so: SG Hannover, S 35 KA 32 – 40/17 – sämtlich Möhwald), dann ist es offensichtlich, dass hier Ansprüche in der gem. Art 6 Abs 1 EMRK zu beachtenden Weise durch den Staat verschleppt werden. Das muss dann folgerichtig der Staat verantworten und entschädigen.

- Manche Behörden <u>legen Auswahlerwägungen nicht schriftlich nieder</u>, auf denen ihr Handeln beruht. Das ist der Fall, wenn ihnen vom Gericht die Sachprüfung eines Antrages aufgegeben wird und Auswahlerwägungen der Sachprüfung nicht schriftlich vorgelegt, sondern vollständig unterlassen werden, und die Behördenleitung keine Sachbegründung gibt, sondern sich auf die Darstellung beschränkt, sie wolle sich nicht möglicherweise regresspflichtig machen. (z.B. die Prüfung eines Aufopferungsanspruchs – SG Hannover – Möhwald) Dann verstößt die Behörde gegen Art 19 Abs 4 GG (siehe: z.B. BVerfG, 2 BvR 1461/15) und verzögert das Rechtsfindungsverfahren unnötig.

- Wenn <u>Zwangsgelder beantragt und angedroht</u> werden müssen, weil trotz einer

Verurteilung zur Bescheidung ein Verwaltungsakt weiterhin nicht freiwillig erstellt, sondern das Urteil von der pflichtvergessenen Behördenleitung ignoriert und weiterverzögert wird (so z.B.: S 35 KA 18/13), ist auch das eine dem Staat zuzurechnende Verzögerung der wirksamen Beschwerde. Hier hat der EGMR einen Riegel davorgeschoben, der dann eine Entschädigung zu Lasten des Staates zuspricht:

»Der Gerichtshof … stellt jedoch mit Bedauern fest, dass inzwischen ein weiteres Defizit entstanden ist: Die verspätete Vollstreckung von Entscheidungen. Der Gerichtshof lädt den beklagten Staat ein, alle Maßnahmen zu ergreifen, die notwendig sind um sicherzustellen, dass die innerstaatlichen Entscheidungen nicht nur mit der Rechtsprechung des Gerichtshofs vereinbar sind, sondern auch binnen sechs Monaten vollstreckt werden. (…) Entschädigung nach Art 41 EMRK …8.400 Euro für den immateriellen Schaden …50.000 Euro für Kosten und Auslagen (einstimmig).« (EGMR 36813/97 – Scordino/Italien Nr. I)

Wie man daraus erkennt, wird die verzögerte Vollstreckung von Gerichtsentscheidungen dem Staat zugerechnet und ist vom Staat zu entschädigen.

- Die verzögernde <u>Verletzung von Bescheidungszusagen</u> ist ebenfalls dem Staat zuzurechnen. Das ist der Fall, wenn eine Behörde gegenüber dem Gericht die Untätigkeit eingesteht und zur Vermeidung eines Urteils in einer Untätigkeitsklagesache Bescheidungen zusichert, sich dann aber trotz des Anerkenntnisses gegenüber dem Gericht nicht daran hält (LSG Nds L 3 KA 35/13), so dass erneute Untätigkeitsklagen erforderlich werden, die die Behörde dann wieder möglichst lange aussitzt, mit der Folge weiterer erheblicher Verzögerungen. Das hat dann der Staat zu vertreten.

- Die behördliche <u>Weigerung, Anträge entgegenzunehmen</u>, wodurch regelmäßig Verzögerungen entstehen, ist dem Staat zuzurechnen; denn Behörden dürfen die Entgegennahme von Erklärungen und Anträgen nicht deshalb verweigern, weil sie die Erklärung oder den Antrag für unzulässig oder unbegründet halten. (§ 24 Abs 3 VwVfG, § 20 Abs 3 SGBX) Entgegen naiver Vorstellungen mit sehr »schlichtem« Gemüt versehener Richter (z.B. beim SG Hannover S 35 KA 39/16 – Möhwald) verpflichtet das nicht nur zur Entgegennahme eines Papierstücks, das anschließend weggeworfen werden kann. Vielmehr ergeben diese Normen – gerade wenn sie nach den EGMR – Grundsätzen »praktisch und wirksam« angewendet werden – nur dann einen Sinn, wenn die auch für den Antragsteller erkennbare Auseinandersetzung mit dem Antrag erfolgt. Trotzdem ist es nicht unüblich, die behördliche Bearbeitungspflicht zu missachten. (so: SG Hannover, S 35 KA 46/11; S 35 KA 35/13, S 35 KA 39/16 u.a.– alles Möhwald), so dass das Rechtsanliegen verzögert wird. Die durch die behördliche Bearbeitungsverweigerung entstandene Verzögerung ist dann dem Staat zuzurechnen.

- Das <u>Anfordern verzögerungsbedingt nicht mehr vorhandener Unterlagen</u> ist dem Staat zuzurechnen, wenn dadurch Schäden entstehen. Solche Schäden sind materielle Verzögerungsschäden. Um beantragte Entscheidungen nicht treffen zu müssen, halten es manche Behörden und Gerichte für klug, dass vom Antragsteller Unterlagen angefordert werden, von denen sie wissen, dass sie aufgrund des von der Behörde oder von dem Gericht bewirkten Zeitablaufs nicht mehr existent sind. Manchmal werden zur »Konstruktion« von Ablehnungsgründen deshalb gezielt Urkunden angefordert, von denen Jeder annehmen muss, dass sie aufgrund der die Aufbewahrungsfristen übersteigenden Verzögerungsdauer nicht mehr vorliegen und nicht aufgehoben wurden, weil sie ersichtlich Nichts mit dem Antrag zu tun haben. Auf diese Weise lassen sich dann Gründe konstruieren, um den Antrag ablehnen zu können, weil die Prüfung des Antrages wegen angeblich erforderlicher, aber nicht mehr vorhandener Unterlagen nicht mehr möglich ist. (z.B. LSG Nds, L 3 KA 2/19)

Das ist dem Staat zuzurechnen; denn:

»der Garantie effektiven Rechtsschutzes gegen Grundrechtsverletzungen wird nur genügt, wenn Rechtsschutz dagegen so rechtzeitig eröffnet wird, dass im Hinblick auf die Vorfestlegungen eine ergebnisoffene Überprüfung realistisch erwartet werden kann.« (siehe: BVerfG, 1 BvR 3138/08, Leitsatz 4)

Wie unmittelbar einleuchtet, fehlt es an dieser verfassungserforderlichen rechtzeitigen Eröffnung des Rechtsschutzes aber, wenn angebliche Prüfungsunterlagen (z.B. steuerliche Unterlagen, deren Aufbewahrungsfristen seit Langem abgelaufen sind) erst zu einem Zeitpunkt angefordert werden, zu dem sie wegen abgelaufener Aufbewahrungsfristen nicht mehr vorliegen und auch Jeder Einsichtige weiß, dass sie mit hoher Wahrscheinlichkeit nicht mehr vorliegen. Dann haben die Behörde und das Gericht ihre Schutzpflichten verletzt:

»Eine Verletzung behördlicher Schutzpflichten liegt vor, wenn die Behörden vorsätzlich oder fahrlässig eine echte und unmittelbare Gefahr ignoriert haben und nicht alles in ihrer Macht Stehende getan haben, um die Gefahr abzuwenden.« (EGMR v 28.1.1998, Slg 1998 III, S 3214 ff § 10 ff – Osman/Vereinigtes Königreich)

Wenn Behörden und Gerichte dabei zusehen, dass Verjährungsfristen eintreten oder Aufbewahrungsfristen für Unterlagen verstreichen und nach dem

Verstreichen dieser Fristen dann die nicht mehr vorhandenen Unterlagen anfordern, um Ansprüche ablehnen zu können, ist das eine dem Staat zuzurechnende Verzögerung, die neben einem immateriellen auch einen materiellen Entschädigungsanspruch begründet.

- Das <u>Verzögern kompensatorischer Ausgleichsentscheidungen</u> stellt eine dem Staat zuzurechnende Verfahrensverzögerung dar. Behörden wie Gerichte haben die Pflicht, unverhältnismäßige oder gleichheitswidrig wirkende Verwaltungsakte umgehend zu beseitigen, sie dürfen solche Bescheide nicht aussitzen, sondern müssen umgehend verfassungskonforme Umgestaltungen veranlassen. Die Beseitigung bzw. Nichtbeseitigung hat in einem zeitgleich mit dem Eingriffsbescheid zu erlassenden Ausgleichsbescheid zu erfolgen, damit der Betroffene weiß, ob und auf welche Weise er Rechtsschutz gegen den Eingriffsbescheid zu suchen hat. Behörden, die die sich auf einen kleinen Adressatenkreis ihrer Bescheide auswirkende Atypik kennen (und manchmal sogar in Rundschreiben, Schreiben pp. bestätigen – so: LSG Nds, L 3 KA 44/04) haben die Pflicht zur unverzögerten/zeitgleichen Kompensationsbescheidung. Wird der Ausgleichsbescheid verzögert, ist die Verzögerung der zeitgleich mit dem Eingriffsbescheid erforderlichen Entschädigungsentscheidung dem Staat zuzurechnen. Die Verzögerung beginnt dann in dem Moment, in dem der Eingriffsbescheid ohne einen Ausgleichsbescheid erlassen/zugestellt wird, also schon vor der Rechtshängigkeit des Primärverfahrens.

- <u>Mangelhafte Aktenführung</u> oder gar <u>Aktenmanipulationen</u>, die die Verfahrensführung erschweren und unnötig verschleppen, sind dem Staat zuzurechnende Verzögerungen. Behörden sind gem. § 93 VwVfG allgemein zur Führung vollständiger und wahrheitsgetreuer Akten verpflichtet. (LSG Nds. U v 9.11.2011, L 3 KA 105/08)
»Der Pflicht ...zur vollständigen Aktenführung steht nicht nur eine Hintanhaltung von Informationen und Wertungen, sondern auch deren Entfernung aus den Akten entgegen ...« (BVerfG Beschl. v 6.6.1983, 2 BvR 244/83; 2 BvR 310/83)
Urkundenfälschung (§ 267 StGB), mittelbare Falschbeurkundung (§ 271 StGB), Urkundenunterdrückung (§ 275 StGB), Verwahrungsbruch (§ 133 StGB) sowie Prozessbetrug (§ 263 StGB) sind strafbar. Der Grundsatz der Aktenwahrheit beruht auf dem Rechtsstaatsgebot des Art 20 Abs 3 GG. Wenn Akten oder Aktenteile verlorengehen oder nicht mehr auffindbar sind, ist gem. § 5 Abs 2 AktO der Sachbearbeitung und der Behördenleitung davon Anzeige zu machen. Das BVerfG hat betont, dass der Grundsatz der Aktenwahrheit

und Aktenvollständigkeit keiner besonderen gesetzlichen Grundlage bedürfe; denn

»Dieser Grundsatz folgt bereits aus der Bindung der Verwaltung und der Justiz an Gesetz und Recht (Art 20 Abs 3 GG) und der aus dem Rechtsstaatsprinzip folgenden Pflicht zur Objektivität. (BVerfG Beschluss des 2. Senats vom 6. Juni 1983 – 2 BvR 244/83 – juris RN 3, VGH Baden Württemberg Urteil vom 30. Juli 2014 – 1 S 1352/13 – juris RN 19)« BVerfG, 2 BvR 2474/14 <19> Offensichtlich um Untätigkeitsklagen nicht zu bearbeiten, sondern weiterverzögernd auszusitzen, tragen manche Behörde im ausgesessenen Termin wahrheitswidrig gegen die prozessuale Wahrheitspflicht vor, dass der Antrag, dessentwegen die Untätigkeitsklage rechtshängig ist, nicht gestellt worden und der Inhalt des Antrages unbekannt sei (so z.B. in: S 35 KA 35/13; S 35 KA 39/16 u.a.). Manchmal sind die Terminsvertreter sogar zum Lügen noch zu dumm. Das ist dann der Fall, wenn sie der Rechtsaufsicht zuvor selber den angeblich unbekannten Inhalt des Antrages mitgeteilt haben. (so: z.B. Schr. KZVN v 26.9.2016 an das Nds Soz Min zu 403.31 1502 50 – 063 – 2 – Schneider) Dann ist erwiesen, dass der Terminsvertreter lügt. Es handelt sich hierbei um dem Staat durch behördliche Unwahrheiten zuzurechnende, über das Maß von sich wahrheitsgemäß verhaltenden Behörden hinausgehende psychische Mehrbelastungen Betroffener und durch die Aufklärungsbedürftigkeit der Lügereien verursachte Verzögerungen.

- Die zeitliche Belastung des Gerichts mit <u>Sachermittlungen, um die sich eine Behörde herumgedrückt hat</u>, ist das eine dem Staat zuzurechnende Verzögerung.; denn das behördliche Vorverfahren soll das Gericht zeitlich entlasten so dass »eine unterbliebene Sachermittlung …nicht verfahrensverzögernd in ein späteres Gerichtsverfahren verlagert werden« darf. (OVG NRW, Beschl. v 30.4.2010, 6 A 2055/09) was besonders für Ermessensentscheidungen von großer Bedeutung ist; denn die Sachermittlungspflicht verlangt das Selbstbeschaffen der Gewissheit über abwägungserhebliche Belange durch die Behörde. (stRSpr; so z.B.: BVerwG V 14.8.1999, 4 NB 24.88)

- Wenn eine <u>im Vorverfahren vorzunehmende Prüfung</u> von der Behörde vollständig auf das dadurch mit zeitaufwendiger Mehrarbeit belastete Gericht verlagert wird, ist das eine staatlich zu vertretende Verzögerung, die es bei pflichtgetreuer Aufgabenwahrnehmung der Behörde nicht gegeben hätte; denn »eine Behörde muss die zusammenfassende Darstellung …allerdings ›erarbeiten›. Hierfür genügt nicht das schlichte ›Hintereinander – Abheften‹ der Antragsunterlagen, behördlichen Stellungnahmen und sonstiger Schriftstücke. Vielmehr erfordert die zusammenhängende Darstellung eine intellektuelle Verarbeitung und Strukturierung des vorhandenen Prüfmaterials. (vgl. BVerwG, Beschl. v 10.10.2006, 9 B 27.05 – NVwZ 2007, 84« (OVG NRW 8 D 12/08 AK <134>)

Daran fehlt es bei manchen Behörden. (z.B. iS SG Hannover, S 35 KA 32 – 40/17) Muss das Fehlen vom Gericht nachgeholt werden, ist das eine dem Staat zuzurechnende Verzögerung. Weist das Gericht zur Neubescheidung unter Berücksichtigung der o.g. Bearbeitungsgrundsätze an, so dass der gesamte Geschehensablauf bloß unnütze Zeitverschwendung war, ist das gesamte Verwaltungsverfahren sowie die Dauer des Gerichtsverfahrens eine dem Staat zuzurechnende Verzögerung.

- Die <u>Bescheidung nicht gestellter Anträge</u> provoziert in seiner gesamten Länge überflüssige Verfahren, deren Dauer dem Staat zuzuordnende Verzögerungen des rechtlichen Anliegens der Aufklärung des wahren Sachverhalts darstellen. Einem Bescheid, der statt über einen gestellten Entschädigungsantrag wegen unverhältnismäßig und gleichheitswidrig wirkender Inhalts- und Schrankenbestimmungen des Eigentums über einen gar nicht gestellten Antrag der Vergütung für Arbeitsleistungen entscheidet (z.B. SG Hannover, S 35 KA 32 – 40/17), steht »auf der Stirn geschrieben« (Evidenztheorie), dass er antragslos erlassen wurde und gem. § 44 Abs 1 VwGO, § 40 Abs 1 SGBX unheilbar nichtig ist, weil er an einem besonders schweren Mangel leidet und dies … offenkundig ist.

Das gilt auch für das Fehlen eines Antrages (vgl. Hauck/Noftz, SGBX, § 40 RN 12a) Das bewusste Erlassen eines unrichtigen Bescheides verstößt auch gegen Treu und Glauben (Schwarz, AO, § 174 <171>) und verletzt – weil dem Antragsteller ein Antrag unwahr »in den Mund gelegt wird« – dessen Grundrecht aus Art 2 GG auf ein faires Verfahren.(BVerfGE 57, 250 u.a.) Der Grundsatz eines fairen Verfahrens ist auf behördliche Vorverfahren als »Recht auf eine gute Verwaltung« gem. Art 41 EGC (Art II – 101 EVerfV) anzuwenden (BVerwG, NVwZ, 01, 91 BVerfG Beschl. v 30.4.2003), denn: »das dem gerichtlichen Rechtsschutz vorgelagerte Verwaltungserfahren darf nicht so ausgestaltet sein, dass es den gerichtlichen Rechtsschutz vereitelt oder unzumutbar erschwert.« (BVerfG 2 BvR 1461/15 <14>) Hier handelt es sich ebenfalls um dem Staat zuzurechnende unnötige (Schikane-)Verzögerungen; deren Dauer im Antragszeitpunkt beginnt und mit dem Erlass eines korrekten Bescheides endet.

- Das <u>Unterlassen einer erforderlichen Bescheidung</u> ist eine staatliche Verzögerung. So besteht z.B. eine behördliche Pflicht, zugleich und von Amts wegen (also ohne, dass es eines Antrages bedarf) mit einem Eingriffsbescheid über einen Ausgleich zu entscheiden. Werden also beispielsweise Eigentumsrechte durch einen Bescheid in erheblicher oder gleichheitswidriger Weise beschränkt, muss die Behörde zugleich mit der Beschränkung über einen die Beschränkung neutralisierenden Ausgleich entscheiden. Manche Behörden weigern sich, das zu tun. (z.B. etliche Sachen beim LSG Nds, L 3 KA 1/20; L 3 KA 4/20; L 3 KA 6/20 u.a.) Die Weigerung einer Ausgleichsbescheidung stellt eine dem Staat zuzurechnende Verzögerung dar.

- <u>Belassen eines atypischen Zustandes</u> ist eine staatliche Verzögerung. Wenn z.B. eine Behörde weiß, dass ihr Bescheid geändert werden muss, weil er rechtswidrig ist, es aber sieben Jahre lang unterlässt, einen rechtmäßigen Bescheid zu erlassen (so beim LSG Nds, L 3 KA 280/04), dann ist das eine staatliche Verzögerung.

  »Die Träger der öffentlichen Verwaltung …können sich nicht auf den Fortbestand eines rechtswidrigen Zustandes berufen.« (vgl …BVerwG 5 C 11/78 …) Das gilt auch für Selbstverwaltungskörperschaften …ungeachtet ihrer Autonomie …« (BVerwG3 C 23.05 <24>)

  Um dies sicherzustellen, ist jede Behörde verpflichtet, das eigene Handeln auf seine Grundrechtskonformität zu jeder Zeit kritisch zu überprüfen.« (BVerfG, 1 BvR 2407/16 <10>)

  Geschieht das amtspflichtwidriger Weise nicht, sind deshalb entstehende Zeitverluste dem Staat in voller Länge als durch ihn verursachte Verzögerung zuzurechnen.

- Das <u>Aussitzen von Untätigkeitsbeschwerden</u>, also alle begründeten Untätigkeitsklagen, die eine Behörde nicht »aufwecken« und nicht zur Tätigkeit veranlassen, sind dem Staat zuzurechnen. Bleibt also eine Behörde selbst dann weiterhin aussitzend untätig, wenn wegen ihrer Untätigkeit eine Untätigkeitsklage eingelegt worden ist und diese dann schließlich zur Bescheidung der Behörde führt, ist das eine dem Staat zuzurechnende Verfahrensverzögerung.

- Wenn eine Behörde erkennt oder im Laufe eines Gerichtsverfahrens erkennen muss, dass sie von einem <u>unrichtigen Sachverhalt</u> ausgegangen ist und trotzdem den rechtshängigen Bescheid nicht zurücknimmt sondern »aussitzt«, ist diese Pflichtwidrigkeit eine staatliche Verzögerung; denn:

  »Eine Pflicht zur Rücknahme besteht in Fällen, in denen von einem unrichtigen Sachverhalt ausgegangen wurde.« (BTDrs 8/2034, S 34)

- Die <u>Änderung von der Behörde zu beschließenden Satzungsrechts</u> im Rahmen gesetzlich eingeräumten Selbstbestimmungsrechts während eines rechtshängigen Verfahrens statt rechtzeitig vor dem Verfahrensbeginn ist eine dem Staat zuzurechnende Verzögerung.

4.3.5   Kombination der Abweichungsgründe

Wie vorn ausführlich dargestellt, müssen die deutschen Gerichte die RSpr des EGMR so anwenden, wie es der EGMR tut. (siehe: EGMR, Taron/Deutschland, a.a.O., § 39)

Davon abweichende – offenbar bloß missbräuchlich dahingeschwafelte – Auffassungen, dass nur willkürliche Verzögerungen eine Rolle spielen, die Gerichte ein weites Ermessen bei der Bemessung der Verfahrensdauer haben, ohnehin jeder Schriftsatz mindestens einen Monat geprüft werden müsse u.ä. (Land Nds, 2 Fis 137/17, Schr v 18.1.2018 zu L 10 SF 26/17 EK KA – OStA Dr. Lehmann) sind schlicht konventionswidrig und verletzen die Pflicht deutscher Gerichte, das Recht so anzuwenden, »wie es der RSpr des EGMR entspricht.« (EGMR v 29.5.2012, 53126/07, § 39 – Taron/Deutschland)

Richtig ist hingegen, dass die Angemessenheit der Verfahrensdauer strikt nach der Ein-Jahres-Regel des EGMR und dem davon angemessene Abweichungen begründenden Prüfungsschema des EGMR festgestellt werden muss.

Das Prüfungsschema des EGMR schreibt vor, im Anschluss an die Betrachtung der Gesamtverfahrensdauer – insbesondere, wenn diese unauffällig ist – von der Ein – Jahres – Regel des EGMR für Normalfälle auszugehen und dann auf die vier vom EGMR vorgegebenen Kriterien auf Tatsachen aufbauend festzustellen und erforderlichenfalls zu modifizieren; d.h. angemessen verkürzend oder angemessen verlängernd anzuwenden sind:

Dieses eindeutige Prüfungsschema ist in fast keinem deutschen Urteil erkennbar.

Um das Prüfungsschema des EGMR so anzuwenden, wie es der EGMR tut (zur Pflicht der EGMR-getreuen Anwendung: EGMR, Taron/Deutschland, a.a.O., § 39) sind die auf diese vier Kriterien zutreffenden Sachverhalte zu ermitteln und diesen Kriterien korrekt zuzuordnen.

Oft werden die Verzögerungsurteile ihrem Namen schon deshalb nicht gerecht, weil ihnen keine ausreichenden Sachverhaltsermittlungen zugrunde liegen. Als Urteil kann man ruhigen Gewissens nur eine Urkunde benennen, deren Inhalt auf einer soliden Tatsachenbasis aufbaut, die mit der objektiven Wirklichkeit übereinstimmt. Viele der deutschen Verzögerungsurteile wären deshalb richtiger als »Vorurteile« überschrieben.

Jedes konventionskonforme deutsche Verzögerungsurteil muss also von der Grundregel ausgehen, dass die Verfahrensdauer pro Instanz – eine danach ausgerichtete Gesamtverfahrensdauer vorausgesetzt – ein Jahr nicht übersteigen darf, wenn die zu beachtenden vier Kriterien wie folgt bewertet werden:

1. Komplexität der Sache: normal
2. Bedeutung der Sache für den Betroffenen: normal
3. Verhalten des Betroffenen: normal
4. Verhalten des Staates: normal.

Da aber im Leben nicht Alles durchschnittlich oder »normal« ist, sondern in der Seinswirklichkeit hiervon Abweichungen auftreten, müssen diese Abweichungen sorgfältig und vollständig erfasst und daran anschließend korrekt, systematisch und nachvollziehbar bewertet werden.

Die Komplexität einer Rechtssache kann per se gering, normal oder hoch sein, oder von den Parteien oder dem Gericht unnötig – und daher dem Verhalten der Parteien oder des Gerichts zuzurechnen – komplex gestaltet werden.

Die Bedeutung der Sache kann für den Betroffenen ebenfalls gering, normal oder hoch – vielleicht sogar existentiell sein.

Das gleiche gilt für das Verhalten des Betroffenen, das darauf angelegt sein kann, die Verfahrensdauer zu verkürzen, die Sache zu entwirren, die Rechtslage zu klären. Der Betroffene kann alles das aber auch einfach auf sich zukommen lassen oder er kann verwirren und blockieren, wie dies manche Behörden tun (siehe vorn).

Schließlich sind an die Beschleunigungsbemühungen des Gerichts und der Behörden die gleichen Maßstäbe anzulegen. Was hat der Richter getan, um die Verfahrensdauer zu verkürzen? Hat der Richter die Möglichkeit einer frühzeitigen Verfahrensbeendigung blockiert oder hat er sich im normalen Umfang bemüht, den Rechtsstreit abschließend zu klären? Oder hat der Richter einfach Alles auf sich zukommen lassen oder sogar den Verfahrensfortgang blockiert; z.B., indem er die bereits in der ersten Phase des Verfahrens zu klärende Rechtswegfrage und/oder andere prozessuale Vorfragen ungeklärt gelassen hat, indem er der Gegenseite von einem verfahrensbeendenden Vergleich abgeraten hat usw.? Weiterhin ist – wenn staatliche Stellen involviert sind – auch deren Verhalten zu prüfen: Haben sie stets Untätigkeitsklagen provoziert, ehe sie tätig wurden, haben Sie die Urteile befolgt und haben sie im Verfahren vollständig vorgetragen oder die Wahrheit durch Weglassungen verfälscht; haben sie überhaupt die Wahrheit vorgetragen und sich im Verfahren fair verhalten, oder haben sie die Verfahrensführung durch Unwahrheiten, Untätigkeit, unterlassene Stellungnahme zu klägerischen Einwänden u.a. erschwert und den psychischen Druck auf den Betroffenen unnötig erhöht?

Alle diese und weitere Punkte sind vollständig und korrekt und nicht wie dies häufig geschieht, unvollständig oder ausschließlich zugunsten des Gerichts und der Behörden zu erfassen und zu bewerten.

Danach ergeben sich Anhaltspunkte für eine Verkürzung oder Verlängerung der Ein-Jahres-Regeldauer des Verfahrens. Diese Anhaltspunkte müssen ausreichend gewichtig sein.

Weder sind die Sachverhalte zu den vier Kriterien nach freiem Belieben zu ermitteln, noch hat deren Bewertung willkürlich nach dem Prinzip von »Kraut und Rüben« zu erfolgen, sondern systematisch.

Willkürliches Herausgreifen für den Staat sprechender und gegen den Betroffenen sprechender Kriterien entspricht eben so wenig den an die Feststellung der Angemessenheit der Verfahrensdauer zu stellenden intellektuellen Ansprüchen, wie eine einseitige willkürliche Bewertung der unter die Kriterien subsumierten Sachverhalte.

Vereinfacht dargestellt lässt sich das vollständig und wahrheitsgemäß ermittelte Gesamtergebnis der Sachermittlung zu den vier Kriterien gedanklich strukturiert nach dem folgenden vereinfacht dargestellten Schema bewerten:

Komplexität der Sache	gering=1	normal=2	groß=3
Bedeutung der Sache für den Betroffenen	hoch=1	normal=2	gering=3
Verhalten des Betroffenen	fördernd=1	normal=2	hindernd=3
Verhalten des Staates (Behörden und Gerichte)	verzögernd=1	fördernd=2	fördernd=2

Hinsichtlich der auf zwei Werte (1 und 2) beschränkten Skalierung des Verhaltens des Staates ist zu sehen, dass Behörden und Gerichten ohnehin die Amtspflicht zur raschen Bearbeitung von Anträgen und zur Förderung der Bearbeitung von Klagen, Berufungen und anderen Rechtssachen obliegt. Es ist ihnen nicht freigestellt, ob sie ein Verfahren fördern wollen oder nicht, sondern alle staatlichen Organe sind dazu von Amts wegen verpflichtet. Die Förderung von Verfahren ist also keine »Mehrleistung« oder gar »Übererfüllung von Amtspflichten«, sondern stellt einen Normalzustand dar, der von Behörden und Gerichten stets zu erwarten ist, so dass die Verfahrensförderung keinen besonderen »Bonus« für eine Behörde oder ein Gericht darstellt, wohl aber ein Unterschreiten der Verfahrensförderung durch verzögernde Handlungsweisen einen Malus bedeutet.

Aus den Einzelwerten, die jedem einzelnen Kriterium beizulegen sind, lässt sich dann eine Gesamtwertung ableiten. Sieht man sich dazu das obige Schema weiter an, stellt man fest, dass die in diesem Schema erfassten Zustände in der Wirklichkeit »verspringen« können. Sie müssen also nicht linear vertikal untereinander stehen. Es kann zum Beispiel sein, dass ein Verfahren hohe Komplexität aufweist (Wert 3), die Bedeutung für den Betroffenen hoch ist (Wert 1) und das Verhalten von Betroffenem und Staat normal sind (jeweils Wert 2), so dass sich in der Gesamtbewertung der Sache 8 Punkte ergeben und damit in der Summe wie ein Normalverfahren nach der Ein-Jahres-Regel zu behandeln ist.

Will man nun feststellen, ob die angemessene Verfahrensdauer kürzer ist als ein Jahr oder ein Jahr betragen darf oder sogar länger sein darf, kann man dies nur nach der Gesamtbewertung der Kriterien feststellen.

Also:

Für Durchschnittsverfahren ergibt sich – wie man den obigen Schemata entnehmen kann – ein Gesamtwert von 8. Ergibt die vertikale Addition der einzelnen Kriterien des o.g. Schemas also eine Summe von 8, so kann man davon ausgehen, dass eine Bearbeitungsdauer von einem Jahr angemessen ist.

Ergibt sich durch die vertikale Addition eine Summe zwischen 4 und 7, weil es sich z.B. um ein unterdurchschnittliche Ansprüche an das Gericht stellendes Verfahren mit hoher Bedeutung für den Betroffenen handelt, ist eine geringere Verfahrensdauer zu veranschlagen. Es ist eine raschere Bearbeitung möglich und ein Jahr ist nicht nötig.

Ergibt sich eine Summe zwischen 9 und 11, kann eine längere Verfahrensdauer als angemessen angenommen werden.

Damit stellt sich als nächstes die Frage, welche zeitlichen Abweichungen von der Ein-Jahres-Regel des EGMR zulässig sind, die nicht als willkürlich angesehen werden müssen, sondern einen sachlichen Hintergrund haben.

Betroffener Kläger und beklagter Staat dürfen nach dem Grundsatz der »gleich langen Spieße« bzw. der »Waffengleichheit« nicht willkürlich ungleich behandelt werden.

Es sind hier – wie im gesamten deutschen – und Konventionsrecht – aus den Grundsätzen der Verhältnismäßigkeit und der Gleichmäßigkeit abgeleitete Bewertungsmaßstäbe so anzuwenden, dass nicht bloß theoretische und scheinbare Ergebnisse, sondern praktisch und wirksam anwendbare Ergebnisse entstehen. Das heißt, dass man dem Staat keine zusätzliche Bearbeitungsdauer von einem Jahr zugestehen kann, weil man dem Betroffenen keine Verringerung der Bearbeitungszeit um ein Jahr konzedieren kann. Das wäre eine prozessuale Ungleichbehandlung, die sich aus der Überlegung ergibt, dass dann, wenn das obige Schema ergibt, dass die Ein-Jahres- Dauer für Durchschnittsverfahrens zu reduzieren ist, bereits die Begrenzung auf ein Jahr (nach der »Ein – Jahres – Regel«) einer Verkürzung Schranken setzt.

Die Verfahrensreduzierung kann denklogisch nicht länger sein als die durchschnittliche Verfahrensdauer. Die Dauer von einem Jahr ist dann so zu verkürzen, dass eine Bearbeitung unter Berücksichtigung der Zustellungszeiträume noch möglich ist. Die durchschnittliche Verfahrensdauer beträgt ausweislich der dem EGMR durch die Bundesregierung überreichten Statistik bei den Zivilgerichten in der ersten Instanz 4,7 Monate. Wenn Zivilgerichte Durchschnittsverfahren regelmäßig in weniger als einem halben Jahr abwickeln können, ist es realitätsnah anzunehmen, dass auch andere Gerichte Durchschnittsverfahren in einem halben Jahr instanzabschließend erledigen können.

Geht man (willkürlich, hier zu Gunsten des beklagten Staates) davon aus, dass eine kürzere gerichtliche Bearbeitungsdauer als ein halbes Jahr nicht möglich ist, muss man nach dem Gesichtspunkt der Gleichbehandlung und der »gleich langen Spieße« dieses halbe Jahr der Verfahrensreduzierung für Verfahren der Gesamtwerte 4-7 dann auch für eine Verfahrensverlängerung in den Verfahren, die Werte zwischen 9 und 11 erreichen, zugestehen. Eine Verlängerung um mehr als ein halbes Jahr würde den Staat unangemessen bevorzugen und den von der Verzögerung Betroffenen unangemessen benachteiligen.

Das heißt, dass angemessene Verfahrensdauern bei nachprüfbar festgestellten Abweichungsgründen in dem Bereich zwischen einem halben Jahr für unterdurchschnittliche Verfahren und anderthalb Jahren für überdurchschnittliche Verfahren liegen.

Mit anderen Worten: angemessene Verfahrensdauern können für vom Durchschnitt abweichende Verfahren ein halbes Jahr nach unten oder nach oben abweichen; für simple Verfahren kann eine Dauer von einem halben Jahr, für komplexere Verfahren eine Dauer von anderthalb Jahren als angemessen angesehen werden. Das Schwankungsintervall um die Ein-Jahres-Regel beträgt also ebenfalls ein Jahr.

Diese zur Systematisierung der zu beurteilenden Angemessenheit angestellten Überlegungen stellen ein Denkmodell dar, das keinen Anspruch auf Absolutheit erhebt, aber in Deutschland immerhin – m.W. erstmals – die zu im Rahmen der Feststellung, was eine »angemessene Verfahrensdauer« ist, zu lösenden Probleme erfasst und strukturiert. Es kann keinesfalls ausgeschlossen werden, dass ein anderes Beurteilungsmodell entwickelt werden kann, das die Angemessenheit der jeweils zugrunde zu legenden Verfahrensdauer auf andere oder geeignetere und übersichtlichere Weise feststellt und – sonst wäre dieser Vorschlag unbrauchbar in der Lage ist, das auch zu begründen. Die Crux liegt in der willkürfreien, den Verhältnismäßigkeitsgrundsatz und das Gleichheitsgebot beachtenden Begründung eines anderen Denkmodells.

Was jedoch völlig inakzeptabel ist und überhaupt nicht geht, ist die gegenwärtig völlig willkürliche und unstrukturierte Rosinenpickerei und Mauschelei der meisten Entschädigungsgerichte, die die »Angemessenheit der jeweiligen Verfahrensdauer« praktisch durchgängig nach subjektiven Willkürgesichtspunkten des »Gutdünkens« treffen und dabei nicht nur häufig die Tatbestände weglassen, die für eine Verkürzung der Dauer sprechen, sondern auch eine Gesamtwertung völlig unterlassen. Es ist von einem korrekt begründeten Urteil zu erwarten, dass es den gesamten Sachverhalt richtig erfasst hat und in nachvollziehbarer Weise vollständig auswertet. Bei allen bisher veröffentlichten deutschen Urteilen ist das aber bloßes Wunschdenken.

4.3.6 nicht maßgebliche Abweichungsgründe von der Ein – Jahres – Regel

Weitere von den oben genannten vier Bewertungskriterien abweichende Gründe, wie sie von deutschen Behörden und der beim Unterlaufen der Konventionsgarantien erfindungsreichen unter den Gerichten oft zur Entschuldigung ihrer Säumigkeit vorgebracht werden (z.B. eine bestimmte Prozess- und Verfahrensordnung), erkennt der EGMR nicht an. Auf die Maßgeblichkeit und die daher strikte Anwendungspflicht der RSpr des EGMR hat der deutsche Gesetzgeber ausdrücklich hingewiesen:

»Bei den Kriterien, die vom Europäischen Gerichtshof für Menschenrechte (EGMR) und vom Bundesverfassungsgericht (BVerfG) in ständiger Rechtsprechung genannt werden, wird die Berücksichtigung der jeweiligen Prozessordnung nicht genannt.« (BTDrs 17/3802, S 40 zu Nr 3)

Auch der Einwand, dass der Richter einen »Ermessensspielraum« (der oft als »freies Belieben« missbraucht und verwirklicht wird) habe, entspricht nicht der RSpr des EGMR, die die deutschen Gerichte strikt anzuwenden verpflichtet ist. (siehe: EGMR, Taron/Deutschland, a.a.O. § 39)

Entgegen der Ansicht mancher Gerichte ist es auch unerheblich, ob die Verfahrensdauer auf »pflichtwidrigem« oder »unvertretbaren« Verhalten beruht:

»Die … Rechtsschutzregelung knüpft nicht an eine Pflichtwidrigkeit der jeweiligen Richter an, sondern stellt allein auf den objektiven Tatbestand der unangemessenen Dauer ab.« (BTDrs 17/3802, S 42)

Dabei ist im allerdings anzumerken, dass eine unangemessene Verfahrensdauer immer gegen die Amtspflicht zu unverzögerter Bearbeitung verstößt und Schadensersatzansprüche auslöst (§ 839, Abs 2 S 2 BGB). Erkennt ein Richter, dass er diese Amtspflicht nicht erfüllen kann, so hat er die Amtspflicht, das seiner vorgesetzten Stelle (z.B. als Überlastungsanzeige) mitzuteilen, damit diese für eine Abhilfe sorgen kann. Macht der Richter diese Anzeige nicht, hat er selbstverständlich die ihm obliegende Amtspflicht zu rascher und unverzögerter Bearbeitung verletzt. Hat der Richter die Anzeige gemacht und kommt es dennoch zu Verzögerungen, hat nicht der Richter, aber die Stelle, bei der die Verzögerung angezeigt wurde, ihre Amtspflicht verletzt, der angezeigten Verzögerungssituation bzw. Notlage rechtzeitig abzuhelfen.

Auf Seiten des Staates liegende Gründe wie Personalengpässe, Vorbereitungszeiten, Spielräume usw. sind vom Staat zu vertreten.

Die Vertragsstaaten sind dazu verpflichtet, »alle Anforderungen zu erfüllen, einschließlich der Verpflichtung, die Fälle in angemessener Zeit abzuschließen.« (EGMR 37591/97, § 42 – Metzger/Deutschland)

Die Konvention ist nicht dazu da, Arbeitsbelastungen bei den Gerichten zu beurteilen. Dafür, wie der Staat es erreicht, seine mit der Ratifizierung der EMRK übernommenen Pflichten gegenüber seinen Bürgern zu erfüllen, ist die Konvention blind. (so: Ossenbühl, Staatshaftungsrecht, S 534 und inzwischen sogar: BVerfG, 1 BvR 1098/11 <19>)

Die behördliche Personalmisswirtschaft darstellende und Verzögerungen im Nachhinein verniedlichende und entschuldigen sollende Auffassung, dass

»aus Gründen der öffentlichen Personalwirtschaft...Richtern ein großer Bestand an Verfahren« zugewiesen werden müsse, so dass eine unverzögerte Bearbeitung »schon aus tatsächlichen Gründen nicht möglich« sei und »auch von Art 20 Abs 3 GG bzw. Art 6 Abs 1 S 1 EMRK nicht verlangt« werde (LSG Nds v 17.4.2015, L 3434 – 5404/15)

zeigt den leichtfertigen und eindeutig falschen Umgang mit den Amtspflichten und den Konventionsgewährleistungen durch manche – meist immer wieder dieselben wegen überlanger Verfahren auffällig gewordenen – deutschen Gerichte (hier: der Gerichte der SGb des LSG Nds). Es wird mit großer Dreistigkeit und sehenden Auges gegen die verfassungsrechtliche Vorgabe verstoßen, wonach der Staat die Pflicht hat,

»alle Maßnahmen zu treffen, die ...einer Überlastung der Gerichte vorbeugen. Er hat die ...dafür erforderlichen personellen Mittel aufzubringen ...und anzuwenden. (BVerfG NJW 2000,797; 2006, 668, 671 ...)« – zit. aus: BGH Urteil v 11.1.2007, III ZR 302/05 <20>

Merke:
Das Verfahrensschema, auf welche Weise zulässige Abweichungen von der Ein-Jahres-Regel in angemessener und die Verzögerungskläger nicht benachteiligender Weise festzustellen sind, hat der EGMR in seinem umfangreichen case-law vorgegeben.
Da die innerstaatlichen Gerichte die Entschädigungsrechtsprechung genauso anwenden müssen, wie es der RSpr des EGMR entspricht, müssen sie dieses Schema anwenden und können im Rahmen ihrer Urteile keine »freien Erfindungen« der Vorgehensweise anwenden, die ihnen genehmer erscheint.
Der erste Blick bei der Beurteilung einer angemessenen Verfahrensdauer ist stets auf die Gesamtdauer des Gesamtanliegens zu richten.
Der zweite Blick gilt der Instanzendauer. Für Durchschnittsverfahren ist eine Instanzendauer von einem Jahr als angemessen zu unterstellen. Dabei ist auf das konventionswidrige Bemühen des Staates zu achten, die Anfangs- und Endzeitpunkte so zusammenzuschieben, dass eine Verkürzung der Verfahrensdauer entsteht, die nicht der tatsächlichen Dauer entspricht.
Von der Ein – Jahres – Regel soll nach unten oder nach oben abgewichen werden, wenn sich ergibt, dass das Verfahren wesentlich von den vier ge-

nannten Kriterien abweicht, so dass insgesamt nicht mehr von einem Durchschnittsverfahren gesprochen werden kann.

Die nach unten und nach oben Abweichungen begründenden Tatbestände, die die Angemessenheit der Verfahrensdauer verkürzt oder verlängert sind vollständig und korrekt festzustellen und in nicht willkürlich, sondern intellektuell nachvollziehbarer Weise systematisch zu bewerten. Weder bloß für den Staat günstige Sachverhalte feststellende Ermittlungen, noch eine »aus dem Bauch« getroffene Bewertung erfüllt diese Kriterien konventionskonformer RSpr.

4.3.7 Sonderfälle »möhwaldartigen-Nichts-Taugens«

Bei den dem Staat zuzurechnenden Verzögerungen sind eingangs Verhaltensweisen genannt worden, die mit dem Einsatz von offensichtlich für ihre Aufgabe ungeeigneten Staatsdienern zusammenhängen, d.h. von Staatsdienern bei denen von vorneherein erkennbar ist, dass sie Arbeitsergebnisse zu Stande bringen werden, die keinerlei Effektivität des Rechtsschutzes bewirken und keinen Rechtsfrieden schaffen, also im Wortgebrauch Machiavellis »nichts taugen«, so dass die Klärung strittiger Rechtsverhältnisse von vorneherein auf bloß Lebenszeit vergeudende unnötig lange Verfahrensdauern angelegt ist.

Machiavelli meint bei dieser Kategorisierung solche Staatsdiener, die weder in der Lage, noch willens sind, die Amtspflicht der unverzögerten Erledigung der Amtsgeschäfte korrekt zu erfüllen. Es sind Staatsdiener, die weder von selbst, noch trotz Erläuterungen begreifen können oder wollen, worum es geht und deren Arbeitsergebnisse daher von vorne herein absehbar »nichts taugen« und stets von anderen nachgearbeitet werden müssen. Seit jeher ist bekannt, dass Menschen, die nicht verstehen, was sie machen, von vornherein zu Arbeitsergebnissen gelangen werden, die »nichts taugen«.

»Der Verstand der Menschen ist aber von dreierlei Art. Entweder sie erkennen eine Sache mit eigenem Scharfblicke, oder erst wenn sie von anderen darauf hingewiesen werden, oder sie verstehen weder das eine noch das andere. Die erste Art ist vortrefflich, die zweite gut, die dritte aber taugt nichts.« (Machiavelli, Vom Fürsten, Abschn. 22, S 474)

Hier ist vom Unterlaufen der Rechtsschutzgewährung die Rede, weil Staatsdiener und deren Arbeitsergebnisse »nichts taugen«. Dabei fallen immer wieder dieselben Gerichte und Richter sowie dieselben sie nicht überwachenden Landesregierungen auf.

Man wird kaum umhin kommen, einem Richter völlige Untauglichkeit zur Ausübung des Richteramtes wegen profunder Unredlichkeit seiner Urteile zu testieren, in denen er praktisch darstellt, Bürger, die sich aufklärungsrichtig verhalten und aus spezifischen Gründen des Vertrauensschutzes gegebenen Verhaltenshinweisen einer Landesregierung vertraut haben, seien selber schuld, wenn sie dadurch Schäden erleiden. Die Landesregierung habe mit den von ihr gegebenen Auskünften, die ausdrücklich erteilt worden waren, damit Betroffene ihr Verhalten danach ausrichten, Nichts zu tun. (SG Hannover, S 35 KA 9/16 – Möhwald) Es sei ausschließlich das Risiko des Bürgers, wenn er quasi »so dumm sei« dem Staat zu vertrauen. Solche Ansichten sind anarchistischer Natur. Sie zielen darauf ab, den Sozialkontrakt einer geordneten Gesellschaft zu zerstören. Mit einem solchen anarchistischen Richter kann »etwas nicht stimmen«. Er ist ein unredlicher und moralisch völlig unbrauchbarer Richter. Er kann und darf in einem die Menschenrechte achtenden geordneten Rechtsstaat schlicht und einfach kein Richteramt bekleiden.

Von derselben unbrauchbaren Unredlichkeit sind auch solche Richter, die die amtliche Ansicht vertreten, Rechtsuchende hätten davon ausgehen müssen, dass eine (Satzungs)Norm rechtmäßig sei (LSG Nds, L 3 KA 156/04 – Pilz u.a.), die Richter dieses Senats selber in etlichen ihrer Urteile als »rechtswidrig« benannt haben. (LSG Nds, L 3 KA 44/04 – Pilz u.a.) Das ist keine Rechtsprechung, und schon gar keine Beendigung strittiger Rechtsverhältnisse auf faire Weise in angemessener Zeit, sondern die amtliche Rechtsverdreherei moralisch und intellektuell offensichtlich massiv Gestörter. Es ist in einem Rechtsstaat völlig unverantwortlich, solchen Rechtsverdrehern ein Richteramt anzuvertrauen.

Dasselbe gilt für Urteile, in denen dargestellt wird, Betroffene hätten sich an einer als rechtmäßig bekannten (Satzung)Norm orientieren können und müssen (LSG Nds, L 3 KA 207/03 – Pilz u.a., L 3 KA 280/04 – Pilz u.a.), deren Rechtmäßigkeit derselbe Senat bestritten hatte (LSG Nds, L 3 KA 44/04 – Pilz u.a.)

Hier hat die solche »Richter« in ihr Amt bestellende und dort belassende Landesregierung massiv versagt. Da von vornherein erkennbar ist, dass solche »Richter« die Gebote des IPbürg (billige Verfahren) und der EMRK (faire Verfahren in angemessener Zeit) nicht einhalten werden, sondern lediglich die Rechtswahrnehmung unterlaufen und erschweren, um Betroffene psychisch und rechtlich zu belasten, ist es ein dem Staat zum Nachteil anzulastendes Verhalten, dass solche Richter mit dem betreffenden Verfahren befasst sind. Verfahren, an denen Richter teilnehmen, von denen solche Verhaltensweisen bekannt sind, sind stets von besonderer Bedeutung für den auf diese Weise in seiner Rechtswahrnehmung bedrohten Betroffenen und stellen einen Malus für das Verhalten des Staates dar.

Das gilt auch dann, wenn z.B. eine Behörde einen Richter ausdrücklich darauf hinweist, dass ein Anspruch von höchstens 20.995,45 Euro zur Rede stehe (SG Hannover, S 35 KA 1/16, S 144; S 35 KA 46/11, S 140) und der Richter dann einen Anspruch ablehnt und den Streitwert auf 191.332,87 Euro, also ca. das Zehnfache!!!, festsetzt (SG Hannover, S 35 KA 33/17 – Möhwald), weil er nicht einmal in der Lage ist, das zu begreifen, was die Behörde ihm mitgeteilt hat. Möhwald pflegt wie bereits dargestellt, seine eigenen Streitwertfestsetzungen – wohl weil der prohibitive Effekte anstrebt – manchmal sogar auf das Sechzig- oder Achtzigfache zu erhöhen. Aber auch 200-fache Streitwertdivergenzen kommen bei ihm vor. (SG Hannover, S 35 KA 3/17 – Möhwald) Wer wollte bestreiten, dass solche Richter nach machiavellischer Skalierung »nichts taugen«?

Das trifft sicherlich auch auf Richter zu, die nach dem mehrfachen und unentschuldigten Überschreiten der gesetzlichen Bearbeitungsfristen simple Untätigkeitsklagen aus offenkundiger Behördenwillfährigkeit abweisen und die Behörde dann erst in der Berufung zur Tätigkeit veranlasst wird, weil der erstinstanzliche Richter Nichts begriffen hatte. (z.B. SG Hannover, S 35 KA 46/11; S 35 KA 35/15 u.a. – sämtlich Möhwald)

Unkorrekt und rechtswidrig arbeitende Richter sind auch solche, die das Tätigkeitsverbot während eines laufenden Befangenheitsantrages dickfellig missachten und während der gesetzlichen Tätigkeitssperre Urteile verkünden, Zustellungen vornehmen und Beschlüsse erlassen (so z.B. beim SG Hannover, S 35 KA32-40/17 – alles Möhwald) – also sich schlicht Dutzendfach rechtswidrig verhalten. Sie wissen, dass sie wegen des Gerichtsprinzips »Eine Krähe hackt der anderen kein Auge aus« keine amtlichen Vorhaltungen wegen ihres rechtswidrigen Verhaltens werden ertragen müssen und nutzen das rigoros aus.

Jede Protokollberichtigung ist aufgrund bloß verschwommener Erinnerungen unzulässig und erfordert nach stRSpr des BGH die sichere Erinnerung der Urkundsperson, dass der Sachverhalt unrichtig protokolliert wurde. Sonst kann ein Protokoll nicht mehr berichtigt werden. (so: OLG Saarbrücken, Beschl. v 21.2.2011 – Ss (B) 117/10 (165/10) Die Protokollberichtigung eines wortwörtlich (in Anführungsstrichen angegebenen) Zitats bedeutet damit nicht mehr und nicht weniger, als dass die Urkundsperson das Wortprotokoll bewusst falsch beurkundet hat. Erst Recht ist das Bewusstsein der Falschbeurkundung vorhanden, wenn die erforderliche sichere Erinnerung sogar noch nach über einem halben Jahr vorhanden ist. (so beim SG Hannover, S 35 KA 32-40/17 – alles Möhwald)

Richter, die effektiven Rechtsschutz in dieser beschriebenen schändlichen Weise unterlaufen, so dass er »nichts mehr taugt«, weil er mit effektivem Rechtsschutz angemessener Zeit überhaupt nichts mehr zu tun hat, handeln nicht nur grob konventionswidrig, sondern deren Arbeit ist völlig wertlos und verschwendet wegen der völligen Untauglichkeit auch die Lebenszeit Betroffener – und zwar in Länge des gesamten Verfahrens. Richter, die ihre Arbeit derartig ausüben »taugen als Richter nichts«. Ihre Arbeitsleistung ist wertlos.

Effektiven Rechtsschutz, der in angemessener Zeit auf faire Weise zur Klärung strittiger Rechtsverhältnisse führt, kann der Staat nicht erkennbar völlig ungeeigneten Personen überlassen.
Der Staat hat stattdessen die Verpflichtung, seine Ämter mit Personen zu besetzen, die die ihnen übertragenen Aufgaben korrekt erfüllen können und das auch tun. Wählt der Staat seine Richter nicht nach deren Brauchbarkeit aus und überprüft er die Brauchbarkeit seiner Richter nicht laufend, dann muss er dafür einstehen (siehe z.B. analog: Dienstvertrags- oder Werksvertragsrecht) wie Jeder, der Aufgaben nicht selber erfüllt, sondern von inkompetente Personen erfüllen lässt, die nicht korrekt Recht sprechen, sondern ihre Richterstellung offensichtlich für freie Konfabulation und Rechtsbeugungen missbrauchen.

Zu Richtern und deren Verhalten, das »nichts taugt« zählen im hier maßgeblichen Zusammenhange alle völlig sinnlos und von vorne herein effektiven Rechtsschutz in angemessener Zeit gänzlich verweigerndenRichter, die praktisch die Verfahren in gesamten Länge bloß verzögern, statt sinnvoll abzuschließen. Die Länge solcher völlig unsinnigen Verfahren sind dem Staat in seiner gesamten Länge zuzurechnende Verzögerungen.

Verfahren die »nichts taugen« sind z.B. auch solche, die ein sich als sachunzuständig bezeichnender Richter nicht an das angeblich zuständige Gericht verweist. (Z.B. SG Hannover, S 35 KA 46/11; S 35 KA 1/16 – Möhwald)

Verfahren die »nichts taugen« sind erst Recht solche, in denen der sich als sachunzuständig benennende Richter die Sachentscheidung trifft und dadurch die Garantie des gesetzlichen Richters (Art 101 GG, Art 6 EMRK) verletzt. (z.B. SG Hannover, S 35 KA 35/13 – Möhwald)

Besonders dreist ist der Rechtsbeugungswille im Rahmen von Entscheidungen, die »nichts taugen«, wenn der zuständige Richter auch noch bekundet, zwar nicht der gesetzliche Richter zu sein, der in der Sache entscheiden darf, aber darstellt, das verfassungs- und menschenrechtswidrige Sachurteil dieses nicht gesetzlichen Richters könne ja in der Berufungsinstanz noch durch die von ihm nicht verwirklichte Sachverweisung geändert werden. (alles z.B. SG Hannover, S 35 KA 35/13 – Möhwald)

Wenn Jeder auf den ersten Blick erkennen kann, dass Entscheidungen »nichts taugen«, stellen die zugrundeliegenden Verfahren in gesamter Länge Verzögerungen dar, da sie das Rechtsschutzziel um keinen Millimeter vorangebracht haben, sondern gänzlich nutzlose Zeitverschwendung darstellen. Das betrifft inkompetente Richter, die »nichts taugen«, weil sie als »lästig« und »bloß Arbeit verursachende« Rechtsstreite entscheiden, um sie an die ihrer Meinung gar nicht sachzuständige Berufungsinstanz »loswerden«, damit möglichst viel »Sand ins Getriebe« gestreut wird. (z.B. SG Hannover, S 35 KA 46/11, S 35 KA 35/13 – Möhwald) Das Aufarbeiten solchen Missbrauchs und das Auflösen solcher Situationen erfordert dann in der zweiten Instanz unnötige Zeit.

Ebenso wird man Verfahren in ihrer gesamten Länge bloß als willkürliche richterliche Verzögerungen des Rechtsschutzanliegens ansehen müssen, die »nichts taugen«, weil sie in Ihren Entscheidungen herausstellen, sich gar nicht mit den zur Rede stehenden angefochtenen Widerspruchsbescheiden auseinanderzusetzen, sondern ausdrücklich mit nicht mehr validen Erstbescheiden, die bereits durch Widerspruchsbescheide ersetzt worden sind. (z.B. SG Hannover, S 35 KA 32-40/17 – Möhwald)

Auf den ersten Blick ist erkennbar, dass Urteile »nichts taugen«, wenn sie willkürlich Untätigkeitsklagen abweisen und selbst die obsiegende Behörde die Abwegigkeit der Urteile anerkennt und deshalb anschließend die verlangten Bescheide erlässt. (z.B. SG Hannover, S 35 KA 46/11, S 35 KA 35/15 – Möhwald)

Auch das – gegen ausdrückliche Hinweise – von vorneherein unsinnige und bloß bewusst der Verwirrung und der Verzögerung dienende doppelte Anhängigmachen in verschiedenen Aktenzeichen ist ein richterliches Verhalten, das »nichts taugt« und in seiner gesamten Verfahrenslänge als dem Staat zuzurechnendes Verzögerungsbemühen eines offensichtlich inkompetenten und Rechtsmissbrauch präferierenden Richters gewertet werden muss. (z.B. SG Hannover, S 35 KA 1/16; S 35 KA 33/17 – Möhwald sowie S 35 KA 35/13; S 35 KA 34/17 – Möhwald)

Erst recht »taugt ein Sachurteil von vorneherein nichts« und verschwendet nur Zeit, wenn ihm in Wirklichkeit keinerlei Sachprüfung zugrundeliegt. So verhält es bei einem Anfechtungsurteil, das die Aufhebung einer Ermessensentscheidung ablehnt, ohne dass der Richter die Abwägungen der von ihm zu überprüfenden und im Bescheid besonders zu begründenden Ermessensentscheidung überhaupt kennt (so SG Hannover, S 35 KA 39/16 – Möhwald), weil die Verwaltungsakte keine Abwägungen enthält und solchen Verfahren, in denen der Richter sich nicht um die Aushändigung der behördliche Sachermittlungen enthaltenden Akte bemüht, sondern sich mit dem Antragsschreiben und dem Bescheid begnügt (so SG Hannover, S 35 KA 13/19 KA, A 35 KA 14/19 KA u.a. – ebenfalls Möhwald), obwohl Jedermann weiß, dass das Abheften des Antrages und des Bescheides keine ein Verwaltungsverfahren dokumentierende Verwaltungsakte darstellt. (so: BVerwG. Beschl v 10.10.2006, 9 B 27/05 NVwZ 2007, 84; OVG NRW 8 D 12/08 AK <134>)

Auch in den Sachen SG Hannover, S 35 KA 39/16, S 35 KA 13/19 u.a. – Möhwald, hatten dem Richter »Verwaltungsakten« vorgelegen, die keine waren, weil sie keine Dokumentation eines Verwaltungsverfahrens enthielten, sondern worin neben dem 3-seitig begründeten Antrag auf eine Ermessensentscheidung nur der (entgegen § 35 SGG) 3-zeilige, keinerlei Begründung enthaltende Ablehnungsbescheid enthalten war. Das heißt: der Richter kann sich nicht durchsetzen und wird deshalb selbst von der Behörde nicht ernstgenommen; sonst würde ihm eine das Verwaltungsverfahren dokumentierende Verwaltungsakte vorgelegt werden. Der Richter Möhwald hatte auch keine eigenen Sachermittlungen angestellt und weder von sich aus, noch aufgrund von Erläuterungen begriffen, worum es geht, sondern sein Urteil wieder ohne jede Sachermittlungsgrundlage durch »Flaschendrehen« aus dem Stand heraus am Verhandlungstage ein Urteil gefällt. Solche Urteile »taugen« vornehrein »nichts«, sondern sind spontan zusammenfantasiert. Wie jeder weiß, ist für spontane Fabulation keinerlei Bearbeitungszeit bzw. Verfahrensdauer erforderlich.

Da alle oben genannten Verhaltensweisen dem Richter Möhwald zuzuordnen sind, bei dem sich Derartiges in auffälliger Weise derartig »häuft«, dass korrektes Verhalten kaum noch durchscheint, liegt es unter Berücksichtigung der Kategorisierung Machiavellis zum Zwecke eindeutiger sprachlicher Typenskalierung (»vortrefflich, gut, taugt nichts« – Machiavelli a.a.O.) nahe, schlagwortartig von »möhwaldartigem-Nichts-Taugen« zu sprechen, um zu vermeiden, dass beim Kommunizieren ohne umwegige Erläuterungen auf Anhieb immer wieder deutlich ist, worum es geht – um das »nichts-taugen« der sich häufenden Entscheidungen offensichtlich inkompetenter Richter, die das Recht missbrauchen.

Diese gesetzwidrigen und willkürlichen richterlichen Verhaltensweisen, die »nichts taugen«, weil sie von vorneherein dazu dienen, die Gewährung effektiven Rechtsschutzes, der möglichst nicht mehr durch Folgeinstanzen nachgebessert werden muss, amtspflichtwidrig zu verweigern, weil durch ineffiziente Arbeit bloß Alimentationsansprüche ersessen werden sollen, stehlen den Parteien deren wertvolle Lebenszeit. Derart betriebene Verfahren müssen – da sie aufgrund des richterlichen Verhaltens nicht auf faire Verfahrensführungen, sondern von vorne herein auf Ineffizienz und Verzögerung angelegt sind – in ihrer gesamten Verfahrenslänge als Verzögerungen angesehen werden. Wo von vorne herein der Wille und jegliches richterliche Bemühen fehlt, das Menschenrecht auf effektiven Rechtsschutzes in angemessener Zeit zu gewährleisten, gibt es keinerlei richterlich anrechenbaren Bearbeitungszeiten, die effektivem Rechtsschutz gedient haben könnten.

Merke:
Instanzen, die völlig wertlos sind, weil sie das Rechtsschutzinteresse um keinen Millimeter vorangebracht, sondern bloß völlig nutzlos verzögert haben (»möhwaldartiges nicht taugen«), müssen hinsichtlich ihrer gesamten Verfahrensdauer (ohne Berücksichtigung von »Bearbeitungszeiten«) als verzögert angesehen werden.

5. Entschädigung

Der für den Entschädigungsanspruch maßgebliche Tatbestand ist die Verletzung des Anspruchs aus Art 19 Abs 4 GG (Garantie effektiven Rechtsschutzes), aus Art 20 Abs 3 GG (Rechtsstaatsgebot) und insbesondere aus Art 6 EMRK. (Recht auf ein faires Verfahren in angemessener Zeit) – siehe auch: BTDrs 17/3802, S 18, Sp 1

Der Entschädigungsanspruch kann – wie jeder Anspruch – zwar auch außergerichtlich befriedigt werden. (BTDrs 17/3802, S 22) Das geschieht jedoch m.W. nur in sehr seltenen und besonderen Extremfällen und wird ansonsten vom Land/Bund in der Gewissheit verweigert, dass die ihnen unterstehenden Gerichte des Bundes/Landes der in sie gesetzten Erwartung gerecht werden, die Ansprüche vollständig »unterzubügeln«.

Das beginnt manchmal schon damit, dass von Verzögerungsklägern, die zwar oft den Inhalt der Gerichts- und Verwaltungsakten nicht kennen, aber aufgrund der Dauer ihrer Verfahren davon überzeugt sind, einen Verzögerungsanspruch zu haben und deshalb eine Entschädigungsklage erheben, verlangt wird, den Streitwert konkret zu beziffern.

Den konkreten Streitwert können sie aber gar nicht kennen, wenn sie den Inhalt der Verwaltungs- und Gerichtsakten und damit die vier Abwägungskriterien nicht sicher kennen – was die Verzögerungsgerichte natürlich auch genau wissen.

Es wird ihnen entgegengehalten, dass sie keine unbezifferte Feststellungsklage erheben dürfen (so natürlich auch SG Hannover, S 35 KA 35/13 – Möhwald), weil eine Subsidiarität zu einer bezifferten Leistungsklage bestehe. Andernfalls würde ihre Feststellungsklage abgewiesen.

Bei Verzögerungsklagen »besteht die Schwierigkeit, dass es dem Kläger kaum möglich sein dürfte, hinsichtlich des geltend gemachten immateriellen Schadens einen zutreffenden Betrag zu beziffern,« (Thür OVG, U v 22.1.2011, 2 SO 182/12, S 15), denn der Kläger weiß nicht, welche Gründe das Gericht zu welchem Verhalten bestimmt haben. Zu dieser Kenntnis, die der Kläger nicht hat, reicht nicht einmal eine Einsicht in die Gerichtsakte aus, sondern er müsste Erläuterungen der verzögernden Richter über deren Verhaltensmotive erhalten.

Diese Kenntnis hat aber kein Kläger. Es mutet deshalb befremdlich an, dass dasselbe Gericht, das richtig erkannt hat, dass ein Kläger »einen zutreffenden Betrag« gar nicht beziffern kann, eben dieses von den Klägern verlangt – nämlich die Bezifferung eines Betrages, den sie nicht kennen. (Thür OVG a.a.O., S 14) Damit wird der im gesamten Recht geltende Grundsatz verletzt, dass Niemand Unmögliches zu leisten verpflichtet ist.

Zudem dürfte die Auffassung, dass eine Leistungsantrag einem Feststellungantrag vorangehe, falsch sein.

An der Richtigkeit dieser – wohl eher zum »Abwimmeln« gedachten Darstellung dürften hingegen erhebliche Zweifel angebracht sein; denn es entspricht« gefestigter Auffassung in Rechtsprechung und Schrifttum, dass keine allgemeine Subsidiarität der Feststellungsklage gegenüber der Leistungsklage besteht. (OLG Hamm, U v 3.7.2010, I-11 U 145/08 <24>)

Eine Feststellungsklage »ist vielmehr trotz der Möglichkeit eine Leistungsklage zu erheben zulässig, wenn sie unter dem Gesichtspunkt der Prozesswirtschaftlichkeit zu einer sinnvollen und sachgemäßen Erledigung der aufgetretenen Streitpunkte führt. (BGH 2003, 3488 unter Hinweis auf BGH, NJW 1978, 1520f, 1521; BGH NJW 1984, 1118f, 1119; vgl. auch BGH, NJW 1995, 2219; Zöller-Greger, a.a.O., § 256 RN 8)«

Der BGH geht davon aus, dass eine sinnvolle und sachgemäße Erledigung eines Rechtsstreits dann durch eine Feststellungsklage anzunehmen ist, »wenn es sich um eine Körperschaft des öffentlichen Rechts handelt, da von dieser anzunehmen ist, dass sie sich einem Feststellungsurteil beugen wird.« (OLG Hamm, U v 3.7.2010, I-11 U 145/08 <24>) Was für eine Körperschaft des öffentlichen Rechts gilt, muss auch für andere Einrichtungen des Staates gelten, die – wenn sich selber ernstnehmen – die Urteile ihrer eigenen Gerichte befolgen werden.
»Selbst wenn im Laufe eines Rechtsstreits erster Instanz oder mittlerweile nachträglich eine umfassende Bezifferung in Betracht gekommen wäre oder käme, sind die Kläger nicht gezwungen, zu einer bezifferten Leistungsklage überzugehen.« (BGH, NJW 1999, 3774f, 3775)

5.1 verschuldensunabhängige Entschädigung

Nach § 198 GVG können verschuldensunabhängige Ansprüche nur wegen gerichtlicher Verzögerungen geltend gemacht werden.

Für behördliche Verzögerungen von Bescheidungen und Widerspruchsentscheidungen, die unabdingbar erforderlich sind, bevor eine Klage erhoben werden kann, gibt es nach der deutschen RSpr keine verschuldensunabhängige Haftungsregelung (so: BTDRs 17/3802, S 1 – 2); insofern fehlt nach wie vor ein innerstaatliches Rechtsmittel.

Der EGMR sieht in diesen Fällen, in denen eine Behörde durch ihre Untätigkeit den Zugang zum Gericht unterläuft, eine dem Staat zuzurechnende Verletzung des Art 6 Abs 1 EGMR. Wenn eine Finanzbehörde fast drei Jahre für seine Arbeit in Anspruch nimmt und dadurch den Zugang zum Gericht versperrt, ist das eine Verletzung des Art 6 Abs 1 EMRK, die vom Staat zu entschädigen ist. (EGMR v 23.7.2002, 34619/97 – Janosevic/Schweden)

Es ist auf die willkürlich und offensichtlich zur Erschwerung der Wahrnehmung der Konventionsgarantien geschaffenen innerstaatlichen Sonderregelungen für Fristen zu achten, die vom deutschen Rechtssystem eklatant abweichen:

Die Verzögerungsentschädigungsklage kann frühestens sechs Monate nach Einlegen der Verzögerungsrüge erhoben werden und muss spätestens sechs Monate nach Rechtskraft der Verfahrensbeendenden Entscheidung oder einer anderen Erledigung erhoben werden. (§ 198 Abs 5 GVG)

5.1.1 immaterielle Entschädigung

»Leistungen nach § 198 Abs 3 GVG dienen der Entschädigung für die erlittene Verletzung des Rechts auf ein zügiges Verfahren, insoweit vermutet das Gesetz den Eintritt

eines immateriellen Schadens, der an sich nur in der Beeinträchtigung oder dem teilweisen Verlust von Lebensqualität liegen kann. Zweck der Leistung nach § 198 Abs 3 GVG ist es deshalb, dem in seinen Rechten Verletzten durch das Zurverfügungstellen von Geld die Möglichkeit zu eröffnen, durch die Verwendung des Geldes seine Lebensqualität wieder zu steigern und damit den Mangel möglichst auszugleichen.« (LSG Nds-Bremen, Beschl v 28.4.2016, L 10 SF 22/15 EK AS, S 4)

Die Geltendmachung einer immateriellen Entschädigung ist also relativ unkompliziert.

Der immaterielle Schaden muss nicht bewiesen werden, er gilt bei überlanger Verfahrensdauer stets als vorhanden, ohne dass es eines Nachweises bedarf, der ohnehin kaum geführt werden kann. – Wie wollte man einen immateriellen Schaden beweisen oder quantifizieren, also den materiellen Wert eines immateriellen Schadens bestimmen?

Das erscheint undenkbar.

Entsprechend der innerstaatlich bindenden Vorgaben des EGMR ist deshalb ein immaterieller Schaden immer als entstanden anzunehmen und wird in Höhe von 100 Euro pro Verzögerungsmonat pauschal quantifiziert, wenn ein Verfahren die in Art 6 Abs 1 EMRK bestimmte »angemessene Frist« überschreitet. Dann steht der spezifischen Art der Verletzung, die den stets als vorhanden vermuteten immateriellen Schaden verursacht hat, eine vollständige Herstellung des früheren Zustands (restitutio in integrum) entgegen. Daher kann der Betroffene an Stelle des früheren Zustandes nur eine gerechte Entschädigung erhalten.

Der Betrag von 100 Euro pro Monat kann aber in besonderen Fällen geändert werden. Er kann in Fällen besonderer Bedeutung auch höher sein. Die besondere Bedeutung eines Betroffenen hängt stets davon ab, welche Belastungen ein verständiger Betroffener in der Situation, der er ausgesetzt wurde, subjektiv empfunden hat. Dass Betroffene das Zeitempfinden einer Belastung anders, teilweise sogar völlig anders einschätzen als Nichtbetroffene liegt auf der Hand. Nicht umsonst hat der Vizepräs. des AG Lübeck bei der Anhörung im Bundestag die grundsätzlich stärkere subjektive Empfindung einer Belastung Betroffener – die natürlich konventionserforderliche Berücksichtigung erfordert – betont:

»Das Zeitempfinden der an den Rechtsstreitigkeiten beteiligten Personen ist häufig völlig anders als das der professionell beteiligten Juristen.«

Das liegt auf der Hand. Juristen sind stets sorgenfrei, Betroffene hingegen nicht.

Ursache dafür ist die Tatsache, dass die Beteiligten als einzige während des gesamten Verfahrens befürchten müssen, durch das Urteil einen Nachteil zu erleiden. Die Juristen haben nur Vorteile: Die Richter sind unabhängig von der –

teilweise grottenschlechten – Qualität des Urteils »einen Vorgang los« und die Anwälte haben einen Honoraranspruch erworben sowie möglicherweise Aussicht auf einen Anschlussauftrag für die Berufung.

Kurz: die Juristen wissen während des gesamten Verfahrens, dass sie sich über das Urteil nicht die geringsten Sorgen machen müssen, weil es keinerlei Nachteile für sie hat, sondern nur mit Vorteilen verbunden ist , während sich Betroffene während des gesamten Verfahrens Gedanken über den Ausgang des Verfahrens machen müssen, wenn es »um etwas geht«. Umso mehr Sorgen müssen sich besonnene Betroffene machen, wenn sie in der strittigen Sache unfair oder sogar gesetzwidrig behandelt werden. Dann gewinnt die Sache eine über das Durchschnittliche hinausgehende Bedeutung für sie. Verhalten sich Diejenigen, auf die es in den Verfahren ankommt, gegenüber Betroffenen pflichtwidrig, ist das – wie Jeder Einsichtige nachvollziehen kann – eine besondere Belastung während des Verfahrens.

Richter, StAe oder sonstige Staatsdiener, die <u>wahnartige Vorstellungen</u> haben (z.B. SG Hannover, S 35 KA 1/16 – Möhwald, in welchem der Richter Möhwald Kundgaben frei erfunden hat), erhöhen die psychische Belastung Betroffener im besonders großen Masse, weil diese dann natürlich befürchten müssen, dass auch die Urteilsfindung nicht korrekt sein wird, sondern auf solchen Wahnvorstellungen beruhen wird.

Auch das <u>Erleidenmüssen pflichtwidrigen, gesetzwidrigen schuldhaften Verhaltens</u> während eines Verfahrens erhöht die Belastung Betroffener. Die entgegengesetzte Auffassung des BGH (U v 14.11.2013, III ZR 376/12 – Schlick, Wöstmann, Seiters, Remmert, Reiter), dass es bei Verfahren wegen Verzögerungsentschädigungen nicht darauf ankomme, ob die Rechte Betroffener während des Verfahrens durch Staatsdiener pflichtwidrig oder schuldhaft verletzt wurden (z.B. ob das gesamte Strafverfahren auf einer vorsätzlichen Verletzung des Selbstbelastungsverbots beruht oder auf gesetzwidrigen Vereidigungen, so dass der Betroffene keinerlei Objektivität erwarten kann) ist weder nachvollziehbar, noch konventionskonform. Es handelt sich um die bereits durch Zitate belegte konventionswidrige RSpr des BGH, an der sich korrekte, konventionskonform verhaltende Juristen nicht orientieren sollten.

Der Grund des konventionswidrigen Verhaltens – das Verweigern einer die besonderen Umstände berücksichtigenden – Entschädigung, die aufgrund der hohen psychischen Belastung des Betroffenen billigerweise mehr als die Standardentschädigung von 100 Euro/Monat betragen sollte, erscheint erbärmlich und bescheinigt den Richtern an einem der höchsten deutschen Gerichte eine profunde Schäbigkeit.

Diese eine höhere als die Pauschalentschädigung von 100 Euro/Monat verweigernde Grundlage der immateriellen Entschädigung ist ein »personenbezogener Anspruch« BVerwG, U v 27.2.2014, 5 C 1.13 D, Leitsatz 2; BFH, U v 4.6.2014, XK 12/13; LSG Berlin-Brandenburg, U v 25.8.2015, L 37 SF 29/14 EK AS; LSG Nds-Bremen, Beschl v 28.4.2016, L 10 SF 22/15 EK AS, S 6) d.h., mehrere betroffene Personen sind jede für sich und nicht als eine Personeneinheit zu behandeln. Die immaterielle Entschädigung dient dem Ausgleich von psychischen Belastungen, Stress, »seelischer Unbill, körperlichen Beeinträchtigungen, Rufschädigungen« (BTDrs 17/3802 S 19, Sp1) bzw. vom EGMR stets unterstellter »ständiger und tiefgreifender Beunruhigung« (so: EGMR, König/Deutschland a.a.O.) pp.

Wenngleich solche immateriellen Schäden nicht so weit gehen müssen, wie bei dem Kaufmann Grässer, von dem man sagt, die Stadt Saarbrücken habe ihn zu Tode prozessiert, indem sie solange immer wieder Rechtsmittel eingelegt hat, bis Grässer nach 29-jähriger Verfahrensdauer nicht die Verantwortlichen dieser Schikane, sondern sich selber mit seinem Jagdgewehr erschossen habe, sind psychische Belastungen von Gerichtsverfahren nicht zu unterschätzen. Die durch Verfahrensverzögerung psychische Belastungen mit sich bringende Unklarheit steht in einem inneren Zusammenhang mit der Garantie der persönlichen Freiheit (BVerfG 2 BvR 1822/04 <35>), welche die durch Art 2 GG verfassungsrechtlich und durch Art 8 EMRK konventionsrechtlich gewährleistete Selbstbestimmung über den eigenen Lebensentwurf beeinflusst oder verändert.

Dadurch wird Art 2 Abs 1 GG verletzt, der davor schützt, »durch die Staatsgewalt nicht mit einem Nachteil belastet zu werden, der nicht in der verfassungsmäßigen Ordnung begründet ist.« (BVerfG, 1 BvR 45/15 <13> mwN)

»Auch eine juristische Person kann für einen Nachteil, welcher nicht Vermögensnachteil ist, entschädigt werden. (EGMR, 6. April 2000, 35382/97, Nr. 19 EuGHMR 2000-IV)

Insoweit können (nicht konkret nachweisbare) Kosten oder entgangene Gewinne, besondere Belastungen oder die fehlende Planungssicherheit berücksichtigt werden,« (LSG Sachsen-Anhalt, L 10 SF 5/12 ÜG, Leitsatz 6)

Für einen bei einer Verfahrensverzögerung immer grundsätzlich zu unterstellenden immateriellen Schaden durch eine Verzögerung wird eine Pauschalvergütung von 100 Euro pro Monat der Verzögerung bezahlt.

Ist der Betrag angesichts der Einzelfallumstände unbillig, ist ein anderer Betrag festzusetzen. Unbilligkeit kann dann bestehen, wenn der Betroffene von den Behörden z.B. materiell- oder verfahrensrechtlich besonders benachteiligt oder schikaniert wurde.

Beispiele hierfür sind vorne beim dargestellten Verhalten der Gerichte und Behörden genannt. (siehe: 4.3.4)

Der die Verzögerungsentschädigung Beanspruchende muss – wie bereits gesagt – den immateriellen Schaden nicht beweisen; sondern es besteht eine starke, substantiiert widerlegbare Regelvermutung eines verzögerungsbedingt eingetretenen immateriellen Schadens, die der RSpr des EGMR (z.B. EGMR 36813/97) entspricht (siehe auch: BTDrs 17/3802, S 19, Sp 2):

»Regarding non pecuniary damage, the Court ... assumes, that there is a strong, but rebuttable presumption that excessevely long proceedings will occasion non pecuniary damage.«(EGMR, GK, v 29.3.2006, 62361/00, § 94 – Riccardi Pizzati/Italien)

Das heißt, es ist von Gesetzes wegen immer grundsätzlich davon auszugehen, dass eine lange Verfahrensdauer zu einem immateriellen Schaden führt. Dass ein immaterieller Schaden tatsächlich vorliegt, bedarf keines Beweises mehr. Es wird des Weiteren von Gesetzes wegen stets eine Kausalität zwischen der Verfahrensdauer und einem immateriellen Schaden als vorhanden unterstellt. Manche Bundesländer – hier an erster Stelle wieder Niedersachsen – sehen das anders als der Bundesgesetzgeber und vor Allem anders als der EGMR. Sie meinen, ein immaterieller Schaden müsse vom Betroffenen vorgetragen werden:

»Ein immaterieller Schaden ist weder ersichtlich, noch ist er vorgetragen worden.« (Land Nds, 2 Fis 64/14, Schr v 24.10.2016 zu L 10 SF 38/14 EK KA – OStA Dr.Schreiber)

Das ist wie dargestellt, rechtlich völlig falsch. Ein immaterieller Schaden wird stets unterstellt.

Ein Gegenbeweis ist allerdings zulässig; eine unsubstantiierte bloße Gegenbehauptung reicht jedoch dafür nicht aus.

Offensichtlich weder ausreichend noch zutreffend begründet ist auch die Auffassung des Landes Nds, dass »irgendeine tatsächliche Belastung eines Betroffenen …nicht ersichtlich« sei, wenn nach Ansicht des Landes ein Rechtsschutzbedürfnis für das Ausgangsverfahren fehle (Land Nds, 2 Fis 158/18, Schr v 3.9.2018, zu L 10 SF 9/18, S 10).

In gleicher Weise konventionswidrig ist die Darstellung der nds Landesregierung, dass eine »psychische Belastung« eines Betroffenen »fern liege« weil er durch eine einen einzigen Antrag in dutzende Bescheide aufspaltende Behörde und ein Klagen nicht bearbeitendes, sondern Untätigkeitsklagen bloß kumulierend ansammelndes Gericht in eine Vielzahl von Verfahren gezwungen wurde, so dass eine gewisse »Gewöhnungswirkung« an die psychische Belastung vorliege. (Land Nds, a.a.O., S 11)

Das heißt, Dauerstress ist nicht belastend. Da die psychische Dauerbelastung ein »Normalzustand« ist, sei er wegen seiner Dauerhaftigkeit und »Normalität« keine Belastung mehr und daher nicht zu entschädigen – ein völlig absurder Gedanke, wie ihn nur völlig der Wirklichkeit Entrückte haben können.

Da bereits der Beweis eines immateriellen Schadens »oft nur schwierig oder gar nicht zu führen ist« (BTDrs a.a.O.), dürfte es umso schwieriger bis unmöglich sein, den Gegenbeweis zu erbringen, also substantiiert zu beweisen, dass ein immaterieller Schaden im konkreten Einzelfall nicht besteht.

Zum »Widerlegen« eines immateriellen Schadens reicht – wie gesagt – nicht das unsubstantiierte bloße Bestreiten aus, sondern es ist aufgrund § 313 a ZPO und gem. der Konventionskriterien eine ausreichend substantiierte Begründung erforderlich:

»The domestic courts will than have to justify their decision by giving sufficient reasons.«(EGMR, GK, v 29.3.2006, 62361/00, § 94 – Riccardi Pizzati/Italien)

Auch im deutschen Recht müssen die Gründe für die richterliche Überzeugung in den Gerichtsurteilen angegeben und die Urteile ausreichend begründet werden (z.B.: § 128 SGG; LSG Thüringen, U v 18.8.2003, LG Rj 328/03) Das sollte eigentlich jeder Richter wissen – wenngleich sich beileibe nicht jeder Richter daran hält.

Die im Ergebnis substanzlose »Begründung«, es bestünde kein immaterieller Schaden, weil aufgrund der langen Dauer keine den Betroffenen belastende (Kosten-)Entscheidung ergangen sei, (so: LSG Nds, L 10 SF 38/14 EK KA – Thommes, Dürre, Dr. Dietrich) dürfte wegen ihres Zirkelschlusses keine »sufficient reasons« enthalten, sondern konventionswidrig sein.

Es ist auch nicht so – was manche möglicherweise unsorgfältig arbeitenden und auf die Einschüchterung von Entschädigung beanspruchenden Verzögerungspopfern bedachten Richter offenbar etwas blauäugig glauben – dass es ausreicht, das Bestehen eines immateriellen Schadens bloß unsubstantiiert zu bestreiten. Im Gegenteil: den Bestreitenden trifft die volle Beweislast, die gut zu begründen ist.

Die vom Präsidenten des LSG Nds – Bremen veranlasste und als Drohung gemeinte prohibitive Ankündigung, er werde das Bestehen eines immateriellen Schadens bestreiten, wenn eine Klage gem. §§ 198 ff GVG eingereicht wird, die ein seit achtzehneinhalb Jahren diverse Male durch Untätigkeitsklagen unterbrochenes primär- und sekundärrechtlich unerledigtes rechtliches Anliegen wegen erheblicher Härten betrifft (LSG Nds – Bremen, L 3431/02 – 01 10/20 vom 6.4.2020 – Hörner), dürfte wohl auf wesentlichen Kenntnismängeln des Präsidenten dieses Gerichts über das deutsche Beweisrecht beruhen.

5.1.2   materielle Entschädigung

Die sachliche Entscheidung kann so lange hinausgezögert worden sein, bis sie den Rechtsuchenden Nichts mehr nützt oder materielle Nachteile eingetreten sind. (BVerfG(K) v 30.9.2009) Anders als für die immaterielle Entschädigung ist für eine materielle Entschädigung ein Nachweis erforderlich. Dabei ist »die Entschädigung für materielle Nachteile … kein Schadensersatz im Sinne der §§ 249 ff …BGB. Sie stellt vielmehr in Anlehnung an § 906 Abs 2 Satz 2 BGB einen Schadensersatz nach enteignungs- und aufopferungsgleichen Grundsätzen dar.«(BVerwG, 5 C 1.13 D, II, 2 b)

Die Verletzung des Jedem zustehenden, in Art 6 Abs 1 EMRK aufgenommenen, allgemeinen Völkerrechts auf angemessene Verfahrensdauern begründet aufgrund der Anordnung des EGMR, das Konventionsrecht innerstaatlich so anzuwenden, wie es der EGMR selber tut (EGMR, Taron/Deutschland, a.a.O., § 39), gem. § 198 GVG einen Anspruch gegen den Staat, der – wie jeder andere Anspruch – als Rechtsverhältnis Gegenstand einer Feststellungsklage sein dürfte. (analog BGH v 3.5.2001, III ZR 191/00, 1.a) – Rinne, Wurm, Streck, Schlick, Dörr)

Materielle Entschädigung »umfasst dem Umfang nach …den vollen Ersatz für materielle Nachteile«, wozu auch Kostenerhöhungen im Ausgangsverfahren, aufgrund der Verzögerung entgangener Gewinn und die notwendigen Anwaltskosten für die vorprozessuale Verfolgung des Entschädigungsanspruchs« gehören. (BTDrs 17/3802, S 19, Sp 1)

Es kann auch sinnvoll sein, den Verlust von Chancen und Gelegenheiten in die Prüfung materieller Schäden einzubeziehen, wenn hierdurch Nachteile entstanden sind:

»Such a state of affairs is likely to have led Dr. König to defer unduly, in view of his age, the search for an alternative career.(…) In addition, the inordinate protraction of the proceedings relating to the running of the clinic in all probability prejudiced the
applicant in prompting him to postpone the sale or lease of the clinic and thereby to let pass certain opportunities or possibilities.« (EGMR v 10.3.1980, 6232/73, § 20 – König/Deutschland)

Die angemessene Entschädigung für materielle Nachteile muss dem EMRK – Grundsatz der »restitutio in integrum« genügen. Es muss also eine Wiederherstellung des status quo ante erfolgen (BTDrs 17/3802, S 40) und ist gem. Art 1 EMRK vom Staat für alle seiner Aufsicht unterstehenden und von staatlichen Vorgaben nicht unabhängigen Einrichtungen zu leisten. (EGMR v 7.6.2005, 71186/01, § 67 – Fükler/Ukraine)

Materielle Entschädigung ist zu leisten, wenn die Verzögerung kausale Ursache für den eingetretenen materiellen Schaden war/ist. Kausal ist die Verzögerung für den Schaden, wenn sie nicht hinweggedacht werden kann, ohne dass der »Erfolg«, d.h. der Schaden entfällt (conditia sine qua non).

Ein Schaden ist adäquat verursacht, wenn mit dem Schaden nach allgemeiner Lebenserfahrung zu rechnen war und der Schaden nicht völlig außerhalb jeder Wahrscheinlichkeit liegt.

»Die Annahme, dass ein typischer Geschehensablauf vorliegt, erfordert zunächst die Feststellung eines allgemeinen Erfahrungssatzes als einer aus allgemeinen Umständen gezogenen tatsächlichen Schlussfolgerung, die dann auf den konkreten Sachverhalt angewendet werden kann.« (BGHZ 7, 198, 200f)

»Das Schadensereignis muss also nach allgemeiner Lebenserfahrung die typische Folge des festgestellten Haftgrundes darstellen.« (BGH, VI ZR 98/82 <14>; NJW 83, 2241)

Gem. § 287 ZPO genügt die bloße Wahrscheinlichkeit eines bestimmten Geschehensablaufs, also die Darstellung des gewöhnlichen Verlaufs der Dinge. Der Geschädigte kann sich darauf beschränken, auf die tatsächliche Wahrscheinlichkeit für einen erfahrungsgemäßen Ablauf hinzuweisen. Es ist dann Sache des Schädigers, die Vermutung des ursächlichen Zusammenhangs auszuräumen. (BGH, NJW 83, 2241)

Das heißt im Ergebnis, dass Entschädigungsansprüche bestehen, wenn zwischen der Verzögerung und dem Schaden ein Zusammenhang besteht, der sich aus dem »normalen Geschehensablauf« ergibt.

Anders als bei Schadensersatzansprüchen gem. § 839 BGB iVm Art 34 GG spielt Verschulden oder Rechtswidrigkeit oder das Vorhandensein eines Schutzgesetzes bei Entschädigungsansprüchen aus §§ 198 ff GVG bzw. Art 6 EMRK iVm Art 20 Abs 3 GG aufgrund des normalen Geschehensablaufs überhaupt keine Rolle.

Für Verzögerungsschäden ergeben sich folgende Beispielsüberlegungen:

Es entspricht einem normalen Geschehensablauf, dass dann, wenn eine durch ein Gesetz begründete Entschädigungsklage eingereicht wird und die Anspruchslage durch eine während des Verfahrens vorgenommene Gesetzesänderung entzogen wird, ein Schaden entsteht, der darauf zurückzuführen ist, dass über die Entschädigungsklage nicht vor der Gesetzesänderung entschieden worden ist.

Ein Anspruch kann auch entstehen, wenn während eines überlangen Verfahrens für den Betroffenen nachteilige Rechtsänderungen eingetreten sind, die ihn bei angemessener Verfahrensdauer nicht benachteiligt hätten.

Die Verzögerung führt dann dazu, dass Verzögerungsansprüche entstehen; denn es ist

»mit Art 19 Abs 4 GG nicht vereinbar …wenn Rechtsschutz erst zu einem Zeitpunkt eröffnet wird, zu dem …eine grundsätzlich ergebnisoffene Überprüfung nicht mehr erwartet werden kann. In gleicher Weise defizitär ist der Rechtsschutz, wenn zu diesem Zeitpunkt …die Verletzung des Eigentums regelmäßig nicht mehr verhindert werden und auch nicht mehr rückgängig gemacht werden kann.« (BVerfG, 1 BvR 3139/08 <194>)

Das sind dann verzögerungsbedingte materielle Schäden gem. §§ 198 ff GVG bzw. Art 6 EMRK.

Es sind folgende Beispielsfälle denkbar:
1. Auf die Verfahrensdauer zurückzuführen materielle Schäden sind <u>Gerichtskostenerhöhungen</u>, weil während der Verzögerung die Streitwertregelungen oder die Kostengesetze geändert wurden. So war z.B. neben etlichen anderen Verfahren auch das Verfahren L 3 KA 148/06 beim LSG Nds – Bremen bereits am 12.5.2010 verzögert und dauerte bis 2020. Während dieser Zeit waren etliche Untätigkeitsklagen, Verfahren des einstweiligen Rechtsschutzes und Nebenverfahren erforderlich, die sämtlich nach inzwischen geändertem neuem Kostenrecht zu höheren Gerichtskosten abgerechnet wurden. Die Differenzbeträge der in allen Verfahren tatsächlich bezahlten Kosten im Verhältnis zu den Kosten, die am 12.5.2010 maßgeblich waren, sind gem. §§ 198 ff GVG materielle Schäden, auf deren Ausgleich ein Anspruch besteht.
2. Auch die <u>Änderung anderer Gesetze</u> kann zu materiellen Verzögerungsschäden führen. Dabei muss es sich aber nicht einmal um derart exorbitante Verfahrensdauern wie die o.g. (ca. 20 Jahre) handeln, sondern es kann sich auch um – im Hinblick auf die in Deutschland üblichen Bearbeitungsdauern – relativ kurze Zeiträume – z.B. zwei Jahre – handeln, die zu sogar sehr beträchtlichen Entschädigungsansprüchen führen. Im Falle des aus Deutschland emigrierten Ehepaares Dömel aus Wien/Österreich führte eine Verfahrensdauer von nur zwei Jahren zu einem materiellen Entschädigungsanspruch von 370.000 Euro. (EGMR v 9.5.2007, 31828/03, Nr

1 – Dömel/Deutschland) Nachdem die Klage auf Rückübertragung eines Grundstücks in Dresden am 2.9.1998 beim VG Dresden eingelegt worden war, ging der Rückübertragungsanspruch zum Schaden der Rechtsuchenden während der Rechtshängigkeit der Klage durch die Änderung des § 9 des Vermögensgesetzes am 15.9.2000 verloren. Es wurde innerstaatlicher Rechtsschutz erst zu einem Zeitpunkt eröffnet (und daher verzögert), zu dem im Hinblick auf die Vorfestlegungen eine grundsätzlich ergebnisoffene Überprüfung nicht mehr erwartet werden konnte. Das verstößt gegen das Gebot effektiven Rechtsschutzes gem. Art 19 Abs 4 GG in angemessener Zeit. (siehe: BVerfG, 1 BvR 3139/08 <194>) Hierfür musste Deutschland materielle Entschädigung leisten. (siehe ebenso: EGMR v 8.12.2011, 5631/05, § 74 – Althof u.a./Deutschland)

3. Eine vergleichbare <u>Rechtsänderung während der Verzögerung</u>, die dazu führte, dass der Rechtsschutz nichts mehr nutzt, weil er zu spät kommt, bestand auch in Griechenland, wo der Staat die Rechtsprechung aufgrund der noch nicht beendeten, sondern noch bestehenden Rechtshängigkeit eines Verfahrens zum Nachteil des Rechtsuchenden beeinflusste (»...the State had effectively removed jurisdiction ...« EGMR v 9.12.1004, 13427/87, § 42 – Stran Greek Refineries und Stratis Andreadis/Griechenland), indem er das Recht rückwirkend umgestaltete. (siehe ebenso: EGMR v 24.2.2005, 45658/99, § 80 f – Veselinski) Solche nachträglichen Umgestaltungen des Rechts hat es auch in Niedersachsen gegeben, wo Satzungsänderungen durch das Einfügen rechtsumgestaltender Härteregelungen rückwirkend »rechtmäßig« gemacht wurden. (LSG Nds, L 3 KA 156/04 u.a.)

4. Auch die <u>verzögerte Grundbucheintragung</u> von nur zwei Jahren kann zu erheblichen materiellen Schäden führen, weil z.B. ein Gebäude nicht errichtet werden konnte und darum Einnahmen entgangen sind, oder weil während der Verzögerungsdauer Zinsen angefallen sind, oder weil ein Bauträger in der Zwischenzeit insolvent geworden ist oder aus anderen Gründen. Neben dem Anspruch aus Amtshaftung gem. § 839 BGB kommt dann noch ein weiterer Anspruch für die entgangene Nutzung aus dem Gesichtspunkt des enteignungsgleichen Eingriffs infrage. Im Urteil v 11.1.2017 hat der BGH wegen der Verzögerung von Grundbucheintragungen einen Anspruch über 450.000 Euro festgestellt. (BGH , U v 11.1. 2017 – III ZR 302/05 – ebenso: OLG Oldenburg, U v 11.9.2009, 6 U 13/08 <34>)

5. Ebenso können materielle Schäden entstehen, wenn aufgrund überlanger Verfahren <u>Verjährungsfristen</u> greifen, so dass dadurch der Geltendmachung

von Ansprüchen die Einrede der Verjährung entgegensteht; denn das Rechtsinstitut der Verjährung dient der Rechtssicherheit und dem Rechtsfrieden, indem es Ansprüche, die über geraume Zeit hinweg nicht geltend gemacht wurden, dem Streit entzieht. Dieses Anliegen besteht im Privatrecht wie im öffentlichen Recht gleichermaßen. Praktisch besteht die Gefahr, dass dann, wenn die Verfahrensdauer länger ist, als Verjährungsfristen, solche Schäden auftreten, also Ansprüche verlorengehen, die dann materielle Verzögerungsschäden sind. (z.B. L 3 KA 106/16 – Pilz, Dr.Blöcher, Hörner)

6. Auch wenn z.B. eine Entscheidung über <u>Prozesskostenhilfe (»PKH«)</u> zu spät kommt, so dass eine Klage aus Kostengründen nicht eingelegt werden konnte, ist nicht nur das Recht auf effektiven Rechtsschutz verletzt (so: BTDrs 17/3802, S 23 Sp 1), sondern es können auch materielle Ansprüche verlorengehen, die bei durch rechtzeitiger PKH – Entscheidung eingelegter Klage erfolgreich gewesen wären.

7. Kommt eine Behörde der verfassungsrechtlichen Pflicht (BVerfG, 1 BvL 7/91) nicht nach, zeitgleich mit einem den Inhalt und die Schranken des Eigentums bestimmenden Bescheid (Eingriffsbescheid) einen die dadurch eingetretenen atypischen Wirkungen neutralisierenden Bescheid (<u>Ausgleichsbescheid</u>) vorzulegen, und verzögert diesen, so ist der durch den Zeitablauf entstandene Schaden ein materieller Verzögerungsschaden. Verzögert auch das Gericht solche Verfahren, so dass die Pflichtverletzung – manchmal jahrelang) weitergeschleppt wird, dann ist die Verzögerung auch dem Gericht zuzurechnen. Darauf kommt es letztlich nicht an; denn auf konventionsrechtlicher Ebene steht der Staat für solche Verletzungen ein, unabhängig davon, ob ein Gericht oder eine Behörde Schadensverursacher waren.

8. Materielle Schäden können auch entstehen und Verzögerungsentschädigungen auslösen, wenn eine Behörde und ein Gericht erst nachdem die <u>Aufbewahrungsfristen für Steuerunterlagen</u> abgelaufen sind und daher nicht mehr vorliegen, ebendiese Unterlagen für die Prüfung von Ansprüchen anfordern, um die Ansprüche auf diese Weise ablehnen zu können (LSG Nds, L 3 KA 2/19). Das verstößt gegen das Gebot, effektiven Rechtsschutz zu einem Zeitpunkt zu eröffnen, in dem eine vollständige Überprüfung des Falles möglich ist (BVerfG, 1 BvR 3139/08 <194> – siehe oben, Pkt. 1) sowie gegen Art 13 EMRK. Gegen Art 13 iVm Art 6 EMRK verstößt es, wenn staatliche Instanzen nicht mehr prüfen können, ob der Eingriff verhältnismäßig war (EGMR v 27.9.1999, 33985/96, § 138 – Smith und Grady/Vereinigtes Königreich) und die Instanz darum von einer Überprüfung des

Vorbringens völlig absieht. (EGMR v 26.110.00, 30985/96, § 100 – Hassan und Tchaouoh)

9. Weiteres Beispiel für das staatlich zu entschädigende Entstehen materieller Schäden ist eine Änderung der gerichtlichen Rechtsauffassung im verzögerten Zeitraum, so dass das Urteil aufgrund der Verzögerung anders ausfällt, als es bei verzögerungsloser Entscheidung ausgefallen wäre. So hat z.B. das LSG Nds mehrfach aufforderungslos mitgeteilt, dass eine angefochtene Satzungsnorm rechtswidrig sei (LSG Nds, Schr v 7.7.2005, L 3 KA 207/04 u.a.). Fünf Jahre später, am 12.5.2010 hat das LSG dann dargestellt, man davon habe ausgehen müssen, dass die vom LSG selber zuvor als rechtswidrig benannte Satzungsnorm rechtmäßig sei und angewendet werde. (LSG Nds, L 3 KA 85/07, S 12) Damit sind zumindest die aufgrund der Rechtsverfolgung entstandenen Kosten materielle Schäden. Womöglich ist daneben ein materieller Verzögerungsschaden entstanden, weil im Vertrauen auf die Richtigkeit der Erklärung während der verzögerten Phase nachteilige Vermögensdispositionen getroffen wurden.

10. Materieller Schaden kann bei überlanger Verfahrensdauer auch ein Verlust von Chancen sein, die bei konventionskonformer Dauer realisierbar gewesen wären. (so: EGMR v 1.7.1997 – Pammel/Deutschland), was der EGMR in einer anderen Sache wie folgt formuliert hat:

»…The inordinate protraction of the proceedings …prejudiced the applicant …to let pass certain opportunities or possibilities.« (EGMR v 10.3.1980, § 20 – König/Deutschland a.a.O.)

In allen diesen (die Wirklichkeit nicht erschöpfend darstellenden) Beispielsfällen sind materielle Schäden entstanden, die gem. §§ 198 ff GVG ausgeglichen werden müssen.

Voraussetzung für eine materielle Entschädigung ist – wie gesagt – die Kausalität der Verzögerung für den Schaden. Kausal ist die Verzögerung für den Schaden, wenn sie nicht hinweggedacht werden kann, ohne dass dann der Schaden entfällt. (conditia sine qua non). Ein Schaden ist adäquat verursacht, wenn mit dem Schaden nach allgemeiner Lebenserfahrung zu rechnen war und der Schaden nicht völlig außerhalb jeder Wahrscheinlichkeit liegt.

Der Beweis hierzu ist gem. § 287 ZPO bereits dann erbracht, wenn der Betroffene die Umstände beweist, aus denen sich nach dem gewöhnlichen Verlauf der Dinge, also dem erfahrungsgemäßen Geschehensablauf die Wahrscheinlichkeit des vorliegenden Schadens ergibt. (stRSpr, z.B.: BGH U v 21.1.2016, I ZR 90/14 <21>; OLG München, U v 29.10.2010, 10 U 5255/10 <14> mwN).

Noch günstiger liegen die Dinge, wenn die Behörde/das Gericht die Kausalursächlichkeit bereits eingestanden hat oder die Kausalursächlichkeit allgemein/gerichtsbekannt ist (siehe vorn).

Verschulden oder Rechtswidrigkeit spielt bei Entschädigungsansprüchen gem. § 198 GVG und Art 6 EMRK aufgrund sich aus dem typischen Geschehensablauf ergebenden atypischen Wirkungen – der Schäden – weder im deutschen Recht, noch im Konventionsrecht eine Rolle. Das heißt, derartige Beweise sind nicht zu erbringen, sondern die Beweisführung ist mit dem normalen Geschehensablauf erfüllt.

Dass im konkret vorliegenden Fall einer Verzögerung kein normaler Geschehensablauf vorliegt, sondern ein davon abweichendes atypisches Geschehen den Schaden verursacht hat, ist dem Gegenbeweis zugänglich. Wer die Kausalität bestreiten will, also bestreitet, dass der Schaden durch die erfahrungsmäßige Typik des Geschehensablaufs eingetreten ist, muss die Vermutung des ursächlichen Zusammenhanges ausräumen
und das von ihm behauptete Gegenteil substantiiert beweisen. (BGH, NJW 83, 2341; BGH, XII ZR 153/15)

Rein theoretische Zweifel reichen dazu nicht aus. (siehe: LG Karlsruhe, U v 14.11.2008, 6O 36/05 Leitsatz 4)

So muss der, der angesichts des eines bestehenden Heckschadens an einem Auto und dem Frontschaden an einem dahinterstehenden Auto einen Auffahrunfall bestreiten will, den anderen von ihm geltend gemachten Geschehensablauf substantiiert beweisen. Dazu reicht die bloße Behauptung nicht aus, dass das vorne stehende Auto einen Rückwärtsgang habe und rückwärts gefahren sein könne oder rückwärts gefahren sei.

Das tatsächliche Rückwärtsfahren muss von der den normalen Kausalablauf bestreitenden Partei substantiiert bewiesen werden. Den einen abweichenden Kausalverlauf behauptenden trifft die volle Beweislast. (LG Berlin, 58 S 176/99, Leitsatz)

Nach deutschem Recht orientiert sich die Höhe der den materiellen Schaden kompensierenden Ausgleichsleistung grundsätzlich am Wert des abverlangten Guts. (so: BVerfG, 1 BvR 2736/08 <43>). Es gilt der »Grundsatz der Totalrestauration«. (so: BVerfG, 2 BvR 906/09 <19>) Teilrestaurationen sind verfassungswidrig; denn dann findet keine die Verfassungs- und Konventionswidrigkeit vollständig neutralisierende Kompensation statt.

Das sieht die EMRK, die Mindestgewährleistungen garantiert, ebenso: Bei der Entschädigung muss der »volle Wert« entschädigt werden. (siehe EGMR v 16.7.2013, 23321/11. § 11 – Ramos Ferreira u.a./Portugal; EGMR v 16.7.2013, 71007/11 – Candida Correira Martines Caiado/Portugal; EGMR v 16.7.2013, 71014/11 – Jose Martius Caiado u.a./Portugal; EGMR v 16.7.2013, 41064/05, § 62 – Hadzhigeorgiev/ Bulgarien u.a.)

Der »volle« Wert der Entschädigung hat sich am Marktwert zu orientieren. (EGMR v 21.2.1986, Serie A Nr. 98, S 54 – James) Eine darunterliegende, also zu geringe Entschädigung des Staates beendet auch nach der Auffassung des EGMR die Opfereigenschaft des Betroffenen nicht (EGMR v 17.7.2008, 30523/07 – Adamczuk/Polen); denn:

»…only the payment in full of the amount awarded by the arbitration decision could achieve the resitutio in integrum required by Article 50 (art 50).« (EGMR v 9.12.1994, 13427/87, § 77 – Stran Greek Refineries und Stratis Andreadis/ Griechenland; ebenso: z.B. EGMR v 31.7.2014, 14902/04, § 19 – OAO Neftyanaya Kompaniya/Russland)

Dass bei zu geringer Entschädigung die Opfereigenschaft nicht beendet ist, sondern weiterbesteht, gehört als vielfach wiederholte stRSpr zum case-law des EGMR (EGMR v 17.7.2008, EGMR v 21.10.2008, 32752/02 – Faella/Italien; EGMR v 13.11.2008, 32769/02 – Buffolino/Italien; EGMR v 13.11.2008, 32750/02 – Di Maria/Italien; EGMR v 13.11.2008 – Di Vico/Italien; EGMR v 29.4.1999, 25088/94; 28331/95, 28443/95 – Chassagnou/Frankreich u.a.)

Die wesentlich verspätete Entschädigungszahlung stellt ihrerseits einen weiteren materiellen Schaden dar, den der EGMR als eigenständige Eigentumsverletzung ansieht. (EGMR v 14.11.2008, 6789/06 – Fakiridou und Schina/Griechenland)

Behörden wie Gerichte haben die zeitliche Dimension der durch die Verzögerung hervorgerufenen Belastungswirkung im Hinblick auf die schon verstrichene Zeit und ihre weiterhin offene Dauer zu berücksichtigen. (so: BVerfG, 1 BvR 2232/10

<52>) Vier Jahre sind zu lang (EGMR v 23.1.2001, 28342/95, § 21 – Brumarescu/Rumänien) ebenso sind fünf Jahre zu lang (EGMR v 10.7.2001, 26398/95, § 25 – Kücük/Türkei); sowie fünfeinhalb Jahre. (EGMR v 9.3.2006 – Eko – Elda Avee/Griechenland in: Informationsblatt Steuerfragen und die EMRK) Dann sind Zinsen zu bezahlen.

Dabei können 6% angemessen sein:

»The applicants claim …should be awarded 6% simple interest.« (EGMR v 9.12.1994, 13427/87, § 83 – Stran Greek Refineries und Stratis Andreadis/Griechenland)

5.1.3 Entschädigung auf andere Weise

Wiedergutmachung auf andere Weise kann in der Praxis auf vielfältige Weise erfolgen und wird insbesondere für Strafverfahren vorausgesetzt (so: BTDrs 17/3802, S 16, Sp 1)

Dabei sind zwei Formen der Wiedergutmachung auf andere Weise festgeschrieben:

1. die (keinen Antrag voraussetzende) Feststellung der überlangen Verfahrensdauer bei gleichzeitiger Freistellung des Klägers von den Kosten der Entschädigungsklage, die z.B. infrage kommen kann, wenn die Sache für den Betroffenen keine besondere Bedeutung hat – was in diesem Fall das beklagte Land/der Bund substantiiert belegen muss sowie vom Entschädigungsgericht im Urteil begründet (zur Begründungspflicht: EGMR v 29.3.2006, 62361/00, § 94) werden muss, aber oft bloß ins Blaue hinein behauptet wird und nur in Ausnahmefällen ausreichend ist. (siehe: Meyer-Ladewig, EMRK, Art 6 RN 84)

Hierbei ist auf die Verzögerung abzustellen, nicht – wie manche am »Abwimmeln« interessierten Gerichte und Landesregierungen falsch glauben machen wollen – auf das dem Ausgangsverfahren zugrundeliegende Interesse; denn es erscheint

»die Argumentation nicht schlüssig, wegen des geringen Interesses der Antragstellerinnen an dem Ausgangsverfahren genüge anstelle einer Entschädigung in Geld bereits die Feststellung der unangemessenen Dauer des Ausgangsrechtsstreits.« (LSG Nds – Bremen, Beschl. v 28.4.2016, L 10 SF 22/15 EK AS, S 4)

Um Ansprüche »abzuwimmeln« hat das BSG ebenso konventionswidrig (im Einzelnen dazu vorn, Kosten- u Streitwertfestsetzung) wie kaltschnäuzig behauptet, der vier Jahre lang verschleppte Antrag auf Festsetzung des Streitwerts über 38.525 Euro sei für eine auf die Rückzahlung der Kosten angewiesene Rentnerin »ohne nennenswerte Bedeutung«. (BSG U v 12.12.2019, B 10 ÜG 3/19 R)

und

2. im Straf- oder Bußgeldverfahren eine Kompensation

Im Rahmen von Strafverfahren ist die Dauer des Verfahrens bei Verurteilungen zugunsten des Beschuldigten bei der Strafvollstreckung (nicht bei der Strafzumessung – so z.B.: BGH Beschl v 26.10.2017, 1 StR 359/17; BGH) kompensatorisch zu berücksichtigen. (§ 199 Abs 3 GVG); denn »kommt es zu Verfahrensverzögerungen …gibt der dafür verantwortliche Staat zu erkennen, dass er der Aufklärung und Ahndung von Straftaten nur eine untergeordnete Bedeutung beimisst.« (Stellungnahme der Bundesrechtsanwaltskammer zum Strafverfahrensteil …« des § 198 ff GVG, S 6) Dann gilt ein Teil der verhängten Strafe als wegen der Verzögerung verbüßt, (sog »Vollstreckungslösung« – BGH, U v 17.1.2008, GSSt 1/07)

Die Verpflichtung des Gerichts, das Maß der Kompensation für die Verzögerung zu bestimmen, gilt nicht nur für die Gesamtstrafe, sondern auch für alle Einzelstraftaten. (BGH, U v 17.6.2003, 3 StR 183/03)

Ist eine überlange Verfahrensdauer unstreitig festgestellt, kann die Höhe der Kompensation zulässigerweise Gegenstand einer Verständigung im Verfahren sein. (BGH, U v 10.6.2015, 2 StR 97/14; BGH, U v 25.11.2015, 1 StR 79/15)

Als Kompensation bzw. »Wiedergutmachung kann auch

– eine Anwendung der §§ 59, 69 StGB (Verwarnung mit Strafvorbehalt, Absehen von Strafe)

oder

– eine Verfahrenseinstellung nach den §§ 153, 153a, 154, 154a der Strafprozessordnung ausreichen.« (BTDrs 17/3802 S 24 Sp 1)

»Verfahrensverzögerungen ….relativieren auch das öffentliche Interesse an der Strafverfolgung und damit an der Durchsetzung des staatlichen Strafanspruchs.« (Stellungnahme der Bundesrechtsanwaltskammer zum Strafverfahrensteil …« des § 198 ff GVG, S 6)

Nicht nur Strafverfahren und Strafermittlungsverfahren, sondern auch eine Untersuchungshaft darf nicht zu lange dauern; sonst muss der Betroffene auf freien Fuß gesetzt werden.

Für Ermittlungsverfahren ist neben der den Betroffenen besonders (=überdurchschnittlich) belastenden Ausspähung der Verteidigung, der Beweismanipulation (z.B.: der »Säuberung« der Akte durch Herausnehmen von Urkunden – so: StA Hannover – StA Görlich siehe: LG Hannover v 1.8.2013 zu 6 O 371/12; Eingeständnis des Landes Nds v 27.6.2013) und verbotenen Vernehmungsmethoden – (wie vorn StA Hannover – StA Görlich; zu Görlich siehe 4.3.2 Komplexität des Falles u.a.), vor allem die verstärkte Belastung durch das zeitliche Andauern eines schwebenden Verfahrens von Bedeutung, das zu einem Verfahrenshindernis werden kann. Gleiches gilt natürlich auch für das Gericht.

Scheffler weist darauf hin, dass das BVerfG (BVerfG, NJW 1984,967) es bereits 1983, also zu einem Zeitpunkt, zu dem die völker- und menschenrechtliche Problematik längst noch nicht so stark ins Blickfeld geraten war, wie das heute der Fall ist, für möglich gehalten hatte, dass eine überlange Verfahrensdauer ein Verfahrenshindernis darstellen kann. (Scheffler, Rechtsstaatswidrigkeit und Einstellung von Strafverfahren)

Die Bundesrechtsanwaltskammer hat betont, dass bei einem Verfahrensstillstand von einem Jahr bei der StA eine Einstellung in Betracht zu ziehen sei. (Stellungnahme der Bundesrechtsanwaltskammer zum Strafverfahrensteil ….« des § 198 ff GVG, S 10)

Das heißt: Wenn der Staat zu langsam arbeitet, kann möglicherweise kein Ermittlungsverfahren und kein Strafverfahren mehr durchgeführt werden.

Angesichts der Jedem bekannten Tatsache, dass Beweise im Laufe langer Verfahren verlorengehen und die Erinnerung im Laufe der Zeit verschwommen wird, so dass sich Zeugen nach längerer Zeit nicht mehr erinnern können, kann es vorkommen, dass aufgrund der langen Verfahrensdauer der wahre Sachverhalt nicht mehr ermittelbar ist, so dass auch das materielle Schuldprinzip nicht mehr verwirklicht werden kann.

Außerdem schwebt bei lange dauernden Verfahren über einem Beschuldigten lange Zeit das Damoklesschwert der Unklarheit über seine Zukunft und können Beschuldigte, die sich langwierigen Verfahren stellen müssen keine beruflichen und privaten Perspektiven entwickeln. Hierauf hat auch der EGMR hingewiesen (König/Deutschland a.a.O.) Lange Verfahrensdauern haben damit auch die strafähnliche Wirkung des »Schon bestraft Seins«.

Wenn zwischen Vorfall und gerichtlicher Aufklärung 22 Monate (OLG Hamm v 3.6.2004), 23 Monate (OLG Karlsruhe v 22.6.2007) oder mehr als 2 Jahre (OLG Oldenburg v 3.8.2011, OLG Bamberg v 14.2.2006, OLG Köln v 18.1.2005) liegen, wird im Allgemeinen zur Kompensation der Verfahrensdauer von der Verhängung eines Fahrverbots abgesehen.

In einem Fall von schwerer Körperverletzung war das 2 Jahre und 9 Monate dauernde Ermittlungsverfahren zu lang, so dass die Strafe um 10 Monate reduziert wurde. (BGH, U v 23.10.2013, 2 StR 392/13)
Dabei ist besonders das Verhältnismäßigkeitsgebot zu beachten; denn:

»Reichen die gesetzlich bestehenden Möglichkeiten in Fällen, in denen das Ausmaß der Verfahrensverzögerung besonders schwer wiegt und zu besonderen Belastungen des Betroffenen geführt hat, nicht aus, kommt eine Einstellung wegen eines von Verfassungswegen anzunehmenden Verfahrenshindernisses in Betracht. (vgl. allgemein zur Annahme eines Verfahrenshindernisses bei einem Verstoß gegen den Verhältnismäßigkeitsgrundsatz BVerfGE 92,277 <326ff.>)« BVerfG, 2 BvR 327/02 <36> u.a.; siehe zum Verfahrenshindernis auch: BGH, U v 25.10.2000, 2 StR 232/00

Danach ist eine Verfahrensdauer von sechs Jahren selbst wegen solcher schwerwiegenden Vorwürfe wie des sexuellen Missbrauchs, der sexuellen Nötigung und der Vergewaltigung zu lang und erfordert die Einstellung des Verfahrens. Es ist auch möglich, dass sogar Mordprozesse aufgrund der Verfahrensdauer (aufgrund des Zeitablaufs nicht mehr erreichbare Zeugen, nicht mehr vorhandene Unterlagen pp.) nicht mehr aufgeklärt werden können und darum ein Strafverfahren eingestellt werden muss. (so: »Grunewald« – Mordsache Schmücker) Ein fünfjähriges Mordverfahren (Verhaftung Nov 1999 bis Zurückweisung der Revision) ist aus Sicht der Konvention zu lang. (EGMR v 17.12.2009, 22015/05, §§ 10 und 24 – Nerz/Schweiz) und muss daher kompensiert werden.

Der BGH hat wegen einer 6 monatigen Verzögerung einen Strafabschlag von 2 Monaten beschlossen. (BGH, Beschl. v 2.7.2013 – 2 StR 179/13) Die Verringerung der Strafverbüßungsdauer ist nicht identisch mit der Verzögerungsdauer.

Bei unzureichender Kompensation der Verletzung des Rechts auf Verfahrensbeschleunigung hebt spätestens die Revision das Urteil auf und verweist es an eine andere Strafkammer zurück. (BGH 5 StR 541/06; BGH 5 StR 345/04)

Wird der Beschuldigte/Angeklagte freigesprochen, gibt es keine Strafe und damit ist eine Berücksichtigung bei der Strafzumessung nicht möglich. Dann ist eine immaterielle sowie ggf. eine materielle Entschädigung zu leisten.

Voraussetzung hierfür ist dann nach deutschen Recht aber, dass eine Verzögerungsrüge eingelegt wurde. Deshalb ist es bei langen Dauern sinnvoll, immer eine Verzögerungsrüge zu erheben.

Das Verlangen nach einer Verzögerungsrüge im Strafverfahren ist nach Auffassung der Bundesrechtsanwaltskammer »systemfremd« und im Strafermittlungsverfahren (und sicher auch im Strafverfahren) wohl auch eine konventionswidrige Bestimmung weil »dem Beschuldigten eines Strafverfahrens … nicht angesonnen werden (kann), eine Verzögerungsrüge bei derjenigen Instanz anzubringen, dessen Tätigkeit zwecks Durchsetzung des staatlichen Strafanspruchs auf seine Verurteilung und Bestrafung hinauslaufen kann.« (Stellungnahme der Bundesrechtsanwaltskammer zum Strafverfahrensteil …« des § 198 ff GVG, S 8)

In zivilrechtlichen Verfahren kann von einer immateriellen Entschädigung abgesehen werden, wenn die Verzögerung nachweislich nicht zu einem immateriellen Schaden geführt hat.

Es ist jedoch sowohl nach der RSpr des EGMR als auch nach dem Willen des deutschen Gesetzgebers stets von der Vermutung auszugehen, dass jede Verzögerung zu einem immateriellen Schaden geführt hat. Die grundsätzlich zu unterstellende Vermutung eines mit der Verzögerung zusammenhängenden immateriellen Schadens kann durch einen Vollbeweis widerlegt werden. Dann ist eine Begründung im Urteil erforderlich. Für den begründungserforderlichen Vollbeweis wird ein so hoher Grad an Wahrscheinlichkeit verlangt, dass kein vernünftiger Mensch daran zweifeln kann.

Die Nds Landesregierung und das LSG Nds sind der Auffassung, dass kein vernünftiger Mensch daran zweifeln könne, dass Betroffene keinerlei Stress ausgesetzt sind und daher kein immaterieller Schaden entsteht, wenn ein Kostenverfahren bei einem Richter zehn Jahre lang dauert, und dieser Richter dafür bekannt ist, dass er Jahre später willkürlich gravierende – geradezu furchterregende – Willkürerhöhungen der Streitwerte vornimmt (von 5.000 Euro auf 402.811 Euro in S 35 KA 17/13 – Möhwald; von 5.000 Euro auf 331.000 Euro in S 35 KA 46/11 u.a. – Möhwald), um Rechtsuchenden, von denen er sich mit Arbeit »belästigt« fühlt, einen Denkzettel zu verpassen.

Natürlich kann kein vernünftiger Mensch daran zweifeln, dass Jeder großem Stress und großer Belastung ausgesetzt ist, der jahre- oder jahrzehntelang in der Erwartung leben muss, von einem solchen sein Amt missbrauchenden Richter mit einer die Sache willkürlich erneut aufwühlenden exzessiven Streitwertänderung um das Sechzig- oder Achtzigfache »bestraft« zu werden, weil er so »dreist« war, sein Recht gegen den Staat zu verlangen.

Die entgegengesetzten Auffassungen offensichtlich wirklichkeitsfremder Richter und Landesregierungen (LSG Nds v 10.11.2016, L 10 SF 38/14 EK KA S 7 – Thommes, Dürre, Dr. Dietrich; Nds Landesregierung. 2 Fis 64/14v 13.10.2014 – Dr. Schreiber) dienen nur einem Zweck: berechtigte Ansprüche und die RSpr des EGMR zu unterlaufen.

5.2 verschuldensabhängiger Schadensersatz

Verschuldensabhängiger Schadensersatz ist in § 839 Abs 2 Satz BGB geregelt. Danach haften Richter und Beamte, die die Ausübung ihres Amtes pflichtwidrig verweigern oder verzögern für die daraus entstandene Schäden. Das heißt, dass anders als beim nur auf die Gerichte abzustellenden verschuldensunabhängigen Schadensersatz auch Behördenmitarbeiter in Haftung genommen werden können:

»Wenn die Bearbeitung ohne zureichenden Grund unangemessen lange dauert, kann den Betroffenen ein Anspruch aus Amtshaftung zustehen.« Wissenschaftl. Dienst des Deutschen Bundestages, Fachbereich III, v 3.4.2006, WF III/6 – 121/06, S 3 – Dauer von Widerspruchsverfahren …)

5.2.1   Amtspflicht zur unverzögerten Ausübung des Amtes

Der neben (zum Nebeneinander: BTDrs 17/3802, S 16 Sp ; S 19) der Verzögerungsentschädigung gem. §198 ff GVG mögliche Amtshaftungsanspruch nach § 839 BGB betrifft die Fälle pflichtwidriger Verzögerung eines Rechtsstreits und gewährt insofern Schadensersatz. (siehe auch: BTDrs 17/3802 S 15 Sp 2)

Dabei wird oft die spezielle Regelung für Verzögerungen aus § 839 Abs 2 S 2 BGB übersehen. Das ist auch beim BGH geschehen, der die Schadensersatzregelungen eigentlich gut kennen sollte. In seinem auf Schadensersatz wegen des Verstoßes gegen die gerichtliche Prozessförderungspflicht gerichteten Beschluss III ZR 32/10 ist nicht von § 839 Abs 2 S 2 BGB die Rede, sondern von § 839 Abs 1 BGB. Das dürfte eine falsch angewandte Rechtsnorm sein.

Beamte und Richter sowie staatliche Einrichtungen (also Behörden und Gerichte) haben die Amtspflicht, Entscheidungen unverzögert zu treffen. (siehe: Ossenbühl, Staatshaftungsrecht, S 49) Damit stellt eine Verzögerung des Verfahrens im Regelfalle eine Amtspflichtverletzung dar.

Die Pflicht eines StA erstreckt sich auch darauf, dann, wenn er einen – immerhin einen Haftgrund darstellenden – »dringenden Tatverdacht« in den Akten dokumentiert, die gesetzlich geforderten Ermittlungen unverzüglich aufzunehmen. Das wird bei der StA anders gehandhabt – StA Görlich, was der konventionsumgehende (siehe vorn) BGH ebenso sieht, weil das Dokumentieren eines »dringenden Tatverdachts« keine Anfangsmaßnahme sei, die dazu diene, Jemanden einer Straftat zu überführen.

Das Verschulden muss sich auf die Verletzung der Amtspflicht zur Erledigung in angemessener Zeit beziehen, ohne dass es erforderlich ist, dass der durch die Verzögerung eingetretene Schaden vorhergesehen wurde.

Vorsätzlich handelt, wer die Pflicht zur unverzögerten Bearbeitung kennt und einen Verstoss gegen die Pflicht zur unverzögerten Bearbeitung billigend in Kauf nimmt.

Fahrlässig handelt ein Beamter oder Richter, der bei Beachtung der erforderlichen Sorgfalt hätte voraussehen müssen, dass seine Behandlung der Rechtssache der Amtspflicht zur Verfahrensbeschleunigung/unverzögerten Entscheidung widerspricht. Für den von einem Beamten bzw. Richter zu verlangenden objektivierten Sorgfaltsmaßstab kommt es auf die für die Führung des Amtes im Durchschnitt erforderlichen Kenntnisse und Fähigkeiten an, nicht auf diejenigen, die der Beamte oder Richter tatsächlich hat. (BGH NJW, 86, 2829) Die Kenntnis, dass Anträge, Widersprüche, Klagen, Berufungen, pp. verzögerungslos zu bearbeiten sind und – wenn Überlastung oder andere Hinderungsgründe bestehen, diese anzuzeigen sind, damit ihnen abgeholfen wird – ist jedem Beamten und Richter ohne Weiteres zu unterstellen. Darauf, dass Staatsbedienstete diese Kenntnis haben, muss sich Jeder verlassen können. Grund hierfür ist der Vertrauensschutz; so dass sich Beamte und Richter nicht durch Hinweise auf nicht vorhandenes Wissen, fehlende Ausbildung oder Erfahrung, Überlastung, eingerissene Unsitten und Gebräuche, Nachlässigkeit pp. entlasten können.

Schadensersatz ist also nicht mit einer kompensatorischen Entschädigung gleichsetzbar; denn »wegen der Beschränkung auf schuldhafte Verzögerungen und der Ausklammerung von Nichtvermögensschäden genügt dieser Anspruch nicht den Anforderungen der EMRK an einen kompensatorischen Rechtsbehelf.« (BGH v 24.11.2011, BGBl S 2302)

Daneben ist zu prüfen, inwieweit eine Rechtsbeugung vorliegt. Auch die zögerliche Bearbeitung einer Rechtssache innerhalb eines objektiv vertretbaren Zeitraumes ist eine Rechtsbeugung, wenn der Richter mit seiner Verfahrensweise aus sachfremden Gründen gezielt zum Vorteil oder Nachteil einer Partei handelt. (LG Hamburg,, U v 4.9.2001, 5 StR 92/01 und BGH, BGHSt 47, 105)

Geschieht diese Verzögerung gezielt, um die Freilassung Inhaftierter zu verzögern, ist der Richter nach Auffassung des BGH neben Rechtsbeugung außerdem wegen Freiheitsberaubung zu verurteilen. (BGHSt 47,105 <28>)

Hat ein Richter wissentlich Vorgänge liegengelassen, reicht es zur Tatbestandsverwirklichung der Strafvereitelung aus, wenn dies zu einer erheblichen Verzögerung der Strafverfolgung führt.(BGHSt, 15, 18 <22>; 45, 97 <100>; BGH U v 21.3.2002, 5 StR 566/01)

5.2.2 Amtspflicht zur EGMR – getreuen Rechtsanwendung

Deutschland muss die EMRK so anwenden, wie es der EGMR tut. (stRspr des EGMR; z.B.: EGMR v 29.5.2010, 53126/07, § 39 – Taron/Deutschland; Grabenwarter, EMRK, S 118; Dörr, Verletzung der EMRK und Staatshaftung, S 25, RN 69) »Diese Verpflichtung wird über Art 20 Abs 3 GG ein Teil der Amtspflicht des Beamten.« (Dörr, a.a.O.) Das heißt, dass alle von der RSpr des EGMR abweichenden Entscheidungen deutschen Beamten und Richtern als deren Amtspflichtverletzungen zuzurechnen sind.

Verstößt eine innerdeutsche Entscheidung gegen eine einschlägige Norm der aufgrund Art 59 EMRK im Range eines Bundesgesetzes stehenden Menschenrechtskonvention, oder wird der Inhalt einer Norm der EMRK in krasser Weise missdeutet, liegt Willkür vor. (BVerfG, 1 BvR 2094/05 <14>)

5.2.3 Amtspflicht zur Beachtung festgestellter Konventionsverletzungen

Desweitern ist eine durch den EGMR festgestellte Konventionsverletzung eine Amtspflichtverletzung gem. § 839 BGB. (siehe: Dörr, Verletzung der EMRK und Staatshaftung, S 25, RN 69) Stellt also der EGMR eine Konventionsverletzung fest, stellt er zugleich fest, dass die zuvor mit der Sache befassten Staatsdiener sich amtspflichtwidrig verhalten haben. Da die RSpr des EGMR von deutschen Behörden und Gerichten so angewendet werden muss, wie es der EGMR tut, steht auch in Deutschland eine Amtspflichtverletzung der betreffenden Staatsdiener, die die Sache zuvor bearbeitet haben, fest. Damit können Ansprüche aus § 839 BGB direkt geltend gemacht werden. Es ist danach also bei einer vom EGMR festgestellten Konventionsverletzung – z.B. einer Verletzung des Art 6 Abs 1 EMRK – möglich, aus Verzögerungsgründen eingetretene Gerichtskostenerhöhungen oder andere immaterielle oder materielle Schäden über den Weg der Amtspflichtverletzung gegen den Beamten oder Richter geltend zu machen. (siehe folgende Punkte)

5.2.4 immaterieller Schadensersatz

In den Köpfen älterer Juristen, die immer noch davon ausgehen, dass das Rechtssystem »starr« und keiner Fortentwicklung unterworfen sei und deshalb die im Laufe der Zeit erfolgten Rechtsentwicklungen nicht realisiert haben, ist immer noch die Vorstellung verhaftet, dass immaterielle Schäden praktisch nicht ersatzpflichtig sind.

Diese Vorstellung trifft seit geraumer Zeit nicht mehr zu, weil sich die Gesetzeslage, wonach im Rahmen der Verletzung immaterieller Rechtsgüter nur die dadurch entstandenen Vermögensschäden auszugleichen waren, keine Geltung mehr hat. Die Gesetzeslage hat sich inzwischen grundlegend geändert.

»Von dem Willen des Gesetzgebers, die Ersatzpflicht im Schadensersatz- und Entschädigungsrecht bei Eingriffen in immaterielle Rechtsgüter wie Leben, Freiheit oder körperliche Unversehrtheit grundsätzlich auf Vermögensschäden zu beschränken, kann nicht mehr ausgegangen werden. Durch Art 2 Nr 2 des Zweiten Gesetzes zur Änderung schadensersatzrechtlicher Vorschriften …wegen der Verletzung des Körpers, der Gesundheit, der Freiheit oder der sexuellen Selbstbestimmung kann Schadensersatz auch wegen des Schadens, der Nichtvermögensschaden ist, als billige Entschädigung in Geld gefordert werden.« (BGH, U v 7.9.2017, – II ZR 71/17, Pkte. 9.2 und 10.a)

Diese geänderte Gesetzeslage wird inzwischen von der RSpr auch angewendet.

»Vor diesem Hintergrund kann …die Annahme …das Schadensersatz- und Entschädigungsrecht sei von dem Willen des Gesetzgebers geprägt, Ersatzleistungen grundsätzlich auf Vermögensschäden zu beschränken …nicht mehr aufrechterhalten werden.« (BGH a.a.O., Pkt. 14) »Eine solche Beschränkung folgt auch nicht aus der Natur eines öffentlich-rechtlichen Aufopferungsanspruchs. Dieser Anspruch hat sich gewohnheitsrechtlich gemäß dem in § 75 Einl. ALR (1794) enthaltenen Rechtsgrundsatz entwickelt. Nach dieser Bestimmung ist der Staat gehalten, denjenigen zu entschädigen, der seine besonderen Rechte und Vorteile zum Wohl des Gemeinwesens aufzuopfern genötigt wird. Der Grundsatz, der in dieser Vorschrift seinen gesetzlichen Ausdruck gefunden hat, hat über den Bereich der früheren altpreußischen Provinzen hinaus allgemeine Geltung erlangt.« (BGH, a.a.O., Pkte. 15.3 und 16a)

»Der Anspruch auf Aufopferung geht auf Leistung eines angemessenen beziehungsweise billigen Ausgleichs für dem Betroffenen auferlegte Sonderopfer.« (BGH, a.a.O., Pkt. 17 b)

Das bedeutet, dass behördliche oder gerichtliche Verhaltensweisen – z.B. Verzögerungen, die Eingriffe in Art 2 GG und Art 6 EMRK darstellen,hierzu zählt auch der vom EGMR stets als vorhanden zu unterstellende Verzögerungsstress bzw. die psychischen Verzögerungsbelastungen – grundsätzlich eine finanzielle Entschädigungspflicht auslösen können.

Die Verzögerungswirkung kann bei Angelegenheiten, die für einen Betroffenen von hoher Bedeutung sind (siehe dazu vorn. Pkt 4.3.1), sehr beträchtlich sein.

Das ist deshalb besonders von Bedeutung, weil bereits bestehende, Art 2 GG verletzende Verzögerungswirkungen von manchen Behörden sogar noch durch ganz bewusste Schikanehandlungen exponentiell verstärkt werden.

Manche Behörden machen stets Untätigkeitsklagen erforderlich, die sie dann in jahrelang rechtshängigen Verfahren bei fahrlässig nicht auf die Angemessenheit der Verfahrensdauer achtenden Richtern aussitzen, bis sie jeweils zur Bescheidung des Antrages oder des Widerspruchs verurteilt werden (so z.B. SG Hannover, S 35 KA 46/11 bisher 10 Jahre; S 35 KA 32/11 bisher 10 Jahre u.a.). Selbst dann sind manche Behörden immer noch nicht bereit, die Urteile zu befolgen. Teilweise wird das mit der völlig untauglichen und in keiner Weise substantiierten, sondern stets pauschalen Schutzbegründung, die die dahinterstehende Amtspflichtverletzung nicht zu vertuschen geeignet ist, abgetan: »Wir haben eben eine andere Rechtsauffassung.« Manche Behörden erlassen dann zum Zwecke der Weiterverschleppung des Antrage entweder Bescheide, die mit dem Antrag überhaupt Nichts zu tun haben und denen das auch »auf der Stirn geschrieben« steht (SG Hannover, S 35 KA 32-40/17) oder es müssen im Anschluss an die Verurteilung zur Bescheidung auch noch Zwangsgeldandrohungen beantragt und erlassen werden (SG Hannover, S 35 KA 18/13), ehe die zur Bescheidung verurteilte Behörde überhaupt tätig wird. Manchmal erlässt die Behörde wegen eines einzigen Antrages auch keinen einzigen Bescheid, sondern zehn Bescheide, in denen der Antragszeitraum willkürlich »zerhackt« wird, um die Sache möglichst unübersichtlich zu gestalten und die Rechtswahrnehmung zu erschweren, was schwache Richter nicht beanstanden (so: SG Hannover S 35 KA 32 – 40/17 – Möhwald). Das Alles sind sicherlich keine rechtstaatlichen Zustände. Es entspricht jedoch der deutschen Rechtswirklichkeit, dass bei manchen Behörden und bei derartiges Behördenverhalten nicht unterbindenden Gerichten (mit äußerst »schwachen

Richtern«) solche Zustände wie »Sodom und Gomorrha« herrschen. Dass solche auf Verzögerung angelegten rechtswidrig – schikanösen Verhaltensweisen von Behörden und Gerichten zu besonderen nervlichen Belastungen der Betroffenen mit entsprechenden immateriellen Schäden führen, dürfte auf der Hand liegen.

Die verschuldensabhängige Entschädigung für immaterielle Schäden kann also entweder

– auf Art 2 Nr. 2 des Zweiten Gesetzes zur Änderung schadensersatzrechtlicher

Vorschriften

– oder auf gewohnheitsrechtliches Aufopferungsrecht

gestützt werden.

Aufopferungsentschädigung muss von Verfassungswegen gewährt werden wegen solcher gravierenden Eingriffsfolgen in das je betroffene Grundrecht, – hier des Art 2 GG – die sich zwar noch rechtfertigen lassen, dies aber nur gegen einen kompensatorischen Ausgleich. (siehe: Ossenbühl/Cornils, Staatshaftungsrecht, 144/145)

5.2.5 materielle Entschädigung

Wird der verschuldensabhängige Schadensersatzanspruch aus der Verletzung einer Vorschrift hergeleitet, die das Vermögen im allgemeinen schützt, ist ein Beweis der Schadensursächlichkeit nicht erforderlich, wenn diese vom beklagten Land/Bund zugestanden ist. Zugestandene Tatsachen sind nicht beweisbedürftig. (§ 288 ZPO)

Ebenso verhält es sich mit offenkundigen (allgemein/gerichtskundigen) Kausalverläufen. (§ 291 ZPO; BTDrs 7/550, S 242)

Trifft beides nicht zu, muss der Anspruchsteller den Beweis erbringen. Dazu muss er die Kausalität nicht sicher nachweisen, sondern er muss die Wahrscheinlichkeit eines auf die Verletzungshandlung zurückzuführenden Schadenseintritts dartun. (BGH, U v 15.10.1992 – IX ZR 43/92; BGH, U v 14.12.1995 – IX ZR 242/94)

Die Begriffe »Wahrscheinlichkeit« und »Sicherheit« haben aufgrund ihres voneinander abweichenden Gewissheitsgrades einen verschiedenartigen Inhalt. Wahrscheinlichkeit beruht auf einer Vermutung; Sicherheit beruht auf Wissen. Die Wahrscheinlichkeit wird bei Verzögerungsschäden durch einen aufgrund der allgemeinen Lebenserfahrung bestehenden Zusammenhang zwischen der Verzögerung und dem Schaden begründet.

Das Entschädigungsverfahren nach §§ 198 ff GVG ist – wie vorn dargestellt – kein Verfahren im Sinne des § 839 Abs 3 BGB; nämlich kein Verfahren gegen eine bereits verwirklichte und daher nicht mehr anfechtbare Verzögerung als solche.

Nach dem auf den Amtshaftungsanspruch gem. § 839 Abs 2 BGB anzuwendenden objektivierten Sorgfaltsmaßstab reicht ein Fahrlässigkeitsvorwurf aus. Die Amtspflicht zu unverzögerter Sachbehandlung besteht gegenüber Jedem, der einen Antrag gestellt hat.

Zum materiellen Schadensersatz gelten sinngemäß die weiteren vorn zur verschuldensunabhängigen Entschädigung gegebenen Hinweise zur materiellen Entschädigung.

Hat ein Beamter oder Richter seine Pflichten aus § 839 Abs 2 Satz 2 BGB verletzt, so dass ein Schaden und damit ein Haftungsanspruch entstanden ist,

»begründet das ein Rechtsverhältnis, das Gegenstand einer Feststellungsklage im Sinne des § 256 ZPO sein kann.« (siehe analog: BGH U v 3.5.2001, III ZR 191/00, 1.a) – Rinne, Wurm, Streck, Schlick, Dörr)

Das heißt, dass – wie bereits eingangs dargestellt – nicht unbedingt eine Bezifferung der Forderung erfolgen muss.

»Ein rechtliches Interesse an alsbaldiger Feststellung im Sinne des § 256 Abs 1 ZPO läßt sich …nicht verneinen. Ein solches kann auch wegen eines erst künftig aus dem Rechtsverhältnis erwachsenden Schadens angenommen werden, wenn nach der Lebenserfahrung und dem gewöhnlichen Verlauf der Dinge der Schadenseintritt hinreichend wahrscheinlich ist (BGH, Urteil vom 15.Oktober 1992 – IX ZR 43/92 = NJW 1993, 648, 653 m. zahlr. wN)

Wird der Schadensersatzanspruch aus der Verletzung einer Vorschrift hergeleitet, die – wie der hier in Betracht kommende § 839 Abs 1 BGB – das Vermögen im allgemeinen schützt, ist im Interesse des Anspruchsgegners bereits für die Zulässigkeit der Klage zu verlangen, dass der Anspruchsteller die Wahrscheinlichkeit eines auf die Verletzungshandlung zurückzuführenden Schadenseintritts dartut.« (BGH a.a.O., 1.b))

Beachtenswert ist auch der ebenfalls wenig bekannte und kaum beachtete generelle Grundsatz aus der Rechtsprechung des Europäischen Gerichtshofs (nicht zu verwechseln mit dem EGMR), der auch für das deutsche Recht an Bedeutung gewinnen könnte:

»Das Gemeinschaftsrecht steht nationalen Rechtsvorschriften entgegen, die allgemein die Haftung des Mitgliedsstaats für Schäden ausschließen, die dem Einzelnen durch einen einem letztinstanzlichen Gericht zuzurechnenden Verstoß gegen das Gemeinschaftsrecht entstanden sind.

Das Gemeinschaftsrecht steht ferner nationalen Rechtsvorschriften entgegen, die diese Haftung auf Fälle von Vorsatz oder grob fehlerhaftem Verhalten des Richters begrenzen.« (EuGH Große Kammer, Tenor des Urteils v 13. Juni 2006, C 173/ 03 – Traghetti del Mediterraneo SpA in Liquidation/Italienische Republik, Amtsblattmitteilung ABl C 158 vom 5.7.2006, Verfahrenssprache Italienisch)

»In der Rechtssache C – 224/01 betreffend ein dem Gerichtshof nach Art 234 EG vom Landesgericht für Zivilsachen Wien (Österreich) in dem bei diesem anhängigen Rechtsstreit Gerhard Köbler gegen Republik Österreich vorgelegtes Ersuchen um Vorabentscheidung...der sich u.a. aus den Urteilen vom 5.März 1996 aus den Rechtssachen C 46/93 und C 48/93 (Brasserie du pecheur und Factorame...) und vom 17.September 1997 in der Rechtssache C 54/96 (Dorsch Consult...) ergebenden Rechtsprechung des Gerichtshofes hat der Gerichtshof unter Mitwirkung...am 30. September 2003 ein Urteil mit folgendem Tenor erlassen:

1. Der Grundsatz, dass die Mitgliedstaaten zum Ersatz der Schäden verpflichtet

sind, die einem Einzelnen durch ihnen zuzurechnende Verstöße gegen das Gemeinschaftsrecht entstehen, ist auch dann anwendbar, wenn der fragliche Verstoß in einer Entscheidung eines letztinstanzlichen Gerichts besteht. (...)« (EuGH, Urteil v 30.9.2003, C 224/01 – Köbler/Republik Österreich, Amtsmitteilungsblatt ABl C 212 vom 28.7.2001, Verfahrenssprache Deutsch)

Dabei ist das Gemeinschaftsrecht nicht – wie viele Juristen glauben – bloß wirklichkeitsfremde »Theorie«; denn es steht als Völkervertragsrecht im Normenrange über Bundesgesetzen und ist von allen deutschen Behörden und Gerichten zu beachten. Zudem erkennt das Gemeinschaftsrecht die Geltung der im Normenrange einfachgesetzlichen Bundesrechts stehenden Europäischen Menschenrechtskonvention und ihrer Protokolle an.

Es wird daher früher oder später dazu kommen, dass die obigen modernen Grundsätze auch in das veraltete deutsche Staatshaftpflichtrecht einfließen.

Merke:
Immaterielle Verzögerungsentschädigung kann sowohl gem. §§ 198 ff GVG als auch gem. § 839 Abs 2 Satz 2 BGB geltend gemacht werden.
Hinsichtlich des § 198 GVG kommt es auf Pflicht- und Rechtswidrigkeit nicht an; hier spielt ausschließlich die Tatsache, dass eine Verzögerung vorliegt, die entschädigungsbegründende Rolle.
Hinsichtlich des § 839 Abs 2 S 2 BGB ist hingegen bedeutsam, dass eine Verfahrensverzögerung immer eine gegen die Amtspflicht zu unverzögerter Sachbehandlung sowie gegen das Gebot angemessener Verfahrensdauern aus Art 19 Abs 4 GG und Art 6 EMRK iVm Art 20 Abs 3 GG verstoßende Rolle spielt, die die Entschädigungspflicht begründet. Amtspflichtverletzungen sind stets rechtswidrig und pflichtwidrig. Das wird von vielen Richtern oft vergessen.
Materielle Schäden sind nachzuweisen. Hierfür wird in der Regel der Nachweis eines normalen Geschehensablaufs ausreichen. Dann ist der materielle Verzögerungsschaden sowohl gem.§§ 198 ff GVG als auch gem. § 839 Abs 2 Satz 2 BGB voll zu ersetzen.

5.3 Entschädigungsverzögerung

Auch Verfahren wegen Verzögerungsentschädigungen können ihrerseits verzögert sein. Auf verzögerte Entschädigungsverfahren sind dieselben Kriterien anzuwenden, wie auf jedes andere verzögerte Verfahren.

Haben sich die Verzögerungsansprüche über den Zustand einer bloßen Zukunftserwartung oder Hoffnung hinaus zu berechtigten Erwartungen (»legitimate expectations«) verdichtet, hat der Anspruch menschenrechtlichen Eigentumscharakter bekommen, so dass die Grundsätze des Eigentumsrechts aus Art 1 ZP 1 der EMRK angewendet werden können.

Auf den Anspruch nach § 198 GVG sind die Regelungen bezüglich Prozesszinsen (§ 291 BGB) sowie Verzugszinsen (§ 288 Abs 1 BGB) entsprechend anzuwenden. (so: Hessisches LSG v 6.2.2013, L 6 SF 6/12 EK U Leitsatz)

Juristische Darstellungen teilweise mit freundlicher Genehmigung aus Philipp Dudek, Fachgutachten

6 Anhang

6.1 völkerrechtlicher Mindestinhalt und – umfang der innerstaatlichen Regelung des § 198 ff GVG

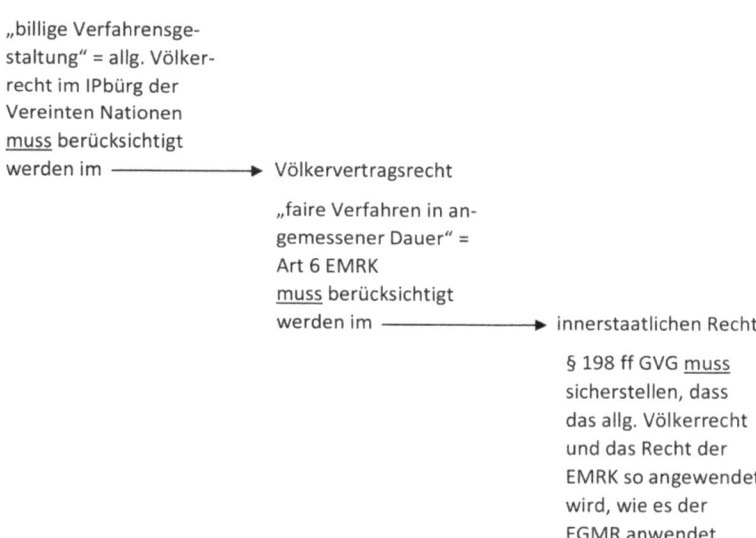

„billige Verfahrensge-
staltung" = allg. Völker-
recht im IPbürg der
Vereinten Nationen
<u>muss</u> berücksichtigt
werden im ⟶ Völkervertragsrecht

„faire Verfahren in an-
gemessener Dauer" =
Art 6 EMRK
<u>muss</u> berücksichtigt
werden im ⟶ innerstaatlichen Recht

§ 198 ff GVG <u>muss</u>
sicherstellen, dass
das allg. Völkerrecht
und das Recht der
EMRK so angewendet
wird, wie es der
EGMR anwendet

6.2 angemessene Verfahrensdauer pro Instanz

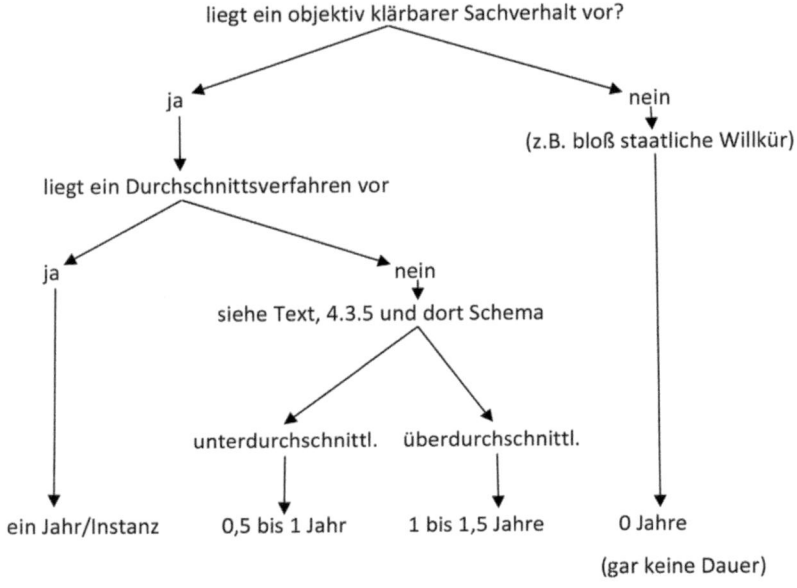

6.3 angemessene Gesamtverfahrensdauer: errechnet sich durch Division

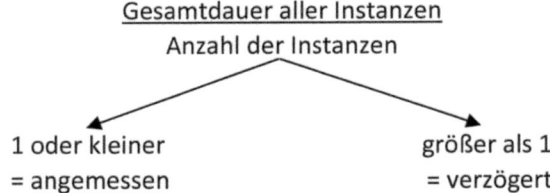

6.4 Verzögerungsentschädigung

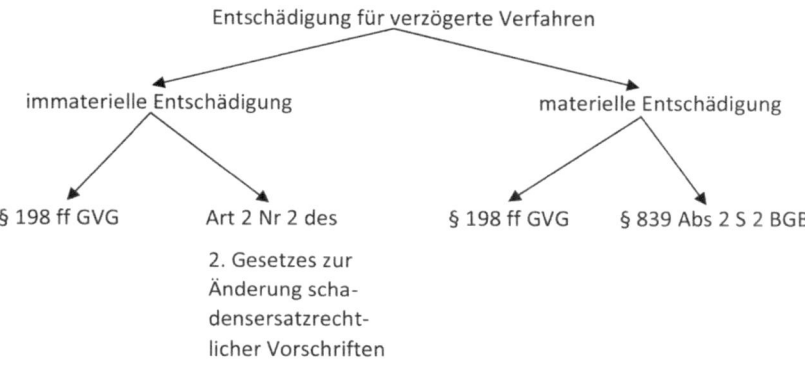

6.4.1   immaterielle Entschädigung

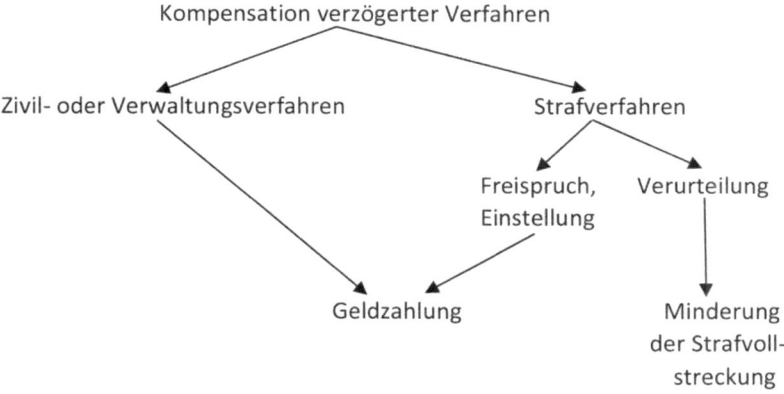

6.4.2   materielle Entschädigung

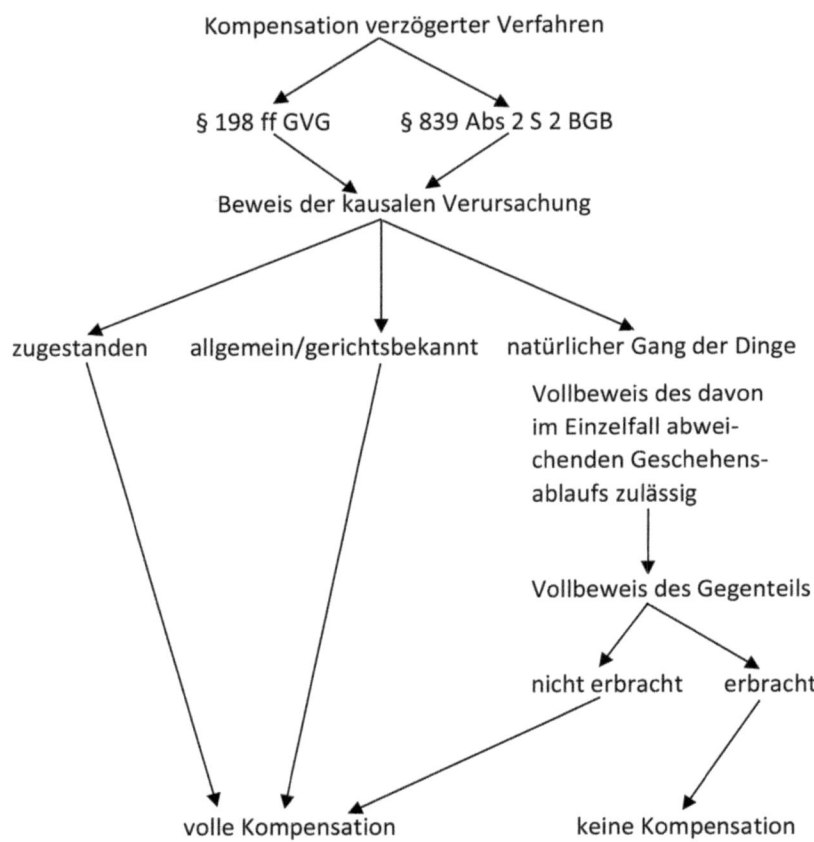

Manche deutschen Gerichte brauchen sehr lange für ein abschließendes Urteil. Dadurch sind die Beteiligten lange Zeit psychisch belastet (dies ist die Regelvermutung) und es können ihnen auch materielle Schäden entstehen.

Solche Schäden sind ausgleichspflichtig. Sie müssen durch eine Entschädigung neutralisiert werden.

Es stellen sich damit etliche Fragen: Welches sind die Rechtsgrundlagen der Schadenskompensation und wie sind die Rechtsgrundlagen auszulegen? Was bedeutet »Verfahren«? Wann sind Verfahren verzögert? Was wird entschädigt und nach welchen Regeln? Wer versucht auf welche Weise und mit welchen Mitteln, diese Ansprüche zu vereiteln? Was kann man dagegen tun?

Ratgeber, Nachschlagewerk, lange dauernde Gerichtsverfahren – Entschädigungsansprüche – staatliche Entschädigungspflicht gem. §§ 198 ff GVG, § 839 Abs 2 S 2 BGB, Art 6 EMRK iVm Art 13 EMRK für langsame Arbeit des Staates

Dudek, Im Heidewinkel 7, 49393 Lohne